中共攻台大解密

1,000個轟炸目標，14個登陸的戰場，一年兩度的時機，以及台灣人民何去何從

The Chinese Invasion Threat:
Taiwan's Defense and American Strategy in Asia

易思安（Ian Easton） 著
申安喬、李自軒、柯宗佑、高紫文 譯

遠流出版公司 PROJECT 2049 INSTITUTE

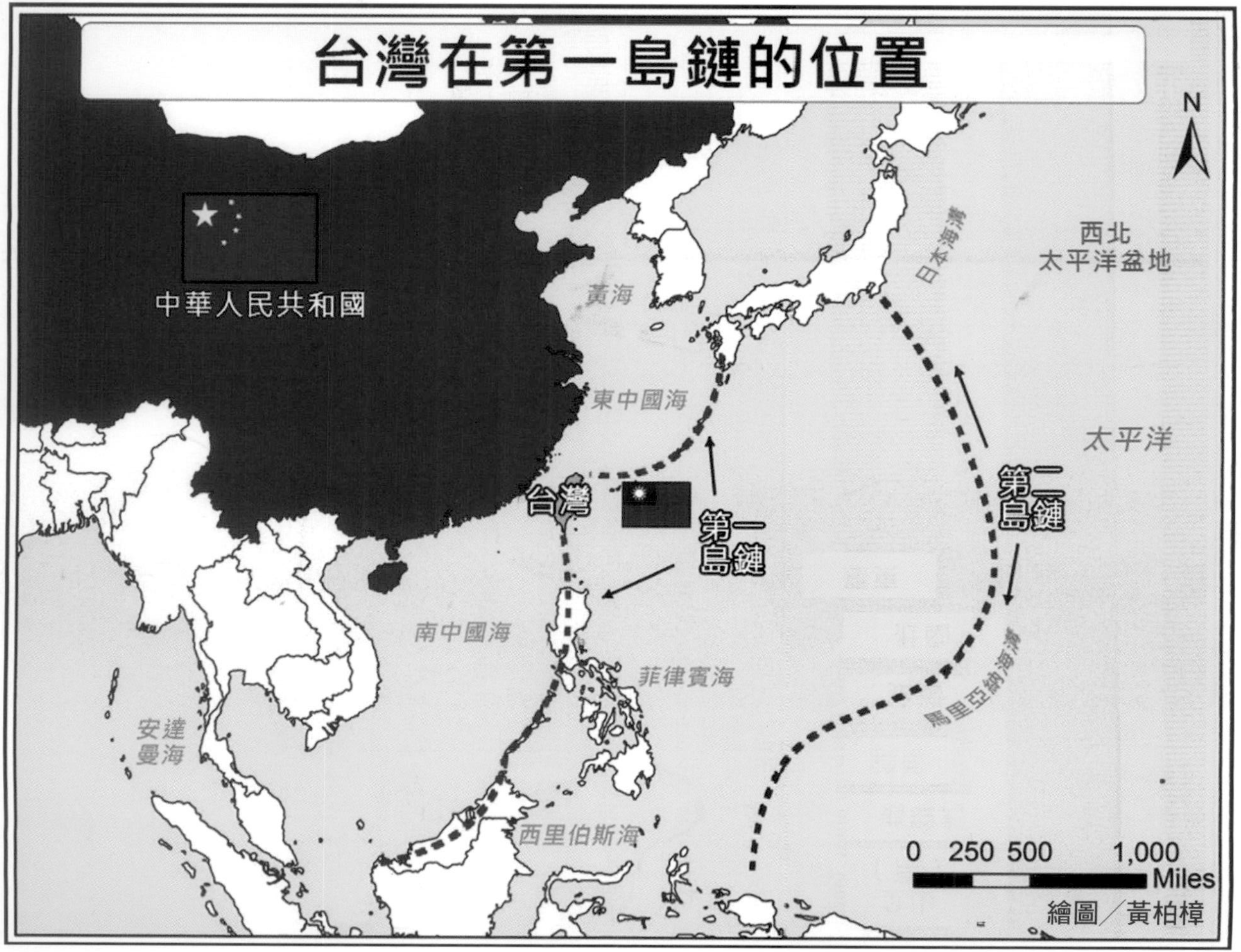
台灣在第一島鏈的位置
N
中華人民共和國
黃海
東中國海
台灣
第一島鏈
南中國海
菲律賓海
安達曼海
西里伯斯海
日本海溝
西北
太平洋盆地
太平洋
第二島鏈
馬里亞納海溝
0 250 500 1,000
Miles
繪圖／黃柏樟

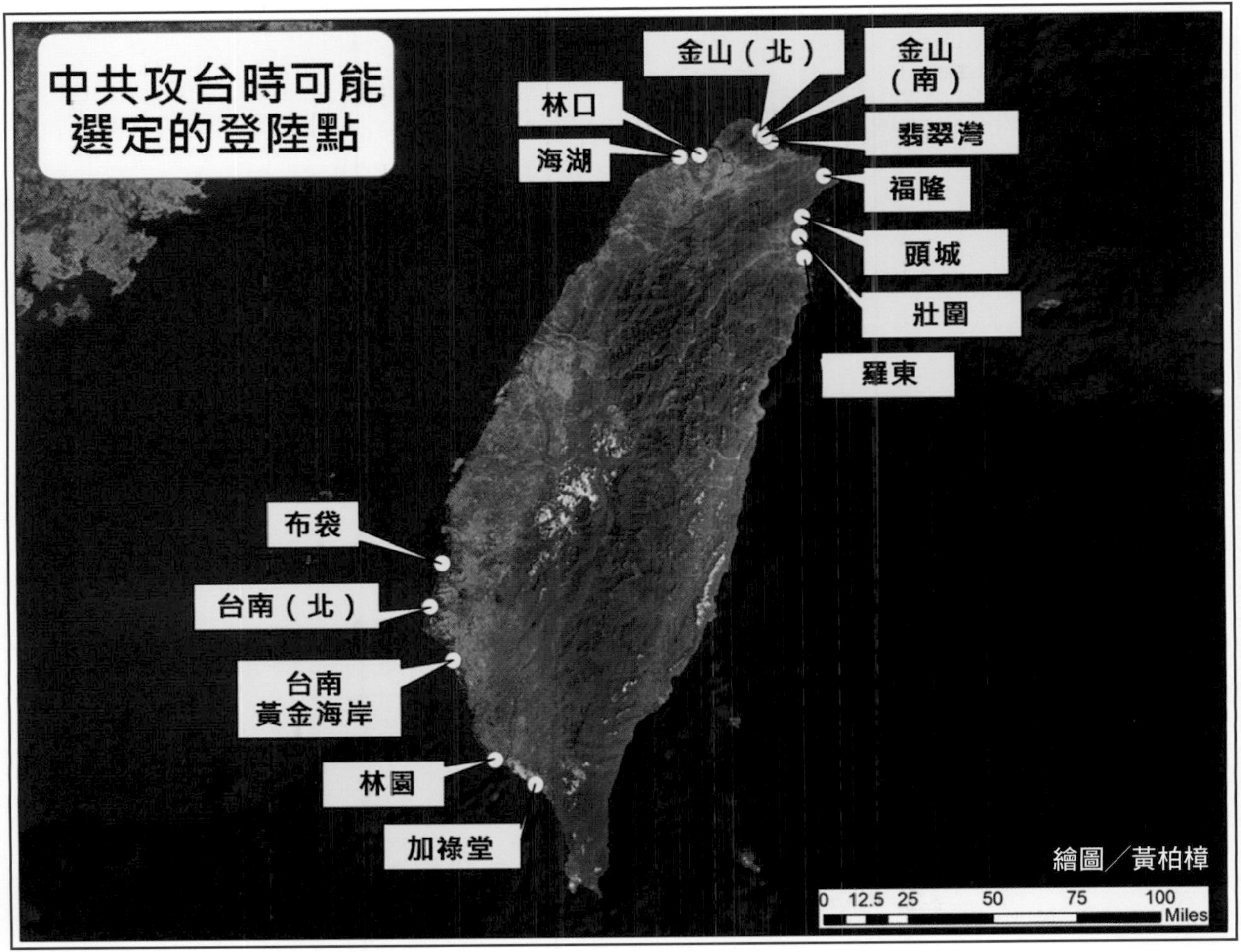
中共攻台時可能
選定的登陸點
林口
海湖
金山（北）
金山
（南）
翡翠灣
福隆
頭城
壯圍
羅東
布袋
台南（北）
台南
黃金海岸
林園
加祿堂
0 12.5 25 50 75 100
Miles
繪圖／黃柏樟

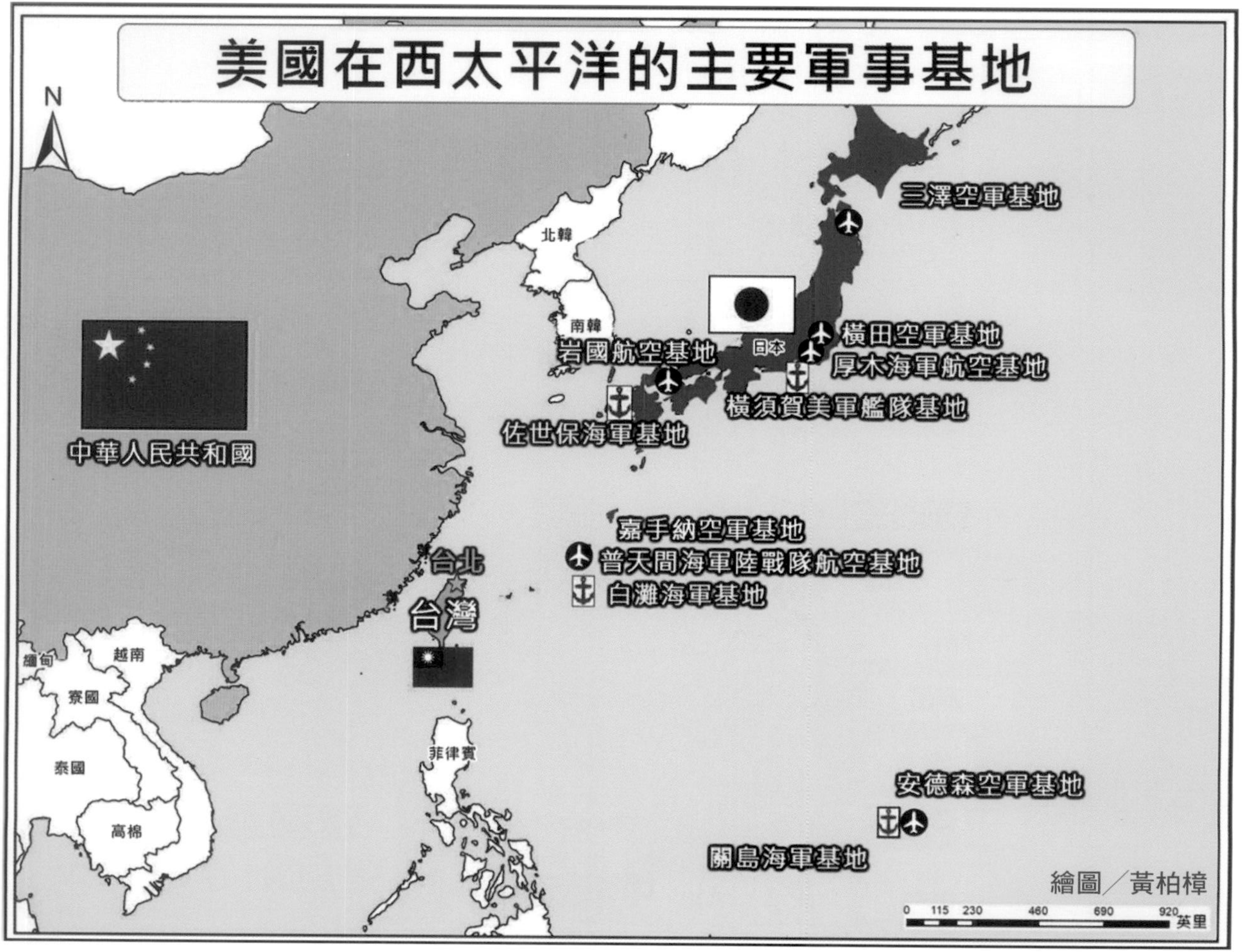
美國在西太平洋的主要軍事基地
N
中華人民共和國
北韓
南韓
日本
三澤空軍基地
橫田空軍基地
厚木海軍航空基地
橫須賀美軍艦隊基地
岩國航空基地
佐世保海軍基地
嘉手納空軍基地
普天間海軍陸戰隊航空基地
白灘海軍基地
台北
台灣
緬甸
越南
寮國
泰國
高棉
菲律賓
安德森空軍基地
關島海軍基地
繪圖／黃柏樟
0 115 230 460 690 920 英里

台灣海峽區域
湖北
湖南
浙江
南昌
上饒
宜春
江西
溫州
邵武
中國
湖南
南平
三明
福建
福州
馬祖列嶼
贛州
莆田
龍岩
台北
桃園
泉州
同安
台灣海峽
新竹
梅州
漳州
金門
廈門
台中
花蓮
金門諸島
廣東
揭陽
台灣
潮州
潮陽
汕頭
惠州
隆豐
澎湖群島
汕尾
高雄
九龍
香港
繪圖／黃柏樟
0 25 50 100 150
Miles

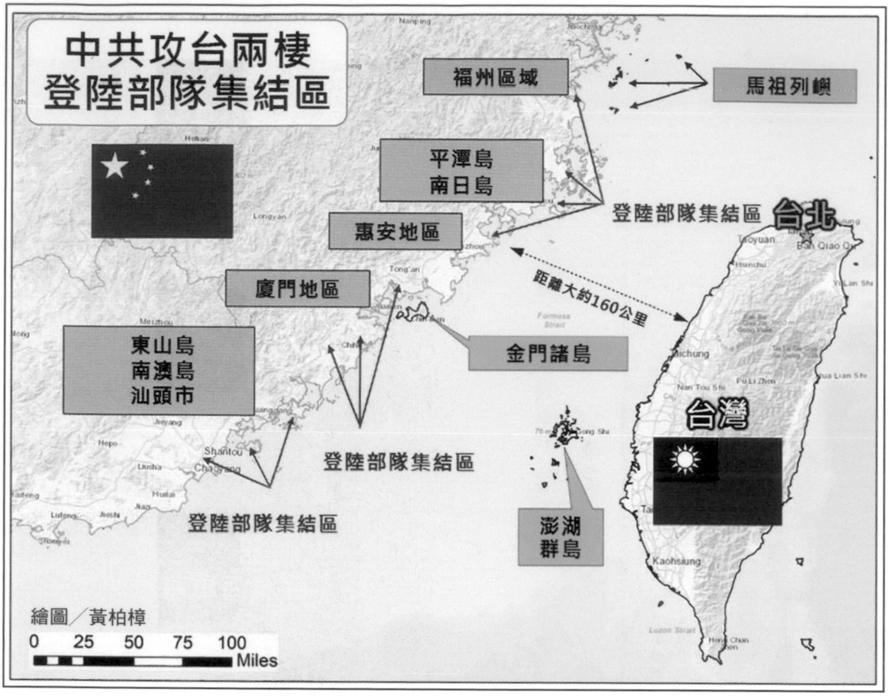

中共攻台兩棲
登陸部隊集結區
福州區域
馬祖列嶼
平潭島
南日島
登陸部隊集結區
台北
惠安地區
距離大約160公里
廈門地區
金門諸島
東山島
南澳島
汕頭市
台灣
登陸部隊集結區
登陸部隊集結區
澎湖
群島
繪圖／黃柏樟
0 25 50 75 100
Miles

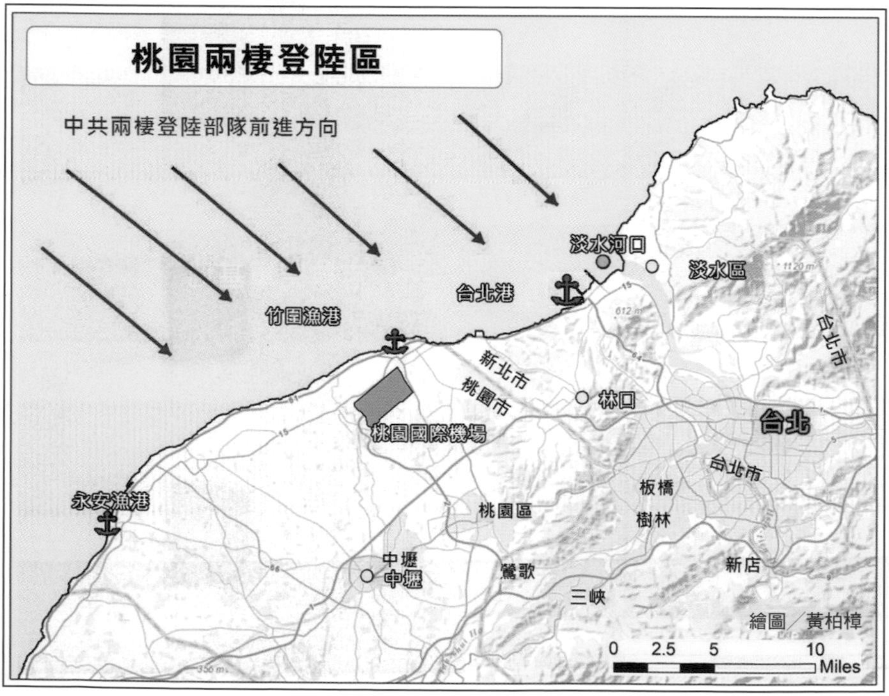

桃園兩棲登陸區
中共兩棲登陸部隊前進方向
淡水河口
淡水區
台北港
竹圍漁港
新北市
桃園市
台北市
林口
台北
桃園國際機場
台北市
永安漁港
板橋
桃園區
樹林
中壢
中壢
鶯歌
新店
三峽
繪圖／黃柏樟
0 2.5 5 10
Miles

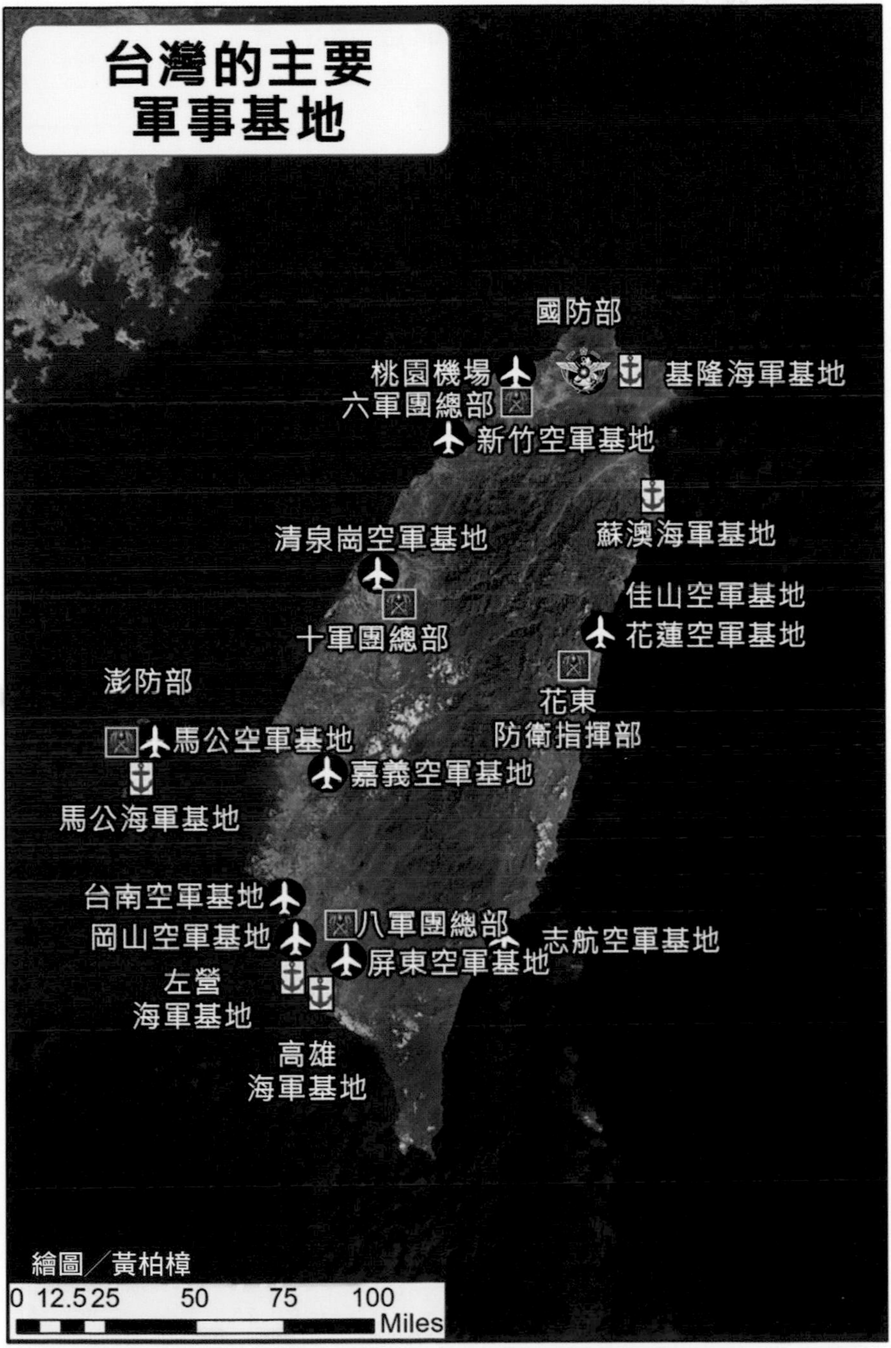
台灣的主要
軍事基地
國防部
桃園機場
基隆海軍基地
六軍團總部
新竹空軍基地
蘇澳海軍基地
清泉崗空軍基地
佳山空軍基地
花蓮空軍基地
十軍團總部
澎防部
花東
防衛指揮部
馬公空軍基地
嘉義空軍基地
馬公海軍基地
台南空軍基地
八軍團總部
岡山空軍基地
志航空軍基地
屏東空軍基地
左營
海軍基地
高雄
海軍基地
繪圖／黃柏樟
0 12.5 25 50 75 100
Miles

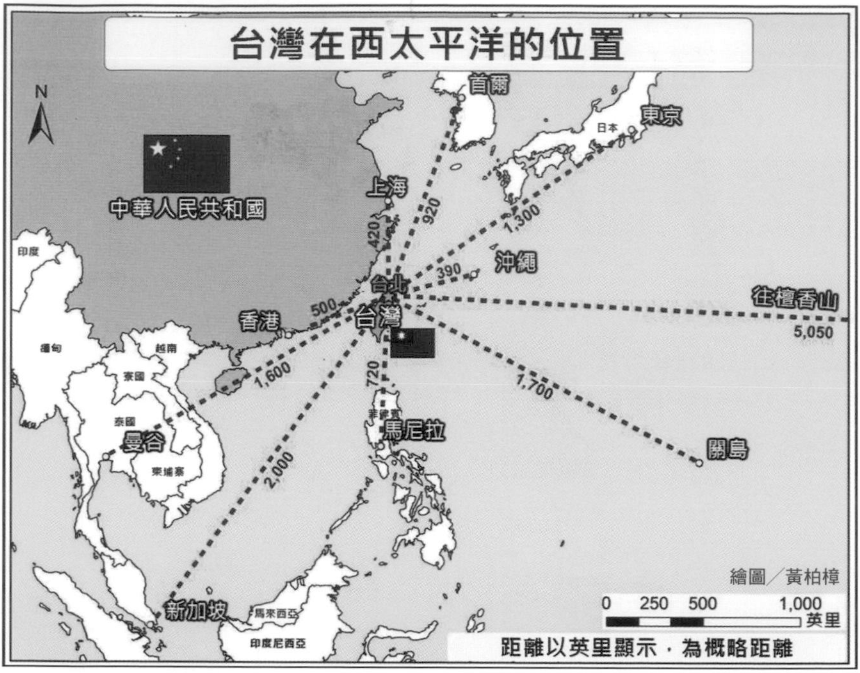
台灣在西太平洋的位置
N
中華人民共和國
首爾
東京
日本
上海
920
420
1,300
沖繩
390
台北
往檀香山
5,050
500
香港
台灣
印度
緬甸
越南
寮國
泰國
曼谷
柬埔寨
1,600
720
菲律賓
馬尼拉
1,700
關島
2,000
新加坡
馬來西亞
印度尼西亞
繪圖／黃柏樟
0 250 500 1,000
英里
距離以英里顯示．為概略距離

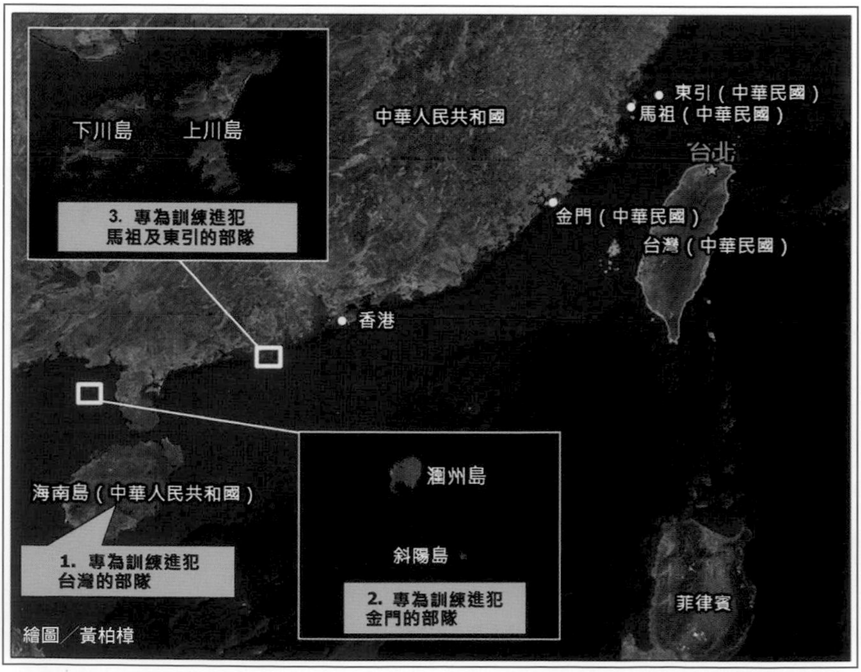
下川島
上川島
3. 專為訓練進犯
馬祖及東引的部隊
中華人民共和國
東引（中華民國）
馬祖（中華民國）
台北
金門（中華民國）
台灣（中華民國）
香港
潿州島
海南島（中華人民共和國）
斜陽島
1. 專為訓練進犯
台灣的部隊
2. 專為訓練進犯
金門的部隊
菲律賓
繪圖／黃柏樟

推薦文

（中共攻台）無法想像嗎？再想想看。本書作者易思安傑出地檢視了中華人民共和國自己說過的話，從中國人民解放軍的軍事教範、文件與出版品當中發現：中國早已準備好要進犯台灣、威嚇台灣、阻絕台灣。從今天起，華府的中國通們再也不能忽略這本書提出的議題了！易思安，幹得好！——**理查．阿米塔吉大使（Richard Armitage），曾任美國副國務卿**

作者的說理非常有說服力，指出台海衝突的危機就在眼前。本書內容令人信服……對於想要了解太平洋情勢的人來說，這是必讀的作品。——**科特．M．坎貝爾博士（Dr. Kurt.M.Campbell），曾任美國東亞暨太平洋事務助理國務卿**

在台海的軍事衝突這個主題上，作者研讀了大量來自中國和台灣的資訊。雖然他有些主張和我不同……我對他引述的資料感到高度的興趣，他的諸多見解也引發我心中的思考。這本書對中國入侵台灣的真實性做了嚴肅的檢視，值得一讀。——**前美國海軍上將丹尼斯．布萊爾（Dennis Blair），**

曾任美國國家情報總監和美國太平洋司令部指揮官

（台海）危機顯而易見……台灣是一個堅決擁護民主的政體，位於飽受爭議的東海和南海交界處，時時被敵人放話威脅。台海危機將是一場一旦爆發、後果極其嚴重的政治和軍事難題。——**前美國陸戰隊中將華勒斯．葛雷森（Wallace Gregson），曾任美國國防部亞太安全事務助理部長**

隨著中國在經濟和軍事力量上的快速增長，中國和台灣之間的衝突極有可能因此爆發。作者帶領我們理解這場可能的衝突，而我們必須做好因應的準備。——**前美國空軍中將大衛．戴特拉（David A. Deptula），曾任美國太平洋空軍司令部指揮官、美國空軍情報總部主官**

作者針對台灣海峽瞬息萬變的緊張情勢，完成此項極具說服力且激發思考的研究，政策制定者和專家們可藉此檢視、重塑以往的見解和分析。凡是手上掌控軍事力量且願意協防台灣這座民主燈塔的人，都必須研讀此書。——**楊念祖，前中華民國國防部部長**

這是一本資訊豐富、精彩絕倫的著作，描述了台灣海峽最危險、最具毀滅性、各方最不願看到的事。本書清楚說明了台灣和美國需攜手合作，將遏制台海衝突作為兩岸關係之首要目標。——**丹尼斯．布拉斯科（Dennis J. Blasko），Chinese Army Today｜書作者**

本書以豐富的資料以及清楚的闡釋，提醒所有人台海戰爭的可能性，以及一旦開戰，各方為維護和平所需付出的巨大代價。——**前美國海軍上校詹姆士·菲尼爾上校（James Fanell），曾任太平洋艦隊情報主官**

十四處能登陸的海灘、一年兩度氣候適合作戰的四個星期、入侵之前一千個空中轟炸目標……讀完本書，不能忘的是這些數據和事實。本書是一個獨特、珍貴的寶庫，讓讀者清楚了解解放軍（攻台）的準備狀態。本書極具權威性。——**賈桂琳·迪爾（Jacqueline N. Deal），華府智庫 Long Term Strategy Group 總裁**

威脅本身並不足懼，需要擔心的是諸多不同威脅之間的連動關係……要如何看清大局？本書有如作者精心製作的指南，供讀者按圖索驥。Bravo Zulu！幹得好！——**陳永康，前中華民國海軍二級上將，曾任中華民國海軍司令、國防部副部長**

透過精心的研究以及說服力極強的說理，作者從諸多取自海峽兩岸的第一手中文資料中，描繪了衝突將如何開端、如何進行、可能的結局，以及這場戰爭的結局對美國所代表的意義。本書也指出，若能從靈活的外交策略切入，佐以謹慎的軍事準備，當可阻絕戰爭之發生，維持兩岸和平。——

艾倫．弗瑞柏格（Aaron Friedberg），普林斯頓大學教授，著有 A Contest for Supremacy 一書

本書是每位中國觀察家、亞洲軍事戰略家必讀之作。作者的研究令人讚嘆，他分析了亞洲最危險的閃燃點台海。本書提出有力的說詞，不但強調阻絕的重要性，也指出美國和台灣的軍力必須調整，才能因應眼前的危機。——**麥艾文（Evan Medeiros），前美國國家安全會議亞洲事務資深主任、歐巴馬總統特別助理**

作者是最新一代的優秀中國問題研究專家……（作者）將解放軍現有文件、過去資料做了最詳盡廣泛的審視，嚴密的程度是學界當前僅見！他看出了解放軍是如何思考的、如何規畫戰爭的。更重要的是，他求出了解放軍的心底陰影面積……

本書脫離了冷戰時期季辛吉、Graham Allison 的綏靖退讓觀點（他們追求穩定。可是穩定不等於和平），終止了華府前任官員的台海想像，從而對台海問題提出新的觀點、想法和規畫。——**Richard D. Fisher Jr. 華盛頓郵報**

作者提出一個極其重要的預警：台海危機已經開始了，中共即將具備攻台能力，我們必須拿出因應措施，否則從一九五〇年代以來享有的區域和平就會消失。本書為台美中的決策者提供了非常重要的方向：如何預防戰爭於未然。——Bill Gertz, Washingotn Free Beacon

作者精彩描述了中共攻台計畫、台灣的驅敵計畫、美國可能的反應。書中有詳細的背景、軍事計畫、開打地點、使用武器等，體系清楚，邏輯井然，讀來容易，不會被軍事術語或專有名詞所妨礙。書中有些小細節更棒，例如八仙樂園爆炸慘案與台灣國防安全的展現。——Michael Turton, The Newslense

關心台灣主權的人，都該讀這本書！台灣軍力若遭擊潰，「台灣認同」就沒有作用。——**彼得・馬諦斯（Peter Mattis），華府詹姆斯頓基金會中國研究中心研究員**

本書提醒華府及台灣的決策圈：台灣的防禦實力是可以信賴的。台美兩國政府、學界、讀者都將因此對台海局勢有更深刻了解。值得一讀。——**王定宇，立法委員**

本書極具討論性，我們應嚴肅思考：對安全是否有足夠的投資？是否已建立足以嚇阻戰爭發生的能力？——**林於豹，臺灣戰略評估協會會長**

【編按】

閱讀本書時，建請讀者將重點放在作者欲表達的意思上，亦即：中共為何要攻台？解放軍眼中的攻台作戰為何？台灣勝算何在？這場戰爭如何避免？對台灣、對美國、對全世界的影響等等。至於以下技術細節，若有未合最新現狀或讀者個人經驗，尚請理解體諒，理性勿戰。

①書中引用中共文件內容時，有時為顧及文意清晰流暢，未按照中共文字的原樣刊出。

②兩岸軍事名詞不同，本書盡量採原單位名稱、名詞，如解放軍的空降兵（或空降兵軍）、火箭軍；又如解放軍「坦克」，國軍「戰車」。

③譯文風格盡量秉持作者寫作原意，亦即作者希望「撰寫一部他的父母家人也看得懂」的作品。因此有時未採嚴格的軍事用語，地圖亦為示意，未按嚴格比例。

④兩岸部隊番號、編組、裝備、隸屬變動頻繁，作者已盡力查證。然撰寫期間，正逢中共二〇一七年軍力調整組建，若相關內容（如各圖表內容與附錄3作戰序列）有不符最新現狀之處，尚請理解體諒。

目次

章節 Chapters

表 Graph

為什麼本書要用Z日取代D日

在本書中，我並不採用「D日（D-Day）」這個名詞來指稱中國攻台的登陸入侵攻擊發起日。歷史上廣泛使用「D日」代表二次世界大戰盟軍展開「大君主行動（Operation Overlord）」的那一天，亦即一九四四年六月六日的諾曼第登陸日。但是，若把「諾曼第登陸」聯想到「中共攻台登陸」，是很不恰當的。對於美國人以及英語系國家的人民來說，「D日」是一個人類歷史上光輝燦爛的時刻。雖然有時軍事專家會把「D日」當成非專屬名詞，而做較廣泛的使用，但在一般人心目中「D日」帶來的情感是崇高而熱血的，和本書討論的侵略主題，有著天壤之別。

因此，本書把日後中國對台灣發動登陸入侵的假想日，定義為「第零天」，英文叫Zero Day，或稱Z日，用來指稱未來中共攻台的登陸日。這一天到底是哪一天？目前不知道，因為解放軍或者還沒定案，或者還是機密。在本書中，Z日這個名詞將合併數字與加號、減號一起使用，來指稱登陸日之前或之後的特定日期。例如，Z減五日代表解放軍登陸台灣之前五天，Z加五日則代表解放軍登陸台灣之後五天。

二次世界大戰期間，英國首相邱吉爾在討論納粹侵入英國的可能性時，曾使用「Z日」這個名詞來指稱納粹登陸英國的那天。希特勒原本想在一九四〇年入侵英國，後來因為英倫空戰輸太慘，只好終止入侵英國的計畫。

導讀序言

廿年的時光轉眼而逝，一九九五到一九九六年間的台海危機發生至今，台海這個「閃燃點」好像已從美國決策者和軍事家們的腦中淡出，他們的時間和精力已經轉移到別的地方去了——恐怖攻擊事件需要立即處理、全球經濟不景氣需要立即處理、網路資安事件需要立即處理、核武擴散需要立即處理、全年無休的全球政經緊張情勢需要立即處理……華府彷彿無時無刻都處於危機狀態，沒時間去理睬長遠的戰略大局了。

就因為這個原因，美國現在的對華（中華人民共和國）和對台（台灣）政策，依舊凍結在一九七〇年代晚期發展出來的架構當中，可是當時美國外交政策所面臨的挑戰，和今日完全不一樣。外交政策若要發揮效用，就必須隨著時間不斷演化，並緊貼著第一線的新事實不斷調整。而亞洲的情勢早已產生很大的改變，台灣海峽的情況更是如此。

雖然亞太有不少地區依舊是在威權或是復仇心態的統治之下，但台灣已發展成為一個活潑的民主政體，無論在人權議題或政府治理上都是模範生。台灣的成功故事，就是美國的成功故事，兩邊政府在第二次世界大戰與冷戰時期互為盟友，而最近幾年台灣在阿富汗重建工作擔任主要的捐助者角色，在一系列全球人道危機發生時率先出力響應（例如海地的地震災情、非洲伊波拉病毒疫情），更是美國在區域安全事務上的緊密夥伴。遺憾的是，台灣在國際事務上扮演的重要角色往往沒被看見，台灣付出的辛勞往往未獲肯定。

同一時間，在海峽的另一邊，中華人民共和國正在興起，有望成為主要的競爭者。中國的軍力快速成長，主要目標就是要以武力解決兩岸主權問題，同時在美國出面干預時予以阻絕或擊潰。中國不斷研發攻擊性武器，並將之大量部署在前線。這些武器包含了彈道飛彈、無人機、太空戰力、兩棲攻擊艦隻、隱形潛艦，還有網絡戰與電子戰的攻擊能力。中共的這些武力發展，將會削弱美國在亞洲地區盟友的信心，從而擔心萬一發生最壞的情況，美國是否有能力保衛大家的安全。換個角度看，中共的軍力發展也會侵蝕以美國為首的區域安全架構，讓不穩定的感覺逐漸蔓延。再這樣下去，台海彼端的中國軍備增長，極可能帶來悲劇。

美國國會頒布的〈臺灣關係法（U. S. Law 96-8）〉載明，美國的國家政策是「提供防禦性武器給台灣人民；維持美國的能力，以抵抗任何訴諸武力或使用其他高壓手段，而危及台灣人民安全及社會經濟制度的行動」。身為美國人，不管是基於我們的崇高理念，或是著眼於現實的美國國家利益，我們責無旁貸，必須協助台灣做有效的自我防衛。

放眼未來，美國國防部應當立即研議創新的策略，提升美台之間的防衛與安全關係。美國對台的重大軍售案也應當定期地、規律地進行。不過，單單依靠武器銷售，無法確保和平，因此我們也當尋求適當方式，將台灣這支高效能的軍力納入美國的區域安全架構，尤其是在海域警覺、彈道飛彈防衛、人道協助及災後救援等工作上。另外，雙方也急需進行艦隻互訪、高層接觸、聯合訓練與聯合軍演等事項。

台灣的部隊值得受到尊重，值得以尊嚴對待。美國的男女官兵也必須盡一切努力做好準備，處理眼前已知的危機。如今，美國、台灣與其他亞洲民主國家正面臨真實的危機。為了維繫這個重要區域的長期和平與繁榮，我們必須正視我們的難題，迅速拿出行動來克服。這樣看來，本書恰好可以促進大眾對相關議題的認知，也為政策辯論注入更多題材。

薛瑞福（Randall G. Schriver）
美國國防部助理部長（亞太）
2049 計畫研究所總裁暨執行長

前言

我首度開始思考台灣這個島嶼所面臨的軍事威脅，是因為二〇〇五年夏末的一次經驗。我為了學習中文，才剛到台灣幾個星期。那天放學後，漫步走在台北市和平東路上，準備去搭捷運。就在此時，一陣尖銳的警報聲突然響徹雲霄，狠狠劃破了台北夏天悶熱而沈滯的空氣。

我馬上抬起頭來，想看看天空是否有任何異狀。我是伊利諾州鄉下長大的小孩，家鄉到處都是玉米田，對我來說，「警報聲」意思就是龍捲風來了，快躲！但是，我看來看去，台北的天空一片澄藍，完全不見任何龍捲風即將來襲的可怕雲體。

突然間不知從哪裡冒出大批警察和軍人，我周圍都是。要知道，我可是生長在警察世家，場面也見過不少，但我從來沒看過這麼多的執法人員集中出現在同一個地方。這倒有點像每年三月芝加哥舉辦聖派特里克節（St. Patrick's Day）遊行的時候，大批警察聚集的情況。只不過台北的規模更大、氣氛更肅殺，而且沒有人演奏愛爾蘭風笛。

軍警首先迅速阻斷路上車輛交通，然後很嚴肅的示意我們這些行人馬上離開人行道。我躲進一家台北街頭隨處可見的統一超商，然後從玻璃櫥窗往外面看，平時熙來攘往的台北街頭此刻是一片怪異的死寂，只有不時響起的可怕警報聲，以及公家單位黑頭車呼嘯而過的聲音，看來它們正趕往指定的撤離地點。

眼前景象感覺很不真實。放眼望去，每個十字路口都有執法人員站崗，所有車輛都靜靜停在路邊，神色緊張的公車乘客魚貫下車，大人帶著小孩迅速地從私家車下來尋找躲避點，還有許多用摩托車載著孩子的母親們急急忙忙跳下車，帶著孩子躲避到最近的建築物裡面。任何可稱得上掩蔽物的地方，底下都聚集著一堆一堆人群。

這時我突然看懂了！這是一場防空演習。於是我再度抬頭看天空，現在我有點想看是不是真的會有噴射戰鬥機在天上飛過。這是真的空襲嗎？炸彈真的要掉下來了嗎？我早就知道台海情勢一向劍拔弩張，但我從來沒有想過如果中國對台展開軍事偷襲的話，情況會怎樣。

這時，在便利商店內擁擠的人群中，我看到一張熟悉的臉，是我的同班同學，來自日本的交換學生，她在台灣待的時間比我久，應該知道現在情勢如何。於是我死命向她揮手，然後從人群中鑽了過去，問她有沒有最新狀況可以幫我更新一下。她勉強擠出個微笑說，這是測試敵方空襲時的緊急程序，也算是年度國防演習的一部分。

演習？可是我完全感覺不出這是個演習，因為實在太肅殺、太逼真了。當然，卅分鐘後，解除警報的聲音傳出，演習結束了。接著在警察指揮下，馬路上的交通迅速恢復，民眾從掩蔽的地方蜂擁而出，幾千輛車子同時發動，怒吼的引擎聲響徹整個台北，交通也瞬間打結。幾分鐘前還一片死寂的大街，此刻已被喧囂的人潮車潮所淹沒，台北又回歸了她正常的面貌。

可是，我忍不住想問：這樣真的正常嗎？至少，對我這個外國人來說，這一點都不正常。我剛剛所經歷的這一切，是完完全全超乎我生活經驗的。我以為，防空演習這種事，只有在第二次世界大戰的紀錄片裡面才存在，怎麼會發生在今天呢？當然，我知道中國共產黨政權對台灣的民主成就和實質上的獨立，已經看不爽很久了。但我也知道，亞太區域的經濟正來到前所未有的繁榮景況，中國的十三億人民日子越來越好，兩岸的經貿往來越來越頻繁，雙方的合作腳步正不斷的加速。根據我的中文老師所說的，這叫「政治冷經濟熱」。在這樣的氛圍下，中國真的可能為了一個已經休眠多年的政治爭端，而不惜和自己最重要的經貿往來對象開戰？在我看來，這是一件不可思議的事。

於是我告訴我朋友：「這種防空演習啊，一定是從一九九〇年代殘留下來的，那時候兩岸局勢比較緊張。」我還記得一九九五到一九九六年間兩岸曾發生飛彈危機。但今天的中國絕不可能攻打台灣的，中共攻台的威脅並不存在……真的是這樣嗎？

那天到了傍晚，我腦中還不斷浮現白天的情景，我看見整條馬路上都是大人帶著孩子迅速往四處散去。我想像著：這些父母，是怎樣跟孩子們解釋他們為什麼要找掩蔽躲藏？這一幕幕的畫面在我腦中不斷重複播放，有如漆黑戲院裡的電影片。我開始想像，如果兩岸真的開戰，會是何等光景？那迴響在我耳邊的警報聲，是否終有一天，會成為真實的場景？

第二天，我開始追問中文老師和一些台灣朋友，我問他們會不會擔心有一天中國真的打過來。結果他們都覺得我很奇怪，只不過禮貌性聊聊天，幹嘛問這種讓人超不愉快的問題，然後他們就馬上轉移話題。

有些人的反應則不一樣。他們聳聳肩，很悲觀的樣子，彷彿台灣已經被中國打敗了。他們覺得這是躲不掉的，中國這麼大，可以隨時打過來，遲早的問題而已。如果真的發生了，他們馬上就會飛往加州、加拿大或紐西蘭投靠親友。

事實上，我發現願意和我討論這個話題的人，幾乎都有一套自己的「撤離計畫」，但是我也發現，沒有一個人真正去想過執行上的細節，大家都不知道戰爭會怎麼打，也不知道開戰後該怎麼逃，完全沒有頭緒。沒人知道開戰前會出現哪些徵兆，沒人想過何時應該開始收拾行李逃命，何時要買機票。只要我繼續追問更多細節，他們就完全答不上來了。說到底，他們覺得戰爭發生的可能性蠻低的，還是關心眼前的日子比較實際一點。對我這樣一個初來乍到的老外來說，我是覺得蠻難想像的：這麼多人，生活在這個島上，頭頂上隨時籠罩著敵人入侵的烏雲，卻能不受影響照樣每天過日子。他們是怎麼做到的呢？

後來，我在台灣一共待了四年半。開頭時真的有點擔心對岸哪天會打過來，隨著時間過去，也就慢慢習慣了，躲空襲警報也成了生活的常態，甚至感覺蠻自然的。當然，生活裡還是會有一些事提醒我：台灣這個島國仍然面對著她未卜的命運。二〇〇七年十月十日，為了慶祝國慶日，台灣政府舉行了一場閱兵大典，一列又一列的戰車和飛彈發射器就從我的住處附近經過，我一抬頭，就可以看見噴射戰鬥機和直升機從屋頂陽台呼嘯而過。

閱兵大典後不久，戰爭的陰影又悄悄籠罩在台灣上空。二〇〇八年台灣總統大選前夕，在台北的外國人圈子裏，流傳著一些無法證實但令人驚心的謠言，其中一則是說，美國已經在太平洋秘密部署了三個航空母艦戰鬥群，以確保台灣的總統大選不受干擾。

我找了一天跑到東北角一家咖啡廳，選了戶外的位子，慢慢啜著咖啡，一邊遠眺灰暗冷冽的海洋。我在想，對岸的中國有沒有什麼動靜？遠方看不見的海洋上，是不是真的有美國海軍軍艦正在巡弋？不過，我坐了大半天，海上除了貨櫃船和漁船，什麼都沒有。於是我下了結論，我聽到的謠言都不是真的，完全是自己嚇自己，海水如此平靜，實在很難讓人聯想到那些地緣政治的紛爭。

後來我才知道我完全錯了！多年以後，兩個朋友告訴我一些故事，證明了當年的謠言其實距離事實不遠。我有個好友是美國海軍情報官，二〇〇八年情勢緊張的時候，他派駐的軍艦原本在菲律賓海，奉命駛往台灣東部海域巡邏。回想起來，那正是我坐在海邊喝咖啡的同一時刻。「船上的槍砲都上膛了，你說有多危險？」他一臉嚴肅的告訴我：「那年春天，我們隨時可能和中國打起來。一般民眾不知道而已。」

另一個朋友當時在政府的安全部門任職，他也證實了那種焦慮的氛圍。他說，海峽對岸的中共軍方已經在調動部隊，軍事活動的頻率不斷增高，有些情報分析甚至解讀這就是中共發動攻擊的前兆。他對我講了同一句話：「槍都上膛了。」

話說回來，我待在台灣的期間，趁機到處遊覽，去了不少有趣的地方，包含一些離島。這些離島簡直就像堡壘，其中以金門給我的印象最深刻。金門離中國大陸非常近，在一九五〇年代，「金門島」在美國是個家喻戶曉的名字。中共曾經在一九四九年試圖拿下金門，登陸後在海灘上慘遭迎頭痛擊，一萬名解放軍被蔣介石領導的國軍掃蕩殆盡。對「自由中國」來說，這場關鍵勝利來得正是時候。

但中共還沒有死心。之後幾十年，中共時不時就砲轟金門，或者派軍艦、戰鬥機和蛙人部隊來襲擾這個小島。一九五八年八二三砲戰期間，戰情一度緊張到美國甚至在台南空軍基地部署了原子彈，以防中共拿出可怕的人海戰術。據說美國直到一九七四年才將原子彈撤出台灣。

我去金門參觀的那次，他們告訴我金門的花崗岩底下早就鑿空，佈滿坑道，守軍可以利用坑道對中國大陸發射長距離的飛彈、火箭和大砲。我們特別去看了一些老舊、廢棄的坑道，感覺像是進入時光博物館。有些坑道還由軍方使用，一般人就嚴禁入內。幫我們開遊覽車的司機大哥知道我會講中文，而且喜歡軍事史，他就對我眨眨眼睛，用手指向金門的最高峰。

「那裡面都是戰車喔，」他調皮一笑：「全部藏在坑道裡。真的，不騙你，我以前在那邊挖過工事，就在山裡面。我們金門的地下坑道多到不行，如果我遊覽車開進去，一定可以貫通全島呢。坑道裡都沒車，如果走裡面送你們去機場，保證打破紀錄馬上就到。」然後他就被自己給逗笑了，完全開心到不行。

很多外國人和我一樣，對台灣的第一印象都是她非常恬靜，治安超級好，暴力犯罪罕有，人民溫和友善有禮貌。我到台灣之前先在上海住了一段時間，和上海市比較起來，台北市又先進又乾淨，不像上海那麼粗鄙無禮，台北甚至有點……軟綿綿的。可是日子久了，我了解更多，這時台灣的另一個面貌就浮現了。

從金門回來之後，我開始留心以前沒有特別注意的一些事，像是偽裝的掩體、電子偵聽設備等等。我還發現，其實到處都可以看見一些欲蓋彌彰的標誌，暗示附近有國防設施。我開始用一個不同的眼光來看待台灣，這是一個被軍事威脅籠罩的島國，而且，由於被威脅的時間實在太長了，島上的人們對這事早已變得麻木而無動於衷，也難怪我認識的人裡面，還沒聽說過有誰因此而失眠的。

二〇〇九年，我在台灣的一家軟體公司上班，擔任翻譯。同事們個個都是寫程式的宅男，不過他們也會隨時變身成為保家衛國的捍衛戰士。因為我三不五時總要提一些不識相的問題，諸如對岸何時攻打過來之類的，這時他們就會很驕傲地跟我分享他們以前當兵的英勇故事，他們是如何準備消滅共匪的。「共匪」是台灣人的慣用語，用來指中國。

我其實蠻驚訝的，因為我印象中台灣的年輕人普遍討厭當兵，很多有錢人會找門路讓自己的小孩不用當兵。我認識一對人很好的夫妻，對自己戒嚴時期的成長經驗有一段很不愉快的回憶，於是就鼓勵他們的長子在高三那年厲行節食，這樣去兵役體檢的時候就會體重過輕而免役。他們家老大乖乖照做，也成功免役了。（但我覺得他當時骨瘦如柴的憔悴樣，可能會失去一些泡妞的機會。）據我後來觀察，這樣的例子，其實也算常見。

所以我就不懂了。我在這家新潮的高科技公司上班，裡面的員工卻對當兵的那段美好時光回味無窮，津津樂道描述自己如何在伸手不見五指的黑暗海岸巡邏，或是如何駕駛著悶熱難耐的戰車。看來並不是所有受過高等教育的台灣年輕人都討厭當兵。我的同事們把服兵役當成人生必經的成長儀式，男孩在軍中蛻變成男人，雖然沒有人會說他很享受服兵役的過程，但所有人都深深珍惜這段時光並引以為榮。

最讓我嘖嘖稱奇的是，常常我們在飲水機旁剛剛聊完這些打共匪故事，接著馬上就去跟我們上海或西安分公司開視訊會議。當然大家絕不會對視訊彼端的中國同事提到兩岸衝突問題，但這些問題確實存在，而且是如此真實，甚至會讓公司裡的電腦宅男怒髮衝冠，熱血沸騰！

之後幾個月，公司裡每一個人，包含管理階層，都不斷跟我強調他們其實超不喜歡跟「共匪」一起工作，因為這些「共匪」從不照規矩走，老愛打擦邊球，又常常說話不算話，還看不起台灣……很過份的。但台灣這邊的員工也確實承認中國寫程式的人才很多，人力成本又低，所以他們願意持續進用中國員工，肩負起管理中國員工的責任。台灣的生意人不分男女，就是這麼的務實。不過，我也深信，如果北京真的下令攻台，那麼我們那位四十多歲、煙癮奇大的嚴厲女老闆，一定會毫不猶豫立刻停發所有中國員工的薪水。

所以事實上，打經濟戰反而成為台灣的一個相對優勢。我們老闆曾經帶著我認識一個退休的國安會官員，他告訴我們，兩岸一旦有戰爭危機，軍方有個備案就是讓網路作戰部門立即截斷海峽兩岸的一切通訊。這意味著對岸數以千萬受雇於台灣高科技公司的中產都會白領階級人士，會在瞬間就沒了薪水。

「畢竟，」這位前官員露出自信的微笑：「這些大陸員工的薪水都是從台灣這邊的銀行電匯過去的，所以，只要切斷網路……很容易的。」當時我認為他腦袋壞了，這不像是作戰策略，反而比較像是台灣的經濟自殺。要到幾年後，一位台灣學者向我解釋了一遍這個策略的背後邏輯，我才稍稍懂了一些其中的道理。

「若中國威脅要攻台，我們的經濟一定先受重創，投資人馬上就跑了，一九九六年飛彈危機的時候就是這樣，我們不會忘記這種滋味。所以現在我們投桃報李——我們可以扼住上海經濟的咽喉；但如非必要，我們不會有動作。因為經濟封鎖這一招傷人也傷己。話說回來，如果不得已必須這麼做，台灣的商人向來以靈活著稱，幾年內一定可以在別的地區找到機會，重新站起來。但中國就不同了，這對他們可能是致命的一擊，中共政權應該很難忍受這個。」

看起來，台灣的國家安全，不只是防空演習、閱兵或是掩體碉堡而已。這場戰爭將會直接牽動經濟、甚至雙方人民日常生活的一切面向，而我在研究所讀過的一切兩岸關係書籍裡面完全沒有提到這些。此外，地緣戰略的利益也很重要。果然，不久之後我就了解，在海峽兩岸這場角力中，有些最有意思的事情乃是在非常遙遠的地方上演。

二〇一〇年我回到美國，經過冗長的面試，在海軍下轄的海軍分析中心（Center for Naval Analyses, CNA）找到一個工作。海軍分析中心是美國聯邦政府贊助的智庫，服務對象是美國海軍以及陸戰隊。我的職稱叫初級分析員，負責分析中國的訊息。工作本身沒什麼特色，但有些超棒的福利。比如說，身為菜鳥分析員，我可以去維吉尼亞州的諾福克軍港參觀軍艦。還有比這更刺激的，就是去華府南方寬提科的靶場，和海軍陸戰隊員一起用機槍打靶。

可惜好康不是天天有，大部分的時間我都是獨自一人，面對一堆中國軍事文章或報導，剪剪貼貼再分析一下。當然，這件事有它的意義和趣味在，只是有點瑣碎，所以若有機會可以離開辦公室去認識新朋友，我一定第一個衝出去。就因為這樣，我才認識了好幾位負責處理「蠻夷事務」的中國外務官員、會講英文的中國將領、情報官員以及中國學者。這些人都是北京派的，任務是在全球的菁英媒體或意見圈當中，塑造中國的形象。

當時，中國代表團會定期訪問華府進行雙邊軍事對話，有些活動就是由我們中心主辦。這種活動的目的是讓雙方增加互信，不過我看來好像沒什麼效果。這些中國將領看待美國的態度，不但冰冷，而且幾近仇恨，這當然讓人有點驚訝。反正我也沒打算在這種場合交到真心好友，我的任務是了解他們怎麼看待外在世界的。身為分析師，我對自己的期許是要弄清楚他們在意的東西是什麼。閱讀他們所撰寫的文字是一回事，真正面對面接觸時，他們所說的、他們的行為舉止又是另一回事。

每當提到台灣議題，這些代表團的反應都很強烈。顯然整個中國政府，至少是中國共產黨的重要幹部們，對台灣問題懷抱強烈的執念。看著這些中國官員一個接一個聲嘶力竭地爭辯著征服台灣是如何符合他們國家的「核心利益」，我開始了解，台灣政府每年舉辦空襲警報演習，真是未雨綢繆的智慧之舉。

我還記得一場特別尷尬的交流。那次我們準備了晚宴，和我同桌的是三位不會講英文的中國將領，和一位頗為友善的美國海軍軍官，他只會說德文，不會講中文；整場晚宴幾乎沒什麼實質互動，氣氛實在詭異。我們的海軍軍官不斷努力對中國將軍們拋出一些有禮貌的話題，由我口譯。很不幸他的苦心完全白費，中國將軍們粗魯又充滿敵意。

這位美國軍官無計可施，只好丟出最後一招：「你們知道嗎？九一一那天我就在五角大廈上班，我有好幾位朋友不幸在當天的恐攻行動裡面喪命。中國和美國的軍方或許可以同意：恐怖攻擊對我們雙方是共同的威脅，我們可以攜手合作，讓類似悲劇不再發生。」我當然也忠實地把這番話翻譯給我們的中國朋友。

回應這番話的是一位乾瘦的政委，看得出另外兩位將領很怕他。他說，美國遭受九一一恐怖攻擊是咎由自取，因為美國犯下了干涉他國內政的滔天大罪。「這就是你們的報應，」他不屑地說。

我差點以為我聽錯了。九一一恐怖攻擊一共奪走了三千名無辜美國人的生命，這是我們的報應？我完全不知道該怎麼把這段話翻譯回去給我們友善的海軍軍官。我停了很長一段時間，絞盡腦汁想怎麼修飾這位中國將軍的措辭。最後，我湊到美國軍官的耳邊說，「呃……長官，他剛剛說的是……」

這位海軍軍官是個健力舉重選手，他粗壯的脖子上開始慢慢浮現青筋。算這些中國人好運，晚宴就在這個時候宣告結束，這位中國將領肯定意識到自己太過份了，急急忙忙站起來轉身就走，在任何人有機會說任何話之前，他已經和門口其他的人會合，登上了等待中的巴士。而我們還留在現場的美國人之間也不知該說什麼，只好默默站起來離開。那種感覺很像我們剛剛滿懷善意遞出了象徵和平的橄欖枝，卻被對方狠狠吐了一口口水。

這次事件以後，我對中美關係的看法完全改變了，我還發現有很多人和我一樣。幾年後我在美國海軍戰爭學院舉辦的研討會上又遇到了那位海軍軍官，他還記得當年的事。他說，他最近在夏威夷參加一些類似的活動，在場中國官員所表現出來的輕蔑態度，比當年有過之而無不及。他很冷靜的下了結論：在沒有共同價值觀和善意的前提下，雙方很難建立任何互信。

二〇一三年我轉移跑道，加入二〇四九計畫研究所（Project 2049 Institute），一個專門研究亞洲安全議題的智庫。我負責的範圍也變大了。其實我以前就在二〇四九計畫研究所待過，那是我在台灣的最後一年，擔任該機構「非常駐研究人員」，現在又回來了，感覺蠻好的。不久我就以二〇四九計畫研究所代表的身份外派東京，進入研究機構「日本國際問題研究所（Japan Institute of International Affairs）」擔任訪問學者。

在這個學術交換計畫裡面，包含了參訪美國和日本的軍事基地。參訪過程中我發現，很多軍官都相當憂慮台灣海峽的緊張情勢，且對於美國屈服於中國壓力而凍結對台軍售一事，也深感不解。對他們來說，美國此舉將使中國更加肆無忌憚，讓中共有膽做出一些危害區域穩定的舉動，中國在東海掀起釣魚台列嶼風波就是個很好的例子。

至於台海情勢，絕大部分的人覺得開戰可能性不高、但一旦打起來就絕對的致命。有些人甚至認為台海問題是五角大廈最棘手的難題。很多人對當前情勢都頗為驚心，也慶幸至少目前看來雙方還算勢均力敵。不管怎樣，他們都覺得要準備好面對最糟糕的情況，特別是美國駐日本的軍事基地，一旦開戰，就會變成面對戰爭的第一線。

空軍最擔心的是戰爭爆發後，中國一定會對美國駐在沖繩的部隊發射飛彈，排名第一的目標當然是嘉手納，美國境外規模最大的空軍基地，一旦被炸後果不堪設想。有個說話很直接的戰鬥機飛行員告訴我，如果中國真的來襲，他希望當時自己正在空中執勤，因為基地裡的強化機堡抗炸能力不足。只有在空中迎戰，他才能報復敵人。

海軍則有別的憂慮。他們擔心中國的潛艇會擊沈美國航空母艦，例如喬治華盛頓號（第七艦隊的戰鬥主力），或是兩棲艦隊指揮艦藍嶺號。特別是藍嶺號，她是美國太平洋艦隊唯一的一艘指揮艦。在東京時，我曾和一位驅逐艦的艦長一邊吃壽司喝清酒一邊聊天。他很平靜的告訴我，為了保護老大（當時第七艦隊指揮官羅伯．湯瑪斯中將），他有信心他的驅逐艦有能力擊落中國反艦飛彈。但讓他晚上失眠的場景卻是：敵人魚雷神不知鬼不覺穿越了他的警戒線，朝著藍嶺號奔去。

沒有人能真正預見情勢將如何演變，但可以確定的是一旦中國發動攻擊，所造成的後果，將比九一一加上珍珠港事變的總和還要嚴重很多。有些人甚至擔心，就算海峽發生小規模衝突，情況也會迅速升高到失控的地步，導致中美兩大強權爆發核戰。我在石垣島遇到一位勇於直言的美國外交官，他說台海根本就是個巨大的戰爭陷阱，會絞進去很多美國人的性命。

在這些交談中，有個問題不斷困擾著我。如果大家都擔心中美兩國因台灣問題而開戰，為什麼討論此事的論著如此之少？放眼所及，自從二〇〇八年對中國態度較友善的馬英九當選台灣總統以後，美國和日本的研究單位就沒有產出任何深入的研究。許多學者對台灣失去了興趣，他們預下結論，認為台灣遲早會被併入中國。有些學者則覺得公開討論戰爭反而可能引致戰爭爆發，面對中國這條從東方升起的巨龍，最好的策略就是別去惹它。國會議員倫迪•福布（Randy Forbes）是眾院軍事委員會的成員，他形容這種對害怕的事閉口不談的現象是「佛地魔效應」。

也有些學者雖不避諱討論和中國衝突的問題，他們只是認為台灣目前不是中國的注意力所在，中國關切的是南海問題，在中國眼中海權爭議才重要，台灣問題沒有那麼重要。似乎每位和我交談的人，都把注意力放在中國擴增海軍力量、解放軍的任務（不包含台灣）等事上，沒人談到台灣。但我無法同意他們的觀點。我越深入研究，就越來越確定台灣才是解放軍的核心任務，我們如果對此事一直維持一種盲目的樂觀態度，或是只關注一些熱門話題，那我們就犯下了非常嚴重的疏忽。

自從那年我在台北首度體驗到防空演習，我心中就不斷思考「中國會如何攻台」這件事。十年來我努力研究，卻發現與此議題相關的公開資料少得可憐。美國把重點放在如何面對中國迅速崛起成為一個強大對手這件事上。依此考量，台灣海峽應該成為美國的關注起點才對，因為這裡的局勢極端危險。美國唯有直接面對最嚴峻的挑戰，才可能在自己的亞洲策略上見到效果。唯有在最壞的狀況之中，我們才能把事實看得一清二楚。而唯有當我們對事實欠缺理解的時候，才會把情況想得很可怕。

我希望這本書的問世，能讓各界對兩岸形勢有更深入的了解，激發美國相關單位投入研究工作。如果我們不知道中國軍方對進攻台灣的真正想法，不知道解放軍認為自己有何不足之處，不知道解放軍會如何解決攻台的執行面問題，那麼我們等於對當代軍事、政治上最重大的議題失去了理解。當然，本書微薄的篇幅無法將所有議題涵蓋周全，台海問題這個拼圖還有很大部分沒有完成。我誠摯希望，本書是未來更多研究之路的起點。

第1章

為何中共一定要侵略台灣？

但是我們不會在壓力之下屈服……台灣……是一個可以爲自己做決定的國家

——蔡英文總統

隨著中華人民共和國崛起，邁向二十一世紀超級強權之路，台灣要承受的損失，將超過世界上任何一個國家。中國可能在政治、經濟、軍事實力上成為世界第二大強權，威脅許多國家的利益，但唯有台灣所受到的威脅，不僅只是利益，而是生死存亡。只有台灣會遭受經濟命脈被切斷、城市被轟炸，以及沿海地區遭搶灘登陸。只有台灣可能要面對她的總統被暗殺、辛苦建立的民主一夕之間被摧毀。也只有台灣可能被迫放棄民主，而成為極權政治的警察國家。以上這些，都是中華人民共和國一直在積極準備的目標。中國一黨專政的威權政府不斷從各個不同角度挑戰許多國家，但唯一只有台灣會面臨中國的軍事入侵和武力占領。

中國共產黨高層正調動大量的國家資源，意圖打造出威力無比的軍事機器。中共整軍經武的主要目標就是取得進攻台灣所需的軍事能力，並將此入侵行為美其名為「達成國家統一」。不過，中國雖積極擴充軍備，並不代表戰爭已迫在眉睫或一定會爆發，中國共產黨高層更希望中華民國（台灣的正式名稱）的總統在威脅下屈服，簽約交出她的國家主權。然而，中共也不斷準備以武力解決台灣問題。

攻台始終是解放軍的最主要目標

蘇聯解體之後，中共的軍力就一直準備應付台灣海峽未來可能發生的戰爭。雖然過去數十年間隨著經濟實力持續增長，中國的利益範圍也不斷擴大，但武力攻台這項計畫的重要性，一直凌駕其他計畫之上，從未改變。「入侵台灣」一直是中國共產黨的武裝力量——中國人民解放軍——的重點計畫。對他們來說，「解放台灣」這場戰役，就像身上的刺青一樣，牢牢植根於解放軍的核心記憶檔案之中，也是解放軍所有高級將領長久以來都被灌輸的觀念。攻台計畫主導了他們的生活，形塑了他們的組織，是整個軍隊存在的目的和意義。對他們來說，黨和政權的利益高過中國人民的利益；黨的「主要戰略方針」（即最高目標）就是攻下台灣，終結台灣的實質獨立狀態。[2]

此刻中國當然還未具備足夠實力，能對台灣進行全面進攻並取得勝利。任何一個頭腦清楚的中國共產黨中央總書記都不會在此刻嘗試此舉。就算有些鷹派軍方將領躍躍欲試，開戰可能帶來的巨大風險及後果，也會對共產黨政權造成致命衝擊。解放軍的戰略制訂者很清楚，要達到他們的目標，前方的路還很漫長。但我們也不應因此降低戒心。中國方面非常清楚他們尚有不足之處，也會傾全力不斷增強實力，包含欺敵策略、情資搜集、心理戰、軍種聯合訓練，以及先進武器研發等等。若沒人阻止的話，中共在軍事上的投資會帶來一場震驚世界的衝突，對人類造成巨大悲劇。

中共攻台的計畫及外力干預考量

人類天性就會擔憂未來各種不確定的事，這種恐懼甚至可回溯到人類社會、文明最初成形之時。任何一個國家都需要戰備計畫，所有軍事人員和國防分析者也有責任設想在何種最壞狀況下，國家會遇到毀滅性的衝擊。他們必須盡力探知敵方的計畫，若能在事前知道敵方的惡意，就能避免遭受敵方出奇不意的致命打擊。

防衛策略、軍事準則以及作戰的實施計畫可比喻為一個國家購買的保單，雖然國防和保險的設計理念完全不同。保單是由精算師根據過往實際數據設計而成，戰爭計畫則是由各軍種的將領、文職官員依據自己的專業判斷做出合理假設：如果某個競爭對手變成敵人的時候，他可能的行動為何。不過，歷史經驗告訴我們，各朝各代各國的領袖們常常會做出一些超乎理性、超乎邏輯的決定。基於此，了解敵方的想法就變得更加重要，因為敵方的行動是來自於他的想法，而不是來自於我們認知的客觀事實。

中共持續規畫攻台細節

可能絕大部分的外國人都不會相信，但中國軍方從來沒有一天間斷攻台的研究和操練。日復一日，從北京到海南島，所有軍事單位或在桌面上做兵棋推演，或在電腦上模擬，或在海岸邊操演，持續不停從各種不同角度演練攻台計畫。在各級軍事院校裡，解放軍的軍官不斷研修自己在攻台戰役中要扮演的角色和任務。年輕的尉官們在軍校裡學習，較為資深的上尉和校級軍官進入指參學院，高階的上校和將級軍官則進入北京的解放軍國防大學繼續深造。這些軍人（解放軍是由男性主導的環境）在他們的軍事生涯全期裡面必須學習許多任務，而根據解放軍的文件，這些任務當中最主要的就是對台發動全面攻擊。[3]

美國會支持台灣嗎？

中國和台灣之間若爆發任何衝突，美國都免不了會被捲入。一個和平、穩定、繁榮的東亞，最符合美國的長期利益；中國以充滿敵意的公開態勢崛起於東亞，將嚴重挑戰美國的利益。美國並不承認中國的主權及於台灣，在美國眼中台灣主權是一個懸而未決的議題。此外，依照〈臺灣關係法〉的明文，白宮有義務提供台灣防衛性武器及後勤維修，並維持足夠的美國軍力，以抵抗包含中國在內任何訴諸武力或其他的高壓手段，危及台灣人民安全及社會經濟制度的行動。若中國對台實行封鎖、轟炸甚或入侵，美國必須拿出行動協助這個民主盟友。〈臺灣關係法〉的拘束力也許不如正式的共同防禦條約，但它具有美國國內法的地位（U.S. Public Law 96-8），清楚載明了只要中國使用武力，華府不會袖手旁觀。因此，不管是基於法律責任或道德義務，美國都必須和台灣站在同一邊，即使這意味著美國必須冒著和世界第二強權開戰的風險。

除了原則和榮譽問題，美國還因為地緣戰略的原因而支持台灣。美國的戰略家越來越認清一項事實，那就是中國正致力提高它在西太平洋地區的主導地位，在這場漫長而激烈的角力中，台灣位在地理和政治的心臟位置。[4]東海和南海的海權衝突雖然也很嚴重，但與台灣的樞紐位置相比，完全是不同的層次。台灣的地理位置緊扼太平洋咽喉，我們必須仔細檢視此地爆發戰爭的可能性。

台灣政府和北京政府之間的主權之爭，始於一九四九年十二月。飽經了連年戰火之後，蔣介石把中華民國政府從大陸遷移到台灣。[5]時至今日，兩岸的政治分歧依舊是亞太地區主要的衝突點。儘管過去二十年來，兩岸經貿往來及投資大幅成長，但雙邊政府以和平方式解決政治分歧的可能性，可說趨近於零。

兩岸分治已經將近七十年。中國（中華人民共和國）和台灣（中華民國）隔著台灣海峽，各自治理他們轄下的領土，彼此互不隸屬，互不承認對方的法統。北京認為，中國內戰從未結束，因此兩岸政府沒有任何官方關係，在意識形態以及軍事上都仍處於敵對狀態。[6]由於中國一直存有以武力征服台灣的意圖，兩岸關係也永遠處於緊張狀態。從台北到東京，從華盛頓到坎培拉，世界各地的領袖在做出關鍵決定時，都必須將海峽兩岸的情勢列為需要考慮的因素。[7]

長久以來，北京政府一直想要在「一個中國」的政策之下併吞台灣。中國政府認為，台灣的實質獨立狀態以及民主政治，威脅了共產黨治理中國的正當性。所以，中國不斷在政治宣傳中把台灣形容為「叛逆的一省」。中國人民一直被灌輸一個觀念：如果台灣不願回歸中央，那麼全體中國人民就有權開戰把台灣拿回來。[8]在政治學家眼中，兩岸政府各自的「法統（政治正當性）」問題是個零和遊戲，贏者全拿，敗者全失。中國喊出的口號是兩岸在「一國兩制」的模式下統一，意味著台灣的中華民國政府將主權交出給中華人民共和國政府，後者就可以將這個島國變成一個由專制政權管理的一塊領土，就像香港。[9]

變動中的台灣自我認同

對於深愛台灣並以身為台灣人為榮的台灣居民而言，如果他們的領導者同意任何形式的統一，都是一種背叛和出賣的行為。這個島上的人民強烈認為自己是一個獨立國家的國民，永遠不是、也永遠不應該被中國政權統治。二〇一五年的一項民調顯示，只有百分之九點一的人贊成兩岸最終應該以某種形式統一。這項調查同時顯示，自我認同為「中國人」的比例降到三點三個百分點的新低。[10]早先的另一項民調顯示，超過百分之八十——超過絕大多數——的台灣人民認為台灣和中國是兩個不同的國家。同樣比例的受調者在訪談時表示，在沒有戰爭的前提下，他們希望永遠維持兩岸分治。[11]而有百分之四十三的年輕族群（四十歲以下）給出了更強烈的訊息，他們希望台灣在法理上宣告獨立，即使因此導致中共入侵也在所不惜。[12]

台灣歷任總統最大的挑戰就是確保他們的國家能繼續生存。從二〇〇八年五月到二〇一六年五月的八年間，國民黨籍的總統馬英九致力於追求兩岸和平，他的依據是一個叫做「九二共識」的模糊框架。在這個框架下，兩岸承認「一個中國」的存在，但各自表示「中國」的定義。馬英九認為對台灣而言「中國」代表的是中華民國。但是民主進步黨以及一九九二年間的國民黨籍總統李登輝均不斷強調，九二共識並不存在。[13]此時中國再度傷害了台灣民意，拒絕承認馬英九的「各自表述」之說，堅稱中華人民國共和國才是唯一的中國，而台灣是中國的一部分。根據這個錯誤的陳述，中華民國自一九四九年在國共內戰中落敗後，就已經停止存在了。

對中共釋出善意是否能換得和平

儘管馬英九面對國內外眾多的挑戰質疑，他仍以維持兩岸和平為他最重要的目標。事實上，他的政策一開始頗受歡迎，兩岸也簽署了超過二十項的協議，儘管這些協議並無拘束力，實質上卻促成了兩岸前所未有的經濟、文化交流。之前那種劍拔弩張的情勢好像緩和下來，隨著兩岸直航班機不斷增多，數以百萬計的人得以快速而方便的跨過台灣海峽旅行，跨過這一道長久將他們分隔、波濤洶湧的黑水溝。許多美國專家憂心，依此情勢繼續發展下去，台灣可能會被吸進中國的軌道裡了。[14]

但北京並沒有把握眼前的機會。就算馬英九想推出較有包容性的兩岸政見，北京政府也不領情，從而錯失海峽和平的機會。**中國要的是征服台灣，不是維持和平現狀。**從中國政府高層不斷整軍經武，並拒絕撤除對準台灣的飛彈，即可得知其侵略的意圖。中國的兩岸政策，持續以威嚇為主，並不考慮任何妥協和包容的空間。[15]

漸漸地，台灣本土觀察家開始相信，如果台灣政府釋出越多善意希望降低兩岸張力，就只是鼓勵對岸步步進逼，要台灣屈服北京的要求，變成中國的一部份。眼看著香港的自治權在過去這二十年來不斷流失，基本人權也受到打壓，台灣人民對中國已經完全不抱任何希望，**中國不可能承認台灣政府的正當性，也不可能尊重台灣人民想要自己決定自己命運的權利。**

另外，台灣人和來台陸客接觸的經驗普遍非常負面，這讓台灣人對「一個中國」的政策，更加抗拒。二〇〇八年以前，絕大部分的台灣人民對中國大陸的認識極其有限，很多人從未與對岸任何人接觸過。二〇〇八年之後，大批中國觀光客以及經貿團湧進台灣，在他們停留期間，幾乎毫無例外的給台灣人民留下了惡劣的印象。一位馬英九的重要顧問曾說過：「台灣人民對中國人民的接觸與了解更多，他們就更不願意成為中國人。」[16]

台灣人民已經形成一個共識，他們無法忍受眼睜睜看著台灣一天一天的被中國影響，直到有一天他們的自由以及命運，完全任由中國的喜惡決定。二〇一四年三月，大批學生以及民運團體佔領了台灣國會，「太陽花」運動就此誕生。這場運動為時三個星期，成功凍結了一項有關兩岸經貿的協議，以防充滿敵意的對岸繼續加強對台灣的影響。[17]這些事件雖多半肇因於人民對馬政府過度向對岸傾斜的經濟政策不滿，但除此之外還有另外一個原因，就是人民開始對台灣的國防安全，產生重大疑慮。

在太陽花運動之前不久，中華民國國防官員收到一份情資，讓他們大吃一驚，於是決定將此情報對民眾公開，即使這意味著公開告訴所有人，馬政府在兩岸和平的努力已完全付諸流水。二〇一三年底，台灣國防部公開指出，中國已做出規畫，可在二〇二〇年之前進攻台灣。中國的這個計畫，是在中國共產黨第十八次全國代表大會中，習近平和胡錦濤進行權力交替之時做好的。該次會議中，中國新的領導班子承諾將在二〇二〇年以前完成所有攻台部署。[18]雖然在之前的四年，兩岸情勢和緩不少，但中國共產黨和人民解放軍並不願接受和平的選項，他們認為仍需繼續計畫武力攻台。[19]因著這份攻台計畫的公開，加上中國三不五時的挑釁，台灣人的自我認同也隨之變化，對中國的厭惡及不認同日漸加深。[20]二〇一六年一月，在野的民主進步黨在總統及國會大選中贏得壓倒性勝利。同年五月二十日，台灣的新領導人蔡英文博士宣誓就職，成為台灣第一位女性總統。在政權交接以及執政初期時，北京政府透過各種威嚇手段，試圖對蔡政府施壓，希望她接受「一個中國」的觀念。這些手段包含來台陸客人數大量減少、兩岸溝通管道中止、共軍展開兩棲作戰兵棋推演，甚至還派出轟炸機和小規模艦隊不時環繞台灣四周海空域。[21]不過這些脅迫行動並沒有收到效果，蔡英文貫徹台灣人民意志的決心，沒有絲毫動搖。到了後來，中國雖然持續威脅恫嚇，卻越來越空洞，只能警告著說最厲害的招數還在後面。[22]

中國打壓台灣的舉動

在亞洲政治舞台上，台灣是最為生氣勃勃的民主政體之一。反觀中國的專制威權統治，和台灣恰好形成對比。北京政權看在眼裡，實在難以忍受。對中國政府而言，民主台灣存在的事實本身，已經大大挑戰了北京政府的正當性。中國共產黨認為台灣是中國國家安全最大的威脅，而人民解放軍身為共產黨的武力，需要護衛這個專制政權的脆弱法統，自然受命規畫出一個攻台計畫，當成解放軍最重要的戰爭計畫。在解放軍這份限閱的文件當中，將這個巨大的計畫稱為「聯合攻島行動」。這場戰役將會使用到現代戰爭可能用到的所有方式，包含陸海空戰、太空戰和網路資源，就連媒體機構都成為攻擊目標。[23]

台海衝突的本質來自於政治上的分歧，所以中國政府持續不斷在全球進行暗中、秘密的外交戰、經濟戰、心理戰，例如散發不實新聞以及對國際法做扭曲解釋，從而打擊台灣的士氣和正當性。中國軍方稱此為「政治作戰」。[24]為了替戰爭做好萬全準備，中國的密諜網在全亞洲、尤其是台灣不斷放出假消息。他們還使用國家的媒體機構、私人企業、兩岸學術交流等機會來掩護行動，[25]任務目標是腐蝕台灣人民的決心，降低進攻台灣時可能遭遇到的阻力。[26]

美國大眾對於中共打擊台灣的手段所知不多，因為中國的行動主要是在遙遠的太平洋彼端以國語進行，許多美國人是透過間接方式才知道中共打壓台灣。據了解，在美的中國密諜很多，他們的身份有可能是外交人員、記者、學者、語言老師、政治說客、企業人士等。他們的工作之一是影響美國社會對兩岸政府的認知，阻止美國對台軍售或對台灣的其他支持。這些充滿敵意的滲透行動，在華府以及各大學校園，特別引人側目。[27]

中共的國際宣傳

這樣的影響是，越來越多美國人不知不覺中已被中國的宣傳影響，對錯誤的資訊信以為真。更不幸的，有極大量的美國公司或大學將它們未來的財務機會寄望於中國，使它們易於受到情勢與壓力的影響，甚至做出違背自己倫理與道德準則的行為。中共向來努力尋找機會，要操弄、掌控他們所相中的團體或個人，而他們最重要的目的之一就是打敗台灣。[28]

在北京眼中，台灣帶來的麻煩越來越多。數以千計的大陸學生正在台灣求學，他們遲早會要求中國改善政府治理，甚至威脅到共產威權體制。理論上，時間對台灣有利，因為歷史站在台灣這一邊。但考慮到軍事層面，台灣的防衛力量能不能抵擋日漸增強的解放軍力，就很難說了。越來越多人認為，不久之後，台灣面對世界第二強權，已經不足以保衛自己了。[29]

中國國力不斷增強，它在國際社會孤立台灣的能力也越發強大。北京政府將焦點放在華府，近十年來頗見成效。小布希以及歐巴馬兩任政府任內，中國成功說服華府凍結或推遲對台軍售，並且否決售予台灣某些特別關鍵的武器，包含新一代的F-16戰機、柴電潛艦、神盾驅逐艦，以及艾布蘭主戰車。[30]同時，一連串具有影響力的美國人士陸續發表評論，指出美國應當拋棄或重新詮釋〈臺灣關係法〉當中有關協助台灣自衛的法律義務——別忘了這可是美國的法律。[31]

儘管中國全面展開統戰行動，但並未得到全面成功。中國越是想要在國際社會中孤立台灣，台灣選民對中國的厭惡和憤怒就日漸加深。就如同日本和其他許多國家與中國往來的經驗一樣，雙方經貿的合作雖然日益增多，對彼此在政治上的共識並沒有幫助，相反的，危機感和衝突卻日漸增高。[32]從人口趨勢、民調數據以及選舉結果來看，台灣人民的願望已經很清楚了：台灣早就是個獨立、自由、擁有主權的國家，台灣人民也希望世界各國這樣看待他們。

中國當然也察覺到了台灣人民的想法，但解放軍依舊在為最壞情勢做準備。最近獲悉的解放軍內部文件證實了，**當中共主觀認定無法用別的方法統一台灣，就會動武**。若美國能夠不插手干預，則中共就更無顧忌。這些文件說，當中國已經窮盡一切和平手段來統一台灣，下一步就會啟動對台灣的大規模兩棲作戰。[33]根據中國軍方文件，除了全面進攻，還有其他備案。解放軍可以對台灣採取長時間、間歇性、低強度的海上封鎖及空襲。不過解放軍文件也說得很清楚，要根本解決台灣問題，這種模式並不管用。如果台灣政府和人民無懼威嚇，也不屈服於北京壓力，那麼這套策略會完全失敗。[34]因此，解放軍的主要策略仍然是全面武力進攻。[35]

解放軍內部文件以冰冷殘酷的文字表示，台海終須一戰，無可避免。雖然時間未定，但這項「歷史任務」絕不會無限延期。文件中令人驚訝地只用了極簡的文字來描述：台灣是「背叛的一省」，台灣若不回歸「祖國」，則中國領土的完整就受到威脅。[36]而下面這些陳述，更清楚表達了解放軍的鷹派立場：

> **最終以直接奪占和控制島嶼實現國家統一。只有軍事佔領大型島嶼，才能從根本上剝奪「分裂」勢力的自然生存空間，徹底結束兩岸長期的軍事對峙、對抗局面，實現祖國統一。否則，即使「分裂」勢力因一時的壓力而妥協，但在一定條件下還可能死灰復燃。**[37]

內部文件顯示，解放軍將台灣政府和軍方人員視為「分裂主義敵人」，不區分其黨派或個人立場。凡是希望維持現狀的人，就是中國的敵人。[38]這些文件當中固然充斥主戰立場，但我們也不必解讀為解放軍已經迫不及待要上戰場打仗。解放軍的野戰教範當中提醒讀者（亦即解放軍官）：「台灣島地理環境複雜，重要目標周邊防禦工事非常堅強。」[39]解放軍官們接受的教育是，攻台唯一可行策略就是壓倒性的大規模攻擊。他們預期這場仗會打得十分辛苦，遠超過所有解放軍之前的經驗，傷亡也將十分慘重。[40]

如何將侵略合理化

解放軍內部文件也承認攻台風險奇高，但他們還是找了很多理由，把這場侵略之戰正當化。其中之一就是，中國的重大地緣戰略已經受到威脅了。解放軍文件指出，台灣的地理位置控制了中國的東海岸，扼住中國往西太平洋和印度海的咽喉，而中國絕大多數的船隻必須經過台灣海峽，因此台灣對於中國的沿岸安全、國家經濟發展、未來的繁榮來說實在太重要了。[41]

台灣戰略地位重要

《台海军事地理教程》是解放軍內限閱的一部教範，專供解放軍高階軍官在北京研習之用。

當中提到，外來的敵人可能會利用台灣為據點，切斷中國對外貿易往來，暗指美國會以台灣為軍事基地，從而封鎖中國，遏止中國迅速崛起成為世界強權。因此，這部教範說，唯有達成對台灣的實質控制，才能讓中國免除被外國封鎖的危機。中國進口的石油，透過海運就會經過台灣海峽，由於兩岸局勢不穩，這條海運路線也充滿不確定性，「確保這條重要海運路線的安全，不只是一項軍事活動，而是整體國家戰略的舉動。」[42]

這份文件進一步表明，中國若要封鎖日本，台灣正掐著相關地理位置的咽喉。《台海军事地理教程》說，台灣海峽是日本的海運生命線，從歐洲和中東通往日本的船隻都必須經過這裡，而解放軍研究後發現，日本百分之九十的石油進口、百分之九十九的礦物進口，以及百分之百的核燃料進口都是走台海附近，日本每年有高達五億噸的進口貨物必須通過台灣附近海域，而其中百分之八十的貨櫃船更是直接穿越台灣海峽，平均每十分鐘就會有一艘日本貨船通過台海。因此，這些海域「直接影響日本的生死存亡」。[43]

在另一份解放軍內限閱的文件中，也清楚載明中共攻台的意圖與計畫內容。《日本航空自卫队》是由位在北京頤和園內的解放軍空軍指揮學院編纂，它是一所培養空軍師、團職指揮軍官的中級指揮院校。該書目的是協助中國飛行員以及參謀軍官深入了解日本敵人的空戰實力，包含其優勢及弱點。在好幾百頁密密麻麻的精細地圖、目標座標、組織圖、武器規格、戰機圖片當中，隱藏著以下這段文字：

一旦中國大陸和臺灣完成統一，那麼日本海上交通線就將完全處於中國戰鬥機和轟炸機的打擊範圍之內，日本戰鬥機航程不足的缺陷將暴露無遺……有分析認為，如果通過封鎖，使日本原料進口量縮小百分之十五到百分之二十，就可嚴重打擊日本經濟；如果進口量縮小百分之三十，就將從根本上破壞日本的經濟運行和戰爭潛力；當進口量降低到原來的百分之五十時，即使採用配額的方式來限制消耗，日本的國民經濟和戰爭潛力也將瀕於崩潰。因此，成功的海上封鎖不但會對日本的工業和經濟造成影響，而且由於日本本國的糧食自給率僅為百分之七十二（穀物的自給率僅為百分之四十），封鎖造成的海運量下降甚至可以在日本島內造成饑荒。[44]

這些文件說明了，在解放軍心目中台灣具有何等巨大的戰略價值。因此，進攻台灣並將她變成一艘「不沉的航空母艦」，完全具有戰略上的合理性。解放軍指出，台灣位在第一島鏈的中心位置，一旦拿下台灣，解放軍海軍就可暢行太平洋，大大超越鄰國，進一步掌控了這片世界上最重要的海域。[45]

解放軍無論在政治、經濟、軍事層面上，都具有強烈的理由必須要控制台灣。中國的戰略工作者認為，台灣島嶼的重要性無與倫比。而從現實上或歷史上來看，解放軍一定要在解放台灣這件事上擔任先鋒。軍內的策略家指出，攻打台灣的號令遲早要響起，台灣也會被攻佔而成為中國的主要基地。從這個基地，中國可以向整個區域投射軍力，展現威望。他們眼中已經看見一幅願景：中國的軍隊、飛機和船隻守望著台灣這個關鍵位置，掌控周邊一切活動。他們企望有一天，中國將成為整個區域霸權。

解放軍要求戰士們學好戰技攻台灣

為了實現這個願景，中共內部文件要求解放軍務必好好學習，精通一切戰技。解放軍的著作如《战役学》及《战略学》都指出，負責攻台的作戰單位必須具備兩棲攻擊、高度機動化、曲射武器、都會巷戰、山區作戰等能力。[46]在《信息化陆军作战》這本由南京陸軍指揮學院的軍官們集體完成的作戰教範當中說，攻台之戰將會極其可怕、殘酷、血腥。此戰以突襲揭開序幕，清除障礙後讓地面部隊能通過台灣海峽。戰役中會使用各式各樣的武器，從導彈、無人機空襲、網路滲透、太空戰、特戰突擊到心理戰都將上場。而其中最關鍵的還是要讓部隊上岸，讓中共坦克車橫行台灣街道。以解放軍野戰教範所記載的話來表達，就是：「我們要大量殲滅敵人，我們要攻下全島，我們要控制全島。」[47]

台海的未來

台灣面臨著重大的威脅，國際社會應當深入了解中國的意圖和計畫。美國人更須體認到，未來美國可能會因著台海衝突而被迫與中國開戰。美國的盟國也需要知道，未來有事的話，他們必須扮演何種角色。如果中美因台灣而開戰，歷史會因此改寫，後果將持續影響未來無數世代。沒人可以確知這場戰爭將因何觸發、將如何演變，但我們可以，也應當，致力了解這個衝突的根源在哪裡，以及兩岸政府依據哪些前提來規畫策略。放眼全球的潛在衝突點，沒有一個地方像台海一樣，會對美國的國家安全形成如此重大威脅。[48]

雖然台海衝突已是許多政治研究的課題，但各界的研究數量仍遠遠不足。例如台灣遭受兩棲攻擊時的防衛能力這個議題，英文的資料就非常少，更沒有人從解放軍的觀點寫過這個議題。我們急需深入了解中、台兩個政府各自的戰略、作戰計畫、軍事能力，然後才能針對「兩岸軍力是否平衡」、「兩岸軍力失衡的後果」等問題，從制高點做出全面的判斷。若能詳盡了解中國對台灣的威脅，並把中國威脅這個因素納入美國的亞洲策略，這樣才是符合美國利益的做法。

歷史告訴我們，避免悲劇的唯一途徑，往往是要先抱持最悲觀的想法。同樣的，許多人因為對中國了解不夠，想當然爾就以為中國堅不可摧，絕無弱點。也正是因著這樣的傳統成見，一般人都認為台灣毫無希望。長久以來，華府一直存在一種聲音：美國應當降低對亞洲盟友及防衛夥伴的承諾和協助，且這樣講的時候，就是在說台灣。如果美國真的這樣做，結果一定是悲劇一場，只會讓第三次世界大戰更快爆發。我們一定要更深入了解中國的戰略、台灣的防衛能力，以及海峽兩岸軍力平衡等問題。但是，我們應該從哪裡切入呢？

凡是與台灣問題相關的各種資料，中國向來嚴格控管，對外發佈時，也一定帶有政治宣傳以及心理戰的目的。這樣卻使得美國相關領域的專家無法從任何公開資訊當中了解中國軍方在台灣問題上真正的看法。中國的公開資訊，都只是在散播錯誤的訊息而已。他們費盡心力告訴世人，不管台灣和美國再怎麼努力，也打不贏中國。中國對外傳遞的訊息內容簡單、持續放送，還相當有效（至少對某些人而言）：「台灣不可能打贏這場仗，任何抵抗都將徒勞無功。」[49]

外國的分析家極可能誤信中國這些飽含敵意的政治宣傳，而忘記一個基本事實：黨指揮槍，人民解放軍就是中國共產黨的武裝部隊，是一支為政治服務的軍隊，不是一支專業的國家軍隊。所以，任何來自中方、特別是由解放軍將領所發佈的公開資料，讀者都必須小心參考。如果警覺性不夠，看著字面就相信的話，極可能被假資料誤導而做出錯誤結論。[50]

至於解放軍內部的限閱、機密文件，就相當客觀、坦白。這些文件旨在協助官員和將領們清楚了解他們面臨的挑戰，包含台灣的軍事力量、解放軍本身的弱點等。這些文件就像世界上所有其他軍事機密文件一樣，提供了在公開資訊當中不會看到的細節。只有極少數受到信任的忠貞人士可以閱讀這些文件，也因此，這些文件裡面可以把悲觀的事情實話實說。

但即使是最詳細、最坦白的文件，也沒有將所有細節和盤托出。中國軍方的機密文件必須通過層層審查，得到各方共識，確定能夠正確反映黨的立場，才能供人閱讀。在這樣嚴格審查的程序下，許多事實和公正的分析都被消失了。有些領域，甚至對高階將領而言都是禁止碰觸的。許多敏感問題，即是在私下場合，都沒有人敢提出討論。

如果要看到較完整的論述，必須前去台灣尋找。台灣的情報分析人員以及國防專家的論述當中，可以提供相當深入的看法。中華民國國軍的研究單位針對台灣所面對的威脅，可說殫精竭慮，做了各方面的分析研究。其中又以專業的軍事期刊最有幫助，這些期刊提供一個非常獨特的視角，讓閱讀者可以知道台灣軍官在想什麼。這些期刊文章的寫作者在文中會分享他們得知的解放軍動態，探究新的點子，並且討論保家衛國的方法。

身為民主國家的軍隊，台灣的國軍必須接受公眾檢視，常需要面對在雞蛋裡挑骨頭的即時新聞媒體，以及聲名狼籍、為反對而反對的國會。因此，台灣軍方無法像他們對岸的敵人中國人民解放軍那樣，可以不理不睬所有的詢問。台灣軍方的這種做法是正面的，但也常使他們深深受挫、處處受限。世上沒有一個將領願意將自己的一舉一動全部攤開，讓那些媒體名嘴或民選政客用放大鏡檢視。不過台灣軍方也承認，若要建立一支對國家負責的專業軍隊，透明化以及監督是必須的。而軍事人員之間的腦力激盪，也可以激發出全新的、有創意的點子，這些點子說不定未來有一天可以拯救無數人的生命。

很可惜，台灣的軍事研究往往被西方世界忽略。美國人當中能閱讀繁體中文的人極少，而能夠了解中華民國國軍專業詞彙的人就更少了。例如中文名詞「巡弋飛彈」在兩岸就完全不同（按：巡航导弹）。[51]學界裡面的解放軍研究者當中，嚴重缺乏懂台灣的專家，再加上中國刻意釋放錯誤資訊，更讓許多美國的中國觀察家無法看清真相，如墜五里霧中。

為了避免誤導，本書採用中華民國國軍專業期刊及中國人民解放軍的內部資料，同時也和相關領域專家討論過中國方面資料的真實性，以便確認書中引用的解放軍內部文件，並非中國對外釋放假消息的欺敵內容。讀者如果對本書研究方法以及資料來源有興趣，在附錄中有專門篇幅說明本書的研究方法，還有我的主要參考書目。

接下來幾章，本書將會對以下幾組問題進行探討：

（一）中國軍方內部文件是如何描述攻台戰役？執行過程需要哪些關鍵戰力？解放軍的文件中，是如何描述他們的敵人？他們眼中看到的台灣（戰力）強項是什麼？弱點是什麼？

（二）台灣軍方計畫如何抵禦中國入侵？執行防衛計畫時，需要哪些關鍵戰力？在最壞情況下，台灣的國軍在美國援助到達之前可以撐多久？

（三）美國的亞洲戰略含意為何？華府的政策制定者可以如何強化台灣防衛，防止中國挑起危機？美國對此區域的穩定與和平還可以做出哪些貢獻？

要回答這些問題，我們必須先了解台灣海峽這顆未爆彈是如何種下，又是如何演變到今天的局面。下一章中，我們會探討中國意圖攻台的歷史背景，會揭露一個先前罕有人知的作戰計畫，還會講述一個拯救台灣免於落入共黨手中的間諜事件。這些都是背景資料，讓我們理解：為什麼到今天解放軍還無法入侵台灣，為什麼解放軍不會放棄攻台。

第2章

為何台灣是高度危險的火藥庫？

堅決解放台灣！我們一定要解放台灣！

——中共宣傳標語

我們眼前的這個棘手問題，萌芽在遙遠的過去。一九四九年六月，解放軍已經花了一年時間，籌畫出早期的攻台策略。從當年六月到一九五〇年六月間，毛澤東麾下的將軍們展開密集的戰略規畫和籌備工作，為的就是面對中國共產黨的第一個戰略考驗。

不料，一個突如其來的變化，使得毛澤東和他的將軍們暫時無法實行對台作戰。一九五〇年六月廿五日，北韓入侵南韓，杜魯門總統立刻決定保衛南韓的親美政府，同時下令第七艦隊巡弋台海，防止中共侵台。

解放軍只好暫停攻台計畫，把許多原本訓練要來對台作戰的士兵調到中韓邊界。一九五〇年十月，中國介入韓戰協助北韓。這一大批所謂的「志願軍」配備著熱帶叢林戰裝備，湧入了嚴寒的戰場，對抗以美軍為首的聯合國部隊。中共介入韓戰，使得韓戰和台海都陷入了僵局。中共本想以攻台來終結國共內戰，此時攻台行動雖然擱置，卻從未遺忘。

中共在一九四九年和一九五〇年所學到的經驗和教訓，時至今日仍影響著中國的戰略思維。當年父執輩的解放軍將領們所面臨的許多調兵遣將的難題，今日依舊困擾著孫子輩的將領們。解放軍相信，過去的經驗與現代戰爭依然有關聯，而且可以給今人不少啟發（儘管西方將領們早就遺忘了過去的經驗）。解放軍將領就像世界各地認真負責的軍事專家一樣，希望夠鑑往知來。中國軍事科學院軍事歷史研究所所長趙一平大校就曾這麼說過：

全國、全軍特別是擔任攻台作戰的部隊在（一九四九年六月到一九五〇年六月間）一系列實際準備中所積累的經驗，對於新的歷史時期條件下的對台軍事鬥爭準備仍有重要的指導和借鑒意義。[52]

攻台計畫的源頭究竟為何？是誰負責主導這份計畫的發展和執行？哪些單位受命、受訓來執行這項計畫？隨著時間推進，這項計畫怎麼發展？為何遲遲不動手？理論上來看，若韓戰沒有爆發，中共會如何執行攻台計畫？後果會是如何？韓戰結束後，解放軍又怎麼了？為何沒有發動醞釀已久的戰爭？

侵略計畫的源頭

對台作戰是結束國共內戰的最後一步。內戰從一九二七年打到一九四九年，全國生靈塗炭，中間因為日軍侵華並佔領中國東北及沿海地區而一度中斷。毛澤東等共產黨黨員在戰亂的前二十年間，基本上採取守勢作戰。他們在戰場上節節敗退，只求保存戰力，避免重大損失。整個情況在一九四九年初豬羊變色，這一年解放軍在戰場上對國軍展現了壓倒性的優勢，在華北和華中地區一系列關鍵戰役中取得重大勝利。

這些勝利來得太突然，就像意外之財，解放軍也因此野心大增。一九四九年三月，毛澤東命令解放軍將領們將台灣納入重要戰略目標，務必拿下。之前，解放軍為一九四九年訂下的進度是要解放中國的九個省份，但經過一系列的重大勝利，解放軍將目標提升為十七個省份，包含台灣。而宣傳的標語為：「堅決解放台灣！我們一定要解放台灣！」這句話首見於一九四九年三月十五日的新華社新聞，一份為共產黨喉舌的報紙。[53]

事情變化很快，政策改變後僅僅幾個月，解放軍部隊就攻佔了南京和上海，順著東部沿岸地區而下，直逼與台灣遙遙相望的福建省。同年六月，毛澤東聯繫了戰場猛將、第三野戰軍副司令員粟裕（譯按：第三野戰軍前身是華東野戰軍）以及該軍的參謀長張震，[54]透過電報指示他們研究是否可在短時間內拿下台灣，並研擬一份大規模的軍事計畫以奪下該島。

毛澤東在電報中暗指，可利用間諜活動，促動國軍在關鍵時刻叛變——畢竟毛的臥底正在台灣做這樣的準備。一週後，毛澤東又發了一封電報給這兩位將軍，詳細說明了盡快攻占台灣的重要性。毛澤東認為，若未拿下台灣，國軍將會把台灣做為海空軍的永久基地，對上海造成威脅；還說若能拿下台灣，就可以打破外國的海上封鎖，獲得數十萬噸的商運物資。[55]

粟裕和底下的參謀沒有怠慢，很快就取得台灣海峽的地圖並開始規畫作戰，他們首先檢視了該區的地理環境和後勤狀況。讓他們懊惱的是，他們發現中國大陸和台灣之間最短直線距離約一百廿八公里，但若從港口和集結待命區起算，卻要橫渡約一百五十到兩百廿多公里的洋面，才能把部隊和物資送到台灣。而解放軍毫無海軍可言，對這樣的跨海軍事行動也毫無準備。

更糟的是，粟裕還發現國軍正在把中國海岸的小島連結成一條島鏈，封鎖中國沿海。這條島鏈控制了中國東南沿海天然港灣的出入，而這些天然港灣就是攻台部隊集結登船的地方。粟裕於是得出結論，這些島嶼對中共如同芒刺在背，阻礙了他的攻台計畫。只要國軍繼續控制這些島嶼，就能對他的船隊發動致命突襲，他的船隊還沒出擊，就會連船帶人葬送海底。這些沿海島嶼如同牢不可破的屏障，給予國軍充足的預警時間、戰略彈性和戰略縱深。粟裕了解，他必須要突破這層封鎖。但該怎麼做呢？

打下台灣的方法：逐島？跳島？

為了解決沿海島嶼的問題，粟裕和他的高階將官們斟酌了兩個方案。第一種方法是逐島攻擊，就是將這些島嶼依次擊破，一旦解放了這些島嶼，他就能將主力部隊集中用於攻擊台灣，並且將部隊從各個集結點運過台灣海峽。第二個方案是美國在二戰期間所運用的跳島戰術。這個戰術假設中共部隊可以迅速攻取廈門（當時稱作 Amoy）和金門島（當時稱作 Quemoy），這樣就突破了島鏈中心。有了金、廈兩個關鍵地點，就能以福建沿海為出發陣地，而沿海的部隊則負責用火砲轟擊，牽制困守在其他島上的國軍部隊。

如果採用跳島戰術，粟裕就能避開舟山、大陳、馬祖、澎湖等群島和海南島。這種方案的思路是，若是逐島攻擊，則前線攻擊部隊在進攻過程中，將遭到沿海島嶼上的國軍所消耗、削弱，未來登陸台灣時難以一舉攻克。若從廈門和金門進攻台灣，共軍將能集結壓倒性的戰力，直搗黃龍。一旦攻下臺灣，其他島嶼的部隊形同孤立，進而逐漸潰散，不攻自破。[56]

毛澤東和北京的中央軍事委員會顧問權衡了兩種方案。雖然他們認為跳島戰術效果較好，卻還是採取了逐島攻擊方案。這種較為保守的戰術之所以會被採納，背後有著許多難以撼動的理由。首先，國軍在台海擁有空優和制海權，意味著粟裕的兩棲登陸艦在前往廈門集結的過程中，就有可能被國軍發現並遭到殲滅。沒有空優保護，登船出海的共軍絕不可能有條不紊地出兵攻擊主要目標。此外，他們還擔心，一旦開始攻擊，各個島上的守軍可能會退回台灣本島，加強本島的防衛，或是從各島直接出擊，攻打防禦較弱的大陸港口，切斷前線共軍的補給線。不管是哪一種情況，都沒有辦法阻止國軍。

蔣介石擁有強大的空優和制海權，這代表國軍能夠自由進出戰場，所以要將國軍困住是不可能的。此外，粟裕的將領們對於近代的兩棲作戰可說是經驗全無，也沒有品質較好的船艦能執行作戰任務。他們只能將小帆船以及木造的中國帆船加裝馬達，以夜幕做為掩護，來攻擊沿海島嶼。但小船無法橫越波濤凶險的台灣海峽，所以共軍需要時間來建立一支真正的海軍。毛澤東指示，粟裕和部隊可以利用逐島攻擊的機會，累積寶貴的兩棲作戰經驗。[57]

這個戰略部署確立之後，粟裕開始對沿海敵占島嶼相繼發動攻擊。從一九四九年八月到十月之間，第三野戰軍席捲了平潭島、廈門島以及中國沿海和台灣之間其他較小的島嶼。起初，這個策略看起來挺有用的，國軍部隊在整個中國東南的勢力似乎就要瓦解。然而在十月底，在關鍵的金門戰役（按，古寧頭之戰）中，共軍卻遭受到重大的挫敗，折損了近一萬兵力！[58]

受到其他戰場的勝利所鼓舞，毛澤東對這場失敗處之泰然，認為該區司令員只是低估了國軍保衛台灣的決心，為了解放台灣操之過急。他建議粟裕和其將領未來應該要更加謹慎行事。[59]不久之後，舟山群島的登步島戰役也失敗了，這對共軍而言是又一次嚴重的損失，短短幾週內就遭遇兩次大敗。毛澤東只得暫緩更進一步的登陸計畫。一九四九年剛入冬的那幾個月剛好也讓共軍冷靜冷靜，等待最終計畫敲定，他們將於第二年捲土重來。[60]

對台作戰計畫的演進

一九四九年夏天，攻台計畫的草案開始成形。攻台計畫的第一版叫做「解放台灣作戰計畫提案」。按照解放軍的說明，這份計畫包含了七大部分：

①地形判斷。
②敵情判斷。
③方針。
④指導要領。
⑤兵團部屬及行動概要。
⑥通信、補給、衛生、防空和防毒。
⑦作戰準備。[61]

一九四九年九月廿一日，第三野戰軍司令部將這個解放台灣的提案翻印並發出通知，供師級以上幹部學習研究用。[62]提案設想配置八個軍團，人數介於卅二萬到四十萬人之間，負責進行攻擊。第三野戰軍下轄的第九兵團，由四個軍團組成，負責帶頭登陸攻擊。第二波攻擊預計由四個軍團預備，等到第一波攻擊成功搶下灘頭和港埠後，再由第二波攻擊接上。到一九四九年底，配置到這場行動中的人數不斷增加。解放軍第廿四軍加入了第一波攻擊的部隊；在第二波攻擊中也額外加入了三個軍，共計有十二個軍，約有五十萬人將投入這場作戰。[63]

在金門戰役和登步島戰役失敗後，粟裕了解到他面臨一個艱鉅的挑戰。從一九四九年十二月中到一九五〇年一月中這一個月內，他召集了他在南京的將領們，舉行一場軍事教育會議。

這些將領的任務是研究並解決一些日後任務會碰到的難題。會議期間，他們討論了至今為止他們各自在登島作戰中學習到的寶貴教訓。研討會中還討論了海陸作戰、兩棲訓練、海空平衡以及空投突襲作戰。

粟裕搜集、分析了十年的氣象資料，他向下屬強調，一定要熟悉戰區的戰略地形、當地天氣以及台灣地理。他還告訴將官們要熟悉台灣的風土民情，並將其轉化為自己的作戰優勢。他訓令艦長們要瞭解潮汐、風向、暗流、雲層、雲霧以及暗礁。他也指示將官訓練士兵海上航行、船體維修、編隊航行和裝卸部隊進行登陸攻擊。研習結束後，粟裕就在長江上面舉辦了一場演習，實驗清除障礙和搶灘登陸的技術。[64]

南京會議結束的時候，粟裕與第三野戰軍的與會人員已經發展出攻台的四個基本原則。第一，時間的掌控。雖然敵人將防線大幅地向後撤，但比起先前的對戰，敵軍抵抗力更加集中。一方面，解放軍認為國軍氣數已盡；但另一方面，也認為國軍的抵抗力量相對地提升了。粟裕還告訴他麾下的將領們，先別急著訓練士兵或取得裝備，因為時間站在解放軍這邊。前陣子的戰役中，解放軍採取閃電攻擊以取得主導權，打得國軍站不住腳。現在解放軍必須謹慎進行這場攻台作戰，必要時推遲計畫，直到攻擊部隊訓練完成，才會發動攻擊。[65]

第二，要有足夠的搶灘作戰能力。解放軍的艦隊必須比對手更為龐大，而第一波登島部隊也必須裝備精良，才能在灘頭作戰當中撐過至少三天。考量到要在海峽兩邊多次來回運補，規畫中的運輸艦隊行動將會非常緩慢，同時也會在白天暴露在敵人海空戰力的砲火下。第一波搶灘登陸的部隊也因此必須在沒有火力掩護的情況下，盡快攻下灘頭。若第一波攻擊部隊受到敵人打擊，又在沿岸被敵人分散各個擊破，那麼被敵人的反擊力量打回海上也只是遲早的事。另外，還有複雜的後勤問題會阻礙第一波登陸和空中支援，並減緩援軍支援，所以第一波攻擊部隊登陸時必須集中力量，給予敵人致命的打擊。[66]

第三，渡海的問題。粟裕知道，艦隊橫越台灣海峽、卸下部隊，再回頭到大陸港口運載第二波攻擊部隊，這一連串的過程會花很長一段時間。他擔心當第一波部隊登陸發動攻擊時，第二波部隊在運載的過程中會遭受攻擊，使解放軍蒙受重大損失。因此共軍一致認為，運輸艦不應該來回運補。可能的話，港口應保留足夠數量的船隻運載第二波攻擊部隊，而非依賴第一波部隊的船返回運載。[67]

最後則是要建立一支由陸海空三軍聯合作戰的現代化部隊。第三野戰軍的參謀們認為對台作戰將會是一場前所未有的戰爭，而三軍互相協同以及中央指揮將是勝利的關鍵。南京會議結束時，他們舉行了一場簡易的聯合演習，但過程頗糟。所以演習結束後，粟裕警告：「若我們無法正確地協同作戰，就浪費了我們所有的戰術和武器。」[68]

接下來幾個月，解放軍一直困擾於如何指揮、如何掌握兩棲聯合作戰這個問題。一九五〇年一月，在南京會議的閉幕式上，參謀長張震將軍總結了解放軍所面臨的挑戰，分別是：⑴漲潮時駛離中國港岸，退潮時抵達台灣發動攻擊；⑵盡可能全速通過台灣海峽並維持航海隊形；⑶沿海多點位同時搶灘隨後集中火力攻向內陸；⑷指揮分批到達的兵力同時發動攻擊；⑸使用極短波無線通訊頻道恐造成指令相互干擾。[69]

粟裕和他的手下們雖然面臨了艱鉅的任務，但他們也有樂觀的原因，因為在南京會議進行的時候，發生了一件重要的政治事件。一九五〇年一月，時任杜魯門總統國務卿的迪安．艾奇遜公開宣佈：美國在亞洲的安全防線並不包含台灣，也不包含南韓。華府官員，特別是國務院，在蔣介石退守台灣後，已經對他失去了信任。表面看來，美國已經放棄它先前的盟友，任憑其落入險境當中。美國政策急轉直下，讓擬定攻台計畫的中共參謀們感到相當鼓舞。[70]

毛澤東先前曾預言，等到共產黨在國共內戰的勝利已成定局，美國應該不會答應蔣介石的要求介入台海戰事。因為，他認為，共軍越是壯大，美國領導者越有可能放棄江河日下的國民黨政府。儘管如此，毛澤東當時還是告誡粟裕要做最壞的打算，也就是美國以軍事介入台海戰爭。這樣的告誡讓解放軍的攻台計畫變得很不可行，因為只要美國第七艦隊的強大戰力從鄰近的菲律賓母港出發，進入台灣海峽之後，解放軍在台灣海峽是絕對施展不開的。[71]

然而，現在既然美國政策已變，宣佈放棄台灣了，中國的領導團隊就以一種更加興奮、樂觀的心情繼續展開攻台作戰計畫。毛澤東和他的高階顧問團也撥出更多財務資源給攻台計畫。他們打算利用這個稍縱即逝的機會，必要時更可以大幅調整全國的預算。粟裕興奮地寫道：「儘管花費龐大，但中央決心不為經費所阻，即使得空著肚子作戰，我們也絕對要打。唯有如此，才能完成革命。」[72]

北京海空軍力大躍進

北京的領導階層一般都相信，登陸台灣的作戰是他們進行過最大的一項規畫，還需要投入大量的國家資源。一九五〇年二月七日，粟裕在中央報告時指出：「近代作戰的勝負，除了政治條件外，就是人力、物力、財力和武力的總決賽。誰能在這些條件上佔優勢，誰就能夠取得勝利。」[73]

同時，毛澤東在莫斯科會見史達林，做出一項重大的決定：中國將提供蘇聯百分之十的糧食收成，以換取對台作戰所需的武器。除了提供糧食之外，毛澤東還在談判中獲得了三億美元的軍事借款，導致剛建立的共產中國債台高築，還陷入了萬劫不復的飢荒。對台作戰的預估經費包含了運輸成本，要將部隊、裝備、武器、車輛和馬匹運送到台灣。他們初估船隊需要運載五十萬名士兵渡海，每人所占面積約〇點六平方公尺，加上全體所帶的武器約十三點五四萬噸。就後勤運補的現實問題來看，經過計算，解放軍需要五百五十七艘千噸級以上的船，以及登陸艇兩千艘，以承載第一波攻擊所需的六萬人。[74]這個數字相當驚人，而且隨著計畫逐漸落實，還繼續水漲船高。

一九四九年四月廿三日，解放軍海軍東海艦隊的前身成立。幾個月內，粟裕在中國東南部頒布緊急命令，要求盡快完成打造艦隊，而該艦隊於八月納入粟裕的指揮。

同年十一月，共軍攻陷廣州，於是在艦隊能北遷至上海之前，廣州就成為了該艦隊的臨時母港。當時，這支艦隊是由從國軍手上俘獲的七艘護衛艦、九艘砲艇以及配備參差不齊的六百艘登陸艇所組成。但這支規模極小的艦隊卻只佔他們所需要的一小部分而已。

中央軍委會下令從沿海省份山東、江蘇、浙江和福建徵集漁船，強拉漁民入伍。此外，也動員了當地的造船業，又從蘇聯購入大量船隻。為了避免被中國沿海的國軍巡邏機艦發現和攻擊，登陸艇由火車經由陸路運往杭州和上海，而這兩座城市就是攻擊部隊集結的地點。[75]

到了一九五〇年三月，解放軍已擁有一千三百多艘各類登陸艇，但距離解放軍所需的數量還是相差甚遠。毛澤東在莫斯科試圖說服史達林派遣海空「志願軍」到中國協助對台作戰，因為解放軍的地面部隊雖然經過戰爭洗禮，但在海戰和空戰上面幾乎毫無經驗。毛澤東提議兩國組成聯軍，由中國派遣地面部隊，艦艇和航空器則由蘇聯負責包辦。按照毛澤東的提案，兩國將會並肩作戰。

史達林卻擔心，這樣搞可能會把蘇聯捲入對抗美國的第三次世界大戰，所以斷然拒絕了毛澤東的要求，但還是提供中國大筆的武器合約，希望藉以安撫毛澤東。這些合約內容包含了解放軍迫切需要的船艦和軍事顧問，不過預定要交付的船隻卻遲交了。到了一九五〇年四月，解放軍的海軍規模只達到需求量的一小部分，僅有三萬八千人以及九十二艘船服役，而且只有其中五十二艘能夠遠洋航行。此外粟裕和他的部下又將作戰需求提高到了兩千三百艘登陸艇，內部甚至還有爭論說應該還要再將數量提高。[76]

粟裕警覺到，台灣島上的國軍在空戰上比他更有優勢。早在一九四九年七月，解放軍情報分析家估計，國軍擁有二百到二百五十架戰鬥機能夠對抗入侵者。為了取得空優，解放軍戰備計畫需要三百到三百五十架戰鬥機，而這支空軍還要按照二比一的比例，再分為戰鬥機和轟炸機。一九四九年八月，中共要求蘇聯賣戰鬥機給他們。起初，莫斯科方面暫時是答應了，但直到一九五〇年，毛澤東才和史達林達成最終協議，將訂購的飛機數量提高到五百八十六，包含二百八十架戰鬥機和一百九十八架轟炸機。[77]

跟海軍一樣，向蘇聯訂製的飛機也遲交了。一九五〇年五月，在蘇聯顧問的幫助下，解放軍空軍第一批學員畢業，但僅有八十九位飛行員、廿名領航員，以及一百〇七名地勤。空軍第四混成旅接著於南京成立，任務目標是支援即將展開的軍事行動。第四混成旅的戰力包含了卅架戰鬥機、卅架戰鬥轟炸機以及廿架轟炸機。緊接著解放軍空軍在上海成立了第一支空降部隊，並打算將這支部隊培養成為精銳師團，其戰力包含了五千名傘兵，配有特殊裝備，包含輕型戰鬥車輛、迫擊砲、大砲、機槍以及狙擊槍。[78]

毛澤東和最高司令官粟裕一開始希望能在一九五〇年底進攻台灣，但軍事建設以及從蘇聯購入的大批船艦和飛機都帶來了巨大財務壓力，所以在一九五〇年春天，他們決定將攻台計畫推遲至次年七月。此外也還有其他因素導致攻台計畫推遲，建軍過程大灑幣固然是主要原因，但主要原因似乎是中共間諜蔡孝乾叛變事件。

一個共諜在台灣的活動

解放軍攻台所需要的不只是船、飛機和軍隊。為了讓計畫順利運行，解放軍還需要潛伏在台灣的特務組成情報網路。這些特務最重要的任務就是吸收國軍將官，說服他們叛變（最好帶著一整支部隊投靠），等到共軍登陸時協助共軍作戰。除了誘使高階將官叛變，這些特務還需要挑起社會動亂、組織暴動，並在全島參與破壞行動。

共諜潛伏要追溯到一九四六年四月，當時「中國共產黨台灣省工作委員會」在中國成立。隨著時間推移，這個秘密組織在台灣發展出了由地下黨員組成的廣大網路，準備在關鍵時刻出手。[79]

黑暗組織誕生

這個黑暗組織的領頭人物就是蔡孝乾，中共台灣站的頭號間諜。蔡孝乾於一九〇八年出生於日據的台灣，並在日本的殖民統治下成長。一九二〇年代，年少的蔡孝乾離開台灣，為了便宜的學費遠赴上海讀書。在校園裡，由於負笈他鄉，蔡孝乾經常感到孤獨與困惑，使他成為共產黨最佳的獵物。經過長時間培養，蔡孝乾參加了毛澤東的運動，反抗國民政府的統治。

蔡孝乾的潛能顯而易見。就像共產黨內所有最優秀、最聰明的人一樣，他也被送進了紅軍的政治部工作。因為善於寫作，他獲得了別人覬覦已久的政治宣傳官員一職，後來成為唯一參加過長征的台籍人士。在八年抗戰（第二次世界大戰）期間，蔡孝乾成為審訊、策反日軍戰俘的專家，同時也翻譯、分析日軍文件。身為一個在日據時期出生的台灣人，他的日文相當流利。隨著時間過去，他的才能漸漸廣為人知，後來共產黨甚至請他撰寫教材，訓練後進的特務。[80]

一九四六年上半年，日本向盟軍投降後幾個月，蔡孝乾來到上海，準備進行他的下一個任務。共產黨精心挑選了他，來領導潛伏在台灣的特務。一九四六年七月，他以新的身分返台潛伏在故鄉。他和其他特務很快就融入在地生活。報告指出，他們展開任務之後六個月內，就招募到了七十位當地人士加入特務團隊；到了一九四八年，他們已掌握了約兩百八十五位特務。

中共諜報網持續擴張

一九四九年，國軍大批撤退來台，在這黯然敗退的氛圍中，蔡孝乾一手建立的情報網也迅速擴張。一九四九年十二月，據稱他掌控的地下情報員多達一千三百位，另外更有多達五萬個線民。這些人大多都不知道自己受到控制，這些人都可以用來發動罷工、抗議遊行以及校園暴動。蔡孝乾告訴第三野戰軍高階官員，他的秘密部隊已經準備好了，解放軍登陸前就可以先煽動社會齊心顛覆蔣幫政權。他還建議，攻台計畫最好在一九五〇年四月發動，因為那時候的天氣最適合兩棲登陸作戰。[81]

在一九四九年下半年度的時候，蔡孝乾確實有理由感到樂觀，因為他聯絡上了一個明星間諜，從南京來到台北的國軍中將吳石。吳石曾經在國防部參謀本部工作，利用職務之便可取得作戰計畫及其他高度機密的戰略資料。吳石和蔡孝乾數度會面，將許多極機密文件交給他，包含多份軍事地圖，其上標註出台灣可登陸的海灘、可利用的部隊卸載點以及台灣軍事基地位置。吳石還偷出了多份文件，裡面記載金門和舟山群島的部隊配置及砲台的佈防位置。這些文件都通過一位叫朱諶之的女性共黨官員，帶到中國大陸。這些珍貴的情資是否及時送到南京給粟裕召開的冬季作戰會議，後人尚不清楚。儘管如此，還是對台灣的防禦造成了重大傷害。[82]

但蔡孝乾和吳石都不知道，危險已經悄悄接近了。一九四九年秋天，蔣介石開始把兵力往台灣集中。在大陸經歷過情報體系大崩潰，以及重要部隊叛變之後，他決心要根除潛伏在台灣的共諜，而這是一場和時間的競賽。蔣介石必須在意志消沉、已有二心的國民黨員被共產黨特務吸收之前，搶先一步清理自己的門戶。他了解到眼前的危機，於是把反情報與反間諜工作當成臨時政府的當務之急，並下令國防部保密局執行搜捕任務。

蔣介石的間諜搜捕工作在一九四九年九月有了重大突破，在港都基隆破獲一個諜報網，查緝一家地下印刷廠，接著循線找出了在南臺灣負責間諜活動的共軍高官，並於十一月在高雄將他逮捕。隨著共黨特務一個一個被捕、招供，蔡孝乾長期經營的情報網也土崩瓦解。

一九五〇年一月，台灣的特勤人員已經把矛頭指向蔡孝乾。國民黨反情報人員發現了他台北住處的地址，迅速逮捕了他。這場逮捕行動令他大吃一驚，但並沒有嚇著他。蔡孝乾對於偵訊這件事本身就很老練，所以他知道在監獄裡要怎麼樣扭轉劣勢。被審問之後沒多久，蔡孝乾就說服了國防部官員，表示自己願意投誠幫助國民黨。蔡孝乾騙國防部官員說，他要去台北市區的電話亭打通電話，引誘他的上線出現。在一大隊便衣警察押送之下，蔡孝乾得以外出，而且成功脫逃，消失在台北的夜色裡。

頭號情報員的叛變

接下來的幾週上演了一場貓抓老鼠的好戲，搞得國民黨反情報人員沒好年可過，整個農曆新年假期都在搜捕蔡孝乾。巧的是當年正值虎年，他們也像老虎一樣四處搜捕獵物，循線追到了蔡孝乾在中台灣的家鄉彰化，最終逮捕了他。經過數週的躲藏、逃亡，蔡孝乾被捕時渾身發冷、邋遢不堪、一貧如洗，還有家歸不得。他的情報網全數瓦解，朋友棄他而去。他在黃昏時，於一處稻田裡遭到包圍，武裝警察慢慢靠近他。眼見無處可逃，蔡孝乾喪失了他僅存的一點勇氣，在毫無抵抗的情況下就範。雖然他也有機會自殺，但他對這世間還存有留戀，因為他當時深愛著一位被反情報人員所逮捕的年輕女子。[83]

一九五〇年三月一日可說是兩岸關係史上相當關鍵的一天。當天晚上，經過長時間的審訊，毛澤東手下最優秀的諜報人員在巨大的壓力下變節了。他搖身一變成為國軍軍官，而國民黨還他女友自由，給了他一大筆錢，還在軍中賜予他高官厚祿。這些獎賞可不是白拿的，為了這筆豐厚的獎賞，蔡孝乾揭發了吳石、朱諶之和其他同夥的真實身份，並說出了台灣各地的共產黨據點。蔡孝乾的情報讓國防部官員來了場大清掃，掃蕩了全台的共諜網以及共諜的地下基地，一場驚天動地的諜戰戲碼就這樣悄然落幕。而在台灣及外島地區的解放軍間諜，無論當時是在自己的辦公室處理文書、在軍營裡休息，或正意圖穿過軍檢處時，都全數遭到逮捕。

毛澤東和粟裕對於在台灣所發生的一切可說是毫不知情。直到一九五〇年六月上旬，他們才獲悉此事，當時國民政府在報紙頭版上公開了這項搜捕成果，刊出了吳石、朱諶之和另外兩名手下在台北市內被槍決前後的照片。總計共破獲了八十起共諜行動，逮捕了四百名特工，殘餘的黨羽則趕緊逃離台灣回到中國。[84]蔡孝乾在台灣曾一度建立牢不可破的諜報組織，如今卻遭到全數殲滅，真可謂成也蔡孝乾，敗也蔡孝乾。[85]

一九五一年作戰計畫

蔡孝乾叛變一案對解放軍的軍事計畫帶來了巨大挫折，令粟裕感到震驚。消息傳到粟裕耳裡時，他正在北京與毛澤東以及其他共產黨老幹部開會。粟裕想要辭掉攻台總司令一職，他表示，這麼重要的作戰，還是應該交由毛澤東擔任總司令較為合適。但毛澤東是個聰明人，知道接下這個任務就要承擔極高風險，於是斷然拒絕了粟裕的請求。粟裕沒有辦法，只得說服毛澤東增兵，希望能夠再增加四個兵團以及多個空降師團，讓參與這場作戰的軍團達到十六個，也就是大約六十七萬五千人。[86]由於各項史料的說法不一，也很難確認毛澤東是否允諾增兵。[87]

根據官方歷史檔案，計畫「解放」台灣作戰的最後幾週，解放軍高官針對作戰內容做了一些重大改變。北京方面決定增加第一波攻擊的人數，同時減少第二波攻擊的人數。雖然共軍才剛從國軍手中奪下海南島和舟山群島，但共軍在這兩場作戰中都未能取得決定性的勝利，讓超過十萬名國軍得以轉進台灣，也使台灣的地面防衛力量超過三十萬人。此外，國軍還擁有二百五十架戰鬥機、二百艘海軍艦艇，在金門和澎湖也都有部隊駐守，加總起來國軍依然擁有五十萬大軍的戰力。

粟裕現在了解到他在國軍內部已經沒有特工可以和他裡應外合，也擔心他在軍隊人數上佔不到優勢。在這些不利的條件下，他將微弱的希望寄託在他的第一波攻擊上，期待第一波攻擊就穿透國軍的沿海防線。由於登陸艇的數量有限，粟裕還提出將第一波攻擊人數加倍的方案，並計畫加強軍隊的戰前訓練，讓第三野戰軍在戰技上能壓倒對手。[88]

粟裕預計最慢要在開戰前九個月提供部隊基本的兩棲登陸訓練。從一九五〇年七月到一九五一年三月，各軍兵種分別訓練。他們要進行兩個月的聯合演訓，訓練項目為陸、海、空協同登陸進攻，而訓練時間為一九五一年四月和五月。粟裕計畫運用從舟山群島繳獲的的國軍裝備和設施來進行三軍演習，這樣到一九五一年七月的時候，部隊的戰技應該算成熟了，接著就前往福建集結，開始橫渡台灣海峽。[89]

時序進入一九五〇年六月。據傳，當時作戰計畫的內容是，在八月間大規模進攻金門，接著是一連串艱辛的沿海奪島作戰，最後大舉進攻台灣西北海岸。作戰計畫的選項之一是用二十萬大軍攻擊台灣的四處海岸，或是用三十六萬大軍進攻八處海岸。不管是哪一種，都得留有大批預備軍力。而第二梯隊的任務則是接上第一波攻擊所打下的灘頭或是港口，繼續進攻；此外，大約兩萬五千名傘兵部隊也將從敵方背後突襲；最後還編了一小批部隊從台灣東海岸登陸，從後方包圍台北。

解放軍整個作戰約十五天完成，預估傷亡十萬人。[90]然而，這些假設都太過樂觀，畢竟整個作戰行動風險相當的高。回顧起來，如果當時發動登島攻擊，作戰是否能成功也是未知數，反而很有可能以慘敗作收，就算美國沒有正式介入保衛國民政府也一樣。

中共當年打得下台灣嗎？

中國若在一九五一年入侵台灣，是否能夠作戰成功？今日當然無從得知，畢竟沒有發生的事情，也沒人知道結果會如何。中國宣傳者所推廣、且許多人接受的說法是，當年的共軍可以不費吹灰之力，輕鬆擊倒早已懷憂喪志、墮落腐敗的國軍。共黨宣傳表示，要不是韓戰爆發以及美軍介入，中國一定能擊敗台灣並完成統一。當然，天下沒有不可能的事，但從近幾年發掘的資料來看，中共提出的這個非主流史觀，值得我們懷疑。

資料指出，「解放」台灣計畫充其量只能說是一種激進意識形態的展現，它本身不能算是專業的軍事計畫。共產黨建立的許多假設，事後看來根本行不通。因此，若照計畫進行對台作戰，是否能獲勝，令人質疑。就算當時美國袖手旁觀好了，整個攻台行動最後還是很可能導致巨大的災難。由於中共的攻台計畫並未真正實施，任何的評論都只是推測性質的。但其實在差不多相同的時空底下，另存在一個攻台計畫，恰可用來對比。

美軍二戰期間攻台計畫的草案

二戰期間，美國軍隊為了攻佔台灣（時稱福爾摩沙）曾進行深入研究。在一九四三年和一九四四年間，美國國防部的參謀認為，長遠來看攻占台灣有助於進攻日本本土，加速終結第二次世界大戰。在一九四三年八月十九日舉辦的第一次魁北克會議中，美國將進攻福爾摩沙的草案，簡報給溫斯頓．邱吉爾以及英國政府。[91]到了一九四四年上半年，美國的攻台計畫成為了美國在太平洋的戰略核心。而道格拉斯．麥克阿瑟將軍攻佔菲律賓的行動則是扮演輔助角色。[92]

美國的攻台計畫代號為「堤路」，該計畫打算運用三十萬名士兵加上十萬名海軍陸戰隊，搭配四千艘船以及千架飛機。作戰計畫將從台灣西南方海岸發動大規模聯合攻擊，核心區域就是現今枋寮鎮附近的大型灘頭，估計將有五十萬美軍參戰。[93]

美國國防部參謀所運用的基本法則是，進攻的美軍和防守的日軍，在數量上必須達到至少三比一的優勢。然而，台灣島多山且城市密集，對防守方而言是極大的優勢，所以參謀們得出結論，認為他們應該採用五比一的優勢軍力，才能確保勝利。美國情報人員評估，到了一九四五年春天展開「堤路」作戰計畫時，日本防守台灣的部隊應該多達十萬，還可能有駐守在日本本土及沖繩前來支援的大批海空軍，所以執行「堤路」作戰計畫需要動用五十萬美軍。此外，美國還預計戰爭將持續長達三個月，才能有效控制台灣全島。[94]

美國的計畫相當直接：從台灣西南方登陸後，美國海軍陸戰隊和陸軍將沿著台灣西岸沿海城市一路浴血苦戰，打到台北和基隆港。同時，美軍戰術戰鬥機中隊以及轟炸機也會進駐台灣南部機場，支援地面部隊的行動，機場位置大約是今日的屏東和高雄。一旦攻占台灣，就可以將台灣當作進攻日本本土的部隊集結點和跳板。美國國防部運用從塞班島戰役中搜集到的資料，估計台灣島上的巷弄戰、叢林戰和山區作戰會相當慘烈，並造成十五萬美軍傷亡。[95]

一九四四年下半年，由於種種因素考量，「堤路」作戰計畫最終未能實施。其中最重要的原因為美軍在太平洋戰區的兵力不足。為了執行「堤路」作戰計畫，當時的人力缺口為七萬七千到二十萬士兵（依據時間表和假設不同而有所出入），但這些士兵們還卡在歐洲，還在打德國。早期「堤路」作戰計畫的假設建立在納粹政權會迅速崩盤，但事情並未依照五角大廈的預期進行。只有在歐戰結束後，才有足夠兵力執行攻台作戰。除此之外，「堤路」作戰計畫也因為傷亡代價過大而遭到反對。基於這些因素和其他考量，「堤路」作戰計畫最後胎死腹中。但美國還是用戰艦和潛艇封鎖了台灣，以轟炸機癱瘓了台灣的機場和港口，並在台灣附近的其他島嶼運用「跳島戰術」來進攻沖繩。[96]

美軍攻台計畫vs.中共攻台計畫

從歷史紀錄來看，我們或許可以這樣問：如果美國在一九四五年需要五十萬人才能擊敗十萬駐台日軍，並按照所預期的付出三個月以及十五萬人傷亡的代價，那解放軍怎麼可能在一九五一年僅用五十萬人，就在十五天內擊敗五十萬國軍？美軍參謀有寶貴的兩棲登陸作戰經驗作為優勢，這是解放軍所沒有的，而美軍的裝備和訓練也遠優於解放軍。最重要的是，美國的地面部隊能享有來自海空的強力支援（到了一九四四年下半年，美軍在西太平洋地區佔有全面空優以及制海權，這點無人質疑）。而一九五一年的解放軍沒有這個優勢。

相較之下，一九五〇年代初期的解放軍部隊可以說處處都是缺點：裝備粗劣、軍糧短缺、訓練不足、軍紀敗壞，百分之六十七點四的軍官是文盲。[97]我們現在也了解，當時的共軍參謀認定，他們無法全面控制台灣海峽，因為國軍的海、空軍較為強大。更令人驚訝的是，共軍還打算在七月發動對台攻擊，那剛好是台灣颱風季的開始。據說解放軍參謀手上有正確的氣象情報，但可能是因為受到來自北京的壓力而選擇忽略它。由這件事來看，極端的意識形態顯然凌駕了軍事專業，造成軍方盲目行事，極可能帶來可怕災難。

我們今日已經無法得知如果解放軍或美軍的攻台計畫付諸實行的話會發生什麼事。然而新曝光的資料指出，中國的作戰計畫漏洞百出，甚至可以用自殺來形容。解放軍的問題其實非常明顯，若再把解放軍一九五〇年的攻台計畫和短短六年前美軍寫下的「堤路」攻台計畫相比，更可見共軍的計畫問題重重。我們審視過解放軍、美軍的計畫之後可以知道：解放軍的宣傳內容是虛的，如果解放軍在一九五〇年代初期攻台的話，蔣介石的軍隊是能夠擊退解放軍的。

從過去到現在

當北韓進攻南韓時，杜魯門總統下令在蘇比克灣的第七艦隊進駐台灣海峽，防止解放軍攻擊台灣。杜魯門總統的官方聲明包含如下的內容：

毫無疑問，針對大韓民國的攻擊行動就是明證，代表共產主義除了顛覆手段之外，更發動了武裝侵略與戰爭，意圖征服他國……在這樣的情況下，台灣若被共軍佔領，將對太平洋地區的安全以及美軍造成直接威脅。[98]

一九五〇年六月廿九日，航空母艦福吉谷號、重巡洋艦羅徹斯特號以及八艘驅逐艦駛入了台灣海峽，在中國沿海視線可及之處進行武力展示。緊接著，武裝水上飛機進駐澎湖，並在該區海域巡視是否敵方對台有所動作。美軍潛艦也從日本出發，接近中國主要港口汕頭與廈門，秘密進行情報搜集任務，並確認共軍不會輕舉妄動。一九五〇年七月下旬，兩艘美軍巡洋艦以及三艘驅逐艦進行了另一次武力展示；八月又有四艘驅逐艦增派至基隆港佈防。這些驅逐艦都有飛機和潛艦支援，負責巡視中國沿海十六到廿海浬處，海峽內隨時都保持至少兩艘軍艦巡航，以監視解放軍是否有發動攻擊的跡象，這項任務持續了將近三十年。[99]

美軍顧問團（又稱美國軍事援助技術團，MAAG）也開始成形。一九五一年五月一日，蔡斯少將（William Chase）成為首任美軍顧問團團長。該團任務是為國軍提供美式的訓練、後勤補給以及美製武器，將國軍轉為一支裝備精良的現代化戰力。在接下來的幾十年內，美國軍事顧問團將整個國軍現代化，曾一度有多達兩千三百四十七位美國軍事人員參與這項任務，美國空軍人員在台北市內、林口、台中、嘉義、台南和岡山建立了空軍基地和通訊中心，並參與營運。美國船艦和飛機也進駐整修後的軍港，包含高雄、基隆以及左營。美國陸軍以及海軍陸戰隊顧問在高雄和屏東設立大型的訓練基地，並組織聯合演訓，例如在枋寮附近的海灘舉行兩棲登陸演習——這個地點，假若二戰歷史的發展方向不同，就是當年美軍進攻台灣的登陸地。[100]

這下一來，蔣介石暫時躲掉了眼前戰爭的危機，開始重整、訓練破敗的國軍，以繼續對抗他深痛惡絕的共產黨。他的長遠目標就是要擊敗毛澤東，奪回中國大陸，但當下他認為能先奪回沿海幾個小島也不錯。這個想法讓華盛頓方面相當緊張，畢竟美國的政策是要圍堵共產主義，而不是攻擊共產黨。一九五二年四月和十月，蔣介石在台灣海峽向南日島分別發動了兩次小型的突擊，而解放軍也以奪取南澎列島回敬（取得南澎列島之後，汕頭港對外的交通就暢通了）。許多美國意見領袖因為厭惡毛澤東介入韓戰，所以他們相當支持蔣介石的作法，希望他能清理中國沿海地區。

蔣介石可以放手大幹一場了……

一九五三年二月，艾森豪總統實現他的總統競選承諾「讓蔣介石放手大幹」，不再阻止國軍攻擊共軍。蔣介石於是發起另一波攻擊，用三千部隊輕易攻下湄洲島。[101]這次攻擊之後，國軍又在一九五三年七月以六千五百名海軍陸戰隊、傘兵以及沿海的一些反共突擊隊從金門出發，向東山島發起攻擊。由於國軍的兩棲後勤依然薄弱，所以在作戰一開始取得突破後，仍因錯失進攻時機導致戰敗。儘管未能拿下東山島，蔣介石這次突擊還是達到了美國的戰略目標。這幾次登島作戰給北京方面帶來了壓力，逼得北京在韓戰中坐上談判桌。[102]

一九五三年七月廿七日，解放軍代表在韓國簽署了停戰協議。緊接著，毛澤東卻開始向中國東南部調集了大批軍隊，升高了海峽兩岸的壓力。為了戰力平衡，蔣介石額外增派五萬八千名士兵加強金門的防衛，在馬祖也增派了一萬五千人。毛澤東將蔣介石的增兵舉動解讀為反攻大陸的事前準備，於是又增加了更多的士兵與台灣對峙。到了一九五四年八月，戰力的天秤逐漸傾向解放軍那邊。受到福建駐軍戰力激增的鼓舞，毛澤東的國務院總理周恩來，公開宣布中國一定要拿下台灣，消滅國民黨。幾週之後，解放軍開始砲轟金門和馬祖，引發了第一次台海危機。沒過多久，解放軍向台灣以北的大陳群島同步發動海上與空中攻擊。這次攻擊是要打破國軍海軍自從一九五〇年以來的海上封鎖，以及美國的貿易禁運。[103]

一九五四年十一月，毛澤東對台灣北方兩百海浬處的大陳群島發起火力急襲，然後將兩棲部隊集中在國軍所掌控的一江山島最北端。有了蘇聯裝備和戰術指導，解放軍對一江山島發動了猛烈突襲，在一九五五年一月十八日拿下一江山島。為了應對這種情況，蔣介石對美國施壓，希望美國能以海軍和空軍支援大陳島上的守軍。增援部隊應蔣介石要求抵達大陳島，但大陳島距離台灣太遠，使得大陳島容易遭受解放軍攻擊，戰略價值也跟著降低，美國也不願意投入大量海軍長期保衛大陳島。面對毛澤東在大陳島附近集結兵力所形成的強大威脅，蔣介石雖不願意，但還是將部隊撤離，棄守了故鄉浙江省的沿岸地區。

一九五五年二月八日，台美雙方發起大陳島撤退行動，代號為金剛計畫。美國海軍陸戰隊士兵登陸大陳島協助國軍撤退，並在無人傷亡的情況下成功轉移了一萬五千名平民、一萬一千名士兵、一百廿五輛車以及一百六十五門大砲。第七艦隊派出以七艘航母為中心的大量船艦支援這項計畫。毛澤東本來希望攻擊大陳島能夠分裂台灣和美國的關係，卻適得其反。

中美協防條約

美國與中華民國政府於一九五四年十二月簽訂了「中美共同防禦條約」，並由參議院於隔年二月批准。一九五五年三月三日，雙方正式交換最終批准文件。艾森豪總統同時向國會要求運用特殊權力保衛台灣，國會同意，並隨後對此通過「台灣決議案（福爾摩沙決議案）」。北京則逐漸受到莫斯科強大的壓力，減少了對台攻擊，使得僵局略為緩和。一九五五年五月一日，解放軍停止砲轟金門，三個月後毛澤東釋放了十一位遭俘獲的美國空軍士兵，結束了一九五四到一九五五年的台海危機。[104]

但海峽兩岸間的壓力依然緊繃。解放軍在台灣對岸約有駐軍七十五萬人，但解放軍海軍卻還是弱得無法突破海上封鎖，以至於中國除了蘇聯以外，無法與其他國家進行海上貿易。由於國軍海軍對中國沿海港口包圍和封鎖，這些港口的運作全都被癱瘓掉了。國軍海軍則在金門和馬祖四周巡邏，擊沉附近的共軍船艦，並扣押了往來中國的外國商船。此外，國軍也運用沿海島嶼布置突擊隊和安插特務到大陸。北京則擔心這些台美聯合軍事行動會是國民黨利用金門和馬祖做為跳板，進攻福建的前兆。[105]

一九五八年八月廿三日，危機再次出現。解放軍又發動了突擊，四萬枚砲彈形成的密集火網籠罩了金門，而這還只是前奏而已。毛澤東實際上是打算測試美國的底線，看看美國是否會就此拋棄它冷戰的新盟友，甚至希望先藉由削弱金門防務，接著快速拿下金門，讓駐守台灣的國軍喪失信心。不料，這個計畫反而傷了毛澤東。蔣介石的軍隊早已在金門島上建立許多交錯相連的地下掩體和隧道，所以國軍能避開解放軍的猛烈砲火，僅有少數傷亡而已。而解放軍在附近的小島東碇島登陸計畫也失敗了；直接轟炸馬祖也沒得到預期的效果。[106]

第七艦隊馳援

這時美國第七艦隊抵達戰場，陣容包含四艘威力無比的航母以及大批強力的巡洋艦、驅逐艦、潛艦和兩棲登陸艦。值得注意的是，這支艦隊還配有戰術核彈，用來應付攻擊金門的人海戰術（解放軍曾在韓戰中使用人海戰術）。毛澤東不但錯估了美國的決心，如此挑釁般的攻擊也嚇到了他的蘇聯盟友，所以莫斯科方面對毛澤東施壓，要毛澤東停止攻擊。

毛澤東刻意不理會正在改變的既成事實，持續對金門砲擊，他下令魚雷艇和砲兵攻擊增援金門的國軍船艦。蔣介石為了回應，也命令空軍擬定一份計畫，對中國大陸的目標進行大規模轟炸。一九五八年九月七日，美國海軍開始用巡洋艦和驅逐艦護航國軍艦隊前往金門運補，這也讓空襲變得沒有立即的必要，因為這樣只會升高衝突。從當年九月十八號到廿號，美軍悄悄地將六門八英吋巨砲送上金門，這些巨砲能發射戰術核彈，可以立刻將入侵艦隊化為烏有。這些核彈就儲放在金門附近的美軍船艦上。但即使是使用常規砲彈，這幾門新來的巨砲都讓前線國軍的火力和士氣大為提振。

五天後，一組由國軍飛行員駕駛的美製 F-86 軍刀戰鬥機編隊，和解放軍的米格 17 機群展開空戰，並用最新的響尾蛇飛彈將四架米格機擊入海中。在接下來的幾天當中，國軍飛行員共擊落了三十三架敵機，而國軍僅損失了四架。毛澤東終於開始瞭解到，他虛張聲勢是沒有用的。十月六號，他下令部隊向後撤退並宣布停火。為了保住面子，解放軍在接下來廿年間實施「單打雙不打」，也就是只在單數日對金門開火。一九五八年的海峽危機到這裡落幕，台灣也保住了沿海島嶼基地。

毛澤東的台海策略產生了一系列的反效果，並造成中國單方面的戰略損失。他不但沒有分化台北和華盛頓，反而還使雙方的合作更加緊密。美國將自己的核保護傘擴大至台灣，並將蔣介石散亂不堪的國軍部隊訓練成一支高水準的專業勁旅，還確保了中華民國政府在聯合國的席位。在未來的數十年裡，美國幫助了台灣，將台灣從烽火連年的臨時軍事基地，變成了一個穩定、負責的國際要角，台灣不管是在經濟上還是政治上，都能開花結果，堪稱近代的戰後奇蹟。[107]

毛澤東碰到了困境

就在毛澤東以意想不到的方式促成了台灣的進步時，他則和長年扶持自己的蘇聯產生了齟齬。中蘇分裂肇因於一九五〇年代一系列輕微的意識形態摩擦，而毛澤東在台海的挑釁行動則是中蘇衝突擴大的部分原因。隨著時間過去，這些摩擦不斷擴大，甚至到了不可收拾的地步。終於在一九六〇年，蘇聯將專家與顧問團從中國撤出。儘管關係不斷惡化，毛澤東還是發表了措辭激烈的言論抨擊蘇聯，並將他的桀驁不遜轉化為恩將仇報的侵略行動。一九六二年，這兩個共產國家斷交並公然反目，核戰的陰影以及潛在的蘇聯入侵瀰漫著中國。面對這樣的戰略威脅，解放軍開始防衛北方國界。台海僵局依然持續，但已經退為次級戰區。

毛澤東在國內外的失敗，讓台灣免受解放軍的威脅，他的政策導致一九五八年到一九六二年間發生了嚴重的飢荒，而國內的恐怖計畫，以及他精心策畫的集體農場所發生的系統暴力都讓飢荒更為加劇，造成了數以百萬計的無辜人民死亡。一九六六年到一九七六年，毛澤東肅清並殘害大批的共黨官員，並有系統地讓社會團體自相殘殺，同時還塑造了一批崇拜他的狂熱份子。毛澤東一手策畫的動亂與暴力，代表了經濟以及人類史上無可比擬的災難，一直到他於一九七六年去世後才畫下休止符。[108]

此時的赤色中國因為內政策失焦而陷入動亂，但台灣的安全反而因此得到鞏固。而解放軍依然是一支文盲領導的烏合之眾，這批文盲眼中又只有蘇聯而已，甚至還想跟蘇聯來一場至死方休的消耗戰。結果解放軍不但沒有發展出兩棲作戰能力，也無法取得台海附近的空優與制海權。一九七九年，吉米．卡特總統大打「中國牌」，聯合中國對抗蘇聯，在外交上承認北京，而台北方面則承受了巨大的戰略損失。但若純粹從軍事角度來看，戰力的天秤毫無疑問地還是傾向台灣這邊，而且未來很長一段時間都會是如此。解放軍還是想和蘇聯打一場戰爭，但國內外的情勢卻持續影響著中國軍方，例如一九八九年六月四日發生的天安門事件，以及美軍領導的「沙漠風暴行動」在波灣戰爭中取得了驚人的成功。[109]

台灣有了新的想法

一九九〇年代早期，台灣再次感到自己面臨中國戰爭的威脅。蘇聯解體後，中共的戰略焦點目標再度回到「解放台灣省」這件事上。台灣於一九九二年舉行國會選舉後，解放台灣的任務對北京來說變得更加迫切。台灣正轉型成為民主社會，而世人也自然而然地認為台灣是後冷戰世界中合法的獨立國家。台灣總統李登輝打破了國民黨長久以來的堅定立場，宣布他的政府不再代表全中國。他認為國共內戰已經結束，而台灣就是中華民國；中華民國也是台灣，共產黨在北京建立的政權是非法的，但台灣也沒有野心要宣稱對大陸的主權。[110]

李登輝的立場，基本上等於間接宣布獨立，這點激怒了中國的領導者。更糟的是，台灣還計畫要在美國的指導下，舉行第一次總統直選。一九九五年六月，李總統回到他的母校康乃爾大學發表演講，並和他的朋友分享台灣的民主計畫。中國則在七月進行了一系列的彈道飛彈試射作為回應，將飛彈射向基隆北方海域。解放軍還動員了福建省的部隊，在八月進行了海上實彈射擊訓練，並搭配飛彈射擊。十一月裡，解放軍更高調進行兩棲突擊演練。[111]

這些軍事行動都只是心理戰的一部份，目的顯然是要對李登輝施壓，要他取消美式選舉。如果失敗了，那第二個目標可能是讓一位立場傾中的候選人當選總統，而非李登輝。一九九六年三月，就在台灣選舉前，解放軍對台灣領海發射了飛彈，落入了基隆港和高雄港附近，隱含著要將演習轉為侵略的威脅。[112]

李登輝知道中國的威脅都是假的。就算共軍當年對金門和馬祖發動人海戰術，共軍也沒有能力越過台灣海峽登陸台灣。共軍的兩棲運載能力相當的糟，部隊缺乏訓練、領導和裝備。多虧了潛伏在中國軍方當中的諜報網，李登輝擁有中國內部的最新情報，也知道台灣有著遠優於中國的陸、海、空軍。[113]

美國在整個台海危機中扮演了至關重要的角色。柯林頓總統很快就回應了中國的挑釁，派遣兩個航母戰鬥群進入台灣附近的國際水域，進行武力展示。美國捍衛民主的決心和承諾表露無遺，於是中國退了一步，而台灣總統直選也如預期舉行。由於選民支持李登輝激勵人心的政策，使李登輝的民調扶搖直上，也讓他順理成章贏了這場選舉。一九九六年的台海危機就在這樣的高張力下結束，但要達到和平與穩定卻還有好一段路要走。[114]

在接下來的幾年裡，中國的軍費支出暴增，又從俄羅斯大量引進新式武器系統以及技術。解放軍在編制上也更加精簡，使整支軍隊變得更加強大、更精巧，各部隊也進行了更大型卻也更周詳的軍事演習。和昔日那駑鈍的解放軍相比，今日的解放軍擁有更強力的軍事肌肉，大大縮短了與國軍戰力間的差距。[115]今天，距離一九九六年台海危機又過了二十年，共軍的兩棲登陸作戰對台灣而言已不再是危言聳聽。儘管解放軍依然有許多普遍上的弱點，也可能還是沒辦法進行大型的登陸作戰，但解放軍的戰力也確實已經不是吳下阿蒙了。[116]

中國發動戰爭的可能性不斷升高，以至於到了二〇二〇年代的某個時間點，共軍可能就已經準備好發動攻台戰爭。那我們要怎麼知道這會不會發生呢？

第3章

中共攻台之前會出現哪些警訊？

雙方在政治意識形態有歧異，這個問題一定要解決，不能世世代代傳下去。

——中國國家主席習近平

現今常有人這樣預想：中國有辦法在僅僅露出一點點徵兆、甚至完全不露警訊的情況下，就成功發動攻台奇襲。倘若這假設的想法不幸成真，台灣領導人應該會被擁有數量優勢的敵人弄得措手不及，倉促之間就得處理敵人帶來的一連串攸關生死難題。當然，想必台灣一定會盡全力展開有效防禦；然而也不難想像，政府組織的抵抗力量可能幾天內就崩解。台灣被中國精心策畫的欺敵戰術攻陷，原本的民主政府不復存在，通共人士將接管政府，把台灣變成歐威爾筆下的那種極權警察國家。

對台灣防衛能力抱持負面評價的人士，基本上都相信中國有能力奇襲台灣。[117]這些悲觀派的人認為，中國成功奇襲台灣不僅是個可能性而已，而且是極有可能變成事實。他們認為，綜觀日本偷襲珍珠港到二〇〇一年九月十一日美國遭受恐怖攻擊的這段歷史，已經一再證明，要準確辨識出敵方即將發動偷襲的警訊徵兆，困難重重。他們說，由此可見，要預知中國攻打台灣，幾乎是不可能的，特別是中國共產黨（也就是人民解放軍）會受到哪些刺激而萌發攻台的動機，外人往往極度費解。

然而，正因無法分析中國想要攻台的邏輯，我們才更要密切觀察所謂的徵兆與警訊，避免台灣遭到偷襲，並且判斷中國何時會發動攻擊。

觀察台灣海峽局勢時，要先觀察警訊及徵兆，亦即中國準備發動攻擊的跡象。警訊通常是指出現了新的發展，或出現了不明確的訊號與情資，足以讓人有理由相信戰事即將爆發。廿世紀美國情報大師欣希雅．郭寶（Cynthia Grabo）曾就這個主題寫出經典著作《如何預判偷襲》（Anticipating Surprise）。根據這本巨作，警訊或徵兆指的是「有某個事物不見了、片段的情資、觀察的結果、一張照片、一個宣傳廣播、一個外交照會、召集後備軍人、部署軍力、特務的報告……諸如此類，都可當成是指標。只要能讓人洞察到敵人可能採取什麼行動，都是指標」。[118]而「備戰的徵兆」則是指我們知道或預期敵人（在這裡是指中國）準備開戰時一定會做的事。我們知道爆發衝突之前可能會出現哪些事物，並且監控這些事物有沒有出現。這些事物就叫作觀察事項或徵兆事項。[119]

根據郭寶的見解，戰略警告在本質上屬於比較長期的，可以早在攻擊之前就發布。「倘若敵人在進行大規模軍力部署，或已經公開做出政治承諾，表明要動用武力採取某種行動」，那麼我們就必須發布戰略警告。戰略警告「不只會在敵人即將採取行動之時發布，也可以早在敵人採取行動之前就發布」。[120]戰略警告通常是發給國家層級的領導人，如總統和行政首長。相反地，戰術警訊跟作戰較為相關，提供給軍事將領；因為軍事將領能觀看雷達圖像，能使用其他觀測網路系統，及時發現敵人即將發動攻擊的徵兆。[121]

領導台灣的民選官員八成很少花時間擔心敵人可能會偷襲。擔心敵人偷襲是情報官員的職責。在情報官員眼中，搜集並對外發佈警訊和徵兆，是攸關國家存亡的大事。中華民國國家安全局（相當於美國中央情報局）的網站上載明，情報機關的最高優先要務，就是提出中國準備攻台的預警。[122]這項任務在和平時期至關重要，能防止中國掌握奇襲優勢；而在兩岸爆發小規模衝突的時期，這項任務更是重要，因為它能提供「戰事即將升級」的戰略警訊——在危機狀況中，台灣的政府必需知道中國是否意圖火上添油，將緊張情勢升高成為全面大火。[123]

及時、精確的警告很重要，讓台灣政府能夠在正確的時機啟動應變計畫，動員國民備戰。台灣現役軍隊約有二十萬兵員，以義務役居多。為了支援現役軍隊，台灣還維持一個超過兩百五十萬人的徵召後備部隊，因此台灣擁有一支龐大的民兵部隊。[124]台灣還可以再進一步擴大軍隊，動員將近一百萬登記在冊、用於支援戰事的民防後備人員。[125]政府獲得中國攻台的早期預警後，才能啟動這股潛藏的巨大軍民防衛力量。戰略警告極為重要，能幫助台灣的總統判斷最佳時機，命令軍隊提高戰區部隊的備戰層級。

想獲得戰略早期預警情資，台灣最主要的挑戰來自中國的諜報行動與欺敵戰術。台灣確實面對中共諜報威脅，相關記錄多不勝數，台灣也破獲過大量的諜報案件。倘若不嚴加監控，中國特務很可能會誤導台灣民選官員做出錯誤判斷。儘管敵人滲透的威脅十分嚴重，但台灣的反情報機關歷來發見、制止情資洩漏的成績，也是可圈可點。台灣的反間諜人員多次在中國吸收賣台賊不久後，便發現賣台賊的舉動並加以逮捕，短時間內修補好國安漏洞。

確實，間諜醜聞曾經嚴重破壞台灣的聲譽，不過多數外國專家認為，中國滲透台灣的情況，實際上並沒有表面上看起來那麼嚴重；而且也沒有理由相信，台灣軍民當中到處是中共間諜。[126]

更重要的是，專家指出，台灣諜報工作做得相當傑出，擁有一些位居高層的中共線民，能向總統府（以及美國白宮）呈報早期預警資訊。[127]

台灣長久以來跟美國的軍事與情報機構關係密切，因此台北能夠使用許多世界級的早期預警偵測系統，包括雷達、衛星與電子竊聽站，這些設備大幅降低了台灣的總統遭到中國偷襲的風險。[128]人民解放軍的內部出版刊物指出，解放軍擔心日本也會向台灣傳送警訊。一名解放軍專家認為，日本利用飛機、船艦、潛艇以及衛星盯梢中國軍隊，還使用日本西南方諸島上面設置的偵察與早期預警網路監控人民解放軍的活動。根據中國軍方的評估，東京當局能夠準確掌握台海地區的早期預警情報。[129]

凡是秘密的事務，外人其實無法加以準確的評估。但目前我們取得的情資卻強烈顯示，台灣準備得很好，能夠不受中國的戰略偷襲所威脅。中國與台灣雙方軍事專家的研究報告當中，都很詳細地分析了如果中國意圖跨越海峽侵犯台灣，事前會出現哪些徵兆與警訊。兩岸軍事專家的研究都相信：雖然中共攻台作戰的重要關鍵因素是欺敵，可是人民解放軍無法享有奇襲優勢。專家認為，事事不可能都如預料一樣順利進行，而且決斷難免有錯。不過，根據海峽兩邊做過的分析顯示，解放軍如果準備攻打台灣，他們的準備行動絕無可能不被發現，因為至少有五種類型的徵兆存在，且台灣、美國和日本持續監視這些徵兆是否出現。我們只要搜集並研究這五種資訊，就能獲得可靠的根據，來判斷中國是否會侵犯台灣。[130]

第一類：備戰

中國若想派遣軍隊，實際上岸攻占像台灣這種防禦堅固的大型島嶼，作戰的方式會跟其他規模較小、難度較低的作戰行動（例如從空中轟炸台灣，或從海上襲擾台灣）完全不能相比。全面入侵的準備工作非常浩大，難以隱藏，因為必須動員龐大的人數，攻台行動的勝算才會高。根據解放軍文件，攻台作戰無比複雜，直接影響到數以百萬計的參戰人員的身家性命。要執行攻台作戰，中共所有軍事單位、文官系統與企業組織必須緊密合作，因此每個單位都必須為了大我的目標，放棄小我的利益，解決每個組織團體裡都有的搞小圈圈、搞衝突鬥爭。

中國分析人員清楚指出，想徹底消除職場上的政治角力、部門之間互相競爭的次文化，以及派系之間的不和，其實是不可能辦到的，尤其是在中國這種官僚主義根深蒂固的社會。既然辦不到，中國會把舉國努力的焦點放在只要消除重大的差異與歧見就好。要應付即將到來的攻台戰爭，中國必須想盡辦法進行組織調整、擬定計畫、協調任務，這意味著，中國高層人士（他們的日常行程向來受到外界密切觀察）必須親自出面，彼此開會討論當前局勢發展，然後再開會擬定計畫，接著再協調每個人要做什麼、何時要去做，才能讓計畫圓滿實施。

因此我們可以預測，在開戰之前的幾個月，共產黨與解放軍的領導人會展開一連串閉門會議。除了中共的中央政治局會在北京緊急召開一系列會議之外，至少會有一場重要的作戰計畫與協調會議，可能會在東部戰區司令部舉辦。假如真有這場會議，那麼與會人員應該是陸海空三軍、火箭軍（按，前二砲部隊）、航天系統部（太空軍）、情報機關、公安部門、民兵部隊、省政府與市政府等組織的執行長官代表。出席作戰會議的每個人都代表一個組織，每個組織都在即將爆發的戰爭中扮演重要角色。大家可能會選出一小群獲得信任的頂尖精英，任命他們為「聯合攻台領導小組」，或稱「聯合攻台指揮中心」，負責將作戰計畫的細節定案、調解單位間的爭執，以及將委員會的決議發送到各自所屬的軍事、非軍事單位的各個指揮層級。[131]

精英小組的任何一個組員，都有可能會是外國的間諜，他們親近的朋友當中也可能是外國間諜。中國的組織有個特點，那就是根據人脈與親族關係來判斷成員的忠誠度。共黨高階要員的親屬，不論多麼無能、個人操守多麼可議，通常都會比同儕得到更多優惠待遇。中共的制度裡，很少看見制衡這件事，而且制度本身就不透明，貪腐充斥。所以，在這種情況下，難免會發生洩漏情報的事。就算我們假設中共的安全措施執行得完美無瑕，光是某些領導人召開非例行性的會議，應該就能讓台灣（與美國）的情報分析人員看出風暴正在醞釀，尤其是在海峽兩岸關係惡化、局勢異常緊繃的時候。

等到Z日逼近，人民解放軍的火箭軍會把彈道飛彈和巡弋飛彈從本來的駐防地搬出來。這些飛彈會從中國內地深處山區的公路、鐵路浩浩蕩蕩開往發射地點。抵達後，就開始執行發射前檢查、彈頭對接的演習，以及進行測試。全面展開部署後，數千個飛彈發射台、通訊車、安全警戒車、後勤支援車就會開始移動，載運著一大群人。這一大群人裡面，每個人在故鄉都有朋友、家人和鄰居，其中會有人多嘴或粗心，漏了口風。[132]當地的台灣臥底特工可能會注意到相關的閒聊，於是回報異狀。另外，在遠處偵察的竊聽衛星、偵察機和其他監測系統，也會注意到有數量龐大的戰略飛彈在移動。這時在台北與華府，警示燈就會開始閃個不停，國安電話開始一通又一通打來打去。

不只飛彈開始移動的警訊會突然增加，還有許多和平時期沒有動靜的中共部隊也會動起來。中國的防空部隊會離開平時的駐防地，大舉進駐福建省，在準備好的地點搭建地對空飛彈發射陣地，加強防守地下指揮碉堡、空軍基地和港口設施周邊容易受到侵犯的領空。專門執行兩棲攻擊的精英部隊將取消所有休假，全員動員，把裝備整備好，準備進行部署。後備部隊與民兵也會奉召入伍。這些異於例行的緊急移動，不論協調與隱藏得多好，都會對中國的通訊、運輸基礎設施帶來巨量壓力，所以很容易被注意到。[133]中國各地的火車站、公車站和機場將擠滿軍隊，台灣海峽內中共控制的島嶼和中共部隊的集結區將湧現穿制服的軍人，每個人都能看見。[134]

解放軍接著極可能展開一系列的演習和兩棲作戰操練，讓即將投入這場殊死戰的部隊提升備戰層級。中國東南部的幾個集團軍將舉行全員登陸演習，旅級、師級部隊完整模擬搶灘攻擊。戰事越來越迫近，中國將領這時開始全力投入昂貴的資源練兵，把疏漏的地方補上。解放軍裡的政委通常負責所有關鍵決策，一般而言政委們行事謹慎，錙銖必較，只求避險。但現在已不是和平時期了，一般預料政委們會放手讓司令員（軍事指揮官）大幹一場，允許他們舉行密集的實彈演練、夜間戰鬥操練以及野戰演習。此外，解放軍也可能舉行陸海空三軍與火箭軍共同參與的大規模聯合作戰演習，參加這些演訓的軍人在操演結束後不會返回基地，而會被派到沿海地區已知的登船地點或附近地區，集結於沿岸的港灣。

屆時情報將顯示，規模龐大、極具威脅的部隊正在移動。電子光學衛星的遠距偵察系統會從太空拍攝到中國的坦克、飛彈發射台、火炮部件和裝甲車輛大排長龍，由平板火車裝載，有的正在運輸途中，有的已經運抵重要的火車站，等待卸下。偵察照片將看到，沿岸正建造綿延無盡的營區，運輸船在近海徘徊，附近有部隊在集結編組；直升機的活動也變得更加頻繁，來自中國各地的航空部隊紛紛飛入，降落在福建省的機場。全球的情報官都會發現，數位地圖的螢幕上有一支規模浩大的紅軍正朝台灣移動，活像滾珠軸承被吸向磁鐵似的。

空中的活動也會讓中國露出馬腳。中國東南部距離台灣夠近，戰機延長作戰半徑就可涵蓋台灣的軍用機場，約有二十座。[135]在假想的Z日之前，大量戰鬥機與戰鬥轟炸機將從遙遠的內陸基地，進駐到東南沿海的這些機場。一般相信，這些戰機一旦進駐前線基地，就會展開密集演訓，著重在提升夜間作戰能力、空對空作戰、轟炸與電子干擾的能力。空軍部隊不僅會進行極度嚴苛的作戰訓練，也可能會演練若駐地機場遭破壞時，如何分散到備降機場，以及如何從備降機場起飛執行任務。空軍部隊移動到後備基地後，維修與後勤支援人員也要跟著過去。此外，無人飛機部隊也會集結在前線基地，中國的空降兵部隊也會演練空降作戰，模擬攻占機場。

到了某個時間點，解放軍的軍艦與潛艇也會啟航前往黃海、東海與南海的作戰區。解放軍海軍的灰色艦身將與被動員而來的大量民船聯合演練作戰隊形。海軍的噴射機與直升機可能也會參與這些海戰操演，演練自己的任務，為艦隊提供空中防禦。海軍演習結束後，許多參加演習的艦隊或許不會回到基地，而會待在面對台灣的沿岸，躲藏在安全的港口和天然港灣裡。

中國境內的民航交通可能變得十分緩慢，因為要騰出空域進行軍事演習，進出大城市的民用航班被迫減少。[136]在上海這樣的城市，噴射戰鬥機和其他飛機從附近機場起飛演練攻台作戰任務，當地人都會看見軍機以浩大的編隊低空飛行。另一個清楚的凶兆就是出現了大量海上民兵船隊集結，擠滿了江蘇、浙江、福建與廣東的港口與駐泊地。

有人認為中國攻台時將派出兩支兩棲部隊，各自進攻不同的海灘。一支從平潭島和南日島附近的基地出發，可能瞄準台灣西北海岸。另一支兩棲部隊從東山島和南澳島附近的兩棲作戰基地出動，攻擊台灣西南海岸。溫州、福州、廈門、眉州和汕頭這幾個港口將扮演吃重的角色。如果有大量船艦聚集在中國沿岸的這些敏感地區，可能就表示中國即將展開攻擊。[137]

在Z日之前，中國應會採取一個極度挑釁的手段，以求造成局勢不穩：進行核彈試爆。這是有先例的，一九九五年到一九九六年台灣海峽危機期間，中共在九五年夏天引爆了兩次核彈，每顆都是在政治局勢極度敏感的時刻引爆。[138]解放軍內部文書指出，中國如果要攻台，可能會進行核武試爆，以嚇阻美國干預。[139]不論中國是否真的會進行核彈試爆，我們都可以大膽推斷，中國將提高核武備戰層級，命令核子彈道飛彈潛艇開出海南島的地下基地。此外，北京也可能把核子飛彈發射台從駐防地移出來部署，接著再撤回中國中部的荒僻山區。[140]

第二類：後勤

精通早期預警的專家都知道，後勤是戰爭中的「氧氣」，因此專家們經常監看敵人儲備物資的狀況。一個國家若開始大量儲備物資，這就是明顯的開戰初期徵兆。早在中共下令展開總攻擊之前很久很久，中共會先購買、儲備大量石油與天然氣。台灣對岸的中共燃料儲藏處一定會儲滿燃料，中共還會迅速興建新的儲油場，然後儲好儲滿。此外，煤也將堆積如山，而製造武器、彈藥與裝備的工廠將快速擴大產量。

火車和卡車被沉重的貨物壓得嘎吱作響，滿載了各種各樣的戰爭物資，紛紛駛進集結區。糧食、水、制服、藥物和電池，全都必須儲備；血庫也必須儲滿血。中國還會聚集大批農場牲畜，尤其是豬隻，作為軍隊的食物。中國瘋狂儲備海量的物資，會導致一種結果：全球市場的石油、銅、稻米、大豆和小麥等商品價格暴漲，全都因為中國的需求永遠無法滿足。

伴隨儲備物資出現的，就是基礎建設計畫暴增，這是中國即將侵略台灣的另一項指標。北起江蘇省，南至海南省，每個大型與中型的港口裡，都可以發現人力與重型機具狂增。為了支援侵台行動所需的大量運輸船隻，中國必需擴充基礎建設，包括倉庫、碼頭、工廠和起重機。通往港口的公路會拓寬，鐵路會增建，以應付大幅增加的交通量。防空部隊和武裝安全巡邏隊（由正規軍與武警組成）將部署在港口設施內和周邊地區；海事民兵部隊則會負責看守進入港口的通道。屆時凡是使用這些港口的外國商船都會注意到港口正在大興土木，而且港口安檢措施越來越嚴格，商船的活動大受限制。

中國各地的造船廠會大量生產平底登陸艇和兩棲突擊艦，漁船也會被徵收去改裝。上海、舟山、廣州、武漢和大連的大型造船廠會擠滿商用運輸船、開口型車輛載運船（滾裝船）、渡輪、駁船，全都排列整齊，等著加裝軍用通訊系統和各種設備，以增加作戰能力。[141]侵台前的至少三個月，造船廠應該會二十四小時加倍趕工，連夜間也燈火通明。[142]光線和聲音在水裡能夠傳播很長的距離，因此其他國家的潛艦與情報搜集艦將輕易偵測到聲光。從中國上空通過的衛星和飛機也會拍到空照影像，進一步證明中國正在準備侵略台灣。

中國距離台灣較近的不少小型機場早已加強防禦，以支援作戰行動（有些機場還未完成防禦提升）。為了容納大量飛機進駐，一般預料中共空軍基地裡會出現大量擴建，例如新機棚、強化機堡、混凝土護牆、備用的塔台、儲藏彈藥的碉堡、燃料儲藏處、工廠等設施。另外也可能增建跑道、加大停機坪，以及加固現有的建築設施。配備防空武器的軍隊與民兵部隊會在空軍基地周圍構築防禦陣地。其他地方也會構築地底的指揮碉堡。接近Z日時，中國將在福建沿岸埋置地雷、設置障礙、裝設延綿無數哩的刺絲網，防止敵人滲透到管制區裡。中國會把整個東南海岸變成物資儲備齊全的作戰營區。

第三類：偵察

在萬事太平的時候，做好情報搜集工作就已經是很重要的事。在戰爭期間，更是攸關生死。解放軍文件指出，入侵台灣之前，可能會在台灣沿岸展開特別的情搜活動，大量解放軍的情報搜集船會偽裝成拖網漁船，配備專業電子情報設備，作為海上監聽站。這些情報搜集船可能會配置多達三十人，受過專業技術訓練，或者操作機槍與攻擊步槍，作為自衛之用。這些情報船上面有漁網及其他捕魚用具，以掩人耳目，接著行駛到台灣最敏感的沿海地區，搜集關於海灘與海底狀況的情報。情報船會試圖在沿海地區逗留，觀察台灣的海岸防禦工事是如何構築的、海軍活動如何增加，以及軍隊移動的情況。

解放軍文件指出，開戰前幾個星期，中國的太空衛星發射中心會巨幅加緊努力，急著把新的衛星打到運行軌道上。[143]中共政府很可能會告訴國內民眾，這些新的太空衛星裡裝載著各式遙測系統，旨在幫助廣大農民、漁民，並協助交通控管。而中國原有的衛星長久以來都在固定的軌道上運行，這時也突然改變運行軌道，增加對台灣與西太平洋的偵察範圍。[144]有一份解放軍的文書指出，每天至少必需有四個影像衛星通過台灣上空，才能為情報分析人員提供台灣全島的最新偵察圖。此時中國還需要更多衛星，好全面監看台灣軍演的情況，並緊盯中國大陸三千公里外、美國航空母艦打擊群的動向。[145]

中國的情報偵搜機可能會在台灣附近的上空徘徊，飛行於台灣領空邊緣，全力搜集情報。台灣附近有些偵搜機可能會負責指揮假攻擊，調派戰機衝過海峽中線，測試台灣的反應速度。台灣附近徘徊的情報機將全力尋找有價值的情報，以了解台灣防衛的戰術、技術和程序。[146]除了這些可能會擦槍走火觸發戰事的空中偵察活動之外，中國的間諜人員活動也將激增。然而，中國越是施壓要求間諜快點交出成果，中方間諜就越可能會暴露身分。[147]

第四類：宣傳

打仗，不只是要在戰場上打，更要在參戰男女的心中打。根據中國軍方的內部資料，攻台的一項要素就是，使用網路和電視媒體作為心戰武器，在發動總攻擊之前先削弱台灣的抵抗力量。解放軍的文件列出了目前已有幾項有利於心理作戰的要素，包括中國經濟奇蹟吸引了不少台灣人、大量台商移居中國、台灣政治人物不絕於途前往北京已對台灣帶來影響、兩岸觀光與文化交流以及經濟連結等。心理戰經常與中國所謂的「法律戰」和「輿論戰」結合，這三戰都屬於政治作戰的廣大範疇。[148]

一份內部文書列出了下列指導方針，供負責對台灣發動三戰的中國官員遵循：

應靈活運用法律戰與輿論戰相結合的心理戰，分化、瓦解島上頑固勢力，降低島上作戰強度。其中，利用法律戰對敵政治集團及其所謂「盟友」展開心理攻勢，申明大型島嶼聯合進攻戰役是國內解放戰爭繼續的法律依據，揭露島內「分裂」勢力的政治野心和強敵軍事干涉的外交陰謀；運用輿論戰對敵軍事集團展開心理攻勢，指明放棄「分裂」主張的有利、有效途徑，並與精確火力打擊的震撼力相結合，瓦解敵軍心士氣；以網路、媒體為主要手段對島內非政治社會團體、民眾展開心理攻勢，積極宣傳國家統一的利國利民理念，瓦解島上依附於「分裂」勢力的社會基礎。[149]

宣傳戰是政治作戰的一部分，將點燃全中國對攻台戰爭的狂熱。共產黨的發言人將痛批「台獨力量」，在電視與廣播節目上大肆發表大中國沙文主義論述，把刻板的口頭禪掛在嘴邊，像是「解放軍寧死千人，祖國土地一寸也不丟」、「先消滅台灣！再重建台灣！」、「消滅台灣分離主義力量！」等等。中共的宣傳媒體將一再反覆相關報導，讚揚人民解放軍先烈和模範戰士；媒體則綿密進行激情報導，告訴解放軍他們師出有名，他們有光榮傳統，因此要效法解放軍先烈為國犧牲的精神。

在台灣，統派媒體會和中國媒體一個腔調。而華府和美國各大城市裡，中國統一戰線（Chinese United Front）的成員將為外國政策菁英舉辦集會及會議，中國大使館與領事館也將竭盡所能，使出洪荒之力說服外國人不可插手干預「中國內政」，呼籲外國政府拋棄台灣。有些人可能提供暴利生意或肥潤的合約，給具有影響力的外國人士，請他們寫社論支持北京的立場。[150]也有人會利用外交照會和非官方的祕密管道恫嚇美國官員，暗示任何衝突都可能快速升溫，最後演變成核子戰爭。[151]解放軍的文件相信，雖然日本和其他的美國盟友是中國恐嚇的次要對象，但是那些盟國依舊會收到極端的恐嚇，試圖嚇阻他們不可協助台灣。[152]

第五種：破壞

西太平洋地區這時已經逼近沸點了，而台灣島內開始出現許多令民眾深深擔憂的事件。許多人認為，開戰前，破壞活動會大幅增加，共諜將滲透到台、澎與各外島執行破壞任務。這些壞份子鎖定供水系統加以下毒，又炸毀橋梁與隧道，破壞輸電網和儲油處。台灣安全當局推測，到時候還會有大量走私，軍警情治也將查獲儲藏武器的地方以及祕密通訊設備。[153]

統派的組織犯罪團體也在此時極端活躍，大量吸收青少年新血加入幫派。夜店等夜間娛樂場所將爆發暴力衝突，因為親中幫派一直擴張，跟在地的台灣幫派爭搶地盤。警方面對的幫派分子將持有前所未見的可怕武器，包含攻擊步槍、炸藥等。黑幫與其他地下團體也可能在台北市區組織反政府示威運動，然後跟警察爆發流血衝突。此外，根據解放軍文件內容，中國情報特工也會試圖引發金融混亂、社會暴動、校園抗議和勞工罷工，[154]還將設法操控政治人物與軍事將領，促成他們互相內鬥。[155]

全台各地可能都會出現犯罪與間諜活動，意圖破壞社會秩序，削弱人民對國家的信心。根據解放軍內部文件的記載，台灣總統、高階官員及家眷都可能成為解放軍暗殺、綁架的目標。[156]台灣在這種威脅之下，立法者將授權行政機關大幅擴大安全措施，以確保國家穩定。到了某個時間點，不斷增強的威脅已經到了無法忽視的程度，這時台灣的總統及內閣被迫宣布國家進入緊急狀態，動員全國備戰。[157]

表一：中共攻台徵兆觀察表

種類	徵兆	地點與細節
一、備戰	中國領導人召開可疑的會議	中國共產黨中央政治局；中央軍事委員會；東部戰區司令部
	組成攻台作戰領導小組／聯合指揮中心	北京、南京和福州地區
	戰場部署：戰區飛彈	福建、廣東、江西、浙江
	戰場部署：戰略防空火炮	福建、上海、廣州（S-400、S-300、HQ-9）
	戰場部署：陸軍兩棲部隊與空降部隊	第一、第三十一、第十二和第四十二集團軍所屬部隊
	戰場部署：戰鬥機部隊	台灣附近的二十座主要空軍基地
	動員後備部隊與民兵部隊	東部、南部、北部、中部戰區司令部
	兩棲突襲演習	舟山、平潭、東山
	戰艦與潛艇出動	東海艦隊（寧波）、南海艦隊（湛江）
	海空交通管制	主要城市（上海、香港、廣州等）
	海事民兵船隊操演	浙江、福建、廣東的港口
	核彈試爆	羅布泊核爆試驗場

二、後勤	儲備物資	石油、天然氣、煤、食物、水、藥物、武器、牲畜等
	捐血活動	福建與全中國的人民解放軍大型醫院
	國防產業活動劇增	武器、彈藥、運輸工具、飛機、無線電、降落傘等
	港口擴建活動劇增	從江蘇到海南
	道路與鐵路擴建活動劇增	浙江、福建與廣東
	增加機場防禦與彈性的活動劇增	距離台灣五百哩內的軍用與民用機場
	造船廠產量劇增	兩棲攻擊艦、登陸艇、掃雷艇等
	漁船與其他商用船隻進行改裝	軍用無線電、槍炮固定座、消防設備
	沿岸防禦工事	福建沿海島嶼
三、偵察	情報偵搜船艦與飛機活動增加	台灣海峽地區
	發射緊急衛星	四川省西昌衛星發射中心等地
	衛星改變運行軌道	增加人民解放軍對台灣海峽地區的偵察範圍
	情報人員活動增加	全球，特別著重於台灣與美國
四、宣傳	宣傳戰	強硬的論述
	影響力戰	全球，特別著重於台灣與美國
	外交訊息戰	全球，特別著重於美國與日本
	核武威脅	媒體宣傳與私人傳達
五、破壞	破壞行動	金融、運輸／供電系統、供水／供油系統
	綁架或刺殺行動	台灣總統與其他關鍵領導人及其家眷
	黑幫暴力	台灣夜店鬧事、越獄、攻擊警察局
	暴力抗議、暴動、罷工	台北市總統府附近
	走私與滲透	台灣（走私槍械、情報特務滲透）

＊請注意，此表僅概括列舉，並未將中國可能攻台的所有徵兆一一列出。

中國的欺敵戰術與戰術突襲

中國分析人員撰寫了大量有關欺敵戰術的著述，其中有一些專門針對攻台行動。[158]相關的軍事研究強調，發動突襲、癱瘓台灣各個指揮層級的決策能力，至關重要，唯有這樣，解放軍才能迅速攻破台灣的海灘防禦，佔領台北，並在美國干預之前徹底結束攻台作戰。[159]中國軍方面臨的難題是，如何隱藏大規模渡海攻擊的備戰工作，因為這幾乎是不可能的。

根據美國研究解放軍的專家丹尼斯·布拉斯可（Dennis Blasko）的說法，「陸軍部隊必須在陸上（道路與鐵路）、海上（海洋或河流）與空中，移動很長一段距離……在衛星偵察和社交媒體普及的時代，這樣的移動無法祕密進行，因此，地面部隊發動戰略突襲的成功機率趨近於零」。[160]動員民間資源來支援軍事作戰行動，更加容易導致戰略突襲失敗。台灣政府只要從觀察到的預警徵兆當中，就能獲得充分、可靠的依據，從而發布戰略警戒，開始動員全國抵禦中國入侵。

中國領導人有充分的理由相信，自己的意圖應會在攻擊之前就先被台北當局識破。倘若如此，解放軍就無法發動「閃電戰」突襲。解放軍文件指出，無法突襲固然是戰略上的一大挫折，但只要擁有戰術突襲優勢，這場仗還是能打。

讓敵人知道你打算在近期的某個時間點攻擊他，這是一回事；讓他知道你明確的攻擊時間、地點與方式，這又是截然不同的一回事。解放軍最大的希望是成功做到戰略欺敵，但也知道可能無法成功。所以戰術欺敵就是解放軍最看重的事了。

解放軍內部文件是這麼描述戰術欺敵這件事的：戰術欺敵是登陸作戰不可或缺的一環，因為：首先，也是最重要的是，要先有成功的戰術欺敵，才能達成政治暗殺，也就是「斬首行動」。斬首的目標是在開戰之初就殺掉台灣的總統以及其他政治領袖。根據解放軍文書的預想，斬首行動是這樣幹的：發動飛彈奇襲炸毀位在台北市的總統府。中方也預想針對一些具有重要政治功能的建築物發動飛彈奇襲。[161]有一份解放軍文件提出下列指導方針，供作戰指揮官遵循：

值得注意的是，應查明敵首腦機構特別是首腦人物的位置、防衛措施，以空中突防能力強、精度高、威力大的高技術武器對其首腦人物進行猛烈打擊，確保一舉成功。[162]

另一份文件指出，在攻台作戰中，特種部隊將試圖綁架、謀殺許多台灣最重要的政治與軍事領袖、武器專家以及科學家，方法是暗中偷襲與直接攻擊並用。[163]因此，早期預警情報網路真的很重要，不僅能提供戰略警告，發現中國正在計畫攻台；也能提供戰術警告，確保包括總統在內的領袖層級人物不會在開戰最初幾小時就被偷襲殺光了。

根據解放軍的論述，台灣擁有高度縝密的情報、偵察與監視網路，能夠觀察中國的活動是否透露出備戰的徵兆。中國認為台灣外島的前線雷達網路很危險，很大程度阻礙了中國發動突襲，因為外島網路與飛彈部隊連結，能夠壓制中國的空中攻擊。除此之外，台灣本島還有大規模空軍與海軍雷達站，可以把海峽對岸看個一清二楚。這些地面雷達還有海軍軍艦、巡邏飛機與衛星的輔助，能提供預警訊息。164

一般相信，台灣的早期情報網路整體看來不但能深入偵察敵人，提供海峽戰場的三度空間照片，本身還能夠承受住攻擊。中國軍方認為，台灣的早期預警網大大降低了解放軍成功突襲的可能性。根據解放軍的文件，這套早期預警網使得中華民國國軍不僅能夠監視、追蹤與攔截正在接近台灣的敵目標，也讓台灣的總統及政府首長有時間躲避空襲與飛彈轟炸。一份內部文書指出：「（台灣的）防空系統稠密，不僅會減弱我國『斬首』聯合行動的打擊力道，也會降低我國使用武力攻擊的效果。」165

中共發動攻台之前的局勢，在解放軍的文件中是這樣描繪的：

敵嚴密監視瀕海地區，陸軍登陸兵機動、集結難以隱蔽企圖。島嶼之敵偵察能力、打擊能力和電子戰能力不斷提高，遠程、高清晰度、複合式的偵察手段使夜暗如同白晝，傳統的「空中看不見，地面難發現」的目視偽裝失去了意義，大規模機動難逃「視野」，大規模行動容易失洩密，致使陸軍登陸兵隱蔽機動、集結企圖更加困難。166

解放軍的文件還告誡將領：隱瞞攻台作戰計畫，全力降低安全漏洞造成的傷害，是一件極其重要的大事。文件還指示解放軍指揮官們要靈活選擇攻擊時間與地點，一旦決策定案，將領們就必須展開欺敵作戰，利用誘餌、佯攻與偽裝等手段來掩飾計畫，以求迷惑台灣軍事將領，讓台灣誤信中共將在錯誤的時間與地點發動攻擊。那麼解放軍就可趁著台灣守軍沒有防備，發動突襲，使台灣的守軍在戰鬥中方寸大亂。[167]

若想要在Z日成功發動戰術突襲，欺敵作業勢必高度仰賴假情報。中國軍事分析人員認為，成功的關鍵在於在登陸台灣前夕發動欺敵作戰，誘使台灣守軍把假情報信以為真。中國預想了幾套不同的方法來欺敵，每一套方法的目的都是要加強整個欺敵作戰的效果。欺敵的第一步就是，在軍用通訊網路上散布假情報，佯稱中國境內某些地方正在增加軍力，其實那些地方根本沒什麼動靜。同時，提供台灣或美國的媒體假情報，讓假情報透過閱聽大眾信賴的新聞節目、新聞報導與廣播節目到處傳播。中國的網路戰部隊也會支援欺敵作戰，封殺真實的報導，讓觀眾只能獲得遭到扭曲的資訊。欺敵作戰的目標就是讓台灣領導人在中國攻台前的那幾週局勢緊張之際，作出錯誤的決定，如此一來，中國便能在Z日完全攻其不備。[168]

為了讓欺敵作戰更加可信，解放軍文件要求軍事指揮官調動真正的部隊來執行欺敵任務，用真正的部隊發動真槍實彈的攻擊來誘騙敵人，這樣能讓敵人更容易信以為真。在Z日前夕，飛彈部隊可能會猛烈轟炸台灣某個目標，讓人以為解放軍正想要削弱那個目標的防禦力量，以便在那裡登陸。一旦台灣的部隊調動兵力，加強固守受到轟炸的目標，解放軍就會立刻攻擊別處的、他們真正的目標。中國將以飛彈交錯攻擊真、假目標，這是成功發動突襲的重要戰術。如果台灣島上很多目標都遭到攻擊，而且這些攻擊看起來像是隨機的，那麼負責防守的國軍就更難摸清楚解放軍的意圖。中國還預想了另一個欺敵作戰，打算把部隊調到沿海，吸引台灣注意，以免台灣注意到中國真正打算攻擊的地方。

中國可能會派一支艦隊往北移動，當成誘餌，同時載運部隊的直升機群則往南飛，運送部隊到台灣防線後方登陸。接著，這支誘餌艦隊可能突然調頭，在台灣南部登陸，支援直昇機的突襲部隊。[169]除此之外，兩棲戰艦可能會假裝航向某個海灘，結果在另一個海灘登陸；或者台灣的某個海灘出現了一支解放軍登陸部隊，其實這是拿來誘敵的，真正的打擊部隊這時正在另一個海灘登陸。中國也可能透過各種可利用的管道洩漏假情報，假稱解放軍正準備襲擊某個海灘。[170]中國可能會操控自己境內已洩露了身分的台灣（或美國）特務，透過他們放假消息。在中國預想的欺敵行動中，動用資源最密集、成本最高的，莫過於同時在多處海灘展開排雷、清除障礙的行動，讓台灣守軍猜不透中國到底要在哪裡登陸。中國認為，欺敵行動如果成功，就能夠騙得台灣守軍把兵力、地雷和海灘障礙物部署在錯誤的地區，如此一來，中國真正要攻擊的地方，防禦就會比較薄弱。[171]

然而，戰術欺敵行動能發揮的效果有限。解放軍有一個專門研究兩棲作戰的單位，以電腦模擬，分析台灣在假想的Z日被欺敵戰術所騙的機率，並且出版了一份技術研究論文，呈現研究結果。這項研究利用數學演算各項風險因素，包括台灣情報能力、台灣反擊中共攻勢的能力、散播假情報的時機錯誤、中國軍隊必須移動的距離、大部隊在陸上或海上被發現的機率。結果顯示，這項研究檢驗的每項風險因素，都極度悲觀。比方說，模擬結果顯示，台灣的情報系統有百分之七十到八十的機率，會對中國的登陸部隊造成「極端的危險」或「很大的危險」；人民解放軍有百分之五十到六十的機率，會把散播假情報的時間拿捏錯誤，不小心露出馬腳。[172]

台灣的觀點

台灣軍事當局相當有自信能預先察覺北京包藏禍心想要動武，也有自信能擁有足夠到充裕的時間，準備抵禦中國入侵。台灣軍事當局之所以敢這樣自信，應是因為深刻瞭解解放軍的計畫，知道要觀察哪些徵兆，而且在中國布設了縝密的特務網路。近幾年，美國建造的監視雷達更令台灣進一步提振了信心，據了解，該雷達系統是全球效力最強的情報搜集雷達。這座巨大的雷達站座落在台灣北部高山上，設計上能承受最強的干擾，能偵察到可能攻台的所有軍事活動。如果加上台灣自己的情報系統與來自國外情報分享管道的情資，台灣的監視雷達網路應該能夠提供巨大的早期預警利益。

在最壞的情況下，台灣的軍事規畫人員假設自己可獲得六十天左右的模糊警訊，接下來再獲得三十天的明確警訊。雖說發現戰略警訊的時間，實際上可能會比預想中的還要長幾個星期，但畢竟意外可能發生，因此，面對這種攸關生死的大事，還是應該假設會出現最糟的結果，並作好萬全準備。

台灣的國防官員會小心評斷，他們還製作了圖解的中共攻台劇本提供給一般社會大眾，幫助民眾想像中國攻台之前的情況為何。[173]在政府發給全台高中與大學的這份讀物裡面，有一個最常被人提到的想定：

若干年後某個七月初，解放軍突然將兩棲作戰部隊調到中國東南部展開演訓，地點是廣東沿海的大襟島，內容是模擬聯合攻台行動。八月，兩棲作戰部隊集結於浙江省象山縣與廣東省汕尾市附近的訓練區，舉辦戰技競賽與操演，檢測自己是否能夠封鎖、攻占台灣外島，接著轟炸台灣並發動兩波大規模兩棲登陸行動入侵台灣。

到了九月初，中國東南部各地海軍與空軍訓練活動增加，福州、惠安、廈門、東山和汕頭的港口集結大批部隊。接下來，針對台灣沿岸地區與海灘的情報偵搜行動劇增，中國戰機開始經常跨越台灣海峽中線，意圖挑起台灣當局回應。九月中旬，解放軍取消所有休假，夜以繼日展開行動。中央軍事委員會設立聯合戰區司令部指揮全盤作戰，又啟動緊急應變後勤程序支援兩棲作戰行動，下令動員後備部隊。接著宣布陸海空三軍聯合舉行大規模兩棲作戰操演，同時警告各國船艦與飛機，避免到舟山群島附近的水域。而該區的國際運輸交通也因此大受限制。

根據這套劇本，美國情報當局會取得可靠的戰術警告情報，證實台北當局最懼怕的惡夢即將成真。接下來中國舉行的演習其實是在掩人耳目，真正的意圖是要入侵台灣。台灣的總統收到華府的消息後，幾個小時內便命令軍方進入最高警戒狀態，全面動員台灣本島與外島的數百萬後備兵員。接著政府發布全國警戒，命令全體國民準備抵禦中國即將展開的侵略行動。在這套劇本的這個時間點，台灣的警、消、公家機關、學校與私人企業都會啟動緊急行動計畫。不久後，中國的彈道飛彈開始猛烈轟炸台灣本島，彈如雨下，供電停止，通訊中斷，交通停滯，建築或被炸毀或陷入火海，大批民眾傷亡。在這份讀物裡，這個想定最後以一個簡潔的段落收尾，提醒學生，學生也能夠協助抵禦中國侵犯台灣，凡是身強體壯的國民，都必須作好救國的準備，希望台灣學子能夠銘記在心。

第4章

中國攻台作戰計畫

只有軍事佔領大型島嶼，才能從根本上剝奪「分裂」勢力的自然生存空間，徹底結束兩岸長期的軍事對峙、對抗局面，實現祖國統一。

——人民解放軍野戰教範

北京當局完全不想隱匿攻台的意圖。第二章提過，自從一九四九年秋天中華人民共和國初創，人民解放軍就開始計畫侵犯台灣。然而，從一九四九年到一九七八年，解放軍並沒有攻台的能力，尤其是在美台鞏固了結盟關係之後。從一九八〇年代到二〇〇〇年代，解放軍的軍力還是太弱，無法派軍侵台。近來中國擴張軍力後，侵犯台灣看似有機會成真，儘管可能仍舊需要很長一段時間。

解放軍非常重視擴大一切與未來攻台行動有關的訓練及裝備。但解放軍也承認，距離開戰仍有一段漫長的路要走。解放軍的這個見解，恰好和中國對外宣傳內容相反，解放軍不敢奢望能在幾日內就擊潰中華民國國軍並奪下台灣島。解放軍認為這一仗會拖很久，血流成河，最後還可能陷入僵局或者自己戰敗收場。為了避免結果變成這樣，中國高層軍事戰略人員已經投入大量心力，擬定了縝密的作戰計畫。

中共內部最新流出的文件讓我們得以窺看解放軍可能的作戰計畫，文件內容還有詳細的作戰規模與形式。這些文件表示，攻台的正式作戰計畫概述了中國軍、民單位在攻台作戰前、中、後分別扮演什麼角色。作戰計畫的目標是：一、迅速攻占台北，消滅政府；二、攻占其餘主要城市，殲滅殘存守軍；三、占領全島。欲達成上述目標，作戰計畫要求以大量兵力擊潰中華民國國軍的沿岸防衛，短時期內逼使台灣投降，這時美國甚至還來不及把自己的軍力投射到海峽附近。解放軍的文件說，中國另外研擬了緊急應變計畫，準備對抗美國及美國在太平洋地區的盟友，阻止他們保衛台灣。

根據解放軍內部文件，這個叫做「聯合攻島行動（Joint Island Attack Campaign）」的概念計畫，不僅權限高度集中，而且定期依據最新的情報資訊、武器生產以及演訓心得，不斷更新。概念計畫的本身當然是一份高度機密的文件，也可能分割記載於一系列的文件當中。很可惜，我們無法取得這個概念計畫的全文。我們能取得的，只有最近從解放軍流出的內部軍事教範和技術研究論文。這些文件讓我們得以仔細觀察中方對攻台作戰的想法。此外，台灣官員也一直密切觀察台灣面對的威脅，並且公開了許多官方發現的情報。把前述這些新文件綜合起來，我們現在就可概略描繪出解放軍這項最高機密的內容。

本章將利用中文原始資料，讓一絲亮光進入這個一直被掩藏在黑暗中的主題。不過，這一絲光亮還不足以讓我們看清楚中共攻台作戰計畫的全貌，看得到的只是現有中文原始資料的內容，而且中共的作戰計畫此時有些細節或者還沒規畫好，或者必須保密，或者外界完全未知。請讀者謹記，即便是高度限閱、嚴格遵從的計畫，仍舊可能會在最後一刻改變。

解放軍的文件雖然預想了要如何執行攻台作戰行動，然而實際戰況不一定會照劇本演出。許多原始資料談的都是中國的想望，描述解放軍目前無法達成、但希望未來五到十年能達成的目標。本書接下來的內容，將說明我們目前取得的可靠原始資料當中，是如何描述中國的攻台計畫。請注意，我們是在分析我們預判未來可能發生的事，而不是在預言：假如中國現在就下令攻台，實際會發生什麼事。

概要

限閱的解放軍文件指出，中國的作戰策畫人員在研擬攻台計畫時，採用了逐步、按部就班的手法做規畫。解放軍外流的軍事文件和技術研究論文中，有大量段落指出，攻島作戰分為三大行動階段。[174]第一階段是封鎖與轟炸；第二階段是兩棲登陸；第三階段是島上作戰。每個階段底下都另有個別任務，必須成功執行完所有的個別任務，該階段才算圓滿完成。而唯有當整體計畫中某個階段全部完成，攻島作戰才能進入下一個階段。因為根據中共的計畫，侵略行動是循序漸進的。這意味著，若任何一場主要戰役被延誤、擾亂或戰敗，就可能導致整個攻台行動延誤或中止，無法繼續執行下去。

我們可以把中共攻台的計畫比擬成一場攸關生死的接力賽：比賽時間在夜晚，場地是一座巨大的障礙賽場，主要障礙地形是大片海洋、都市叢林和綿延不絕的高山。比賽過程中，如果有任何一個選手跌倒或掉了接力棒，全隊都會跟著遭殃。每個隊員的角色都很關鍵，也唯有每個人都表現完美，隊伍才能獲勝。倘若有人出現嚴重失誤，就可能會拖垮全隊。

在這樣的比擬下我們可以知道，解放軍策畫攻台格外困難，因為中國的接力隊伍規模龐大，指揮不易；大部分選手都是志願役，訓練不足；許多軍官彼此不認識，或者彼此就是敵人；賽場上還布滿隱藏的致命陷阱。反觀台灣隊，是由世界頂尖跑者協助訓練並提供裝備，而且這些頂尖跑者可以隨時決定自己要不要參賽，一旦頂尖跑者加入台灣陣營，整個比賽規則就徹底改變。要說局勢複雜，可一點都不為過。

根據計畫，「中國隊」必須執行聯合作戰，戰場包括陸、海、空、外太空、電波頻道、網路空間。陸、海、空三軍與火箭軍都會扮演關鍵要角，倘若任何一支部隊表現不佳，整體作戰就會受到嚴重影響。另外還有大量情報機構、航天系統（太空軍）、網絡系統（解放軍的網路作戰單位）、後備部隊、國家安全機關、宣傳組織、民兵以及國營產業，全部投入擔任關鍵支援角色。每個單位都會依各自的特殊專長被賦予各式各樣的任務，每個單位都必須全力跟其他單位配合得天衣無縫。由於參與作戰的人員五花八門，因此協調至關重要。

接下來我們將從宏觀角度，以解放軍文件內容為基礎，描述解放軍眼中的攻島三大階段會是什麼模樣。當然，我們假設美國和其他國家旁觀不介入，而且解放軍的一切作戰都按照計畫順利進行。本章完整描繪中國攻島計畫的樣貌之後，後面的章節將探討另一個萬分重要的問題，那就是中國如果真的執行攻島計畫，結果到底會是如何。

第一階段：封鎖與轟炸行動

解放軍內部文件清楚說明，解放軍內的專家們都認為國軍是可敬又危險的對手，能夠頑強抵抗。因此，解放軍專家認為共軍必須集中火力發動攻擊，在開戰之初封鎖或孤立台灣的武裝部隊，以電子干擾、網路攻擊和飛彈攻擊切斷台灣與全球的通聯。一旦台灣孤立無援，中國就能出動轟炸機與戰鬥轟炸機發動空中攻擊。封鎖與轟炸這兩個行動有很大程度的重疊，雖然有時候軍事教科書裡面會把它們列為兩種不同的作戰形式分章說明。可是，兩者作戰目標相近，而且彼此相輔相成。在執行入侵作戰時，幾乎不可能將封鎖和轟炸清楚區分為不同的兩個作戰階段。[175]理由很簡單：中國若不轟炸台灣，就沒辦法有效封鎖台灣；若不先封鎖台灣，就沒辦法轟炸台灣。

引爆危機，發動心理戰

中國在開戰最早階段，會先求局部掌控台灣附近的電波頻道、空域和海域，此時最可能採取的策略是製造一個危機出來，侷限台灣政府的行動自由，接著再發動首波攻擊。根據解放軍在文件中預想的這套劇本，解放軍會派軍騷擾進出台灣的飛機與船隻。台灣是貿易島國，仰賴海洋運送出口貨物以及供應國內消費必需品。台灣人製造與使用的大量貿易商品、消耗的燃料、吃的食物都是經由寬闊的海洋航道運送。

解放軍認為，必須聯合運用海洋封鎖與空中攻擊，才能削弱台灣的作戰能力與政治意志力。除了海上與空中的高壓軍事行動之外，中國還會干擾或暫時切斷台灣對外的網路與通訊，這些行動如果成功的話，就能讓台灣這個通訊網路數一數二發達的國家沒有網路連結，破壞台灣繁榮的經濟以及全球供應鏈。[176]

數位攻擊部隊的首要攻擊目標，是為台灣周邊提供早期預警的監測雷達。根據解放軍的想法，配備干擾設備的飛機會干擾台灣的防空情報系統，降低其監測範圍。進行積極干擾之際，中共運輸機也同時進行消極干擾，在空中拋灑大量干擾絲，製造出一片電子煙幕，干擾電子偵測系統。除此之外，情報偵搜機也會飛過台灣海峽，搜集台灣雷達的電子數據參數，用來評估雷達的性能與弱點。一旦中國取得雷達訊號後，就能夠進行電子鑑定，這樣以後辨識與干擾台灣的雷達訊號就更加容易了。中國會特別著重於搜集短程防空雷達系統的情報，意圖在Z日摧毀這些防空雷達。[177]

解放軍的文件指出，中國的電子戰部隊可能會攻擊美國部署在太平洋上空的戰略警告偵測衛星，[178]這些太空衛星若遭到干擾或破壞，台北與華盛頓當局就比較難即時發現中國發射了彈道飛彈。解放軍會利用飛機、船艦與卡車等設備發送假的無線電通話內容，佯稱中國大陸沿岸有大規模軍隊與船隊在移動。這些利用電子設備發送的假訊息，是用來誘騙台灣人以為解放軍正在某處集結，將沿著某些路線進攻，其實解放軍並沒有在那裡集結，也不打算走那些路線。這個行動的目標是要誘騙台灣的軍事指揮官把部隊部署到錯的地方，迷惑台灣總統及內閣閣員，以攻其不備。[179]在取得的資料中，我們找不到中國計畫攻台的時程表，不過看起來心理戰應當會持續數週，乃至於數個月，直到最後危機達到沸點為止。

飛彈攻擊

一旦北京當局斷定情勢成熟，就會下達命令倒數計時。在某個未知的時間點，警報將會響起，戰略飛彈部隊開始發射飛彈，依照計畫直奔台灣的目標。彈道飛彈持續飛行，經過緊張的幾分鐘後，密集的飛彈如雨般落下，台灣火光處處，天搖地動。這些飛彈的飛行速度都超過音速，所以地面上的人既看不到也聽不到飛彈來了。被擊中的目標紛紛爆炸，發出轟然巨響，水泥碎塊與塵土漫天飛射。

無人機和巡弋飛彈裝載著專門追蹤雷達訊號的小型導彈頭，緩慢飛到目的地後，開始攻擊目標。雷達站如果僥倖沒有被第一波攻勢摧毀或破壞，此時不得不關掉訊號發射系統，切斷通訊，以免二度遭到攻擊。中國的機隊與艦隊將從四面八方逼近台灣，發動電子攻擊，破壞台灣網路，癱瘓數位防衛系統。電子攻擊的目的是要幫接下來的飛彈轟炸鋪路，而這一波的飛彈要打擊台灣的防空設施。[180]

為了讓中華民國的空軍無法起飛，解放軍會攻擊空軍基地跑道、飛機掩體、空中交通管制塔台和通訊站，飛彈也可能會攻擊地對空飛彈部隊、指揮所和補給站。台灣戰機應該不會停放在沒有掩蔽的停機坪上讓解放軍炸，就算真的有，也是極少數。這一波攻擊的主要目標是削弱台灣的空中防禦，發動一連串猛攻，摧毀關鍵設施如預警雷達和空軍基地跑道。[181]

從解放軍的文件可以知道，第一擊造成足夠的破壞後，攻擊方式就會改變。這時的打擊行動會變得比較沒那麼協調有序，而是用巨量的飛彈和戰機一波一波攻擊台灣的目標。[182]解放軍預想，一旦台灣的空中防禦遭中共飛彈攻擊而大幅削弱，海峽上的有限空域就會被中國噴射戰鬥機占領，這時解放軍陸軍就能利用直升機或降落傘進行特戰部隊的秘密登陸作戰。解放軍文件裡面最常見到的特戰任務，就是要這些特戰人員去標定目標，也就是用雷射光標示出目標，引導精靈炸彈從天而降。除此之外，解放軍特戰部隊也會偷襲國軍空軍基地、雷達站、指揮所、儲油庫與彈藥庫。這時解放軍的飛彈從天如雨而降，而他們則在地面與國軍部隊駁火。[183]

解放軍的實戰教範預期，台灣可望從驚嚇中迅速恢復，立刻派噴射戰鬥機迎戰。解放軍空軍將從大陸沿岸的前進基地派戰機出擊，和對手展開渴望已久的戰力競賽。中國的噴射戰鬥機會以先進的空對空飛彈展開空戰，亟欲摧毀台灣的「鷹眼」空中預警機。一場爭奪制空權的空中纏鬥，就這麼在台海上空上演。同時，中國的面對空飛彈部隊也受命準備接戰，萬一解放軍空戰失利，國軍空軍展開反擊，他們就得負起防衛責任。[184]

解放軍文件並沒有具體猜測這場慘烈的空戰會在空中延燒多久。然而，中國似乎想像自己至少能夠暫時取得制空權，把台灣的空軍基地跑道與高速公路戰備跑道炸得坑坑洞洞，破壞嚴重；台灣大量防空設施遭到攻擊，徹底摧毀（仍存留部分可以修復）。這時候，解放軍就取得優勢，尤其解放軍本來就有數量上的優勢。戰爭的第一階段打到這裡，集中火力發動閃電攻擊，掌控台灣的電波頻道和空域，已接近圓滿完成。[185]中國最高指揮部緊緊掌控制空權後，就會把注意力與火力都轉移到台灣周圍的海域。

海上封鎖

世上任何一個國家的軍隊，如果沒有至少取得局部空優，就絕對無法有效執行海上封鎖。這個道理在台灣海峽更是真切，因為中國的船艦與潛艇容易受到國軍的噴射戰機、配備魚雷的海上巡邏機與專門追擊潛艇的直升機攻擊。正因如此，解放軍的文件高度強調優先取得制空權。占領空域的下一步，就是爭奪海域。削弱台灣的空中防禦後，解放軍就可從海上攻擊台灣，同時把入侵艦隊移動到中國沿岸的備戰位置。

解放軍文件相信，要封鎖台灣強大的海軍艦隊，理想的辦法就是在港口的航道上放置水雷，接著轟炸停靠在碼頭的船艦。然而，中國也知道多數的國軍艦隊會在開戰前離港。為了擊敗台灣海軍，解放軍將動用海、空聯合攻擊，摧毀台灣軍艦，台灣的大型導彈驅逐艦則是最優先目標。解放軍文件當中比較不明確的部分是，中國攻擊大型導彈驅逐艦的實際戰法，以及打下去之後結果如何。

目前外流的解放軍資料當中，對於海軍的戰術作為相當隱諱，而且內容經常互相矛盾。比方說，有一段文章信口向閱讀者保證，海戰的結果將會是國軍的軍艦或者被擊沉，或者被打得潰散，或者被打得奄奄一息漂浮在海上；就算那些還能靠自身動力移動的船艦也是有家歸不得，因為港口布滿了水雷。可是同一份資料到了後面又擔心解放軍海軍若發動攻擊，可能無法找到國軍的戰艦在哪裡。資料上寫道，若無法確認國軍海軍的位置，解放軍的海軍將會盡快局部控制通往登陸地點的航道，然後在台海其他水域大量布雷，盡其所能騷擾，直到Z日。[186]

解放軍的文件很看重水雷的作用。首先，潛艇會在台灣主要港口的出入航道布雷，主要是漂浮雷。接著，轟炸機會在離岸兩、三海里處，大量投擲沉底觸發雷。最後，布雷艦會在離岸六到八海里處布設錨雷。一份資料指稱，必須在各種深度布設多種不同類型的水雷，讓國軍掃雷艦的任務倍加困難與危險。如果一切順利按照計畫進行，台灣主要港口十海里內的水域，都會布滿大量水雷。當然，這是假設攻擊行動已經壓制住守軍，使其無法攻擊與驅趕布雷艦。[187]

布雷攻擊行動的預想目標是要「限制台灣運輸貨物的能力」，不是「完全中斷貨運」。根據預想，噴射戰鬥機會擊沉進出台灣主要港口的船艦，轟炸機會炸毀台灣港都的聯外道路，這樣就能削弱台灣突破海上封鎖的能力。轟炸行動不只會轟炸港口設施，也會摧毀主要的鐵路站場、橋梁、隧道和高速公路節點。[188]

如果中國打算在短短幾天內就入侵台灣，發揮最大的打擊效力，那麼封鎖行動應該會猛烈又密集。反之，如果中國打算花幾個星期，乃至於更久，來削弱台灣的力量，以增加Z日突襲登陸成功的機率，那麼解放軍海軍會完全按照計畫行動，循序漸進在台灣周圍建立一道又一道綿密的封鎖線。根據預想，這項計畫必須建立三圈同心圓的封鎖區。最內圈是由從港口出海處延伸連結而成的布雷區。第二圈是水面戰艦巡邏的區域，也可能會有潛艇潛行在離岸較遠的水域。最外圈涵蓋大片海域，從港口向外延伸到五十海里遠，這個區域由海軍的機隊巡邏。解放軍的資料擔心，由於海域開闊，加上中國的海軍軍力相對有限，台灣東部可能會出現嚴重的封鎖缺口。根據資料記載，為了防止出現缺口，中國會威脅發射長程反艦飛彈來嚇阻國軍，防止台灣突破封鎖。[189]

跟所有大規模封鎖行動一樣，中共的海上封鎖主要仰賴恫嚇。因為海洋實在太廣闊，光仰賴船艦、潛艇、飛機和水雷無法完全封鎖。根據預想，中國會准許國際運輸船通過台灣周圍的外圈，但是外國船隻必須同意由中國戰艦陪同，有時甚至必須答應讓中方上船檢查。如果中方發現任何外國船隻意圖載運「非法違禁品」到台灣，或執行違反國際中立原則的任務，或拒絕解放軍登船受檢，就會將貨物扣押沒收。如果有任何船隻或船隊試圖闖越封鎖，解放軍會加以攔截，命令其立即改變航線，接著將其帶至管制區，登船檢查。必要時，中方會朝國際船隻開火，甚至擊毀，作為警告，但是唯有發生極度嚴重的情況，才會將船擊沉。[190]

如果是要實施長時期的海上封鎖，不只是有短短幾天而已，那麼解放軍就必須建立非常細密的偵察監控網路，監控通往台灣的航道。監控網路將由巡邏的飛機與船艦、海岸雷達、監聽站及海洋監控衛星提供情報，目標是要掌握有無台灣船隻意圖突破海上封鎖，並且發布預警。一旦發現有船隻「非法」航行，監控網路就會引導中國軍隊攔截，不讓可疑的船隻竄逃到封鎖區外的公海。解放軍的研究指出，這種封鎖行動對解放軍海軍也很危險。為了降低風險，解放軍將嚴格禁止自己的潛艇與軍艦擅自離開各自的指定巡邏區。同時，解放軍也會沿著「非既定的巡邏路線」走走看，各船艦之間也將經常交換機密的身份辨識資料，好讓他們在大霧中，或者是戰鬥的混亂情況中，還能夠清楚辨識敵友。解放軍船艦進出巡邏區時，必須嚴格遵守時間表，走預先規畫好的路線。中國認為唯有縝密協調，嚴格保密，才能避免誤擊友軍。[191]

根據解放軍的文書預想，將會有大規模船隊在台灣外海下錨等待，伺機突破封鎖。文件因此建議戰場指揮官應該如何執行大規模的攻擊行動，將船隊擊沉。文件建議解放軍，策畫任務時可善用偵察衛星、偵察機與臥底特務，來搜集詳細的情報，瞭解船隊的數量、位置與組成；

接著派海空聯合攻擊部隊悄悄靠近，利用無線電靜默、電子干擾和夜色的掩護，展開突襲，用戰機發射的飛彈、戰艦發射的火炮和魚雷猛烈攻擊。

根據限閱的解放軍機密文件，接下來要攻擊港口附近的雷達站，以減少台灣的偵察耳目。次要目標是附近的船塢、起重機和其他基礎設施。根據我們手上的資料，總目標是儘快削弱台灣的海岸防禦，摧毀港口基礎設施，好讓解放軍布雷艦與巡邏船艦能在台灣沿岸自由行動。更重要的是，以上這些行動能夠保護未來解放軍的登陸行動，免得渡海艦隊才剛集結於台灣海峽附近，兩棲突擊艦就遭到攻擊。[192]

空中封鎖

為了支援海上封鎖任務，解放軍文件還主張，中方應在台灣周邊上空設立禁航區，實際的做法則是在台灣上空設置空中的防空身分識別區，或乾脆宣布禁飛，也可以兩者都設。在這個想法裡，凡是國軍的軍機起飛，就會遭到解放軍戰機與面對空飛彈的攻擊；外國飛機只要接近或進入禁航區，中國就會在國際無線電頻道上提出警告並且加以攔截，查明身分。中國戰機將會閃爍警示燈，做出威嚇的舉動，逼迫外國飛機立即離開禁區。民航機或「非法」第三方飛機（例如美國或日本的偵察機）會被迫降落在預先選定的中國空軍基地，組員可能遭拘禁，詳細盤查。

如果民航機或第三方飛機不理會警告訊號，戰機就會朝這些不聽話的飛機附近發射機炮。[193]中國相信這些舉動可以確保不屬於中華民國的飛機不敢破壞或干預空中封鎖行動。[194]

同時，北京的飛彈部隊會繼續攻擊台灣的空軍基地、防空部隊、指揮網、彈藥庫與燃料儲藏庫，每個目標的轟炸順序是：首先由彈道飛彈和巡弋飛彈炸一遍，接著是各種空投炸彈光臨。中共認為，絕對必須讓中華民國空軍很長一段時間無法運作，這樣才能確立共軍登陸所需的有利環境。解放軍認為，應該有相當數量的國軍戰機能夠在攻擊中倖存下來，並且推測這些戰機極可能展開逆襲，攻擊中國的空軍基地，以瓦解禁飛區；要不然就是攻擊中國的海港，擊沉要執行登陸行動的船隻。而對這種來自台灣的空中威脅，中國將仰賴防空部隊來抵禦。另外，防空部隊也可能無法擊退台灣戰機，所以解放軍把最重要的飛機停放在地下碉堡內，或藏在水泥掩體裡，希望把受損的程度降到最小。其餘的次要飛機就必須仰賴偽裝、分散停放與欺敵目標，才能安全躲過台灣的空中反攻。[195]

太空作戰

在海空封鎖和空中轟炸階段的作戰之前、之中，中國的國家太空計畫可能扮演什麼角色？這點已經由解放軍的研究仔細討論過。研究指出，台灣海峽地區實在太廣闊，不靠衛星根本無法觀察與通訊。因此，海軍、空軍與火箭軍的指揮官必須在聯合指揮中心攜手合作。聯合指揮中心能直接取用太空部門（航天系統部）提供的資料，包括觀測圖像、訊號情報、預警訊息、引導定位、通訊資料、地圖、氣象預測。根據預想，太空情報部門的專家會進駐聯合指揮中心，負責向高層戰區指揮官詳盡說明台灣周圍的海事活動，以及報告最新的天氣資訊。[196]

根據資料中的預想，在開戰不久前，中國會使用衛星來監看台灣軍隊的動態，並特別注意國軍海軍與空軍部隊的位置。中國情報分析人員會研究停泊在港口裡的水面艦隻有多少，分屬哪些類型，並預測國軍的艦隻會在港內停留多久才出發執行下一次任務。他們也會觀察台灣的潛艦部隊，以掌控潛艦的部署位置與活動。衛星也會觀察國軍空軍基地，查明每座基地部署了多少飛機、類型。這些情報搜集行動的最終目的，就是要幫作戰規畫人員詳盡列出攻擊目標，也讓中共飛彈可以鎖定精確座標。中國也會利用偵察衛星來取得圖像與地圖，供規畫水雷布設行動的人員參考。[197]

封鎖與轟炸行動一旦展開，情報衛星就會偵察與監聽戰場，客觀公正搜集情報，瞭解目標的狀況。衛星的角色非常關鍵，將協助中國將領評估是否已取得足夠的局部控制權，是否已能跨越海峽登陸台灣。衛星也會搜尋可疑的船隊，以及通知作戰部隊可能有敵人突破封鎖。**不過最重要的是，衛星能預告美國航空母艦戰鬥群的動態**。在北京的最高指揮部需要來自衛星的資料，才能判斷美軍是否意圖或已經在提供台灣直接援助（情報、掃雷、護衛艦隊），或者美軍是否正準備「直接干預」——中國常用這個委婉的用詞，來指稱攻台之前或之中，美國海空軍直接進場作戰的情況。[198]

除了偵察衛星，中共的聯合指揮中心也會使用衛星通訊系統，跟海上的特遣艦隊指揮官保持通聯。衛星另一個作用是建構寬廣的區域通訊網路，讓指揮所能夠與戰場上的空軍部隊、火箭軍部隊以及陸軍部隊通聯。根據解放軍的資料，此刻中國的戰區指揮中心已經用光纖纜線直接跟位於首都北京的中央軍事委員會和解放軍各軍總部連接。戰略衛星通訊網路將作為重要的備用通訊網路，以防埋在地底下的纜線被切斷。[199]

中國的全球定位系統叫做北斗衛星導航系統，它也會在攻台行動扮演關鍵角色，為作戰部隊提供精確的定位與定時數據，協助各個部隊確認彼此的相對位置。這點格外重要，因為有數以千計的船隻與飛機同時擠在台灣海峽周邊，而這裡經常因為天氣等問題造成能見度很差。北斗衛星可以解決許多難題，包含確保解放軍海軍船隻不會撞成一團、讓火箭軍的彈道飛彈與巡弋飛彈打中鎖定的目標、為空軍的飛行任務導航，以及在解放軍飛行員被擊落時，引導救援團隊到他們。[200]

轟炸行動

中國軍事文書指出，中國必須先猛烈轟炸台灣，削弱其防禦，才能入侵。[201]這些轟炸行動被稱為「火力打擊作戰」，焦點是要讓中共有限的彈藥發揮最大的戰略效果，迅速先發制人，在開戰最初幾天就孤立台灣。[202]解放軍的文件把第一波的空中轟炸稱為「初始打擊」，由好幾波大規模突襲組成，目標是台灣最重要的指揮控制中心、預警雷達、機場跑道與防空火砲部隊。根據作戰計畫，中國不只會使用飛彈攻擊，還會使用高能量的微波與雷射武器，破壞脆弱的電腦硬體和電子系統，使台灣失去資訊優勢，無法明察局勢。[203]

第一波空中轟炸還來不及結束，立即跟著來的就是中國軍事理論家所謂的「關鍵點打擊」，目標是炸毀中華民國政府各部會與軍事總部等關鍵機構。[204]第一個目標應該就是總統府無誤。據稱解放軍打算在開戰的最初幾個小時內就發射巡弋飛彈與彈道飛彈攻擊總統府，炸毀這個政治主權的重要象徵。[205]在台北的心臟地帶還有其他目標，包括台灣最重要的官方政經事務機關，像是內閣辦公室（行政院）、國會（立法院）、外交部、經濟部等等。[206]

台灣政府部會辦公建物雖然很大，無法移動，從空中很容易辨識，但仍有相當的防護。解放軍於是預想：為了確保攻擊能發揮作用，中國特務會搜集第一手情報，找出政府高層首長到底人在哪裡，確認他們是否在辦公室。間諜還肩負另一個任務，那就是呈報建築結構、使用的偽裝，以及建築下方的地下室（或地下碉堡）弱點何在。[207] 偵察衛星也負責執行相同的情報搜集任務，有備無患，免得臥底特務被逮就沒資料來源了。[208] 解放軍的文件希望靠著猛烈的空中突襲消滅台灣的關鍵決策者。斬首攻擊如果成功，就能大大影響戰爭的結果。[209]

中央政府所在區域當然會受濫炸，**但台北市另一個會承受最猛烈攻擊的區域，會是大直**，這裡的周邊恰好有圓山大飯店、道明外僑學校和美麗華百樂園。解放軍的資料中雖然沒有明確說出地名，但是強烈暗示飛彈會攻擊衡山聯合作戰指揮中心、國防部、海軍司令部、空軍司令部以及在這個戰略地區裡的其他關鍵設施。至於台北市之外，在龍潭的中華民國陸軍司令部、在中壢的陸軍第六軍團指揮部、在台中新社區的陸軍第十軍團指揮部、在旗山的陸軍第八軍團指揮部，也是飛彈攻擊的目標。根據文件，這些攻擊的目的是要切斷國軍指揮官之間的通聯，讓他們難以協調出有效的防禦行動。[210]

根據預測，戰時台灣將領會在深埋地底、結構錯綜複雜的碉堡裡工作。解放軍認為，這些碉堡是棘手的目標，因為有堅硬的結構保護，由錯綜複雜的地道網路構成，地面上又經常有大型辦公建築掩蔽。因此，中方特別強調，一定要運用各種偵察技術，搜集每座碉堡的詳細情報。根據預想，解放軍指揮官會用精確引導彈頭與俗稱「碉堡剋星」的鑽地彈，發射飛彈，展開空襲，攻擊地下碉堡。[211]

「關鍵點打擊」的下一個目標，就是燃料補給網路和供電網路。台灣跟世界各地的島國一樣，幾乎完全依賴進口石油與天然氣，雖然儲備了大量緊急戰備燃料，不過終究有限。解放軍打算用飛彈與炸彈攻擊台灣的煉油廠、儲油庫和輸油管。據了解，在轟炸行動的這個階段，中國也會攻擊水力發電廠、火力發電廠和變電所。供電網路的指揮節點則會遭到網路攻擊。根據資料記載，這些攻擊的目的是要對一般平民施加壓力。[212]

台灣唯一一個不會被攻擊的供電網路，應是核電廠。解放軍有一部教範苦口婆心提醒目標讀者（也就是解放軍的軍官），千萬不可轟炸核電廠，因為放射落塵會造成更可怕的政治後果：全球輿論群起撻伐中國。[213]然而，**另外一部解放軍實戰教範提出相反的指導方針，明確指示解放軍攻擊直升機的飛行員攻擊台灣的核能發電廠**。文中自信地表示，空對地飛彈小而準確，有辦法「只」破壞發電機，反應爐不會受損，這樣等中國攻下台灣之後就有核電廠可使用。[214]

根據假想，如果入侵時間表允許，關鍵點打擊結束後，解放軍就接著發動所謂的「持續打擊」，目的是要大規模轟炸台灣，慢慢破壞台灣軍事力量和政治決心。前面提過，初始打擊使用的主要工具是飛彈，而根據假想，持續打擊則由轟炸機與對地攻擊機執行，此時中共飛機多少已有空權，能自由飛到目標附近投彈了。此時的重點目標包括安然渡過開戰最初幾天的國軍戰鬥機隊與機動飛彈部隊。在這個階段，解放軍的無人機將扮演重要欺敵角色，負責消耗台灣的防空彈藥，如此一來，中國就能繼續摧毀殘存的目標。[215]

等到Z日逼近，中國將派轟炸機反覆襲擊台灣各基地，徹底摧毀海岸防禦飛彈部隊，尤其是負責防守台灣海峽關鍵路線的部隊。[216]解放軍火箭軍的飛彈則攻擊無法用其他方式摧毀的殘存目標；轟炸機則進行掃蕩轟炸。解放軍彈藥存量降低時，就啟用儲備彈藥，確保空襲不會在入侵前夕失去節奏。[217]

最後一波轟炸稱為「最後打擊」，目的是削弱台灣抵抗的能力與意志。最理想的情況就是順利逼使政府投降，接受被占領的事實。解放軍的研究指明，這波轟炸分為兩個步驟，第一是消滅台灣的作戰力量，第二是向台灣軍民證明，繼續抵抗沒用的。因此第一步必須再度密集轟炸所有軍事目標，**第二步則是把矛頭對準台灣的平民**。[218]根據解放軍的資料，台灣的供水、供電、供油與運輸基礎設施全都會被破壞殆盡，藉此威嚇台灣投降。[219]同時，戰略心理攻擊行動也會達到高峰，在轟炸的最後幾天，中國計畫大肆宣傳說，願意提供人道救援物資，並提供獎賞給停止抵抗或起義來歸的台灣軍民。中共相信，如果這項心理作戰成功，能夠「動搖敵人根基，逼迫敵人放棄抵抗意志。」[220]

實際登陸入侵之前，解放軍會破壞台灣的橋梁、隧道、通訊基礎設施以及國防產業。軍需補給的地點和後勤物資分配中心，還有聯絡台灣各城市的高速公路和鐵路，都會遭到攻擊。台灣各機場當然被炸，以阻止客貨機逃離台灣，甚至連無線電台與電視台都在中共的轟炸名單上。到時候台灣缺乏資訊與戰爭資源，各個城市之間無法交通，全國民生無以為繼。中方的軍事研究認為，上述的封鎖和轟炸行動至少理論上可以破壞士氣，削弱台灣總統的意志，使其放棄抵抗，任憑中共兵臨城下展開登陸入侵。[221]

避免外力干擾，必須速戰速決

儘管解放軍在教範中預想出了聯合火力攻擊這個打法，但解放軍的文件也說得很清楚，不可讓封鎖與轟炸台灣這個階段拖延過長。中國強調速戰速決，否則戰局與政局都會受到嚴重影響，因為中國封鎖與轟炸台灣越久，美國與其他民主國家就越有可能決定參戰。[222]解放軍文件提出警告，解放軍不可能有那麼強的軍力，可以一面在境外執行遠距離作戰，一方面又平定國內可能爆發的內亂。[223]文件裡清楚指出，作戰不單只是軍事，跟政治同樣緊密相連。因此，誰能決定作戰規模與作戰持續時間呢？答案：不是戰場指揮官，而是北京當局；連攻擊目標也可能也是北京當局選的。解放軍的軍內文件說，攻台計畫必須維持足夠彈性，讓中共中央政治局和中央軍事委員會可以在戰爭過程中隨時介入、修改作戰計畫。[224]

雖然解放軍的文件猜想，只要拉長封鎖與轟炸，或許就能逼迫台灣投降；但他們也知道，中國國內與國際的反彈聲浪可能會大到讓中國無法撐到台灣投降。[225]確實，顯然中方極度擔憂，當台灣人民被包圍、受飢餓、流鮮血、殊死戰之際，島內支持獨立的情緒只會加強；中方已先推定台灣人民不太可能會在包圍下投降，反而可能胸中燃起復仇怒火，毅然決意誓死抗戰到底。

[226]中國考量到這些因素，所以作戰的原則是在短時間內密集攻擊台灣，局部掌控電波頻道、空域與海域。一旦掌控這些要素，就會改變戰術，把焦點放在突襲登陸。[227]

收尾

封鎖與轟炸進行到了收尾這個階段，讀者不妨把台灣想像成一個有機的防衛系統（中共也是這樣教導解放軍官的）。從這個角度來觀察，也比較容易理解登陸入侵前的行動。中國戰略人員把台灣的早期預警網路比喻成台灣的耳朵和眼睛，指揮控制碉堡則是中樞神經系統，通訊線路則是神經，把各個事物連結在一起。高層首長包括總統、副總統、行政院長等等扮演大腦這個部位。首都台北市是跳動的心臟，透過運輸基礎設施跟全台各地連結。港口、機場、道路、鐵路、橋梁和隧道是這個系統的動脈和靜脈，讓戰爭的血液，包括燃料、彈藥、裝備與物資，能夠流通到各個需要的地方。武裝部隊是手腳與肌肉。電能與燃料是氧氣，讓各個事物獲得能量維持運作。當台灣這個有機的防衛系統承受壓力時，能量的消耗就會增加。

根據中方軍事文件的預想，首先要讓台灣眼睛看不見、耳朵聽不見，接著打擊神經系統使其癱瘓；接下來台灣會被斬首。不過接下來的地方就沒辦法再用比喻來說明了，因為台灣這個有機系統不太一樣：被斬首後仍舊能夠存活，繼續戰鬥。原因有二。第一，頭、頸結構非常堅強，無法一擊穿腦，「大腦」（總統和內閣）不會被消滅。第二，就算大腦不在了，這個防衛系統先天就具有分權行動的能力。手腳或許受到侷限，無法充分協調，但還是能夠重擊入侵者。台灣這個有機的防衛系統內會出現新的首長，繼續指揮整個系統。而通訊連結、指揮所與關鍵基礎設施隨時都能夠修復。台灣的防衛系統只要有足夠的時間，就能夠恢復。

但是，中共的計畫就是不要讓台灣有時間從遭受突襲的驚嚇與創傷中恢復。解放軍在第一波不可見的電磁戰與可見的空、海戰取得戰果後，中國最高指揮部將會仔細分析情資，評估眼前的局勢與未來作為。大規模的解放軍陸軍正在東南沿岸待命，準備航渡海峽。接著，北京會作出可怕的決定：命令下達，骰子離手，即將掉在命與運的賭桌上；天平的兩頭懸著榮耀與苦痛，一邊是中國共產黨精英和數百萬中國人的性命，另一邊放著台灣兩千三百萬軍民的未來。

第二階段：兩棲登陸行動

未來中國入侵台灣的行動將如何展開？根據中國軍方內部文書，第一步最可能先攻打台灣有守備的離島。解放軍文件強調，迅速攻下金門與馬祖很重要，可為登陸入侵的Z日鋪路。這兩個群島為何是侵台成功的關鍵？因為從金馬二地可以攻擊中國用來集結登陸部隊的港口與機場，中國若不先徹底摧毀金馬，台灣守軍就會利用前線島嶼基地，以飛彈、特戰部隊和直升機襲擊中國大陸本土。解放軍認為金馬雖然小，卻能造成嚴重威脅，因此全力研究如何在開戰最初幾天就加以包圍與攻占。[228]

入侵金門與馬祖

根據解放軍的研究，由於地理位置因素，解放軍必須在早期快速拿下台灣外島。金門群島由十五座花崗岩島嶼組成，包括大金門、小金門、大嶝、二膽、東碇和其他十個小島，構成天然屏障，控制通往廈門港的航道（廈門港是中國的重要港口）。小金門設置的火砲距離廈門周邊大大小小的造船廠只有約十公里。金門群島中，有些小島距離中國領土只有大約三公里多一點點。金門群島位於台灣西邊約兩百二十公里處，總面積約一百五十一平方公里，大金門與小金門占陸地面積的百分之九十七。[229]金門也管控烏坵這個小型要塞。烏坵地處偏遠，地形崎嶇，島上有台灣的海軍陸戰隊。烏坵北邊大約二十多公里處，就是福建的南日島——中國重要的攻台登陸集結基地。[230]

馬祖列島位於金門東北方約二百八十公里處，由二十八個島嶼組成，同樣位於中國沿岸的戰略位置。馬祖列島跟金門群島一樣，都是堅硬的花崗岩島嶼，適合構築密集的防禦工事。最大的島嶼是南竿、北竿、東莒、西莒和東引，構成一道長弧，橫布在通往福建省省會福州市的航道上。福州是重要的港都，附近有許多對於攻台行動至關重要的前線軍事基地。[231]

這些外島構成了台灣的第一道防線，具有戰略警戒線的功能，能夠向台北通報中國的軍事活動，協助台灣的國軍部隊與國人同胞爭取備戰時間。下面這段摘錄道出了解放軍對於這些呈長條分布的外島有什麼看法：

在先期作戰階段，敵占近岸島嶼位於大陸瀕海近岸海域，對瀕海地區登陸兵集結、航渡存在嚴重的威脅。為此，奪占和封鎖航渡海域及其附近的敵占近岸島嶼，可以解除近岸島嶼對登陸兵裝載上船、海上航渡和突擊島上行動的嚴重威脅，確保順利對主島發起進攻。[232]

解放軍文件規畫，用出其不意的猛烈砲火對台灣外島展開攻擊，重型火砲、長程飛彈和戰術彈道飛彈將狂轟猛炸這些小島。外島都有防空網，並且連線到雷達站與監聽站，解放軍一出手就會先打這些網路。等這些偵察網路被破壞，戰鬥轟炸機和攻擊直升機才會飛近島嶼上空。屆時，島上只要有雷達開啟，發射能量到大氣中，就會變成歸航台，引導中共飛彈去攻擊。[233]

解放軍的資料建議使用無人機引誘島上的防空火砲，再鎖定加以反擊。國軍的預警電腦網路將會遭到網路攻擊，系統會遭到惡意程式碼滲透與癱瘓，無線電會被干擾。衛星地面站會先遭網路攻擊，陷入混亂，接著還會被無人機轟炸，徹底毀壞；有一說是，這些衛星地面站能讓孤立的台灣外島接收到美國提供的預警情報。[234]

解放軍接下來會把矛頭指向島上的機場、港口和後勤路線，斷絕外島和台灣的聯繫。國軍的反艦與地面攻擊飛彈單位都會受到解放軍攻擊。根據預想，解放軍蛙人部隊會切斷海底通訊電纜，使台北收不到前線戰事最新情報。解放軍的特種偵察部隊會從任何可能之處登島，以雷射光標示地面目標，引導天空的解放軍導引飛彈。必要時，中國還會派當地特務執行破壞任務，破壞橋梁、道路和隧道。解放軍潛艇、漁船和海軍飛機會在離島周圍海域布雷，偷襲國軍的補給艦隊。中共長程防空系統會進一步收緊封鎖網，使外島無法取得台灣空運的援助。[235]

等台灣外島遭封鎖而孤立，無法取得外援，甚至連當地也無法彼此通訊，這時解放軍將領就必須決定要先拿哪些外島、要孤立哪些外島讓它苟延殘喘。這個問題很重要，重要到解放軍的文件中反覆討論、反覆權衡怎麼做才是上上之策。對於這件事解放軍的教範一直給出模糊的指引，因此這個問題在中共整體的攻台作戰計畫中，是外界了解的最少、最模糊的。[236]

這個問題到底難在哪裡？台灣掌控的外、離島數量太多，倘若中國要全拿，會耗盡寶貴的兩棲作戰資源。金門與馬祖或許有辦法快速奪下，但是萬一出了差錯，攻台的登陸主行動就會遭延誤，機會過了就不再復返。換個角度來看，任何一座沒攻奪下來的島嶼都是一顆定時炸彈，地下碉堡、隧道與洞穴裡都可能有國軍軍力躲藏，等待適當的時間展開反擊。倘若不殲滅外島的守軍，那些守軍可能會變成在背芒刺。但光靠空襲與火砲轟炸又無法確認是否已經殲滅守軍了，唯有派部隊派陸戰隊實際登島，確認該島已經安全，才能確保每座島嶼都不會造成危險。[237]

解放軍文件裡曾簡短談論先拿台灣、再取離島的可能性。支持該論點者指出，這就像先砍掉大章魚的頭，再處理觸手。然而，大部分規畫作戰的人都認為這樣不實際，也太危險。解放軍的教範一再告誡解放軍軍官，務必讓台灣無法攻擊中共本土的兩棲作戰集結區。教範中提出的暫定方案是，攻占最可能造成嚴重威脅的台灣外島，同時用密集的長程火砲壓制其餘島嶼。[238]

其實，這個計畫就等於執行小規模的跳島作戰。教範提出了挑選兩棲作戰目標的準則，相當簡單：島越大，就越可能對中共的聯合攻島作戰造成危險，因此越有必要攻下來。當然，有些島比較難攻，而台灣會以最大、最難攻的島嶼作為前線基地，對中國大陸發動攻擊。世界各國的軍事教範裡有個通則，就是對防衛能力弱的島嶼就加以佔領，防衛能力強的島嶼則加以壓制，不允其有任何動作。可是在解放軍的文件中似乎認為，這個原則在攻台作戰中行不通。[239]

解放軍詳細研究過攻擊外島的行動，搜集與分析外島軍事地形的資料，包括天氣形態、潮汐、沿岸水深、島嶼大小與海灘成分。分析人員仔細偵察哪裡有隱藏的暗礁、可以攀爬的懸崖、可以作為直升機降落區的地方，以及傘兵部隊能夠空降的開闊地區。[240]比方說，中國用來訓練直升機指揮官的官方教範裡，用了一個很長的章節討論如何從空中攻擊外島。[241]這些著作清楚描寫出解放軍規畫者將會採取什麼行動來攻占金門與馬祖。

那麼，入侵金、馬的戰役會如何進行？根據手邊的資料，中國將出動兩支大型部隊聯合作戰。第一支以空中攻擊部隊（直升機運載的輕步兵）和空降傘兵為主力，降落於外島海岸前線防禦陣地後方。第二支是陸軍兩棲作戰部隊和海軍陸戰隊，負責正面搶灘登陸。根據資料，行動應會在黑夜展開，特戰部隊先搭直升機或小船偷偷登陸，任務是在發動主攻之前，先控制降落區。爆破部隊也會登陸，任務是排雷、掃除障礙物、戰車陷阱、戰壕、刺絲網和碉堡，清出通道。特戰部隊會盡全力戰鬥，務必為即將登陸的部隊取得降落區。

中國計畫派大規模直升機隊低空飛越海面，躲避偵測，在破曉時分突襲後方地區的目標。機隊會試圖攻占每座島上的指揮所和飛彈基地，因為這些設施是攻擊的重心。島上若還有躲過火砲轟炸與空襲的預警設施，例如防禦堅固的雷達站和監聽站，也會被直昇機攻擊。除此之外，這支空中攻擊部隊還會攻占具有戰略價值的山頂制高點、港口和機場。一旦取得關鍵目標，後援部隊就能登陸，支援主要入侵行動（亦即正面搶灘的部隊），從背後攻擊海灘守軍，夾擊或包抄敵防線，切斷敵援軍。最後，大規模兩棲部隊會搭乘小船或駁船登陸，展開登陸，空中與海上也會提供火力支援，困住台灣的前線守軍，使其海陸兩面腹背受敵。[242]

解放軍兩棲部隊和海軍陸戰隊登陸後，會全力突破守軍防線，攻占關鍵據點，逐步剷除每座碉堡與每條坑道裡的守軍。由下列摘錄可以看出，解放軍教導部隊應該如何攻占這些島嶼：

攻擊基線較長的地下工事時，先以兵力、火力、障礙封堵出入口，掃清附近守敵，爾後使用兩個以上攻擊分隊實施對進向心攻擊，採取射擊、噴火、投彈等手段，邊打邊搜，逐段搜殘；當敵工事堅固或我攻擊兵力不足時，可炸塌出入口，堵塞進出通道，使敵自斃，或以積極的政治攻勢瓦解其鬥志，迫其投降。[243]

同樣這份資料裡也有指示，如果入侵島嶼一段時間後，若仍有台灣部隊在坑道網絡之內死守，該如何處置。[244]資料提出的方針如下：「追擊、射殺、轟炸、活埋、火攻、煙燻，逐步清除敵巢穴。」根據解放軍的內部文書預想，要摧毀在中國大陸沿岸的台灣外島據點，必定會爆發殘酷的血戰。文件指出，這項任務雖然棘手，但是勢在必行，因為這是兩棲攻台主戰役的序曲。

入侵澎湖群島

解放軍文件指出，攻占澎湖群島對於入侵台灣非常重要，優先順序僅次於金門與馬祖。文件說，攻占金馬之後，必須立馬再取澎湖這個關鍵目標，甚至必須同步進攻金、馬、澎。

澎湖群島由六十四座島嶼組成，位於台灣中部海岸外約莫三十五哩處，擁有該區極度重要的天然港口馬公。二次世界大戰期間，大日本帝國海軍以馬公作為關鍵基地和跳板，攻擊了麥克阿瑟將軍在菲律賓的部隊。今日，中華民國的軍隊以澎湖為要塞，能從側翼打擊意圖襲擊台灣南部或北部的入侵艦隊。澎湖群島布滿長程飛彈，能夠擊沉船艦、攔截飛機和攻擊中國境內目標，中國戰略人員顯然認為澎湖是難以對付的阻礙。不過，如果攻下澎湖，澎湖就能變成重要的集結區，用於支援入侵台灣。[245]

澎湖群島的島嶼數量太多，又過於分散，無法快速逐一攻下。對於解放軍而言，馬公是關鍵目標，因為它是核心樞紐。[246]攻擊行動將由兩棲部隊執行，海軍、空軍與傳統彈道飛彈單位支援。根據預想，攻擊時會率先發動電子戰與飛彈轟炸，癱瘓澎湖群島的防禦網。接著海軍戰艦、空軍機隊、攻擊直升機一起聯合攻擊澎湖，以密集彈幕猛炸海灘防禦工事、海岸障礙物網路、雷區與港口設施。轟炸行動的焦點是切斷澎湖的道路，阻礙島上的戰車部隊和機械化部隊集結，不讓他們反攻解放軍的登陸區。[247]

在解放軍的預想中，將有一支海軍特遣隊掌控至少兩條航線，保護部隊運輸艦航渡海峽。這支海上艦隊有護衛艦（能夠截擊反艦飛彈）、潛艇、噴射戰鬥機和電子干擾機等兵力。萬事皆備之後，中國的兩棲部隊就會直撲澎湖海灘，海軍以密集火力掩護兩棲戰車、小型登陸載具與漁船一波波登陸。攻擊直升機會盤旋上空，保護下方的部隊。空中突擊部隊會搭運輸直升機在內陸降落，空降兵部隊會跳傘到預先調查過的降落區。[248]

主要戰鬥會在海灘爆發，但特戰部隊會攀爬海邊的懸崖，攻擊守軍的後方，從守軍料想不到的方向偷襲。攻島部隊會儘速占領關鍵高地，控制港口設施和航道，取得安全的據點，讓島上守軍無法發動反擊。一旦攻下澎湖這座大島，解放軍就會轉攻澎湖群島的其他島嶼。部分兩棲部隊將負責攻占這些小島，但進攻之前，會先以轟炸削弱小島的防禦。[249]

接著攻島部隊與工兵將構築防禦工事，保護陣地，以防台灣發動反攻。重建團隊抵達後，會建立新的地方政府，根除「分裂分子」的反抗力量。中國攻下馬公後，會立即把馬公變成前進作戰基地，支援攻擊台灣本島的戰事。中國也會全力迅速修復澎湖各地的運輸基礎設施，尤其是關鍵的機場、海港、橋梁和道路；並且設法恢復基礎通訊服務，供應水電與汽油。倘若關鍵基礎設施在戰鬥中遭到太大的損壞，有很長一段時間無法使用，工程團隊會儘快建造臨時機場與碼頭，[250]因為最重要的一役即將到來。

Z日越來越近

解放軍內部文件和技術研究論文詳細討論了攻台作戰，提出指導方針供中共軍官遵循。

資料說攻台登陸行動是台海衝突的最巔峰，是解放軍最艱難、最血腥的任務。[251]兩棲登陸行動雖只是大規模聯合作戰計畫的一部分，卻是整個攻台作戰計畫裡最重要的一部分。倘若兩棲部隊無法順利奪取台灣沿岸，迅速推進台灣內陸心臟，那作戰計畫的其餘環節就甭提了。因此，作戰計畫裡的每個環節，都是用於支援地面部隊，使其能夠通過這場激烈的戰力考驗。[252]

解放軍文件記載，在登陸入侵台灣之戰的最早期，解放軍會命令地面部隊部署到東南沿岸。根據預想，軍隊多半在夜晚或雨、霧的掩蔽下移動，大部分軍人會全副武裝搭乘長途火車前往浙江省、福建省與廣東省的沿岸城鎮；只有少數會搭飛機前往集結點，準備執行緊急行動。抵達後，地面部隊會在營區進行編組，一般軍官會向負責裝船、空運與後勤事務的當地官員交涉，高階將領則會參加作戰計畫會議，跟兩棲特遣部隊指揮官共同商討作戰計畫的最後細節。[253]

解放軍文書指出，地面部隊會先建立局部防空網路，鞏固海岸防禦陣地，安排巡邏，偽裝營區。在這個時候，沒人能確定上級是否真正會下達攻擊命令，也沒人敢說這整場大戲會不會只是演習、欺敵或政治談判的手段，單純只是要對台北當局施壓。流言將會四起，上級會嚴令部隊保持警戒，務要防止台灣特務滲透到部隊裡。[254]

中共的航天太空部隊角色極其重要，負責搜集開戰前夕的關鍵情報。聯合指揮中心會命令圖像分析人員仔細觀察台灣的海岸線、海灘、潮汐與潮流，追蹤台灣指揮所、各部隊與空中防禦的當前實況。衛星負責提供通訊，讓戰區指揮官能緊密協調散布在各地的部隊，行動一致渡過海峽；每艘船艦、每架飛機與每個連隊都必須完美協調。氣象衛星負責提供指揮官氣象情報，協助指揮官選擇最佳時機發動攻擊。[255]

最後攻擊命令一旦下達，陸軍攻擊部隊就會趕緊搭乘公車、卡車前往乘船區。大批海軍船艦與被徵收的民間船隻連綿排列在港口與海灣，等待載運部隊。部隊不敢遲延，馬上依照緊密協調的乘船計畫與程序，依序登船，以確保接近各自負責入侵的海灘後，人員裝備能夠井然有序地迅速下船。此時碼頭裡的空間不夠用了，到處都在喊著需要起重機與滾裝船，彷彿它們是寶貝。中國的軍事教範有明文規定裝運的順序：先把基本補給品搬上船，其次是重型武器，接著搬運比較貴重的裝備，人員最後登船，以防船艦在啟航之前就遭到擊沉。[256]

根據解放軍的文件記述，部隊指揮官安排人員裝備上船時，力求嚴謹迅速，最好在夜間、霧時或天氣惡劣時進行，才不會被敵人發現。軍隊在海上漂浮的時候，是毫無遮蔽的目標，極易受到攻擊。這時沿海預警系統和偵察巡邏隊就必須高度戒備，隨時準備引導戰鬥機、攻擊直升機和戰艦逐退台灣可能發動的攻勢。同時，空中突擊部隊和傘兵也會登上直升機和飛機。被排在第二梯次進攻的預備部隊會先待在比較內陸的陣地等待，等第一梯次攻擊部隊出發後，預備部隊就會湧入沿岸地區。[257]為了混淆台灣情報單位的視聽，解放軍會設置假的兩棲部隊集結區，派次要的艦隊發動佯攻，吸引敵人注意，避免敵人注意到真正的集結行動。[258]

時間一分一秒慢慢倒數計時，滿載的部隊運輸艦駛離港灣，航向預先安排好的沿岸等待區，儘量保持分散，直到集結渡海的命令下達。集結時間一到，船艦就會排好隊形。解放軍的研究表示，小型和中型運輸艦會在海上組成寬闊隊伍，呈一個巨大的V字大雁隊形，尖端直指台灣。根據預想，民間船隻在戰時會被徵收，協助執行「非傳統」登陸行動，運載大部分的部隊。[259]

每支兩棲突擊船團理論上都會載運好幾梯次的突擊部隊，部隊一梯次接著一梯次登上台灣海岸。解放軍的專業軍事文書指出，在每一個主要登陸區，解放軍一波一波的部隊加起來都應該達到一個師級部隊的規模，也可能更大。[260]中國的師級部隊大小不一，一般約有一萬人加上一千輛載具。[261]每個兩棲作戰師會由掃雷艦和障礙掃除艇以及負責岸轟的砲艇前導，根據預想，護衛艦隊（驅逐艦、巡防艦與飛彈快艇）會航行在部隊運輸船與潛在威脅之間；航行在比較後側位置的，則是配有大型甲板的兩棲突擊艦，其上停放著氣墊船和直升機。[262]

一份台灣的軍事評估報告，解放軍的入侵船隊可能會以方陣從地平線浮現，正面由四種船艦組成：掃雷艦、海軍砲艇、配備陸軍火砲的民間船艦，以及負責清除海灘障礙物的小艇。綿長的兩側與後側可能由護衛艦隊組成，負責艦隊防空，以及抵禦海面上的威脅。回到正面，第一波攻擊部隊會跟在障礙掃除艇的後面，負責搶灘攻擊。第二波突擊部隊緊隨在後，負責朝內陸推進，攻占關鍵地形，協助防守灘頭堡，避免遭到反擊。

兩棲突擊部隊後面是滿載火砲與支援部隊的船隻，例如工兵部隊、通訊部隊、電子戰部隊和參謀軍官，負責鞏固灘頭堡。陣形後側是補給艦、油料船與醫護艦。運載解放軍主戰坦克與其他重型車輛的船艦航行在最後，等到海岸安全了，碼頭搭建好了，這些船艦才靠岸停泊。旗艦是大型兩棲突擊艦，載運最高階的將領，航行於艦隊中心。根據預想，聯合指揮所、預備指揮所和後方指揮所將跟在海上前進指揮所的後面，但是保持一大段距離；每個指揮所都會被護衛艦隊團團包圍，待在保護範圍內，主艦隊彼此相距約莫四到五海浬。[263]

解放軍文件要求，兩棲突擊船隊航渡台海時，必須遵循緊密協調的計畫。解放軍會命令艦隊嚴格遵守無線電靜默，盡可能燈光關閉。艦隊穿越台灣海峽中線的那一刻，戰鬥機會從中國的前線基地起飛，迅速爬升到空中，以作戰隊形飛行於海面部隊上方，提供保護，避免船隊遭到敵軍攻擊。海軍也會出動直升機，進一步強化空中的保護傘。[264]

中共派出大批飛機穿透台灣海峽中線，當然會讓台灣的守軍發覺危險逼近。不過解放軍的規畫人員似乎認為值得冒這個險，尤其因為台灣的偵察網路無論如何都能夠輕鬆看清楚這片海域。根據解放軍的假定，護航艦隊必須擊退一波又一波的台灣空襲兵力，救援維修艦負責搶救遭到攻擊無法動彈、但還沒沉沒的中共船隻。船隻會行駛到台灣沿岸的指定停泊處，進入備戰位置，迎接那個等待已久的大戰役。[265]

登陸入侵日：Z日！

拂曉未至，天色晦暗，中國沿海地區所有機場和直升機基地集結了大批傘兵和空中騎兵，緊急登上飛機與直升機。根據預想，運輸機升空後排成巨大的隊形，低空飛掠海面，躲避台灣的雷達偵測。擔任護衛的機隊飛在最前頭，負責偵察、火力掩護及導航，保護每支機隊順利抵達機降區和空降區。電子作戰飛機會干擾台灣守軍在地面的雷達與通訊網路。機隊通過海峽後，運輸機將在最後一刻快速鑽升到傘兵能夠安全跳傘的高度。[266]

入侵部隊開始登陸台灣沿岸之前，解放軍會先發射一波接一波的飛彈、炸彈與火砲，轟炸海岸線上的防禦設施，電子干擾機則會擾亂通訊。這些動作是要摧毀台灣的主要海岸防禦，癱瘓與孤立守軍，或將其大舉殲滅，使其無法進行協調作戰。倘若此時解放軍還沒把飛彈打完，就會繼續用戰術彈道飛彈攻擊沿岸的重要目標。[267]

掃雷艦和障礙掃除部隊是第一批接近海岸的單位，他們會在部隊下船區的海面徹底清除水雷，好讓運輸船隻抵達這裡後能夠下錨。確保部隊下船區的安全之後，掃雷艦才會繼續朝海灘行駛。根據預想，工兵與海底爆破部隊會從下船區到海灘之間清出長長的安全通道。入侵行動展開之前的轟炸或許摧毀了部分的致命陷阱，但是工兵與爆破隊這些先導部隊抵達現場之前，沒人能確定實際情況到底如何。先導部隊炸毀、移除水雷與障礙物後，會用旗子或浮標標示確定安全的通行區。[268]

船隊此時停泊在近海的下船區，連綿十六到五十公里，即將展開登陸行動。清晨時分，部隊登上兩棲戰車、氣墊船和小型登陸艇，接著編隊，一波一波駛向海岸。部隊接近海灘時，海軍火砲會轟炸海灘，攻擊機和裝設於民船甲板上的陸軍火砲也會聯手展開岸轟。

解放軍的這些掩護火力倘若持續打個不停，很可能打到自家人，因此登陸舟船行駛到距離海岸約七、八百公尺處的時候，空襲行動就會改打台灣內陸的目標。根據預想，第一批登陸的部隊推進到距離海灘只有幾百碼時，解放軍的大規模岸轟火力就會停止。屆時，還在水面上漂的第一批部隊就只有身旁的小艇提供火力支援，小艇上雖有小口徑火砲、短程飛彈或迫砲，但攻擊距離很短。[269]

解放軍文件把每個要入侵的海灘畫分為數個區塊，每個區塊的面積通常大到足以容納一個約五百人的旅級登陸部隊。各部隊攻占自己負責的海灘區塊後，這些區塊就能連結起來，建構成師級部隊的登陸區。我們不曉得到底有哪些部隊會擔任第一波衝上灘頭的任務，但有技術研究報告指出，第一波搶灘部隊應是由搭乘小型登陸艇的步兵、兩棲戰車、防空部隊、反戰車部隊等組成。根據假想，每個旅登陸時，會有四架直升機在上空提供掩護火力。[270]

中方內部文書指出，兩棲部隊會在漲潮時開始登陸海灘。到了Z時左右，傘兵和直升機運載的部隊會突擊登陸海灘的周邊區域。特戰部隊趁夜潛入岸上，可能已經取得一些據點。特戰部隊會全力攻奪台灣守軍使用的重要路口和橋梁，必要時將其炸毀，以阻止守軍反攻。[271]

解放軍的文件表示，登陸台灣必須從多個方向、多個空間登陸，每支部隊上岸之後深入台灣內陸的距離也不同，並且從側邊執行非傳統的登陸行動，掩護正面主攻部隊，意思就是要解放軍的突擊隊攀爬主要入侵海灘附近的懸崖，或從附近的漁港登岸，包圍守軍。屆時兩棲部隊再正面搶灘，一起夾擊海灘上的國軍守衛部隊，使其只能在口袋包圍中從事無謂的抵抗。如果這種打法能成功，台灣的前線部隊就會被切斷，無法獲得增援。解放軍的實戰教範強調，每個主要登陸區除了要有海灘之外，還必須有港口、碼頭和機場；而且每個登陸區之間頂多只能相隔幾公里。如此一來，登陸部隊才能互相連結，在Z時之後迅速展開聯合行動。[272]

依照解放軍的觀點，若要攻占台灣的港口，首先必須派蛙人部隊潛入，切斷港口水電與燃料的海底供應線路，也切斷連接海底監測網路的電纜。中共會先發動電子攻擊切斷通訊，並且將港口進出口處的障礙物與水雷排除。接著兩棲部隊上岸，從側邊包圍港口守軍陣地，直升機則載運突擊隊到內陸，攻占關鍵目標。突擊部隊的責任是擊潰他們遭遇的國軍，拿下港口的設施，不可損及碼頭，好讓支援入侵行動的貨運船能夠卸貨。解放軍部隊一旦攻占台灣的港口，就能迅速向四面八方擴散，攻占附近地區的國軍防禦陣地。解放軍特別強調，一定要掌控附近的高地和交通要點，以便構築防禦工事、設置路障，迎接國軍的逆襲。[273]

Z日的總作戰目標是攻占、鞏固多座灘頭堡，這樣接下來幾天的第二梯部隊就能夠迅速擴大灘頭堡。中國的軍隊會全力掌控整個戰局，杜絕台灣守軍有效反攻，並且保護解放軍的船隻運輸，不讓解放軍被守軍擊退。解放軍的軍事資料認為，第一波突擊部隊上岸後，國軍很可能就會立即反擊。根據資料記載，為了避免剛占領的海灘被奪回，解放軍兩棲部隊將往內陸推進幾公里，跟傘兵部隊與突擊隊並肩作戰，等到能穩定掌控各處小據點後，就開始擴大灘頭堡。[274]

根據解放軍文書的預想，中國登陸部隊遭遇國軍，會在沿岸爆發一連串激烈戰鬥。雙方都會奮力爭搶防禦工事，例如沿岸小丘裡的地道和地下碉堡，並且全力占領高地與交叉路口。台灣沿岸的漁村、飛機跑道和高爾夫球場將成殺戮戰場，一波又一波的中國部隊登岸支援前線攻勢，一波又一波的台灣部隊奮力逼退對手。解放軍的輕型武裝部隊若遭到強敵，就必須用無線電請求空軍與海軍密接支援；每當解放軍遭遇大批的國軍戰車、裝甲戰鬥車輛與步兵，就需要強大的掩護火力。解放軍可能需要花費很久的時間，才能把他們的坦克和自走砲從船上卸下來，往前移動，加入戰鬥。[275]

中方軍事文書指出，台灣一定會強力反攻，而解放軍的第一波攻擊部隊可能無法獨力擋下國軍攻勢。根據推測，解放軍的先頭部隊為了攻占沿岸據點，已經歷激戰，此時戰力應已耗盡。若要維持攻勢的力道，就必須儘速調度大批增援部隊與物資上岸。配備迫擊砲與火箭筒的步兵部隊會組織外圍防禦，擊退台灣守軍的反攻。整個前線會有大批部隊展開城鎮戰，挨家挨戶與敵駁火。越來越多部隊加入戰鬥，加強固守已經攻占的地區。[276]

解放軍取得登陸地區之後，必須在周圍建立防線。根據預想，解放軍首先會建立防空網絡，以擊退國軍的攻擊直升機、噴射戰鬥機和無人機。解放軍的電子作戰部隊與狙擊手會爬到各個制高點執行任務，干擾國軍的無線電，狙殺國軍軍官。解放軍工兵部隊把裝備卸下船後，就會著手清除占領區的障礙物和殘骸，將海岸清理出可以通行的區域，好讓增援的部隊與坦克能夠通行。後勤部隊必須承受極大的壓力，以最快的速度把物資卸下船。這場攻台之戰接下來的一切能否順利進行，將取決於物資能不能源源不絕送達。只是，這一切都是難以預料的。[277]

從北京到福州，從位在海峽的旗艦到位於台灣海灘上的解放軍指揮所，解放軍都需要讓資訊充分流動，讓命令傳遞下去。為了達到這個目標，衛星會監視整個戰局，不停傳送資訊；相關人員再將資訊處理成情報，作為行動的依據，再把情報傳送到戰場上的部隊。第一波兩棲部隊、傘兵部隊與突擊部隊登陸集結編隊後，太空部隊就肩負著至關重要的任務，為戰場指揮官提供戰情與預警，讓指揮官能夠掌握空軍或海軍的動向，判斷台灣的部隊是否可能發動反攻，是否可能襲擊近海上的船隊或海灘上的部隊。

解放軍的偵察部門把焦點放在追蹤國軍裝甲旅與戰略後備部隊的動向，如果不阻止這些部隊，他們一定會攻擊灘頭堡，把入侵的解放軍趕回海裡。解放軍資料強調，務必準備面對激烈的戰鬥，戰場情況經常晦暗不明，戰鬥可能曠日持久。一旦穩固掌控降落區後，依計畫，解放軍接下來就會集中部隊，準備攻入台灣內陸。而且解放軍自己預測，朝內陸推進的過程將會步履艱難。[278]

表二：兩棲突擊計畫，Z 減二日到 Z 加二日

步驟	任務	地點	時間	細節
一	登上兩棲突擊艦	中國沿岸（福建、浙江和廣東）	一到兩夜	• 船艦預先集結於登船區，在近海分散等待 • 在夜間停靠碼頭或岸邊，人員裝備上船 • 集結準備渡過海峽
二	渡過海峽	台灣海峽	一夜（約 10 小時）	• 出動至少兩支艦隊航渡 70 到 250 哩的海域 • 在停船處集結
三	離船並編成突擊部隊	離岸 12 到 37 哩處	至少 2 小時＊	• 大型兩棲突擊艦在離岸 25 到 37 哩處停船，人員裝備下船 • 傳統登陸艇在離岸 12 到 18 哩處停船，人員裝備下船
四	轟炸海岸線	離岸 1 至 12 哩處	至少 2 小時＊	• 驅逐艦、巡防艦與裝載火砲的民船轟炸海岸線與激浪區 • 直升機、戰鬥機、轟炸機聯合空襲，攻擊海岸地區＊＊
五	掃除水雷與地雷，清除障礙物	從停船點到海灘	1 到 3 小時＊	• 移除地雷與海灘障礙物 • 清出二到三條通道，讓每個旅的登陸艇登岸；每塊海灘都要有四到六條安全通道
六	攻擊海灘	台灣海岸線	1 到 4 小時	• 特別行動部隊登陸，幫突擊部隊在海灘上清出通道 • 海灘突擊部隊登陸，攻取各塊海灘，以利增援 • 發動空中攻擊，攻取附近的機場與港口
七	加強鞏固登陸區	台灣海岸線，登陸區的平均大小：沿海岸延伸 3 到 6 哩；往內陸延伸 3 到 5 哩	1 到 3 天	• 攻奪關鍵地形，擊退反攻的守軍 • 設立前進指揮所，建立空中防禦 • 將海灘、機場與港口聯結成防禦鞏固的登陸區 • 建造人工港口，修復運輸載具，大型運輸船艦卸載

＊請注意，步驟三到步驟五可能會同時進行，或互相重疊，依情況而異。
＊＊Z 日前，解放軍可能會以彈道飛彈、轟炸機與戰鬥機攻擊海岸一到十五天。資料來源：蔡和順，《共軍師登陸作戰之研究》，頁三五至四九。

第三階段：島上作戰行動

解放軍文書記載，攻台作戰不僅風險極高，成本也極高，但有機會成功。倘若部隊順利登陸上岸，又攻克沿岸目標，接下來就看能不能推進內陸打勝仗，占領台北，攻克全台。島上作戰行動將決定攻台戰爭最後的結果。

這個階段的行動，越來越受到中共軍方的關注，從這一點就可以看出來中國越來越認真考慮要入侵台灣了。將近十年前的解放軍專業文書裡，幾乎沒有談論到Z日之後的戰鬥，而比較近期的出版品則開始出現了詳盡的討論。[279]

為什麼以往解放軍不太重視「島上作戰」呢？這一點至少有三個可能的解釋。第一，以前的解放軍戰略專家認為，只要在台灣占領幾個重要據點，接下來的戰鬥就易如反掌了。不過實際上，凡是有點鬥志的國軍部隊，一開始就不會允許入侵者登陸。第二個解釋是，解放軍的專家光是想像登陸行動就夠困難的了，不敢去多想登陸後可能會發生什麼事，於是他們決定等到真正必須面對這場戰爭的時候，再來詳加規畫登陸之後的作戰。而現在，就是真正必須面對這場戰爭的時候了。第三種可能的解釋是，中國的戰略專家其實一直在研究攻台作戰行動的方略與計畫，但是他們的研究論文被列為機密文件；或雖然寫成了書，但目前我們還無法取得。不論事實為何，最近出版的內部文書已經開始深入描述他們預想將要如何用幾個月或幾週來結束這場戰爭。

作戰策畫人員問自己的第一個理論性問題是：解放軍應該從哪個時間點，開始畫分「兩棲登陸行動」與「攻占全台的最後作戰行動」。也就是說，兩棲登陸行動應該在什麼時候進入下一個階段的行動？我們現有的資料顯示，這個分界點在於：等到兩棲部隊達成幾項關鍵任務的目標。其中最重要的目標就是登陸入侵部隊至少要穩穩掌控一個主要登陸區，而且成功承受住中華民國國軍發動的逆襲。

每個主要登陸區裡，必須包含一大片海灘、一個港口（可以是人造港口或拖移式港口）、一座碼頭和一座機場。中國必須占領這個主要登陸區附近所有的沿岸城鎮，徹底消滅城鎮裡的守軍，以便容納即將大舉湧入的人員與物資；同時還要牢牢掌控當地的電磁領域、空域與海域。這些任務都完成了之後，作戰才能正式從「登陸行動」進入「島上作戰行動」，展開最後推進，深入台灣崎嶇不平的內陸。[280]

我們能夠取得的文書資料當中，並沒有用具體的時間表或評估來描述沿岸激戰多久之後，共軍就能穩穩建立與鞏固至少一個主要登陸區。解放軍的目標是要儘快讓大批部隊登陸台灣，但是在戰亂中登陸相當耗時，而且沒人知道會不會發生意外，拖延或加速戰局發展。根據解放軍的資料，Z日後，台灣海峽將會烽火連天；大批船隊往來穿梭，把部隊、戰車、火砲、彈藥、燃料、糧食和水從中國大陸運載到前線。

海峽上空煙霧瀰漫，飛行中的飛機與直升機幾乎遮蔽天空。電子作戰部隊部署在前線附近的高地，搜尋隱藏的目標，試圖破壞台灣內部防禦，用能量波攻擊國軍頻道，干擾守軍的無線電網路。解放軍一旦發現台灣的機動指揮所，就會使用戰術飛彈將其夷平。海軍與陸軍的火砲會轟炸台灣沿岸，削弱守軍，避免登陸區裡不斷集結擴大的部隊遭到台灣守軍攻擊，以利地面部隊攻入台灣內部。[231]

閃電進攻內陸

根據預測，Z日之後那幾天，決定台灣前途的戰場就將移轉到連結登陸區與附近主要城市的高速公路與一般道路。解放軍攻取港口和碼頭後，就會把主力戰車從大型運輸艦上卸下，朝著台灣內陸挺進。中國專門執行欺敵作戰的部隊也會登陸，用假的無線電對話、誘餌、虛假的部隊移動現象在前線部署出一支假部隊。解放軍會選出一些主要幹道，然後動用傳統與非傳統的方式對這些道路發動閃電攻擊。

解放軍的實戰教範建議模仿美軍二〇〇三年入侵伊拉克時所採取的戰術，[282]中共前線指揮官將持續保持戰場最尖端部隊的精簡，讓這批尖端部隊可以快速、靈敏地推進台灣內陸建築稠密的都市。道路早已在戰火中遭到破壞，主力戰車不易通過。為了避免發生這種情況，教範指示解放軍避免從正面攻擊防禦堅強、位於都市內部的敵本營，應該用武裝直升機與火砲壓制住台灣守軍，讓戰車與機械化步兵繞到側邊，包圍敵陣地。[283]

據我們所知，特戰部隊會由運輸直升機運送到國軍防線後方，一小隊一小隊機降到住宅區與辦公區附近有高樓可以潛入的區域，部署在高樓頂端，提供火力掩護，協助裝甲部隊攻入錯綜複雜的都會道路。工兵部隊會利用夜晚拆除路障，修復被切斷的交通要道，讓入侵部隊大舉湧入破口，擊敗台灣守軍。根據預想，雙方一定爆發激戰，解放軍將在都市叢林中奮力進攻，試圖掌控關鍵交通要點，消滅在附近孤立口袋陣地中頑強抵抗的守軍。解放軍的情報官會評估國軍的弱點在哪，並且判斷一下那些看起來很容易進入的道路上面有沒有陷阱和埋伏。中方將領會細膩地策畫作戰行動，讓增援部隊源源不絕往前移動。若一次派太多部隊往內陸推進，會嚴重阻塞道路；反之，如果派的部隊不夠，攻勢會失去力道，遭到頑強的守軍擊潰。[284]

根據預測，中國的機械化部隊沿著台灣的道路推進，會碰到大量殘骸、軍事障礙物、人員殺傷雷、反戰車地雷和伏擊。若要清出能夠通行的道路，勢必得靠工兵重建橋梁，移除隧道裡的障礙物，掃除都市裡的地雷。整個過程中可能會遭到猛烈攻擊。教範建議，如果地面部隊需要火力掩護，應該請求武裝直升機支援，並且利用台灣的障礙物與碉堡，反過來阻礙守軍反攻。

解放軍的工兵會恢復道路、橋梁和港口，把坑坑窪窪的機場跑道填補好，掃除地雷，移除障礙物，處理掉未爆彈。工兵往前開路之際，大批坦克與步兵會跟在工兵後頭湧入；特戰部隊則已經抵達前方，提供情報。有一件很重要的事必須留意，亦即保持後勤支援運輸順暢，把增援的彈藥與物資運到所需的地點，這樣能避免往前挺進的部隊氣力耗竭，被困在台灣都會的死亡陷阱中。根據解放軍資料，解放軍地面部隊必須分散行動，在強大的火力支援與防空掩護下推進內陸。萬一地面部隊在開闊的道路被台灣保留用於最後防衛的戰機或直升機發現，那只有領死一途了。[285]

教範之所以要求解放軍部隊不可出現在沒有掩蔽的空曠處，還有另一個更可怕的原因。解放軍機密文件用異常平淡的語氣指出：大量集中的解放軍部隊可能遭到大規模毀滅性武器攻擊。根據文件內容，**一旦台灣認定國家已陷入危急存亡之秋，可能會迅速開發出簡易核武、毒氣和生物製劑，攻擊沿岸的解放軍登陸區**。[286]而且，有一件事解放軍文件沒提到，那就是當解放軍濫炸台灣的基礎設施時，可能會汙染戰場：幾個最大的登陸海灘附近就有核電廠、石化設施與製藥實驗室。解放軍的文書不提自己的惡行，反而在沒有根據的情況下指出：**台灣的海岸防衛計畫包含一個「創造污染區」的內容，以此阻絕中共部隊登陸入侵**。[287]不論真相為何，中方軍事文書建議戰場指揮官必要時採取行動，快速清除受到汙染的戰場，確保攻勢不會失去力道。[288]

根據預想，解放軍通過險惡的沿岸地區後，會攻奪內陸高地，例如能夠俯瞰關鍵城市（尤其是台北市）的山丘。裝甲部隊會協同直升機隊與突擊隊發動聯合攻擊，在高地爭奪戰中擔任正面主攻。解放軍電子作戰部隊也會扮演重要角色，試圖在國軍部隊撤退到市中心時，以三角定位鎖定國軍指揮所，干擾無線電，使武器系統失效。解放軍一旦包圍城市，就會進行轟炸，發動心戰攻擊，以此削弱守軍的抗戰意志。有關心理戰，這裡必須指出，解放軍的文件將攻台戰爭描繪為「國共內戰的最後一役」，戰爭中必須盡力削弱國軍戰鬥意志。為了贏得心理戰，解放軍會不擇手段，用盡辦法誤導台灣守軍相信大勢已去。[289]

根據中方文書預想，為了協助地面部隊攻進台灣各大城市，要用大量火砲削弱目標的防禦。傘兵部隊也會發動一連串的空降突擊，攻占都會關鍵點。特種部隊會一波又一波潛入台灣防線後方，展開特種作戰。解放軍會盡力讓自己的作戰計畫保持靈活，運用重疊的掩護火力，大膽探察開闊的街道，壓制與包圍敵本營。如果遇到國軍的陣地，解放軍就立即出手痛擊，並破壞台灣守軍的通聯——尤其是高速公路。解放軍的主要目標顯然是國軍的聯合戰區指揮中心，每個指揮中心都掌控台灣的一個主要防區。要攻入這些位於內部的指揮所，解放軍必須先擊潰周圍的軍事基地。根據預想，解放軍會同時發動正面攻擊與側面突襲，把遭遇到的阻礙焚燒、摧毀殆盡，把躲在地道網路裡的國軍困住活埋。[290]

解放軍會如何攻打台北首都？根據假想，解放軍會從陸、海、空三面包圍，再加以猛攻。解放軍會盡可能把國軍拉到郊區，再從近距離發動正面攻擊，避免徹底摧毀市中心。這樣做的話，就能打碎台北市外圍的防禦工事，讓解放軍部隊和戰車大舉進城，沿著主幹道深入台北市，切斷各個區域的通聯。激戰中率先淪陷的會是台灣的政府機關與軍事總部，接著，電信中心、火車站與主要路口也遭攻擊。最後，台北市內的無線電廣播站與電視台將被攻占。[291]

攻打像台北市這種人口稠密的大城市，會對周邊數百萬居民造成什麼影響？這點解放軍文件隻字未提。**解放軍的教範裡面從沒有討論他們的作戰勢必造成大批台灣民眾傷亡，也完全沒有指示解放軍現場指揮官該如何處理平民傷亡的問題。**解放軍文件只有單純指出，部隊必須占領俯瞰主要街道的高大建築，而台灣人應該會頑強抵抗，躲入像迷宮一樣的住宅區、購物商場和辦公大樓。文件進一步提醒，有些國軍部隊可能會躲在地下停車場，或在城市各地的捷運隧道裡面移動與戰鬥。根據解放軍教範的建議，解放軍遇到反抗就加以包圍，逐一剿滅守軍「巢穴」，慢慢按部就班殲滅殘存的國軍，最後徹底擊潰一切反抗力量。根據解放軍文件的規畫，解放軍會一面攻擊，一面談判。中國的心理作戰官是談判專家，解放軍預估他們有能力勸服部分的國軍投降，而繼續頑抗的國軍將遭到解放軍逐街攻擊。[292]

根據解放軍的計畫，台灣的中央山脈和崎嶇不平的東部地區將會是最後落入解放軍手中的地方。解放軍很擔心國軍在西部沿岸被擊潰後，會轉進到內陸高地重新集結。台灣的工兵部隊長久以來負責維護只有戰爭時才能用的山區道路，這些山區道路極度崎嶇難行，要艱苦徒步走過茂密的叢林、漫長的隧道和高深的谷壑，耗時好幾個星期才能翻越高山。據說這些隱密的山徑規畫完備，儲存充裕的物資，能讓有利的地形發揮最大的防守效果。

關於山地作戰，解放軍教範中只有籠統的指導方針。根據解放軍的專業文件，作戰指揮官應該迅速推進，切斷台灣部隊的退路，使國軍沒辦法朝山區走。要辦到這點，解放軍要求指揮官派直升機部隊到山區機降，目標是搶在國軍之前登上有利的高地並占據山區道路。

如果山地作戰沒辦法達成，解放軍也顯然有最後的策略，打算占領低地平原，使國軍在山區裡孤立無援。屆時解放軍就能自己選擇適當的時間與地點，朝山區進攻，展開艱苦耗力的行動，掃除國軍防禦工事。

如果戰爭真的走到這一步，那表示台灣的防衛出了大問題，想必是美軍始終沒有現身，而國軍在沿岸與郊區也都沒打好。在這個時間點上，台灣歷史的一頁舊篇章畫下了句點，新的一章展開了：自由、民主、人性尊嚴與社會正義的亮光熄滅，籠罩全島的陰影此時更顯黑暗。最後一絲希望的光芒，就此消失在恐怖的漫漫長夜中。

占領台灣之後

解放軍文件怎麼描述戰後的台灣？中國入侵後，如果國軍潰敗，台灣真的被攻占，接著會發生什麼事呢？根據中方內部軍事文書的預想，台灣省將由軍政府管理。台北市和主要城市易手之後，解放軍會迅速展開戰後維穩行動，首先發布戒嚴，由軍方控管台灣最大的幾個城市。

接著，軍方會加緊控制小鎮、農村與山區。[293]

下個步驟就是清鄉。根據解放軍的計畫，**台灣的反抗分子將遭肅清，解放軍警單位逐鄰、逐里、挨家、挨戶追捕殘存的反抗分子**。解放軍文件要求，管控台灣平民時，必須嚴格控制每個城市的交通節點、地方電視台與廣播電台。根據預想，台灣民怨應該會很深，戰後解放軍為了抑制民怨，一定會控管廣播節目、電視節目、網路、印刷媒體與郵政服務，屆時宣傳社會穩定與新社會秩序的主題將無所不再。[294]

地面部隊會巡邏山區，搜捕藏匿在地下碉堡內或祕密反抗的游擊部隊。進出山區的道路會部署大批部隊。炸彈拆除部隊會到各地清除未爆彈，拆除國軍撤退時沿路設置的地雷。[295]

根據解放軍的預想，台灣沿岸應該會殘存國軍的海軍軍力，船上可能帶著一大批難民。這些殘存的國軍海軍或許會嘗試冒死抵抗。而水雷、殘骸、沿岸地區的防禦障礙物都要清除。解放軍文件指示軍方回收戰爭物資，用來構築新的防禦工事，防止重要目標遭到破壞。

台灣新政府的行政機構、經濟中心和文化遺址全都需要軍力保護。**根據中共在西藏與新疆的經驗，占領軍應該會儘快設立紀念碑，舉辦展覽，慶祝「光榮解放」台灣**。解放軍教範也提醒，「恐怖分子」可能會用炸彈攻擊或暗中襲擊新政府的機關。[296]

解放軍也必須保護台灣的工廠與工業區，檢視基礎設施如學校、醫院、機場與漁港。軍隊必須站崗警戒，免得有些國軍逃過了解放軍的追殺之後，開始組織游擊攻擊行動。解放軍的文書提出嚴肅的結論：中國人打贏後，台灣人飽經磨難，承受嚴重損失，絕對不可能欣然接納中國人。根據推測，許多台灣人會變成穿著便衣的叛軍，在街頭發動攻擊，從背後射殺或暗中炸死「解放者」。其餘的台灣百姓則會消極抵抗，默默懷恨於心。有一份解放軍的資料警告：「台灣人會冷眼看待我們，絕對不會出手相助。」[297]

台灣新成立的臨時政府將接受北京直接管轄，由軍方執政。這個傀儡政府裡面都是願意與中共合作的台灣人，他們要把飽受戰火摧殘的台灣重建成一個歸順中國的省分。臨時政府會重建工業區與商業區，創造就業機會。軍方會協助恢復供應石油、天然氣和水電，**並用盡各種方法將台灣人變成「守秩序又穩定」的百姓，抹去他們對民主自治的舊日記憶**。台灣先前的政體會遭到中共宣傳機器大肆攻訐，而一個與以前截然不同的專制統治將出現在台灣島上。[298]

有這麼多島內事務待處理，但中共還得擔心另一場戰爭可能會爆發。解放軍文件表示，解放軍會迅速把台灣強化為一個前進作戰基地，鞏固海岸線，防止外國（尤其是美國）從海空入侵。[299]中共顯然認為，美國可能會率領國際聯合部隊，協助台灣脫離解放軍的統治，趕走解放軍，正如一九九一年美國與聯軍把伊拉克趕出科威特一樣。[300]

入侵並占領台灣，是解放軍最終極的考驗，幾十年來這項任務始終都是解放軍的重點項目。但成功之後，不一定能終止戰爭，反而可能變成一場更加漫長的暴力衝突起點：中國取得了亞洲霸權，並繼續向外擴張。[301]

這裡必須強調的是，解放軍內部資料談論的攻台行動都是假設性的，作戰計畫是以假想的條件與假設的論述為依據。本章提出的是解放軍教範當中描述的「理想」情境。實際上，攻台行動遠遠更加複雜，對錯誤的容許空間更小。解放軍也很清楚這一點。解放軍登陸台灣的行動將遭遇到許多問題，有些是作戰本身的狀況，有些是運氣不佳造成的，更多是台美聯手之下產生的結果。下一章將會介紹，就算未來解放軍隊的戰力與韌性都大幅提升，侵台的代價仍舊可能極度嚴重。**攻台作戰有多難，解放軍一清二楚，因此正投入大量資源，擴張軍力，為這項任務作準備。**

表三：聯合攻島作戰		
行動階段	主要目標	任務
一、封鎖與轟炸	絕對掌控台灣海峽的電波頻道、空域與海域	• 在電子攻擊與網路攻擊的掩護下，執行大規模飛彈轟炸 • 取得制空權 • 攻擊台灣海軍艦隊 • 封鎖主要港口 • 轟炸台灣
二、兩棲登陸	攻占台北市與其他目標城市附近的海灘、港口與機場	• 集結入侵部隊 • 攻擊金門、馬祖與澎湖 • 兩棲部隊登船 • 艦隊航渡海峽 • 掃除地雷與海灘障礙物 • 船艦停泊，部隊登岸 • 突襲被鎖定為目標的海灘、海港與機場 • 多個兩棲作戰師登陸，分兩波發動大型攻勢
三、島上作戰（城鎮戰與山地戰）	占領台灣，摧毀倖存者的反抗意志	• 攻占台灣的據點 • 鞏固主要登陸區，大規模軍隊下船 • 攻奪戰略地形與內陸的軍事基地 • 攻占台北市和其他主要城市 • 實施戒嚴 • 掃蕩山區的守軍

第5章

中共擬定攻台作戰計畫時遭遇的問題

天底下沒有一項軍事行動，在遭遇敵主力部隊之後，還能維持原來的作戰計畫內容。

——老毛奇（Moltke the Elder）元帥

主要障礙概述

地點

假如中國真的想把攻台計畫付諸行動，那麼負責指揮侵略的解放軍將領肯定會碰上一連串障礙。第一個障礙，在於決定兩棲作戰的最佳登陸地點。台灣可以登陸的地方不少，每個地點都有它的優缺點，而其中不確定的因素與變數也非常多，必須一一權衡。最主要的考量因素包括：哪座海灘適合登陸、哪座鄰近的空軍基地與港口適合加以攻佔。接著需要考量的因素有：登陸點距離台北首都（當然是首要目標）的遠近、橫渡台灣海峽所需的總里程數、從登陸點向內陸推進後，各地區的地理特性會怎麼影響解放軍後續作戰計畫等。此外，解放軍將領還必須思考如何應付防禦武力（到時候台灣的軍隊必將嚴陣以待）以及海岸上的地雷與防禦工事等。

地點因素之所以關鍵，是因為作戰計畫裡面的一切內容，完全受到地理環境左右。台灣的土地、水域、領空條件可說是變化多端，和世界其他地方大不相同。在某些地方行得通的方案，拿到台灣不一定適用；而在其他地方肯定失敗的手段，在這座島上可能是慣常方案。我們之後會發現，攻台登陸戰的可能地點已經是人盡皆知，而且早就被透徹研究過了。

時點

中國解放軍會碰到的第二個障礙，是如何決定進攻時點。我們有時候以為中國只要想攻台，隨時都能如願，但這種想法錯誤至極。其實，台灣的自然條件相當複雜，因此要挑到合適的Z日，是很困難的一件事。想要挑選適當進攻時機，最需要考慮的因素就是季節。畢竟天氣、風向、海浪、洋流、潮汐都受季節影響，絕對不能不考量大自然這個因素，何況自然現象的起伏變化可劇烈了。

根據我們的消息來源，有關攻台時間點，中國需要考量的變數顯然不少。那麼，解放軍的理想進攻時點究竟是哪些？哪些時點乍看之下很好，但整體考量之後卻不適合？Z日會落在哪一天？在戰爭中，時間可說是所有因素中最重要、卻又最難預料的一項。擬定計畫時，必須評估每項任務要花多少時間才能完成，同時預測各種可能加快、拖慢、干擾或改變局勢的狀況。

攻台前什麼時點發射飛彈和發動空襲比較好？飛彈和空襲該持續多久？兩棲突襲部隊從集合到整裝完畢，要花多少時間？兩棲部隊橫渡台灣海峽要花多少時間？拆除沿海水雷及沿岸的障礙物又要花多少時間？當中國軍隊顯露出明確的進犯意圖，台灣可能在何時反擊？美國可能會在攻台計畫哪個階段插手干預？解放軍應不應該先發制人，主動襲擊美軍？如果應該，那麼要在Z日之前還是之後發動？美軍被擋在主戰場之外，這個情勢究竟能維持多久？只要一考慮到時間因素，各種問題不但難以獲得明確解答，局面也更變得更難預測。

作戰序列

解放軍計畫的第三個障礙，在於決定誰先出擊、誰押後行動。要發動攻勢，需要出動哪幾種單位？總數多少？進攻部隊的陣形要如何組織？對所有軍事或戰爭計畫而言，組織工作絕對是首要之務，尤其對列寧式軍隊來說，階級、職等、規範命令、政黨結構更是重如泰山。中國的官僚體系不但是控制社會的工具，也是必要時發動大規模動員的武器。這套體系雖然深廣而僵固，卻能有效應付政府遭遇的任何阻礙。

此外尚須考慮其他因素，譬如每支兩棲突襲部隊理論上需要配置多少士兵？要搭配多少軍艦及戰機？Z日一整天，最多能運送幾個師和幾個旅通過台灣海峽？他們是哪些單位？緊接著押後行動的單位又會是哪些？數量多少？指揮軍隊的工作要如何安排？誰要負責指揮作戰？到時能支援戰局的飛彈發射裝置、轟炸機、驅逐艦、潛水艇、衛星、網路資源有多少？如果還要執行其他任務，總共需要多少上述資源？如果「強敵」美國真的插手干預，中國解放軍會對上哪支美國（及日本）部隊？中國有多少部隊能用來牽制或殲滅這些外國軍隊？[302]

情報訊息、後勤經理與中國國內政局問題

第四個障礙在於如何取得有效情資，以便在局勢快速變化時，做出精良的進攻決策。至於其他的障礙，還包括如何克服中國解放軍在裝備、人力、後勤方面的弱點。除此之外，中國國內的政治問題、發動侵略行動時如何防禦外侮，都是解放軍必須煩惱的狀況。

解放軍的攻台行動文件當中，花了大量篇幅探討上述提到的各種障礙。文件指出，中國已經統籌出一套精銳盡出的計畫，能用來攻克台灣，而這項計畫仍不斷進行調整、精修，直到把解放軍自己已知的弱點都補強為止。顯然，中國的軍師也遭遇了不少棘手關卡，而根據解放軍內部的評估，時間再拖下去，某些核心障礙只會變得更加複雜難解。

根據限閱的解放軍文件所記載之內容可知，將領在前線會遭遇的真實狀況，和北京政治領袖的各種期待，兩者可說是天差地遠。從軍事角度來看，訂出良好的策略、規範與戰爭計畫，頂多算是踏出第一步。實際上，中國解放軍的裝備和訓練方式都有待加強，才有機會成為一支專業、強大的軍隊。解放軍必須改善組織架構、加強各部整合，才能讓各階級的骨幹部隊同舟共濟、攜手合作。上級指派給陸軍、海軍和空軍部隊的任務必須與日俱增，才能讓這些戰士主動積極、臨機應變，碰到意外障礙的時候能夠見招拆招。[303]目前，解放軍還算不上是一部精良的戰爭機器。這支軍隊如果想順利實施攻台計畫，就必須提升自身實力。

假設中國今天立刻出擊，大概會落得一敗塗地。解放軍文件也指出，在中共軍隊都還沒踏上台灣土地之前，戰場的指揮官恐怕已經打爛了島上太多不該打的目標，這樣不但會引起全球輿論譁然，更會加速美軍插手干預。文件認為，光靠解放軍的火箭軍和空軍，並不足以在開戰初期幾天完全擊潰國軍，而且還會害登陸的兩棲攻擊部隊遭受猛烈反攻。

解放軍專家擔心，部隊在Z日當天可能會被沿岸的防禦工事纏住，或者在錯誤的地點登陸。士兵可能因此驚慌失措，卡在海灘上進退不得，接著遭到全數殲滅。中國解放軍專家也大致認定，在Z日當天結束後，中方補給線差不多就會崩潰，導致地面部隊無法突破台灣的都市防禦工事。只要無法持續補給，進攻部隊的士氣就會大大衰落，最後潰不成軍。以上這些文字紀錄中的障礙，都是讓解放軍的軍師們徹夜不能眠的原因。在他們看來，讓人牽腸掛肚的潛在麻煩太多了，數都數不盡。

可是在中國的政治人物眼中，攻台遭遇的這些實務問題，根本不足掛心。最要緊的，還是中國共產黨是否能塑造全國團結一心的形象，讓黨的權威更加名正言順。中國解放軍的任務，正是要協助維護共產黨政權，鞏固各種有利政權延續的條件。凡是中央政治局裡面文職官僚開出的條件，解放軍都得想辦法達成，即使要求再不合理、再沒邏輯、再沒根據也一樣。就算攻台行動看似難如登天，中共解放軍也得整裝待發。總之，這是一項完全不討喜的任務。

中國的戰略規畫者要面對的攻台障礙，已經多如牛毛了。本書不會針對所有障礙一一分析，事實上也辦不到，但仍會探討其中幾個最困難的項目。接下來的內容，將會討論解放軍將領在謀畫攻台行動時，會遭遇哪些挑戰。

搶灘行動：在哪裡上岸

假設中方兩棲部隊準備全力出擊，會從哪裡登陸台灣？中、台兩方的軍事專家為了回答這個問題，在過去七十年間盡力研究台灣地理環境，鎖定各個可能的戰場，搜集、檢視所有戰場相關資料。這些秘密進行的研究，不但經常更新資訊，更會將內容分享給戰略專家和規畫作戰的人員。因此，台灣島可說是全球被研究得最透徹的地區。根據解放軍內部文件的內容，我們能一點一滴拼湊出他們的思維模式。還有更多的相關資料，都收錄在不同的台灣軍事刊物裡，而且這些刊物都是公開的，有網路就能查閱。[304]

最佳登台地點是哪裡，中國解放軍內部的專業文獻倒是直言不諱。文獻表示，最理想的登台地點應該是靠近中國大陸的海灘地區。進攻部隊橫渡台灣海峽的時間拖得越長，行蹤越可能被發現，也越可能遭受攻擊。理想的登陸點要位於港口與機場附近，方便解放軍的空降兵以及特種部隊進行突襲。選定的登陸點必須靠近如台北市等戰略要地，但也不可距離台灣的戰車和裝甲部隊太近。理想登陸點不能有太多敵軍守備，進攻的時候才能出乎敵人意料之外，而且地勢還必須夠空曠，方便進襲的部隊快速建立灘頭陣地，繼續向內陸推進。[305]

若選在東部台灣登陸……

可惜，對解放軍將領來說，可供使用的海灘並不多，而且沒有一處能完全符合上述所有條件。總長一千兩百多公里的台灣本島海岸線，確實沒有一處適合兩棲部隊登陸。全島有將近百分之七十五的面積被山巒覆蓋，剩下的地區不是高度都市化，就是崎嶇不平的地理環境。[306]至於台灣東海岸則滿是懸崖峭壁，這些岩壁由中央山脈直直探入漆黑的太平洋深處，若要在這裡強行登陸，實在太危險。雖然東台灣還有三處小型的沿岸平原，但四周都圍繞著東亞最高的山脈，而且必須靠著公路和鐵路，穿越綿長的隧道，才能連結到台灣島其他地區。中華民國國軍更是早有對策，會在必要時快速摧毀這些不堪一擊的交通網路。當搶灘部隊在東台灣登陸之後，多半會發現四周都是岩壁，而這些岩壁既攀不過，底下也沒有空間繞過。[307]

若選在西部沿岸登陸……

反觀面朝中國的台灣西部海岸，能長驅直入的空間就大多了。這一側有些適合登陸並攻佔的海灘，對侵台行動相當有利。問題是，西部海灘大多不寬，很難讓主力部隊全數登陸，而地形本身也不甚理想。台灣西部缺乏適合軍隊登陸的連綿沙岸地區，多數面積是被人口密集的城市和鄉鎮所佔據，剩下的地方都是山丘、紅樹林沼澤或茂密叢林。適合居住的海岸地區，早就被開發成住宅區了。台灣居民一般住在鋼筋水泥建築裡，而在鄉村地區，房屋四周則遍布水稻田、魚塭、灌溉埤塘。此外，西岸也有不少泥沼地，形成了阻隔登陸行動的天然屏障。[308]旱季時，西部泥沼地會注入來自陡峭溝壑的細流，這些溝壑還是由鬆軟砂土組成，質地軟到讓人行走都有困難，遑論讓解放軍坦克或卡車行駛。而到了雨天，溝壑還會灌進由山麓奔流而下的激流。

中國軍方文件指出，進攻部隊的首要目標就是迅速佔領台北。文件認為，解放軍只要掐住台灣的政治中樞台北，攻台行動就能速戰速決，避免落入消耗戰的局面，因為消耗戰可能會快速削弱共產黨內的團結勢力，產生致命結果。[309]文件也明確點出了幾個理想登陸地點，包括台灣西北部的桃園地區、中部的濁水溪三角洲地帶，以及西南部的嘉南平原。[310]這幾塊地勢寬廣的沿岸地區都適合建立灘頭陣地，也方便侵略部隊踏上連接內陸的道路，直搗島嶼核心。

解放軍刊物提到，台灣人由於備戰了幾十年，已經非常清楚該如何禦敵，也早就實施了各種政策，在為數不多的合適登陸地點布下障礙，讓敵軍不易登陸、駐紮和執行突破戰術。解放軍文件還指出，台灣多年來大量施做登陸海灘的改造工事，不僅在岸邊築起防波堤和消波設施，也種了茂密的防風林抵禦海邊強風。此外，低窪地帶還挖鑿許多彼此相連的沿岸埤塘，以利灌溉農地和養殖魚類。以上這些改造工程建立起的人造屏障，對侵略行動相當不利。[311]

為支援台灣沿岸改造工程，熟悉兩棲作戰的中華民國海軍陸戰隊也會巡視全島海岸線，每年進行評估。評估後的結果上呈國防部，讓國防部把這些資訊併入台灣國防計畫中。在中華民國海軍陸戰隊看來，越適合登陸的海灘，越容易被襲擊，也需要投入更多預算和心力布建防禦工事。[312]

雖然外人不清楚國軍海軍陸戰隊用什麼標準來衡量海灘適合登陸與否，不過，他們應該有考量到離岸水深、海底條件、梯度（海底斜度）、海浪條件、潮汐條件、岸邊土地與尺寸、海灘結構、海灘出口與出口坡道等資訊。[313]當然，這些研究資料絕對不會公開，但可以確定的是，台灣海軍陸戰隊使用不同的顏色來替海灘分類。紅灘是最適合執行登陸行動的海灘，黃灘是合適度中等的海灘，綠灘則是最不適合的海灘。綠灘的危險性不大，只可能被敵人特戰部隊利用氣墊船、水翼船、翼地效應載具進行小規模登陸滲透。[314]

海灘的顏色標示，當然和被襲擊的機率沒有必然關聯。對解放軍將領來說，台北附近的黃色海灘，顯然比位在鳥不生蛋地點的紅灘更有吸引力。中華民國海軍陸戰隊使用顏色來標示海灘登陸難易度的時候，並未全盤考量所有可能的入侵因素，因為這不是他們的任務，他們只要顧好海岸線，無須煩惱內陸狀況。一切和海灘本身無關的策略面問題，都是坐鎮總部的戰略規畫專家要負責思考的。

台灣海灘的顏色標示，每年都會考量天候影響、侵蝕狀況等因素而不斷改變。當然，自然地理條件不是唯一的考量因素：承平時期進行的海岸工程，有時可能發揮奇效，改變了某一片海灘在戰爭時期的登陸條件。一般相信，台灣海岸線近年大量出現的環保與商業工程，對台灣守軍有利，例如海邊的風力發電廠、消波塊、人工魚礁、海上箱網養殖等越來越多，本來是想製造再生能源、減少海岸侵蝕、打造安全港灣、推廣海洋生態、汲取水產資源等目的。更重要的是，這些建設強化了海岸防禦工事，降低了解放軍成功登陸的機率。結果是，台灣的紅灘與黃灘數量逐年下降，綠色海灘的數量則連年上升。[315]這些林林總總的建設發展，又讓解放軍的戰爭規畫者煩惱了。

根據近期發表的中華民國國軍研究報告，目前台灣剩下十四處海灘，較適合大量敵軍登陸，其中兩處是紅灘，其他的都是黃色海灘。這十四處海灘中，有九處集中在台灣北部，包括西北部兩處、基隆附近四處，以及位於蘭陽平原、接近東南方的三處。剩下五處則集中在西南部，包括靠近台南的三處、高雄的一處，以及面積最大、位於枋寮鄉軍事訓練基地的一處。這十四座海灘的實際位置，都標注在本書的地圖上。

解放軍空降兵的著陸區

解放軍挑選出適合登陸的海灘之後，下一件必須考慮的大事，就是這個海灘距離解放軍空降兵著陸區有多遠。先前提到，解放軍進攻部隊包含大批傘兵和直升機突襲部隊，這些部隊需要開闊的空間才能著陸。空降部隊由輕裝步兵組成，重裝武器很少，更不可能單兵隨身攜帶裝甲車輛。空降部隊進攻時，萬一和主力部隊失去聯繫，那麼他們不必等幾天，而是在幾個小時之內就會彈盡援絕。空降部隊奪下他們的初期目標之後，必須仰賴已經登陸的重裝部隊支援，才能安全無虞。

空降部隊最理想的目標，就是登陸

表四：十四處適合入侵的台灣海灘

顏色別	海灘名	海灘位置
紅色	加祿堂海灘	位於屏東縣枋寮鄉，台灣西南部
	金山南灘	位於新北市金山區，台灣東北部
黃色	林口海灘	位於新北市林口區，近台北港
	海湖海灘	位於桃園市蘆竹區，與桃園國際機場相鄰
	金山北灘	位於新北市金山區，台灣東北部
	翡翠灣海灘	位於新北市萬里區，台灣東北部
	福隆海灘	位於新北市貢寮區，台灣東北部
	頭城海灘	位於宜蘭縣頭城鎮，台灣東北部
	壯圍海灘	位於宜蘭縣壯圍鄉，台灣東北部
	羅東海灘	位於宜蘭縣五結鄉，台灣東北部
	布袋海灘	位於嘉義縣布袋鎮，台灣西南部
	北台南海灘	位於台南市將軍區及七股區，台灣西南部
	台南黃金海岸	位於台南市南區，近台南機場，台灣西南部
	林園海灘	近高雄國際機場，台灣西南部

資料來源：Wu Qi-Yu, "Research on Executing Surf Zone Mining Operations with Combat Engineer Units （工兵部隊執行激浪區布雷作業之研究）," ROC Army Combat Engineer Journal, no. 147, 2015, pp. 24-27.

海灘附近的機場，因為機場從高空俯瞰時很明顯，擁有現成的起降設施，又距離主戰場很近。機場除了做為第一波交戰期間的空投區域，機場內的跑道也方便讓後面增援的部隊源源流入。佔領機場之後，只要把相關設施加以整修，立即變身成空軍前進基地，讓大批運輸機、直升機起降。灘頭陣地與空降橋頭堡兩者相輔相成，所以距離登陸海灘太遠的機場跑道，就算佔領了幫助也不大。傘兵一旦無法迅速會師正向內陸推進的搶灘部隊，就會慘遭團團包圍，一個個被收拾掉。

解放軍文件表示，攻台時的空降部隊將以營為單位（一營約五百員）進行著陸。原則上，空降部隊只負責攻擊登陸海灘周圍二至五公里的目標，避免距離主力地面部隊太遠。一般認為，空降隊伍只能獨力執行三至四小時的任務，因此必須待在海灘附近。三至四小時過後，這組人馬理論上就會耗盡彈藥，任憑當地守軍宰割。為了不讓這齣悲劇發生，空降部隊必須盡快結束單獨行動的小隊模式，並在岸邊艦砲火力掩護下，與海灘上的登陸部隊碰頭。316

海港的考量

除了機場以外，登陸海灘必須選在港口附近。如果沒有港口，運輸艦上面的大批重裝備就無法快速卸到海灘上，因此就無法維持前線部隊的戰力。有鑑於天氣和海況瞬息萬變，狹窄的台灣登陸海灘又無法容納大量人員裝備，解放軍工兵必須搬出事先製作的機動碼頭，讓人員、車輛、補給物能迅速離艦。然而，布置人工港口需要花時間，要在滿是碎浪的水域中做這件事更是困難重重，工兵人員個個都必須三頭六臂，才能成功架好這些臨時港口。再說，要架設人造港口，前提是登陸部隊已在沿岸建立起龐大穩固的陣線。搶灘登陸後首先要防止敵人逆襲，接著才能開始清除地雷、障礙及殘骸。

從另一個角度來看，假如解放軍能夠佔領既有港口設備，就能省掉自己動手架設的時間了，但前提是被佔領的港口必須功能完好。如果這點基本上無法實現，至少也得讓港口處於容易修復的狀態。當港口能順利運作，並且和灘頭陣地及空降橋頭堡相互支應，就能大幅分擔解放軍巨大的後勤壓力。解放軍作戰計畫裡面，看不出來需要港口容納多少噸位，但就敘述方式看來，需求量算是相當龐大。解放軍文件還明確表示，兩棲部隊要選擇設有海灘、機場和港口的地區做為主要登陸點，Z日當天的首要任務正是發動突襲，奪取這三大運輸要塞。這項任務要是無法完成，登陸行動就很有可能停擺，而搶灘部隊也只會被打回海上了。[317]

解放軍內部文件相信，攻台計畫的最關鍵因素之一，就是登陸點距台北的遠近。文件內容表示，部隊在台灣的首都附近登陸，能大幅降低陷入長期消耗戰的機率。要是選擇在離台北較遠的西部海岸登陸，接著一路北征，沿途得和砲火猛烈的敵軍短兵相接，還會被都市街道、山間小路絆住手腳，等於是自找麻煩。台灣崎嶇不平的地形，對於守備方來說是件好事，只要在必要時刻毀橋樑、炸隧道，就能切斷入侵者的來路。在解放軍專業文獻看來，多數台灣人會選擇誓死捍衛家園，只要能讓台灣免於落入共軍手裡，摧毀再多設施也甘願。[318]

若能以迅雷不及掩耳的姿態佔領台灣中央政府所在地，顯然會製造出驚人的震撼效應，不但能動搖中華民國國軍全體的士氣，也會使美國官員嚇得魂飛魄散，決定放棄台灣盟友，不以軍事干預台海局勢。[319]台北市西北方的海灘距離中國本土很近，解放軍若選定這裡登陸，則渡海的時間大大縮短，軍隊也無須冒險長時間待在易受攻擊的船隻上。這個登陸點距離大陸本土很近，還有其他優點，例如這樣一來有些火箭砲的射程已可涵蓋，提供解放軍火力支援；又例如解放軍的戰鬥機、轟炸機和直升機能更快抵達戰場，並能在戰場上空停留更久。此外，補給船隊也能快速提供源源不絕的資源。

除了上述各種海灘條件，解放軍文件還要將領特別注意海灘距離公路及敵軍主要陣地有多遠。登陸灘頭附近的敵軍陣地可能會發起逆襲，破壞登陸行動。登陸海灘離公路越近越好，這樣等登陸部隊鞏固了灘頭堡、部隊準備進入內陸發動閃電攻擊時，就有方便的在地運輸基礎建設。不過，解放軍將領也獲得警告，登陸時切忌擾動敵軍，盡全力避免配備戰車、自走砲、火箭發射器、對空武器、直升機等裝備的敵人。這樣的要求，不免讓中國陷入兩難：解放軍知道，最適合兩棲部隊登陸的地點都已經建起了各種工事，附近還有大批隱蔽良好的敵人。不過，雖說公路和橋樑有利於進攻方突入內陸，這些建設同樣能協助防守方輕鬆載運強大的反擊軍力。[320]

所以，這裡是解放軍攻台的首選地點……

中台雙方的軍事文件都指出，桃園是最有可能成為解放軍主要登陸區的地點。[321]桃園是一座特別的直轄市，位於大台北都會區外圍，距台北市四十多公里，算是台北的衛星城市，也名列台灣島上第四大都會區。桃園有全台灣最大的國際機場，也有大量的住宅和飯店區，還有科技公司、物流中心及煉油廠，未來更規畫有航空城。桃園的平地緊鄰台灣海峽，四周環山，台地上有幾百座灌溉埤塘，埤塘水源皆來自豪大雨和高地水流。

無數解放軍和中華民國國軍的文件（從這些文件可看出雙方各自的意圖）當中都指出，桃園確實是最適合進攻的地點。[322]對中國將領而言，桃園周邊的海灘是不可多得的目標，這些海灘不但靠近台北，同時又具備海灘、機場和港口三大交通運輸利器，是唯一符合要求的選項。**假設選擇這一帶做為登陸點，登陸範圍就可以從桃園向北延伸到淡水河口和台北港，向南延伸到永安漁港，並以海湖海灘、桃園國際機場及竹圍漁港為核心地帶。若解放軍在此登陸，我們就能進一步確定作戰初期會遭到攻擊的地點，包括林口、中壢、湖口等地的台地。**[323]這些地方不但是地方公路密布和交會之處，更是重點軍事基地所在地。解放軍文件指出，這些路段的戰略地位非同小可，越早攻下越好。[324]

在每場戰爭中，有效方案總是不只一個，可行的計畫甚至更多。要是桃園的防禦工事太牢固，不適合正面迎擊，解放軍還可以選擇其他的登陸點。事實上，桃園附近可說是中華民國陸軍的大本營，到處配置了戰車、飛彈、火箭、砲兵，加上特種部隊和步兵單位駐守，還有武裝直升機作為後援，其中甚至包括最新款式的阿帕契戰鬥直升機。桃園的丘陵地區布滿了連綿的隧道和掩體，而海岸邊則布滿低窪地和溼地，當入侵者企圖登陸上岸，守備方就能灌水淹滿這些窪地和溼地，達到困敵效果。總之，桃園已經隨時處於戰備狀態了。

桃園以南一小時車程處，還有一座看似無法登陸，但實際上可行的登陸點，那就是新竹。新竹設有一座大型科技園區，裡頭有超過三百六十家生產電腦資訊產品的高科技公司，使新竹成為全島最繁榮的經濟中心，即所謂的台灣矽谷。新竹距離首都也不遠，更是離中國最近的地區。因此，新竹空軍基地可能會遭受解放軍空降突襲。新竹附近也有新竹漁港和許多狹長海灘。

然而，新竹沿岸地區泥濘崎嶇，海灘周圍的山丘上更有大型砲兵陣地守護。氣候方面，新竹沿岸經常起霧颳風，空氣相當潮溼。空間方面，由於新竹的都市建設範圍太大，岸邊幾乎沒有餘裕讓軍隊駐紮。北端還有兩支中華民國陸軍裝甲旅部隊鎮守著，和周圍的山巒共同形成頗具戰略地位的哨口。綜觀全台，新竹可說是繼桃園（台北自然不在話下）之後，軍事守備程度最高、防護最嚴密的區域。

由新竹往南一小時車程處，則有台灣中部第一大都市台中。台中和新竹一樣，是個看似適合兩棲部隊及傘兵執行非典型登陸行動的地點，而就解放軍將領指定的三大運輸條件而言，台中也具備了兩項（港口和機場）。台中被高地和山脈包圍，頗具戰略地位，是台灣南北向交通必經之處。一旦攻佔這座城市，就能將台灣一分為二，切斷北部和南部主要部隊之間的聯繫。侵略者還能利用台中的基礎建設和地理位置，讓後勤工作變得極為順暢。雖然台中的海灘不適合讓幾千名部隊人員登陸，但改成登陸附近的河口三角洲，或許還行得通。[325]

從台中往南兩小時車程，就會來到台南市。這是一座具備前述三大運輸條件的中型城市，在濱海地區有廣闊的黃金海岸，海岸不遠處則有作為物流樞紐的機場和海港。解放軍文件指出，雖然相較於其他合適登陸地點，台南的位置距離中國比較遠，但在歷史上，來自荷蘭和中國的殖民者（在國姓爺的帶領之下）都在這個地區登陸過。[326] 如果解放軍能攻佔台南，再往東南方掃蕩，就能進逼旗山，也就是中華民國陸軍位於南部的指揮中樞。[327]

在台南登陸固然具備諸多優勢，然而後續進攻行動卻可能演變為消耗戰。台南的海灘距離密集都市區域相當近，也因為四面環繞鹽灘、山丘和樹林而交通不便。台南看似是可行的突破口，但實行起來仍然困難重重。位於高雄市內大港南方的林園海灘，則是另一個可能選項。不過，雖然林園海灘距高雄國際機場及台灣島最大的海港不遠，對於登陸和進攻行動而言，林園周遭的石化工業廠房卻只會帶來一連串的惡夢。

另外一個相對困難的選項，就是從台灣西部平原的最南端，也就是枋寮鄉進攻。枋寮鄉是台灣海軍陸戰隊的訓練陣地，也有極具戰略地位的加祿堂海灘。缺點是四周沒有可攻佔的大型機場或港口。解放軍部隊一旦在此登陸，恐怕就得先突破幅員遼闊的高雄市郊，一路往北打的時候也沒機會切斷國軍主要防衛部隊之間的聯繫。有鑑於具高度戰略價值的攻擊目標實在距離太遠，枋寮顯然不太適合實施登陸行動。

在台灣東北部的基隆岸邊，還有幾座適合兩棲部隊登陸、風光明媚的海灘。這個區域的防守相對不嚴，而且旁邊就有巨大的港口。不過，基隆沒有機場，周遭地形也頗崎嶇，讓防守方占盡優勢。金山、萬里、福隆等地的沙灘皆有山丘環繞，不利大批登陸部隊上岸或向內陸突進，除非改派小批部隊登陸。只是進攻人數少的話，在突破台北之前就會先被擋下並擊破了。

在基隆南邊還有蘭陽平原，這座平原由沿岸平地組成，以溫泉及單一純麥威士忌聞名。蘇澳港附近就有平原，規模頗大，守備森嚴，內部設有一座海軍基地。宜蘭的地勢非常適合登陸，可惜不適合作為主要登陸點，因為整個宜蘭都被高聳山脈包圍，況且宜蘭連結台北的公路上，到處是脆弱的橋樑、懸崖及綿長隧道。侵略部隊一旦踏上這些道路，就跟踩進致命陷阱沒兩樣。而且，這些公路只需要少量部隊就能守住或全面阻斷，如同當年的溫泉關戰役（Hot Gates of Thermopylae）一般。[328]

解放軍的軍事專家認為，台灣找不到適合的海岸，能讓足以快速擊潰台北的大批部隊登陸。[329]綜觀台灣長達一千多公里的海岸線，其實完全不利於兩棲登陸行動，合適的登陸海灘數量只有區區十四處。其中，桃園及台南大概是最受解放軍將領青睞的選項，但這兩個地區遍地危機。一方面，桃園及台南都是人口密集的低地，周圍環繞著山丘。另一方面，這些區域早就被研究透徹，也布滿防禦工事了，台灣軍隊還在附近的掩體裡囤積各式地雷和障礙物，必要時即可快速設置完成。當解放軍以較少數的兵力登陸、往內陸推進後，會被台灣的戰車部隊及大批步兵以軍力優勢殲滅。再說回來，台灣西岸的海灘、機場及港口或許難以突破，但還是比登陸東台灣來得好。面對這些很難挑的選項，恐怕解放軍的軍師們，還是得挑個相對合適的才行。

表五：中共可能登陸的地點 *			
地點	至台北距離（英里）**	至中國距離（英里）***	實施兩棲登陸行動之考量點
金山	25	距平潭 120	• (+) 具優良海灘與港口設施，相當接近台北 • (-) 無機場，地方公路易遭阻斷，地形不利大部隊集結，不利向內陸突進
桃園	30	距平潭 100	• (+) 具合適之海灘及港口設施，設有台灣島最大機場，空間足夠，利於軍力整合並向內陸突進，且與解放軍在大陸的集結點很近，又與台北間暢通無阻
宜蘭	40	距平潭 135	• (+) 具合適之海灘及港口，防守不甚嚴密，空間足夠，利於整軍並向內陸突進 • (-) 無空軍基地，且戰時與台北及其他城市之間暢通程度極低
新竹	53	距平潭 85	• (+) 具良好空軍基地、堪用港口設施，且與解放軍在大陸的集結點最近 • (-) 無合適海灘，且空間不足，不利整軍並向內陸突進，防守亦相當嚴密
台中	105	距平潭 100	• (+) 具大型空軍基地及港口，空間足夠，利於整軍並向內陸突進，且鄰近中國 • (-) 無合適海灘，都市綿延太廣，且防守相當嚴密

濁水溪三角洲	135	距平潭 120	• (+) 空間足夠，利於整軍並向內陸突進，且防守不甚嚴密 • (-) 無合適海灘、機場或港口，且四周皆泥沼地
台南	195	距東山 180	• (+) 具合適海灘、大型機場、良好港口設施，且空間足夠，利於整軍並向內陸突進 • (-) 防守嚴密，且與解放軍在大陸的集結點距離太遠
高雄（林園）	225	距廈門 190	• (+) 具勉強合適之海灘，鄰近台灣島最大海港及第二大機場 • (-) 空間不足，不利整軍並向內陸突進，且防守嚴密，又距中國較遠
枋寮	250	距廈門 215	• (+) 具最合適海灘，空間足夠，利於整軍並向內陸突進 • (-) 無機場或海港，且距島內主要城市及解放軍集結點皆遙遠

* 本表未列出台灣島內所有適合登陸地點。以上為解放軍最可能選擇之地點，中方可能尚有其他目標。
** 所有數字皆使用 Google 地圖上兩點間主要道路距離計算，且皆為估計值。戰爭期間，可能因交通壅塞、阻道設施及檢查哨站攔阻、交通基礎建設毀損，使實際所需之移動距離較迂迴遙遠。
*** 所有數字皆使用 Google 地圖上兩點間主要道路距離計算，且皆為估計值。但由於船艦並不行駛直線距離，橫渡台灣海峽之實際所需里程可能較長。解放軍船團可能必須設法繞過島嶼、沙洲、布雷區、礁石及其他障礙物。

哪些因素會決定進攻時點：地理、風浪、潮汐

第二個關鍵問題，則是如何決定Z日。兩棲作戰發動時間會受到許多重要因素影響，而天氣是最關鍵的一項。解放軍戰情分析者花費了數十年觀察台灣的風向、海浪、洋流、潮汐、降雨、起霧模式，最後認為：基於各種自然因素，要攻克台灣恐怕相當困難。解放軍文件還下了一個悲觀的結論：大自然是站在台灣那邊的。[330]

台灣海峽最窄處的兩端點，分別是福建省平潭島及台灣新竹港，總寬度約一百卅公里。海峽最寬處超過四百公里，而從北到南的總長約為三百六十八公里。[331]在台灣島上，還有二百五十八座海拔三千公尺的高山。[332]海峽與高山彼此相連，構成了這座全長約四百公里、寬約一百六十多公里的島。[333]除了台灣，東亞沒有一個地方看得見這麼多高山、且這些高山這麼接近廣闊水域。[334]這座蕞爾小島上密布的高峰，還形成了一道穿過台灣海峽的風洞，讓各種天氣條件變得更加險惡。

酷暑期間，在菲律賓海上空合成的猛烈熱帶氣流，會被強風席捲至台灣島周圍，進而催生、滋養各種大氣風暴。接著，風暴會逐漸增強、來勢日益兇猛，最後以劇烈颱風的型態登陸台灣島。平均來說，台灣每年會被六個颱風侵襲，但有些年度侵台的颱風高達九個。[335]到了冬天，台灣周邊的氣流剛好轉向，大團冷空氣自西伯利亞南下，沿途經過蒙古和中國，最後抵達台灣。當暴

風掃過台灣海峽，空氣中就會迴盪著陣陣呼嘯聲。從十月底到隔年三月中，台灣海峽的天氣差到極點，民航機和客船常因天候不佳而誤點。

只要觀察澎湖群島上的樹木如何生長（澎湖位在台灣海峽正中央），就能明白侵台行動有多難執行了。一般的樹會向上生長，但澎湖群島上的樹卻是橫向、朝外生長，而且越長越低、越變越寬，這正是為了存活而演化出的樣態。這一帶的風勢太強，凡是長得太高的樹木，很快就會被強風連根拔起。這裡也不適合耕種，因為農夫只要一翻完土，表層土就會被風颳走。[336]澎湖的土地多半光禿貧瘠，上頭的綠色草葉大多都被風席捲而去，頂多剩下攀附在裸露岩石上的零星植被。風勢更會影響海浪，三不五時就出現滔天巨浪。

有鑑於台灣海峽的浪濤實在太強，中國軍事研究報告便指出，一整年當中，絕大部分的時間裡登陸艇都無法操作。解放軍文件也認為，台灣海峽的海浪在一整年內，有百分之九十七的時間，強度都大到足以影響軍事行動。台灣海峽的海況平均介於四級至七級，而所謂的四級，意指浪高落在四至八英呎之間（一點二到二點四公尺）之間。意思是，在這種浪裡，解放軍登陸艦艇和魚雷艦上的武器不但很難擊中目標，甚至連舟船本身都無法操作了。一旦海況上升至七級，也就是浪高漲到廿到卅英呎高時（六到九公尺），連驅逐艦等大型戰艦都很難適應。冬天是台灣海峽海象最險峻的季節，就算進入夏天，海峽平靜的時刻也不長，因為到了八、九月，颱風就會讓海況越演越烈，有機會衝到九級，浪高至少十五公尺。[337]

每當季節變換、天候轉變之時，海面上還會湧起瘋狗浪，輕易打翻滿載士兵的登陸艦艇。[338]而春、秋之際，則是相對平靜的時刻，但時不時的碎浪也會讓登陸艦隊左搖右晃，難以維持航向直奔海灘。而當部隊由巨大軍艦換乘小型登陸艇時，更可能因為浪太大，導致人員暈船無力作戰。某份解放軍研究表示：「海軍部隊和登艇人員易暈船，讓作戰能力下滑。」[339]此外，船身搖晃還會讓海軍砲火大幅失準，因此該研究認為，「要在登陸部隊上岸進攻時（靠艦砲）有效給予支援，非常困難。」[340]

會威脅解放軍的因素，還不只有天候而已。就潮汐變化而言，台灣海峽在中國側的漲潮與退潮相當規律、容易預測，但問題在於變化分布不均，因為北邊的潮起潮落比南邊早三小時，而滿潮與乾潮的平均水面差可達十五英尺（約四公尺半）。解放軍文件認為，這就表示部隊最好在高水位時登上船艦，而船艦則得趁低水位時進出港口，才能順利完成登艦流程。由於潮汐變化，兩棲部隊在組織、整軍、登艦時又會遇上不少複雜狀況。[341]

至於台灣側的潮汐變化，則是既猛烈又變幻莫測。解放軍文件表示，台灣西北部固定會出現半日潮，也就是每過半個月球日（指月球繞轉地球一周的時間），即每經過十二小時又廿五分鐘，潮水就會經歷一次滿潮及乾潮；而每過一個月球日，即廿四小時又五十分鐘，潮水就會經歷兩次滿潮及乾潮。反之，台灣西南部的潮汐既有全日潮，也會出現不規律的情形。在全日潮地帶，每過一個月球日就會出現一次滿潮與乾潮，而不規律潮地帶則顧名思義，會出現不按牌理出牌、難以預測的潮汐變化。台灣西部海岸的潮差有時會超過十四英呎（超過四公尺），有時則小到只有一英呎。滿潮與乾潮間的平均水面差通常為八英呎，但不同地區的平均水面差仍然有頗大差距。

中國解放軍文件表示，潮汐也是挑選Z日時的重要考量點之一。文件建議的策略是：以台灣岸邊潮汐達每月峰值當日作為進攻日，這時候由於海灘面積縮小（潮水較高），登陸部隊就能在更接近海灘的位置衝出登陸艇，往內陸突進的時候，暴露在沙灘上的時間比較短。解放軍希望這樣一來他們被守軍機槍打死的人就能減少。[342]至於進攻前的障礙清除行動，則預計於乾潮時進行，因為這時大部份守軍的陷阱都會露出水面，顯而易見。等到幾個小時後，就是Z時登場的時刻了，這時潮水正不斷上漲，登陸艇能趁勢卸下登陸部隊，接著返回海上。[343]然而，中國國家重點實驗室的科學家也指出，要準確預測當地潮汐變化，其實不容易。[344]一旦預測失準，執行侵略行動的時點就會出錯，然後引發一連串災難。就算解放軍的預測真的準確無誤，台灣側潮汐的南北變化差距之大，也會讓中方找不到最佳時機，來進行多點、同時登陸。

解放軍研擬戰爭計畫的時候，還有一個嚴重的問題必須考慮：流經台灣海峽的洋流。台灣四周的洋流既複雜又多變，這點和潮汐的情況相同。雖然目前的科學理論尚不足以說明台灣所有的洋流現象，但有兩種不錯的說法，能解釋這些洋流的奇特之處：風勢及潮汐會大幅影響洋流走向，詭異的海底地形也會左右洋流。儘管如此，關於台灣海峽的謎團依舊神秘無解，對於各種撲朔迷離的海峽現象，三不五時也會出現一些沒頭沒腦的說法。在當地的故事裡，台灣海峽素有「黑水溝」之稱，幾百年來無數渡海來台的移民，都被這座海峽吞噬。迷信的人還會認為，台灣海峽的洋流根本不是洋流，而是邪惡怪物之手，會攫住無辜犧牲者，把他們拖向深深海底。[345]

這些恐怖傳言，當然無從證實，但未來有一天卻可能成真，就發生在奉命攻台的解放軍身上。解放軍報告也擔心，這些變幻莫測的洋流可能會讓Z日登陸行動一敗塗地。報告指出，洋流可能會將小型登陸艇推離航道，讓艦艇向北或南偏（視當時沿岸水流），而偏離的速度最高可達五節（等於以每小時將近十公里的速度，漂離目標）。在這種情況下，船團可能很難準確抵達岸外的登陸集結點。戰情預測指出，第一波進攻艦隊很可能會偏離安全航道，接著彼此相撞、糾纏不清。在試圖解開纏繞局面的過程中，船隊要是運氣不佳，還可能觸發水雷，或撞上障礙物被扯個四五分裂，而報銷的船隻又變成路障，給押後等待的進攻人員帶來危險。另一方面，就算人員成功登陸上岸，也可能發現自己攻錯海灘，讓嚴謹的登陸計畫一夕大亂，最後導致全軍覆沒。[346]

對於大自然會如何威脅登陸行動，也可以參考某份解放軍文件的簡要說明：

海區自然條件影響大，難以把握登陸時機。海區內潮汐張落、海流走向、湧浪大小、風力

強弱等複雜水文和多變氣象狀況，海岸線地形、底質、坡度等地理環境，尤其是大風、大浪、大霧、雷雨、低雲等不良天氣對搶灘上陸時射擊、破障、抵灘等行動將帶來極大的困難，將影響到登陸時機的選擇甚至影響到成敗。[347]

有鑑於此，解放軍文件建議登陸船隊借用雨水、霧氣、低雲等，隱藏船隊在中國沿岸的行蹤。文件同時建議指揮將領挑選數個Z日，增加計畫的彈性空間，讓台方持續摸不清解放軍的登陸時點。[348]

理想的登陸日

解放軍研究報告指出，在理想狀況下，Z日當天是天朗氣清，海況為五級（浪高二公尺半至四公尺）以下。登陸的最佳時點是滿潮前幾小時，如果當天遇到周末或中華民國國定假日更好，中華民國將領的戒備會更鬆懈。照理來說，解放軍可以嘗試在天候不佳時登陸，替守軍帶來天大意外，但整體而言，這個舉動算是鋌而走險。要是選擇這條路，空軍和海軍就無法有效支援，登陸部隊只能在毫無砲火掩護的情形下自立自強。而更慘的狀況，則是兩棲坦克和登陸艦艇瞬間進水淹沒，或直接翻船。[349]

毋庸置疑，進攻船隊四周必定有大批潛艦支援。而台灣海峽自然環境當中對解放軍有利的因素也在這裡：台灣海峽背景噪音遠大於外海深處，解放軍潛艦偷偷挨近台灣時，更難被聲納偵測到。某份解放軍研究報告表示：「戰略上，本區域的條件適合實施突襲……而高雄外海深度夠，海底密佈峽谷，對於我方潛艇作戰非常有利。」[350]但另一方面，這份研究報告也提到，若在較淺海域，海床上又遍布船隻殘骸、沙洲及暗礁，就會讓水下行動險象環生，這時，潛艇不但容易失事沉入海底，更難隱藏自身行蹤。此外，台灣顯然有能力在海底設置雷區，解放軍就算要在台灣沿岸深水區作戰，恐怕只會危機四伏。[351]

從三月初到十月底，只要沒有暴風來襲，台灣海峽的風勢和浪潮就會相對溫和平穩，適合執行兩棲登陸。不過，從五月六月底又會下起季節性豪雨，也就是所謂的「梅雨」。七月開始，則有接二連三造訪台灣的熱帶風暴和颱風，這樣的局面要到九月底才會真正落幕。[352]考量種種天候限制後，解放軍文件也表示，一年只有兩個時間適合侵略台灣，第一個是三月底到四月底，第二個則是九月底到十月底。[353]在這兩段時間內，台灣海峽的風勢不強，海浪也不高。

話雖如此，這些時間的天候條件實在稱不上理想。四月的海峽經常下雨起霧，只有少數幾天放晴，十月則可能受到秋颱侵襲。如果想讓跨海侵略行動告捷，必然得花上不少時間執行。解放軍必須運送過海峽的人員、裝備非常龐大，包含成千上萬（甚至上百萬）部隊人員、上千輛戰車、大砲及裝甲車輛，外加堆積如山的食物、水、彈藥、補給品等。對解放軍來說，時間因素對他們不利，尤其當台灣海峽被大霧籠罩，或者秋颱來襲打壞如意算盤時更是如此。[354]在春、秋兩季，海峽的好天氣通常會維持四星期左右。解放軍評估報告也認為，中國決策者應選擇這兩個時段來發起攻台。[355]

參戰單位

中國高層在決定攻台時間、地點之前，早就先思考過參戰人員（單位）

表六：天候因素

月份	風雨威力	平均風勢／浪況	其他因素	兩棲作戰行動整體合適度
一月	大風（Gale）	強／高	低雲	差
二月	大風	強／高	濃霧 *	差
三月	無	先強後弱／先高後低 **	濃霧	視情況而定
四月	無	弱／低	濃霧	良好
五月	梅雨	弱／低	濃霧	視情況而定
六月	梅雨	弱／低	霧、洋流 ***	差
七月	颱風	視暴風強度而定	強勁洋流	差
八月	颱風	視暴風強度而定	強勁洋流	差
九月	颱風	視暴風強度而定	強勁洋流	視情況而定
十月	無	先弱後強／先低後高 **	無	良好
十一月	大風	強／高	低雲	差
十二月	大風	強／高	低雲	差

* 從 2 月 15 日到 6 月 15 日，霧會是影響作戰行動的關鍵因素之一，而 4 月及 5 月晨間的霧最濃。大體而言，春季平均能見度為 2 公里，冬季為 4 公里，而夏季則為 10 公里。
** 風浪狀況（海況）在 3 月初最強勁，到月底則趨於平靜。10 月時，風浪變化趨勢剛好相反。
*** 台灣海峽的洋流在夏季時強勁，冬季時則偏弱。

資料來源：PLA's Course Book on Taiwan Strait Military Geography, Research on Port Landing Operations, and Research on Joint Tactical Thought.

配置了。解放軍文件指出，攻台之戰必定是所有人都出動，每個軍種以及每個兵科都會參與。官方也會強徵平民，全力提供解放軍支援。其中，地面部隊是這場戰役的主力，負責攻佔台灣領土。戰爭指揮總部最有可能設在南京和福州，前者為陸軍東部戰區指揮部所在地，後者則為陸軍總部近期落腳處，受戰區指揮部管轄。東部戰區指揮部一旦擔綱主力指揮部，就會和廣州的南部戰區指揮部連結，威力瞬間大增。而位於南京、福州及廣州的「技术侦察局」更會負責提供情資支援。[356]

一般認為，聯合攻島行動會包含兩波。Z日當天先發動第一波進擊，讓部隊搶灘駐紮。第二波行動則為鞏固登陸點，開始向內陸步步進犯。理論上，解放軍應該會盡全力運送大約一百萬名作戰人員上岸，但若情勢不允許，也可能以三十萬到四十萬人為目標。無論多少人，解放軍都會派遣訓練有素、戰力十足的精兵上場。絕大部分的解放軍都會參與渡海攻台任務，本土只留下內部維穩與國境邊防的軍力。第一波行動的規模和人數或許不會太大，但第二波就會變得非常可觀。[357]

陸軍單位

中國陸軍目前的編制等級，包括兵團（三萬到六萬人）、師（五千到一萬人）、旅（三千到六千人）以及團（一千到兩千八百人）。每個單位人員總數，會視步兵、砲兵、裝甲兵或高射砲（防空）部隊等兵種不同，或視單位人員是否滿編而大幅變化。[358]而第一波打頭陣率先渡海的，則是專精兩棲作戰、直升機作戰及特戰單位。

未經證實的媒體報導指稱，中國陸軍目前正在組建新的兩棲部隊。[359]雖然證據不足，但如果屬實，有能力參與第一波行動的人數將會大幅增加。雖然我們暫時無法確知解放軍每個單位的作戰能力、運輸需求等，不過綜合考量第一波的任務規畫與各種假設條件，我們可以預估第一波上岸的解放軍人數最少會有兩萬人，最多則達六萬八千人。[360]無論如何，這個數字現在看似不大，但未來幾年內很有可能不斷增加。

空降與陸戰單位

接著，由空軍指揮的解放軍空降兵（傘兵）部隊，以及由海軍指揮的海軍陸戰隊將與陸軍部隊會師。位於孝感的空降兵第十五軍轄下有三個師的空中武力，分別為位於開封的空四十三師、位於廣水的空四十四師，以及位於武漢的空四十五師。每一師底下約有一萬名人員，三個師總計達三萬名。為了投放這些傘兵，解放軍空軍將出動定翼飛機與直昇機。[361]三個師當中，至少有一到兩個會在Z日當天以台灣的空軍基地和港口為目標，負責執行跳傘著陸及直升機襲擊任務，而其餘人員則緊跟在後。解放軍海軍轄下共有兩個海軍陸戰旅，即位於湛江的海軍陸戰第一及一六四旅，總人數約一萬二千人。[362]

以下表七列出攻台行動中，最有可能負責在第一波衝上台灣本島、外島灘頭、港口及機場的解放軍各部隊單位，不過內容僅屬推測。為了執行攻台計畫，其中有許多單位都接受了長期特訓。[363]

解放軍攻台行動會受限於一個非常關鍵的因素：戰機、直升機及船艦的數量。有鑑於兩棲單位將在攻台行動中打先鋒，所以目前解放軍持續進行部隊整編、提升各軍種各單位聯合作戰能力的時候，應該會擴增兩棲單位數量以及其載運量。以目前的部隊實力而言，解放軍應不至於

表七：第一波攻台部隊列表

單位 *	駐軍地點	可能負責任務
兩棲機械化步兵第 1 師	浙江杭州	兩棲進攻北台灣
陸軍航空兵第 5 團	江蘇南京	空襲北台灣
第 12 集團軍特種部隊旅	江蘇省某處	空襲北台灣
第 31 集團軍兩棲裝甲旅	福建漳州	兩棲進攻外島及／或北台灣
陸軍航空兵第 10 團	福建惠安	直升機突襲外島及／或北台灣
第 31 集團軍特種部隊旅	福建泉州	直升機突襲外島及／或北台灣
第 26 集團軍特種部隊旅	山東泰安	直升機突襲北台灣
陸軍航空兵第 7 團	山東聊城	空襲北台灣
兩棲機械化步兵第 124 師	廣東博羅	空襲南台灣
陸軍航空兵第 6 團	廣東佛山	直升機突襲南台灣
第 42 集團軍特種部隊旅	廣東廣州	直升機突襲南台灣
海軍陸戰 1 旅	廣東湛江	兩棲進攻外島及／或台灣
海軍陸戰 164 旅	廣東湛江	兩棲進攻外島及／或台灣
空 43 師	河南開封	傘兵突襲外島及／或台灣
空 44 師	河南廣水	傘兵突襲外島及／或台灣
空 45 師	湖北武漢	傘兵突襲外島及／或台灣

* 此為 2016 年起之編制，但可能因解放軍後續整編而改變。

上表資料出自台方評估資料。各單位資料出自 Dennis J. Blasko, The Chinese Army Today, pp. 97-103; and The PLA as an Organization: Reference Volume v2.0 (Fairfax, VA: Defense Group Inc. 2015), pp. 244 & 322。

發動攻台作戰，但未來軍力擴大之後，就有可能動手了。[364]

砲兵單位

到時候，解放軍會用密集砲火涵蓋台灣外島，其餘的砲兵單位則會登上艦艇，準備上岸後夥同海軍艦砲一起開火。最有可能參與砲擊的單位，包括位於無錫的第一集團軍砲兵第九師、位於泉州的第三十一集團軍砲兵第三旅，以及位於曲江的第四十二集團軍砲兵第一師。除了使用傳統火砲，某些砲兵單位還備有長距離火箭發射器，能將砲彈射至海峽彼端的台灣。而在全中國砲兵單位支援下，這幾支砲兵部隊的火力又會變得更加強大。

解放軍還備有許多後勤單位，能將部隊和裝備運送至集結點，甚至橫渡台灣海峽。這些後勤單位包括位於上海、南京、珠海、瓊山、東山和廈門的運輸艦隊，以及位於漳州的後備運輸艦隊。[365]可能參與初期戰事的其他部隊，還包括位於南京的防化團、位於深圳的後備防化團，以及數量龐大的防空旅及海防旅。

裝甲與步兵單位

建立了灘頭堡和前進空軍基地、佔領港口之後，接著輪到步兵師與坦克師登陸，最可能投入戰場的是隸屬第一、三十一、四十二、十二、四十一、二十六集團軍的部隊。如果在規畫中需要更多部隊，解放軍還能從河南的第五十四、河北的第六十五、遼寧的第三十九集團軍或其他距離更遠的部隊徵召人馬。雖然中國各地有許多專精都市巷戰、山區作戰、叢林戰的陸軍單位，但這些部隊必須在所有登陸點已經鞏固之後，才能一一抵達台灣。另外，工兵也是計畫成敗至關重要的一環。Z日過後，江蘇的舟橋第三十一旅（按，浮橋）、湖北的舟橋第三十二旅還需要派出工兵部隊赴台，協助部隊渡河，因為到時候，台灣大部分（甚至全部）的橋樑大概都已被毀。[366]

海軍單位

地面部隊渡海時，需要海軍保護、開路並維持安全穩定的通訊網。在登陸部隊還沒上岸之前，解放軍海軍艦隊早已出手嘗試殲滅台灣海軍，要不然就是在解放軍登陸時遏止台灣海軍有動作。Z日當天，又必須出動特殊功能的艦隻清除危險的水雷和障礙物，還得留下一定數量的海軍負責處理一項艱鉅任務：牽制或襲擊美、日兩國海軍。不過，多數中國海軍部隊的任務還是會以運輸、護衛、艦砲火力支援為主。

屆時作為主力的海軍兵力，會是總部位於寧波的東海艦隊。東海艦隊轄下的主要基地，分別位於上海、舟山及福州等地，其他重要基地則位於溫州與廈門。東海艦隊負責指揮上海的登陸艦第五支隊、寧波的潛艇第二十二支隊、象山的潛艇第四十二支隊，以及舟山的驅逐艦第三支隊第六支隊。[367]寧波駐有一支重要的登陸艦單位，而溫州、平潭、寧德等地駐有許多護衛艦單位。[368]至於位於寧波、上海、台州、肥東、常州及義烏的海軍航空基地，則是對台灣艦隊、甚至美國第七艦隊展開空中攻擊的地方。[369]

戰爭期間，東海艦隊會由南海艦隊支援。總部位於湛江的南海艦隊，是解放軍兩棲主力艦隊、登陸艦隊及兩個海軍陸戰旅的大本營。南海艦隊的其他重要海軍基地，還包括廣州、汕頭、香港、榆林港及三亞市等地的基地。此外，香港也駐有一小批登陸艇、護衛艦和運輸艦。[370]南海艦隊的航空部隊總部位於海口，其主要基地則分別位於加來、桂平（轟炸機）、陵水、樂東及三亞。[371]

解放軍的第三支海軍艦隊為北海艦隊，總部位於青島。這支艦隊在戰時應該會讓大部分艦艇在海上採取守勢，固守北京近海區域。話雖如此，北海艦隊也很可能會調派某些單位參與攻台行動，包括大連的轟—6轟炸機部隊、萊陽的運—8預警情蒐機部隊、旅順的潛水艇、掃雷艦及布雷艦隊，以及青島的登陸艦艇、後勤艦及潛水艇部隊。[372]

空軍單位

在對空防禦方面，陸軍和海軍都得仰賴空軍部隊。解放軍空軍部隊將肩負兩項重責大任：第一是台灣及美國對解放軍發動飛彈與空襲時，守護沿海基地與集結點；第二是執行對台轟炸任務，替兩棲登陸行動減少障礙。同時，解放軍空軍部隊也能調派軍力前往西太平洋，襲擊美國與日本的海軍基地。到時必然參戰的空軍指揮部，應該會包括福州、上海、漳州、武漢及南寧等地的指揮部。[373]這五個地區的指揮部至少會負責管轄一個雷達旅、一個地對空飛彈及／或防空砲師（或旅），以及一個戰鬥機師。[374]東部戰區指揮部轄下理論上包含兩個戰鬥機師、一個地面攻擊機師、一個轟炸機師，以及一個特別空軍師（屬空中部隊）。至於南部戰區指揮部則理應包含三個戰鬥機師、一個轟炸機師，以及一個運輸機師。[375]在中國其他地區空軍單位的支援下，這些部隊的火力會更上一層樓。

戰鬥攔截機與各項防空設施，必須仰賴中國沿岸的雷達監視設備，才能順利執行防空任務。解放軍位於戰區內的主要防空監視部隊，從南到北分別為上海的第三雷達旅、寧波（海軍）的第二雷達旅、福州的第四雷達旅、漳州的第十二雷達旅、汕頭的第十九雷達團、佛山的第二十雷達團、南寧的第一雷達旅，以及海口（海軍）的第三雷達旅。[376]

火箭軍單位

戰爭發動後，解放軍的火箭軍會負責發射傳統戰區導彈，襲擊台灣島上主要的打擊目標，達到破壞防空陣線、癱瘓聯繫網絡的目的。北京當局手上也握有核武，但目前沒有任何跡象顯示中國會用核武攻台。總部位於黃山的解放軍火箭軍第五十二基地（按，二〇一七年起調整組建為第六十一基地），掌管了至少六個傳統彈道飛彈旅，這六個旅的基地遍布整個中國東南地區。理論上，第五十二基地只要獲得第五十三基地（二〇一七年起第六十二基地）和第五十五基地（二〇一七年起第六十三基地）支援，就能提升軍力。第五十三基地和第五十五基地分別位於昆明及懷化，皆負責指揮地面發射巡弋飛彈旅及彈道飛彈旅。[377]

武警及其他單位

在攻台行動中，武警單位也會扮演重要角色。根據標準流程，中華人民共和國會在緊急狀態時出動國安部隊，以維持政權穩定、控制民情。中國人民武裝警察部隊設有機動分隊，能快速應付大型狀況和動亂。中國東南地區至少有三個武警單位會直接參與攻台應變計畫，分別是宜興的八六九〇部隊、莆田的八七一〇部隊，以及無錫的八七二〇部隊。[378]中國每個省份都有各自的人民武警部隊，規模約為一個輕裝步兵師，能支援解放軍各種軍事行動。一進入戰爭時期，全國各地的武警機動分隊預計將會湧入東南地區，支援當地各省的武警部隊。支援部隊主要負責維護當地治安、指揮交通、控管居民，讓主力解放軍單位能專心執行首要戰爭任務。[379]

如果加上民兵單位支援，武警勢力就會更加壯大。民兵組織是用來輔佐軍隊，乃是是獨立於解放軍和人民武警之外的中共第三個武裝勢力，能在戰時支援解放軍和警察行動。民兵的人數缺乏明確數據，但總數可能高達八百萬人，其中超過半數負責防空、工程、防化、通訊與網路安全任務。民兵還包括一支擅長隱蔽、偽裝與欺敵，以及專精電子網路戰的特勤部隊。當解放軍部隊遠離自家大本營，就會需要民兵部隊提供運輸與後勤支援。[380]

海上民兵部隊會直接支援解放軍攻台行動。民間可出動的船隻五花八門，從漁船、渡船、貨運船到油船，族繁不及備載，不但能大力協助解放軍海軍部隊的運輸工作，更能提供進攻部隊支援。目前凡是停泊在中國主要港口、總排水量超過五十噸的船隻，都必須向國防相關機構做戰時動員登記。中國的遠洋漁船會搖身變為民兵部隊，只要經過訓練，就能負責運輸兩棲行動部隊人員。至於其他海上民兵部隊，也能支援情蒐、布雷、掃雷、破壞、救援、緊急修復等作戰行動。這些民兵船隻還能組成前線，並且負責運送支援部隊、裝備、彈藥、燃料、水與其他補給品。[381]

攻台部隊集結與集結策略

部隊參與攻台行動時，能選擇的集結點相當多，舉凡大型離島、沿岸廣闊海灣或中國各大型港口城市都可成為集結點。至於可能的兩棲部隊集結點，由南到北分別為溫州、寧德、福州、海壇／平潭島、泉州、東山、汕頭及汕尾，也有可能在更遠的地點集結。下表列出幾個中國港口最新的吞吐量數據。

一般來說，運輸艦和附隨的海軍護衛艦會由位於台灣以北與以南的主要海軍基地出發，包括最重要的寧波和湛江兩大基地，再進入戰區。照理來說，船艦會直接在中國側集結，在沿岸防空設施守護下先泊於岸邊。到了Z日前最後一刻，這些船艦才會開始載運部隊和裝備，讓陸軍人員待在海上、防禦力薄弱的時間降到最少。整裝完畢後，這些船艦就會匯集成許多支龐大的船團，準備一舉突破台灣海峽。

另外一種策略，則是讓進攻部隊在距離台灣更遠處登船，接著快速湧入集結點，組織起更直接的進攻陣型。如果採取這種策略，部隊停留海上的時間會變長，連帶讓航行途中被攔截、被擊沉的風險增加。不過，這樣的做法會比在港口整軍安全，因為港口位於台灣飛彈和火箭射程範圍內，可能遭砲擊。此外，採取遠距行動也能在戰術上製造意外效果。舉例來說，在溫州集結第一波進攻部隊後再由此地出動，會比在福州進行來得安全。等到台灣外島被攻佔或壓制，

表八：戰區內的中國港口			
港口名	到台北距離（英里）*	每年外貿貨物量（百萬噸）**	登記有案運輸船隻數量 **
福州	155	35	3,657
莆田	160	7	258
寧德	170	11	926
蕭厝（湄洲灣）	175	20	549
泉州	185	5	4,000
溫州	210	5	262
廈門	220（距台南 170）	68	23,725
漳州	250（距台南 195）	11	859
汕頭	330（距台南 225）	6	3,016
寧波	335	198	7,651
舟山	345	108	4,690
汕尾	420（距台南 310）	1.5	532
上海	430	273	25,113

* 本表中距離相關資訊皆依 Google 地圖工具計算得出。數據為端點間直線距離，且僅為估計值，不代表實際或實務上之海上交通線長度（理論上會較長）。若要計算各港口距台北沿岸登陸海灘之距離，可將此欄數字減去 15 英里。台南方面，由於台南市恰好座落於岸邊，故不須扣除任何數字。
** 資料來源：China Port Authority Yearbook 2014 [中国口岸年鉴 2014] (Beijing: China Port Authority Press, 2014), pp. 38-40

加上解放軍駐紮點穩固之後，中方就能在接近戰區處設置集結點，方便第二波進攻部隊集結。

情蒐障礙

情報搜集做得好，對於如何決定進攻目標、地點和發動時間至關重要。但是要取得可靠情報來源，再正確分析情報內容和意涵，最後於適當時機將正確的解讀成果送到正確的決策者手上，可是難如登天的任務。正因如此，全世界的軍事將領永遠在抱怨，認為自己手上獲得的敵軍情報和可以讓他們俯瞰全局的情報都不足。他們認為手上的情資永遠不夠，可靠度永遠不佳。高層追求完美情報的心態，其實不難理解，因為戰場上的決策者是他們，一旦做錯決定，可能就會害死自己或麾下的人員。

在中國這樣的極權國家裡，負責擬定作戰計畫的將軍們其實自身相當危險：稍有閃失，他們自己的權力、家人安危、後來的人生規畫都完了。他們作決策時需要情報支援，情報指的是經過整理、如實呈現的事實，加上待證實的事實（已有幾分確定之事），以及確定未知的事實等等三種資訊。雖然天底下沒人喜歡未知，但未知事實的重要性卻不亞於前兩種事實，因為實力堅強的軍隊會盡全力挖掘未知事實，再想辦法不讓挖掘到的事實曝光，才能趁其他人不注意時補強自身弱點。

很多人誤以為中國的情蒐能力無懈可擊，早就徹底摸清了台灣的底細。如果這是真的，解放軍理應高枕無憂，輕鬆策畫攻台行動才對。但實際上，中國將領仍然覺得手上的台灣情報不足，遑論完美無缺。將領的這些煩惱，全都在解放軍內部文件中記錄了下來，而且內容不但鉅細靡遺，更讓人看見中國軍事分析家費了大量精力研究敵軍。不過，解放軍即使投注大量時間和金錢試圖摸清台灣，還是會因為未知事實太多、掌握的消息無法證實，或已知事實可能一夕丕變而憂心忡忡。

與攻台行動相關的情報搜集這件事上，解放軍無論是在戰略層面、行動層面還是戰術面上都遭遇到了棘手的難題，而解放軍文件也載明了一些棘手難題。第一個難題是，在彈藥量有限的情況下，要如何鎖定、篩選出最重要的攻擊目標。解放軍的戰爭計畫者已經針對台灣島上軍、民單位，列出了必須優先消滅的目標。這些目標必先消滅，兩棲登陸行動才能順利進行。早在二〇〇八年時，就已列出了一張轟炸目標，當時據稱這個名單還不完整，但裡頭已有「超過十類、一千個以上的攻擊目標」。整體而言，這張待炸名單數量之高，簡直到了危險的地步。[382]

我們可用另一組數據來比較：解放軍內部資料指出，美軍在一九九〇年代初期執行沙漠風暴行動時，列出「約六百個攻擊目標，當中又特別挑出五十個，進行最高強度的轟炸」。[383]當時，美國用了四十二天、夜以繼日不停的轟炸，才真正完成打擊伊拉克的任務。反觀解放軍列出多達一千個目標，顯然會為自己帶來大麻煩。解放軍戰略專家也紛紛抱持同樣的疑惑：相較於美軍，解放軍要如何用更短的時間、數量更少的強力武器，殲滅多一倍的攻擊目標？還要在台灣戰備程度遠勝當年伊拉克的情況下達成？

中共方面的專家認為應該要縮減目標數量，盡量篩選出最重要的對象加以攻擊。不過，解放軍內部也有人擔心，台灣在隱蔽、偽裝、欺敵戰術上下了許多工夫，免得重要設施和軍事單位被攻擊。據稱，台灣軍隊的偽裝技術能讓地面的目標和環境融為一體，以綠葉和山區起伏地形做掩護，這些單位完全不會被高空影像科技發現。只要偽裝技術發揮效果，這些單位的確切位置就無從得知，解放軍也摸不著腦袋。底下這段文字，完全點出了解放軍遭遇的難題：

雖然可以利用地圖、航拍照片、上級通報等判明敵防禦部署和複雜地形對雙方行動的利弊影響，但因戰前海峽阻隔、直前敵情嚴重、戰時時間倉促、敵隱蔽偽裝等因素的限制，不易查明敵山地防禦部署。海拔高、坡度陡的山地森林茂密、樹木高大、藤蔓等附生植物繁茂；海拔較高、坡度較陡的丘陵處植被多為闊葉林、灌木，致使島上山地被隱蔽的程度高而不易接近敵防禦陣地。因敵可能得到海上、空中信息、火力支援，無法臨空實地勘查作戰地區地形，難以全面掌握具體的地形情況，難以詳實判定島上縱深地區之敵的詳細情況。384

這裡產生另一個相關的問題：台灣軍事工程人員這麼多年來不斷開鑿隧道，打造出錯綜複雜的地底設施，不斷強化設施的結構。這些設施的真實樣貌與規模至今不明。不過消息指出，地底防禦工事的規模相當龐大，在沿岸地區潛在登陸點周圍尤其密集。至於其中用來連接防禦掩體和人員戰鬥位置的長隧道，更是可觀的設計。這些防禦工事靠著天然及人工保護色，成功和週遭環境融為一體，讓中華民國陸軍能預先將武器、彈藥、地雷、障礙物及補給品藏在防禦設施內。中國軍事分析師預估，這些隱蔽的防禦工事能形成絕佳的狙殺空間，入侵者將會一個一個被防守者收掉。[385]

至於台灣的海岸防禦工事，對解放軍來說又是個天大挑戰。在發動兩棲進攻行動前，中國將領必須弄清海岸上哪個點能進攻、哪個不能。指揮總部及戰術登陸部隊也會要求擁有完整的情資，希望取得台灣沿岸地區的台灣軍事部署情況及可能的動向。此外，解放軍高層也會要求取得台灣沿岸基地和防禦工事的詳細資訊，包括飛彈、火砲、海灘障礙物及雷區的確切位置。[386]然而，解放軍的偵察技術不但不足，而且能使用的偵察工具可能還會被台灣的電子干擾作戰打敗。[387]底下這段文字，大致描述了解放軍碰上的技術問題：

陸軍傳統的光學偵察手段因距離有限而難以實施敵前跨海偵察。無線電技術偵察、雷達偵察、地面傳感器偵察易受電子干擾而難以確保戰場情報信息的詳實性。在突擊上陸直前，

陸軍登陸兵因即將或已經發起突擊上陸行動而時間十分緊迫，陸軍傳統的偵察手段難以在極短的時間內對海岸防禦之敵實施全面而詳實的戰場偵察。[388]

解放軍若想取得登陸戰場區域的情報資料，另一個方法是仰賴中國的太空設備。不過，目前外界的了解是，中共的衛星，使用權放在戰區最高指揮官的身上，前線的戰術指揮官無權動用。而衛星本身更容易被電子干擾。此外，據傳台灣有一支幽靈部隊，任務是在和平時期誘導中共的注意力，使解放軍把有限的資源拿來追蹤假目標，並且在開戰時誤導解放軍對這些假目標加以攻擊。一般認為，台灣替幽靈部隊興建了假的指揮站和假通訊站等設施，並仿照軍隊的真實通訊情境，擺設許多無線電裝置。預警雷達周圍也設置了以假亂真的防衛設施，把解放軍導彈誘離真正的攻擊目標。據信在台灣島和外島各地，更庫存了不少假戰車、假飛彈發射器和假裝備。[389]

很多人認為，中華民國空軍會使用各種手段阻撓解放軍取得情報，同時阻撓對方戰略單位，譬如使用能干擾導向系統的煙幕，或放置高度擬真的假裝置，來模擬飛機跑道坑洞和殘骸。據指出，這些設備能掩護空軍基地跑道，讓被飛彈轟出坑洞的跑道不會遭受二度襲擊，此時修復人員就能趁機搶修，讓機場重新啟用。另外，中華民國空軍還會設置用來欺騙轟炸機的假目標，像是在機坪上或機堡內停放損壞的戰鬥機、設置損壞的防空砲，追求欺敵的效果。[390]

解放軍在裝備與人員上的障礙

解放軍內部文件表示，中國除了情蒐技術不甚理想，還有裝備不足、人員素質不佳等問題，會成為作戰的絆腳石。專業人士認為，理想的大規模攻台部隊，應該要包含大量的特殊功能軍用運輸機和兩棲船艦，不過，中國目前一樣都沒有。根據解放軍準則，當軍用運輸艦隊數量有缺，就要由大批民間飛機和船隻補齊。[391]中國可能會嘗試改裝貨櫃船、油輪、渡船、貨船、漁船、海上救援船，連只要有動力的救生艇都會被徵召加入攻台行動。只要有機會，解放軍的軍師甚至會想辦法用力將大砲運上民間船隻當成岸轟的火力，以補艦砲之不足。[392]

兩棲載運工具的缺乏

真正麻煩的問題是，這些民間船隻並非為了兩棲任務而造。兩棲軍事行動的任務性質特殊，需要使用特殊裝備，而民間船隻可能連裝卸特殊裝備都有困難，遑論支援其他部隊。這些船可能會拖慢整支船團的速度，還經常擋路，要不然就是使用開放的無線電頻段溝通，或者搞出各種意外、觸發水雷、撞上沿岸障礙物等等，導致攻台艦隊行蹤曝光。商船人員和漁民雖然負責將精銳部隊送上海灘，但這些船員和漁民會因為缺乏專業訓練而把部隊送到錯誤的海灘，要不然就是在海水太深之處就把部隊趕下船叫他們去搶灘，導致部隊溺斃。在台灣軍隊面前，這些民間船隻顯然毫無招架之力，而且因為外部沒有裝甲、內部缺乏防水船艙，一被擊中馬上沉船。解放軍專家研判，中國的民間船艦並不適合參與兩棲作戰行動。[393]

解放軍的作戰規畫者預估，臨時徵召民間船隻會碰上不少麻煩。首先是民船使用的無線電波道無法防範電子干擾，在這些波道上溝通會給解放軍帶來危險。民間船隻使用的無線電標準頻率和海軍很不同，而且設備雜七雜八，什麼樣的型號都有。[394]雖然解放軍有能力在最後關頭給大量民船裝設無線電設備，也能進行無線電操作訓練，但實務上，這些工作花費的時間會比預想的更久，需要的通訊裝備數量也很大。相關軍事分析認為，船塢要來得及生產夠多登陸艇、改裝夠多民間船隻投入戰場，是不太可能的事，就算啟動緊急生產改裝計畫，以求拼命提高產量，但還是免不了遭遇瓶頸。[395]

民間船隻行駛速度慢於海軍船艦，大部份也很難適應台灣海峽的海況。一般認為，民間船隻的船長恐怕無法勝任攻台任務。對此，解放軍的官方說法如下：「民間船隻船員普遍未受嚴格訓練，船員作戰能力貧乏，這些人無法勝任大型船團的要求。」[396]要讓整支軍隊渡過海峽實在太難，解放軍的戰爭計畫規畫者顯然也暫時不抱任何希望，除非目前不足的兩棲戰艦能快速補齊、專業訓練也能大幅到位。某則官方看法認為：「少了船艦的（兩棲）軍隊，根本算不上是軍隊。」[397]另一段話則是這麼說的：

如果不能較好地解決陸軍作戰部隊「過得去」的問題，陸軍實施主島登陸作戰和島上作戰將無從談起。如果不能解決好跨海兩棲化保障問題，陸軍持續作戰能力將缺少可靠的支撐。[398]

不過對解放軍來說，局面還不到全然絕望的程度。雖然中國的兩棲戰力品質或數量都不足，能動用的軍機和直升機數量倒是會慢慢增加。對解放軍地面部隊而言，空軍一向扮演了扭轉局面的角色。在規畫者眼中，中國的兩用航空機隊具有高度潛力，能彌補短缺的登陸艇和專業船員。有些人認為，民間飛行員有辦法把傘兵和直升機的攻擊部隊投送到台灣島上，替主力地面部隊壯大陣容。[399]話雖如此，解放軍在運輸戰力上挹注的資源始終不夠多，詳細原因至今不明。於是，從兩棲登陸坦克、氣墊船、戰機到直升機，解放軍的漏洞無處不在。

解放軍心理質素

除了物質上的障礙，解放軍還面臨一項心理層面的障礙。解放軍專家曾經就醫學角度，分析了攻台行動可能對解放軍部隊人員造成的負面影響，研究結果收錄於《信息化战争心理防护》這份內部研究報告中，專供鑽研軍事醫學、政治作戰的將領參考。這份研究剖析了攻台行動會在解放軍戰士們心中造成多大的心理陰影面積。這份文件，也是極少數探討「人為因素」會如何拖累攻台行動的研究。

部隊必須面對的第一個問題，是兩棲戰場的殘酷條件。解放軍在橫渡台海波濤的過程中，可能會先出現暈船症狀，接著還可能會被國軍的軍艦、戰機、潛艦攻擊，被台灣沿岸防禦火力清剿。研究指出，這些殘酷的狀況，會造成船上的解放軍部隊「在生理與心理上背負沉重負擔……最後造成作戰意志低落」。[400]至於登陸後的沿岸戰場，條件就更加嚴酷了。解放軍只要一登陸台灣，就很有可能經歷「各種轟炸、爆炸、血腥屠殺的殘酷生死考驗……從登陸上岸開始到戰爭結束，一刻都不會停。」[401]研究報告作者還用以下這段文字，簡要描述這場戰役會造成的心理影響：

這些必然會給多年未參加過戰爭的我軍官兵帶來超常的生理和心理負擔，產生焦慮、恐懼、失望、絕望等情緒，機體反應和協調能力降低，以及意志消沈、怯戰、避戰、怠戰等戰鬥意志下降的心理問題。[402]

此外，解放軍醫學專家也擔心，由於登陸突襲作戰的本質就是急迫、倉促之間展開，多數參戰人員因此心理無法適應。專家在文章中指出，解放軍士兵經過長期訓練與備戰後，會在突然之間就受命進入戰鬥，先是被運離熟悉的基地，遠赴陌生的中國沿岸區域，再被趕著進入登陸艦隻渡過台灣海峽，登陸上岸，接著必須迅速打入台灣內陸地區。他們將被迫經歷「撕心裂肺的屠殺、震耳欲聾的砲彈轟炸，以及野蠻暴虐的爭鬥」，而且在戰場情勢瞬息萬變的情況下，更不可能讓他們排休假、喘口氣。[403]

研究認為，古往今來戰爭當中，士兵很常因為前述的這些因素而精神崩潰。這份研究以二戰為例指出，在西西里島上曾有美國陸軍部隊誤以為天空飄降的美國傘兵是德軍，於是發生了誤擊友軍的可怕錯誤。這個事件的後續調查發現，誤擊友軍的士兵先前已長期苦戰，於是陷入了集體歇斯底里、集體妄想的狀態，連同袍傘兵身上的美軍制服和美軍識別標誌都無法判斷。解放軍軍醫擔心，類似的悲劇很可能在進攻台灣時，在解放軍彼此之間上演。[404]

這份研究提出的另一項疑慮，和現代精準武器帶來的心理壓力有關。研究表示，台灣如果使出精準導引武器對付解放軍，不但可能造成大規模死傷，更會讓生還者的心理壓力沉重不堪。面對慘重傷亡，解放軍或許會因此「喪失理智思考能力、無法正常說話，還會失去自我控制能力……參戰的軍官和部隊可能會因此精神崩潰、行為異常」。[405]

更糟的是，解放軍部隊在行動途中，還可能被超量訊息淹沒，或是通訊管道被切斷。訊息一旦過量，接收者很容易會「閃神、判斷失準，導致誤解和漏聽訊息」。另一方面，如果解放軍的通訊設備因為敵方干擾或當機而失靈，部隊人員就會「陷入混亂，搞不清楚誰正在指揮部隊、該往哪個方向走，或該採取什麼行動」。[406]

《信息化战争心理防护》還透過以下這段文字，概括了其他可能會讓解放軍攻台戰力下降的麻煩：

戰時任務急劇轉換，會使官兵因心理準備不足而難以適應；作戰失利或人員大量傷亡，會使官兵情緒沮喪、鬥志低落、上下級之間相互埋怨；後勤保障不力，官兵會因飢餓、疲勞、睡眠不足、傷病得不到及時救治等，出現反應遲鈍、情緒波動，甚至產生絕望和孤獨情緒。[407]

這份研究在結論中警告讀者，不可小看台灣發動的心理戰。研究作者表示，中台雙方都會試圖破壞對方的士氣和戰力，千方百計動搖對方的決心和意志力。雙方都擬定了詳細的計畫，想要打擊對方的「思考能力、凝聚力和士氣」，解放軍想勝出可不簡單。研究還指出：「登陸期間，如果我方不盡力抵擋對方的『軟殺』，將領和士兵就會承受嚴重心理衝擊，導致某些部隊在行動中犯下失誤。」[408]

政治障礙

解放軍若在倉促之間對台發動兩棲作戰，效果可能不好，但在諸多政治因素交作用之下，「時機」會變成最關鍵的因素，這時解放軍也不得不搶快行動。

美軍可能介入

在所有政治因素當中，「外力干預」算是最核心的一項。解放軍內部文件表示，攻台行動務求速戰速決，要是拖到美軍參戰支援，就會陷入所謂「強敵介入」的局面。[409]中國的作戰規畫人員擔心，光是規畫、實施攻台行動就不容易了，如果計畫目標還沒達成，就遇上美軍參戰，麻煩就大了。解放軍的擔憂，可以用以下的攻台時程表加以說明。

台灣軍情單位曾依據解放軍內部文件，做出如下研判：從解放軍對台露出進攻敵意的當下起算，一到十五天之內，解放軍就會展開Z日登陸作戰。[410]而台灣軍事將領則普遍認為，解放軍約在四到八天內就會出擊。[411]粗略估計，在美國參戰支援台灣前，北京當局從攻佔台北到奪下全島，大概只有一至兩星期的時間能用。要是美國參戰，最讓中國痛恨的美軍單位就是航空母艦戰鬥群和潛艇。解放軍專業文獻指出，解放軍連第一槍都還沒開之前，美國應該已經以某種形式開始支援台灣了。華府幾乎確定會提供台灣即時的戰場情報、亟需的軍武裝備等等。中國的規畫者甚至預期，美軍轟炸機很可能在海峽戰事爆發初期就對中國大陸的解放軍軍事設施展開攻擊，甚至會在Z日之前就採取行動。[412]

國內政局可能動亂

在解放軍戰略人員看來，攻台時程分秒必爭的原因還不只如此。攻台戰役拖越久，共產黨在自家或全球遭遇的麻煩就會越多。共產黨高層相信，國內的反叛勢力會趁勢而起，試圖「分裂」國家、「破壞領土完整性」。更麻煩的是，台灣在遭受猛烈攻擊之後，可能會派遣援軍到中國邊境地區支援少數民族，助長中國內部動亂，以此反擊解放軍。而少數民族、宗教團體和所謂的「恐怖份子」也有可能主動採取顛覆行動，嘗試推翻共產黨政權。[413]

解放軍文件建議，要應付這些潛在內亂，國安單位需要全員出動才行，解放軍則會從旁協助維穩，而且應該會加入警方一同「反恐」，試圖鎮壓內亂並控制沿岸與邊境地區。不過，執行鎮壓行動的風險相當高，只要鎮壓對象反彈太大，中國就無法迅速攻下台灣了。[414]對於中國的國安問題，還可以參考底下這段文字說明：

邊境地區民族「分裂」勢力、極端宗教份子和恐怖份子可能與境外反動勢力相互勾結，乘機煽動鬧事，策畫恐怖活動。為此，快速決定性作戰將不為各種干涉、干預、影響提供更

多的機會，將是降低「連鎖反應」的有效舉措之一。[415]

鄰國伺機而動

解放軍文件也擔心，中國一旦發動攻台，可能會讓自身聲望受損，影響中國與鄰國的外交關係。在中台開戰期間，和中國有領土爭議的國家或許還會趁機「提出各種不合理要求或滋生事端」，意圖要在領土議題上佔便宜。[416]雖然解放軍文件並未列出哪些國家可能前來挑釁，但眾所周知，中國一向和印度、不丹、緬甸在陸地邊界上爭執不休，而在領海問題上，則有機會遇到日本、南韓、越南、菲律賓、印尼及馬來西亞等國藉機引戰。解放軍文件還指出，如果台灣的防禦成功，擋下了解放軍，甚至打敗了解放軍，此時最有可能大膽趁虛而入的國家，就是印度。[417]

第6章

台灣應戰方案

中國要是真的侵略台灣，肯定是沒長腦。這跟想要在亞洲打地面戰的聰明程度有得拼。

——駐台北美軍陸軍上校

對台灣而言，最要緊的任務就是抵抗中國長期的侵略威脅，讓自己能以自由國家之身存續下去。如果台灣想做好防禦工事，就必須傾全國人民之力，並採取先進國家少見的國家資源利用方式才行。台灣人民雖然不好戰，但也不至於天真無知，只是他們因為已經在戰爭陰影下活了這麼多年，所以格外渴望和平的生活。不過，為了因應最壞的局面，台灣許多人已經投入了大量心力，以確保到時所有人能攜手作戰，捍衛民主的生活方式。

關於台灣的作戰計畫，英文文獻很少見，但很多華語地區倒是知之甚詳。當然，很多計畫內容都屬機密資訊，並未公諸於世，不過大方向卻是台灣島內公開的事實。如此一來，島上數以千萬計的居民才能明白在中國入侵台灣時，自己該扮演什麼樣的角色。台灣的處境跟冷戰期間的西歐國家很相似，同樣面臨一股近在咫尺的龐大威脅勢力，又因為島上都市密佈，能執行戰術調度或撤退的幅員有限，一旦戰事爆發，全島居民都會備受衝擊。開戰後，島上的每個人都無法置身事外，也必須設法貢獻一己之力。

國家的大小，會決定國家戰略走向。中華人民共和國是全世界人口最多的國家，國土面積高居全球第四，不管從哪個角度來看，中國的規模都相當巨大。相反地，台灣的面積略大於比利時一點，人口兩千三百萬。在這種失衡的比例之下，台灣的國防戰略以及官民戰略溝通方式，都必得隨之調整。台灣的戰略若要發揮效用，就必須確實掌握每一股勢力，結合當前的精銳軍力和陣容龐大的後備部隊，同時還要匯集台灣的民間力量。

由於台灣面對的威脅太巨大，使得台灣過去強調國防教育的程度，到了多數國家難以想像的地步。台灣幾乎每所高中和大學都有制服筆挺的軍官駐校，負責教授軍訓課程，而書店裡則陳列著琳琅滿目的軍事書籍，譬如介紹美國最新軍事演習及武器交貨的精美雜誌。在台灣本地入口網站上，既找得到各式中華民國國防部發布的精闢研究報告，還能輕鬆下載使用。晚間新聞也常邀請名嘴討論國防議題，而名嘴辯論時使用的資料來源，都出自挖掘議題不手軟的媒體。除此之外，國會還會固定舉辦國防公聽會，會議場面也總是混亂火爆。

對台灣國安專家而言，最重要的目標之一就是打造資訊流通的環境。大部分重要政府機關或軍事基地，大門外附近必定會設立一座學校，供軍眷子女和學區內學生就讀——即使是在中國武嚇威脅下，學校距離重要機關依舊很近。假設中共飛彈和炸彈真的能準確擊中目標（大部分恐怕無法精準命中），不但引發各式各樣的大火、災難，還會讓周遭建物被震波和殘骸瓦礫波及。如果解放軍真的進犯，每個台灣人都會受到影響，政府官員更是首當其衝。萬一台灣戰敗，這些官員不是被關就是被殺，他們的家人也陷於危險之中。

台灣的防衛理念

台灣的國家防衛計畫，稱之為「固安作戰計畫」。[418]所謂的固安，就是「穩固、安全」的意思。據了解，這個計畫除了勾勒出作戰的整體概念藍圖，還設計了一整套詳細防禦戰略，以抵擋解放軍的攻勢。固安計畫和其他性質類似的作戰計畫差不多，首先設想敵軍、盟國、友軍、中立方的政治意圖和軍力，再據此決定計畫內容。有了這些假設，就能進一步規畫出危機情況的範圍，而指揮官再依據這些具體範圍，開始練兵應變。這樣，也有助於負責作戰計畫的人進行作戰規畫。如果沒有這些具體範圍，那麼需要防守的地點就會無限擴張，導致部隊為了因應各種理論上的威脅而散得太開。軍隊一旦無法確認主要目標、發展核心作戰能力，整體實力就會每下愈況。

固安計畫的內容主要著眼於「最壞狀況」，也就是敵軍全面入侵的情形。自一九四九年起，中華民國國軍戰略人員就視解放軍兩棲部隊為最大威脅，同時假設解放軍會一併出動海軍和民間船隻，讓一百萬名左右的部隊人員登陸台灣，進行全員侵略戰。中國可能採取的策略當然不限於此，但在解放軍的指導原則文件、作戰研究報告與訓練手冊當中，這招依舊是最常出現的攻台作戰策略。在所有策略當中，這也是唯一能掐住台灣咽喉的招數，因為只要解放軍全員侵略戰成功，台灣島必然會落入解放軍手中。固安計畫的主要目標之一就是讓中國打消侵台的意圖。不過一旦嚇阻失敗，就會改以擊退敵軍為目標。

解放軍真的要動手打台灣，前提是要滿足很多目前看來不可能的條件。首先，位於北京的解放軍中央軍事委員會得先確信「聯合攻島行動」能順利實行，接著要說服共產黨的領導採取相同立場；而中央政治局常務委員會還必須確定，這場仗一打下去，衍生的政治、經濟、社會成本不會高到無法負擔。固安計畫的目的就是打亂中國的如意算盤，盡可能提高解放軍攻台的成本，讓中國領導放棄這項計畫。如果解放軍不顧風險，非打不可，台灣就能啟動抗侵略計畫，不斷阻撓解放軍兩棲進攻，不讓解放軍佔領台灣，讓解放軍陷入消耗戰，直到北京高層禁不起折磨而崩潰，或者解放軍因為損失慘重而羞憤撤退為止。

台灣也研究過敵軍其他的進攻策略。但對於台灣的整體防禦計畫而言，這些策略相對不太重要。雖然解放軍可能不採登陸戰，單純使用封鎖及／或轟炸戰術來打敗台灣，不過在台灣的戰略規畫專家看來，這招的威脅性顯然小了點。台方戰略人員很清楚，解放軍希望速戰速決。考量台灣海峽的天候條件，狀況會變得極度複雜，而且實際上，一整年當中，適合解放軍船艦和戰機在海峽上行動的時間並不多。另一方面，中國在政治、經濟、外交方面也會碰上大麻煩。假如封鎖及／或轟炸行動需要長期進行，那麼，在台灣真正斷糧或毀滅於大火之前，政治、經濟、外交等負面因子早就先讓中國崩潰了。

台方的戰略規畫者相信，解放軍內部傾向這樣做：釋放出越少警告越好，最好使用欺敵與突襲戰術火速登島攻佔台北，並在以美國為首的盟軍部隊積極介入之前，就逼台灣投降。解放軍內部文件指出，在出動大軍登陸台灣之前，應該會先短暫實施全面封鎖及轟炸行動。文件也認為，解放軍除了發動登島進攻，也可能持續、不定時實施小規模封鎖及轟炸行動，作為對台施壓的手段，但這招只有在無法達成統一目標時才會執行。由此看來，對解放軍來說封鎖及轟炸的重要性，比不上登島進攻。

天災人禍中看出台灣的防衛能力

據指出，固安計畫的內容相當有彈性，而且不斷更新。只要台灣蒐集到新的解放軍情資，只要國軍獲得新裝備或新技能，或國軍各單位精實縮編重組，計畫內容就會隨之調整增補；而台灣在演訓中累積的經驗，也有助於修正應戰計畫。固安計畫每年都會實地演習數次，演練項目除了地面部署、消防演習，還會透過電腦遊戲模擬戰場指揮。[419]不過，電腦兵推是虛擬的，如果在天然及人為災害之中，情境就更真實了。

二〇一五年六月二十七日晚間，一場台北近郊水上樂園的嚴重事故，讓台灣的國安應變機制接受了重大考驗。當晚，位於八里的八仙樂園舉辦了仿印度節慶的主題派對，在空中噴灑彩色玉米粉。在眾人興致高昂之際，空中的粉末突然驚天爆炸，被火球波及的傷患超過五百人。

受害者多數是燒燙傷病患，他們有些被困在熊熊燃燒的舞台上，有些身陷被抽乾的游泳池。這場爆炸事故一發生，立刻觸發國防早期預警系統。參加狂歡派對的人其實不知道，他們正踩在台灣數一數二容易被解放軍侵略的區域，也是台灣軍隊刻意嚴加防範的地點。

八仙大火爆發後，政府高層啟動原先用來守護大台北地區的緊急救難機制。早已在當地頻繁演習的快速反應部隊，也在事發後迅速抵達現場，並在最短時間內架設分流站並疏散群眾。赴現場救援的單位包括陸軍、海軍、海軍陸戰隊、後備指揮部及憲兵隊。這些單位由於救災迅速、專業素養高，因此大受媒體讚揚。當晚，中華民國國軍就這樣一面防止敵軍侵略首都地區、一面處理人為災害。在這場緊急事故考驗中，固安計畫和負責執行計畫的軍隊可說高分過關。[420]

不過，對於台灣抗侵計畫的批判依舊不少。有些美國專家認為，固安計畫的目標太龐大，中華民國國軍做不到。對這些專家而言，台灣應該要把目標設定為「陣地挖好、拼命死守、等待救兵」才對。[421]這套戰略思維的脈絡，其實源於美國歷年來在亞洲的作戰策略，最典型範例的就是長期有美軍駐守的日本和南韓。然而，台美雙方並未簽訂防禦條約，台灣的戰略規畫者自然不願意遵循日、韓模式，將國家的安危存亡交到美國領袖手中。

固安計畫之所以誕生，正是為了讓台灣武裝部隊提前做好準備，以因應以下三種最壞的局面：第一，中國侵略時，美軍救星沒出現；第二，美國出現太晚，大勢已去；第三，美軍及時出現，但解放軍太強。雖然以上三種局面不太可能發生，但任何一種發生，對台灣來說都是大災難。有鑑於此，台灣才規畫了未雨綢繆的作戰策略，盡可能不要過分倚賴美國龐大的軍力和善意。[422]

台灣國防規畫人員比較審慎，他們評估，國軍要有心理準備，必須在沒有外力援助的情況下獨力捍衛國家。其實，中共的武力封鎖和轟炸行動反而不是台灣規畫人員最在意的事——雖然這兩者發生的機率更高（較之於中共全面登陸攻台）。在他們看來，台灣的民選政府不會迫於威脅而投降，而且就算台灣因此經濟崩盤、戰力縮水，全體軍民依然不會輕言放棄。中共想拿下台灣，就非得實際上佔領整個台灣，徹底擊潰誓死捍衛自由的國軍。[423]以上是台方基本戰略思維介紹。接下來將深入台灣抗侵計畫，探討其中細節。

第一階段：動員部隊與保存軍力

根據目前公開的資料，台灣的作戰計畫大致包含三大階段，分別因應解放軍聯合攻島行動的三大階段（參第四章）。第一階段主要針對解放軍突襲而設，預計動員後備軍人鞏固全島防線，同時妥善藏匿貴重物資與設備。第二階段預計出動聯合特遣部隊，在解放軍兩棲登陸艦隊發動攻勢之前，就殲滅對方。第三階段號召仍存活的台灣部隊守護沿岸地區，以阻止敵軍入侵家園。必要時，部隊會退守人口密集區和山區，持續進行一連串的包圍戰和反擊。

只要解放軍一旦出現了明確的侵略威脅徵兆，台灣政府就會動員部隊，總統也會和內閣成員及國會領袖會晤，接著宣布進入緊急狀態，實施短暫戒嚴。[424]據指出，台灣已經備妥機密法律程序，能在必要時啟動台灣潛藏戰力，讓政府化身為一台精密戰爭機器。機密程序每年至少會經過一次審查、更新、測試流程，確保緊急狀態來臨時能迅速發揮功能。待總統一聲令下，台灣軍隊就會立刻提高戒備，進入備戰狀態。[425]

保護行政首長

台灣消息來源指出，當解放軍發動侵台行動，首先需要保護的是總統、內閣成員及國會領袖。這些人可能會移駕至地下深處，進入隱密的地底指揮室，而所有地底機密指揮空間總共能容納好幾千名核心人員。或者，他們可能會躲進安全的建物和避難所避難，四周由中華民國海軍陸戰隊、憲兵、特勤保鑣保護。據推測，某些決策高層人士很有可能會盡量避免彼此會晤，以免台灣所有政要被敵軍一舉殲滅。[426]

在台北周遭待命的裝甲車隊和防彈座車，到時負責接送特定人員四處移動。據傳，市內已存在一些隧道，以利這些人掩蔽行蹤。戰爭開打後，第一道防禦工事往往就是重要人士躲藏的掩體和機動車隊，而且為了混淆島內的敵人特務，還會安排假的車隊或其他欺敵裝置。至於有些島內的可疑通敵份子，他們平常早已經被暗中盯上，這時就會遭到台灣的反情報人員逮捕並監禁。某些情況下，台灣還會餵假消息給已知的通敵份子，藉以操縱他們進行高風險欺敵戰術。

確認首長安全無虞後，會接著徵召後備軍人。台灣擁有龐大又成熟的後備軍力網絡，在全世界名列前茅，一旦發生十萬火急的狀況，就能出動為數眾多的平民軍人，而且人數遠遠大於解放軍登陸部隊的最大可能規模。台灣有兩百五十萬名成年男性是列管有案的後備軍人，還有由將近一百萬名各年齡層的男性及女性公民組成的志願民防部隊。戰爭期間，台灣公務員、醫療人員及民間軍事企業能組成龐大支援團隊，而卡車及公車駕駛同業公會、建商及漁業協會都在後備軍力網絡中登記有案，能夠供應人力和器材。此外，連寺廟和教堂都屬於後備軍力的一環，許多愛國宗教團體更會在戰時開放各自的鄉村山間修道場所，免費提供部隊飲食與住所。427

動員後備部隊

動員的訊號，會透過電視頻道、網路、社群媒體和廣播電台陸續外傳。許多人手中的裝置會不斷收到電話和簡訊，此起彼落的提示鈴聲和震動音響起。軍事基地、警察局、消防局和醫院會全速運轉，行政院和國防部後備指揮部更會陷入空前忙碌，而政府員工則連忙在學校、公園和其他公共場所張貼公告。各種大眾交通運輸系統上，也會迴盪著警報聲和公共服務廣播。

緊急警報稍歇，全島已暫時擱置日常活動。幾十萬名役齡男性被徵召入伍，所有學校也會關閉，年幼的學童則多半會被送到鄉下親戚家裡疏散。軍方會要求所有中學和大學生投入支援部隊，負責協助防空、醫護、通訊、警備等工作。要是時間充裕，軍隊還會幫忙疏散台北、桃園、台南和其他一級危險地區，而不參與作戰的平民都必須穿過特殊通道躲進避難所，或是偏鄉地區事先劃定的數十個避難安置處所。凡是可能立刻淪為戰場的地區都會盡量淨空，只留軍隊和支援部隊駐守。[428]

動員後備軍人需要的時間不長。緊急動員計畫研判，第一個二十四小時內就能動員二十萬到三十萬名後備軍人。根據計畫內容，所有後備軍力必須在七十二小時內動員完畢，在這兩百多萬名士兵當中，有些人會駐守在勤務處，有些人則隨時待命。根據保守戰略估計，到時大概會有百分之八十的後備軍人準時參軍，另有些人可能因為在外旅行、身體不適、忙著處理緊急家務事而不克前來，有些人則因膽怯而逃出國門，或者半途遭遇意外狀況而被耽擱。但無論如何，大部分的人都會遵從命令，盡責作戰。[429]

每年，台灣各地和外島都會隨機測試緊急動員系統，以確保這個機制運作順暢。所有役男都知道，只要新聞出現自己所屬單位的代號和代碼，就表示自己被徵召了。拜模擬演練之賜，這套系統看起來運作無礙，各地後備旅準時集結完畢（而且只花不到二十四小時）的比例連年高達百分之九十七。儘管如此，戰略人員卻認為實際狀況不會如此樂觀，到時網路上可能會流竄假消息，全島電力也可能中斷，導致憲兵部隊必須在城鎮鄉里間穿梭，用擴音器通知後備軍人參戰。在某些情況下，憲兵還必須挨家挨戶點名，不過據指出，他們已經做好萬全準備了。經過許多年的測試和調整，大家都相信就算戰況再艱困，這套動員系統都能順利運作。[430]

後備軍人不必長途跋涉前去報到，因為這些平民軍人跟其他國家的國民衛隊和民兵單位一樣，只負責保衛自己家附近區域，這樣他們的作戰意志必定勝過敵軍。後備軍人抵達住家附近集合地點與軍械庫，就會領到武器、彈藥和裝備，大部份的人也會被送到靶場重新訓練三至七天，剩下的人則會直接前去沿岸和其他重點關口建造防禦工事。據指出，台灣在沿岸地區掩體中儲備了許多水雷、地雷以及海灘障礙物，在緊急時刻能馬上裝設使用。根據二〇一五年的估計，台灣至少在四座海軍軍械庫中儲備了各式水雷，總數超過七千枚。海軍要求部隊在十四小時內搬出一半以上的庫存，在水底布滿水雷陣，剩餘的水雷則用於其他戰場或繼續儲存。[431]要是海軍佈雷船不幸被擊毀或沉船，海軍就會出動後備系統中的幾百艘漁船代替佈雷船完成任務。[432]對於地雷與海灘障礙物總數，目前並沒有可靠的統計數字，但據信也相當可觀。[433]

強化海岸防禦

解放軍始終不敢輕忽台灣的沿岸防禦工事以及禦敵能力。解放軍文件透露，台灣軍隊不會在承平時期設置水雷和障礙物，頂多在演習時稍加利用，以確保作戰機密不會外洩。在中國軍事分析專家看來，要是台灣海灘防禦工事的位置和結構再明顯一點，能讓高空衛星隨時情蒐、持續研究，那麼解放軍的工作就輕鬆多了。[434]中華民國國軍之所以選擇按兵不動，除了基於保密因素，更是因為沿岸防衛系統會對平時海上交通造成危險，只能在戰爭緊急時刻啟用。

解放軍預想：台灣有能力在短時間內建立精細又致命的沿岸防禦系統，能摧毀解放軍的各種兩棲船艦。此外，這套防禦系統還包含相互搭配的水雷和海上障礙物，水雷陣會形成許多長條狀，緊貼海灘邊緣的最佳登陸點。一般而言，海岸外圍大致落在台灣海峽中線（又稱戴維斯線）東邊，離台灣西部岸邊約一百公里之內。理論上，海峽的水雷區距離岸邊十至十三公里，由一大片繫留雷、漂雷及大型沉底雷組成，能在深水區域阻擋船艦。[435]

根據估計，水雷的布陣是外海較稀疏，越近岸邊越密集，還可能特別集中於沿岸錨泊區，也就是解放軍預計從母艦卸下小型登陸艇和兩棲坦克、讓這些舟艇直奔海灘的區域。這一帶水域充滿了一條條死亡陣列，由西到東計算，每一排水雷的寬度約八到十二公里。另一類水雷陣列由小型與中型沉底雷組成，總寬度約為三公里，主要集中於岸邊幾公里處，也就是解放軍砲艇能停駐並進行岸轟的區域。

由於水雷能炸沉登陸艇和護衛船隊，因此整個水雷區簡直就是任意擊殺空間。水雷不但會製造生理上的危險，也會帶來心理上的威脅。台灣製造出這樣的擊殺空間之後，解放軍原本以為安全的狹窄航道，就會變得險惡難行，船隊因此不敢提高航速。可是，採用固定速度、行駛固定航道的船隊，又會變成容易狙擊的目標。在海戰中，船艦必須採用不規則航向，隨時閃避突然其來的攻擊，才能提高生存率。在台灣的致命水雷逼迫下，中共船隊戰戰兢兢的前進，這樣更容易遭受空中攻擊，或被沿岸防禦武器絞成碎片。

解放軍文件研判，緊接在水雷區之後的就是海灘障礙物區，大約落在離岸一百到二百公尺的淺水區域，功能是纏住、割裂、引燃滿載的小型登陸艇。台灣佈下的障礙物種類包括：拖網、貝殼陷阱、木籠、鋼刺、沉入水底的貨櫃、水雷等。據指出，台灣還庫存了五十三加侖的油桶，用來執行海灘防禦作戰。在解放軍發動侵略前，國軍會將兩百二十磅的炸藥和汽油一同裝進油桶，再用鍊子把桶子栓在水面下大約一公尺處，等待解放軍登陸艇自己去撞陷阱而沉船。每個油桶的致命爆炸半徑約為三十到五十公尺，利用震波和彈藥碎片擊毀舟船，同時在海面上製造熊熊燃燒的浮油。[436]

尖刺障礙物為許多長度接近二公尺、重約七十公斤的鋼棒，以四十五度角斜置於海浪中，刺頭指向敵軍。乾潮時，這些鋼棒會卡在地面上，形成一排排長達十五英尺的障礙陣列，乍看像是聳立於泥沙地上的黑色長針叢林。不過對解放軍軍師而言，最可怕的海灘障礙物應該是解放軍文件裡指稱的「海上火牆」。[437]中國軍方文件指出，台灣登陸海灘附近可能埋設水底暗管，能將易燃物質排入淺水區，形成一道保護牆。當第一波解放軍兩棲部隊準備搶灘，台灣將領就會下令開啟暗管閥門，排出厚厚一層汽油和油料。這片浮油的性質不穩定，一被砲火和子彈擊中便會燃起火牆，這時還泡在汙黑海水中的解放軍部隊就會被火吞噬殆盡。消息指出，台灣在戰時使用的防禦汽油和油料，平時都存放在桃園平地周圍的地下強化掩體內以及鄰近海岸的區域。附近的機場和港口也各自貯藏了油料，需要製造火勢時就能助一臂之力。[438]

台灣的暗管規模多大？至今不明。解放軍內部手冊因此提醒部隊，要做好最壞打算，只要一看見防波堤和消波設施，就必須先假設底下埋有能噴射巨大火焰的暗管。為了不讓人員被火牆燒死，機密的解放軍手冊甚至建議，在兩棲登陸艇外層塗上防火材質，舟艇衝過浮油時就不會跟著起火燃燒。理論上，第一波登陸部隊會隨身攜帶防火裝備、滅火器材和高壓水砲，必要時還得設法繞過浮油火牆區。只不過在各種障礙物的夾攻下，要成功繞過也不容易。總之，解放軍最畏懼的障礙莫過於火牆了。[439]

解放軍散兵成功登陸後，面對的是一連串的防禦工事，包括海灘障礙物、地雷及沿岸防禦裝置。據了解，某些前線防禦系統的範圍，甚至會朝內陸延伸四分之一英里。這些防禦工事就像拼布棉被一樣向四方延伸，每塊拼布據點都縫上了各自的武器，而且一個比一個致命。中國軍事文件認為，台灣的防禦裝置既醜得像中世紀，又如同一幅幅末世景象，遍地都是地雷、刀片刺網、釘刺帶、掛鉤板，以及能刮破皮膚的板子。在解放軍眼中，台灣的海灘無疑是一片由機槍掩體、迫擊砲坑、水泥障礙物、壕溝以及反裝甲陷阱組成的區域，連海灘上的開放空間都堆滿了碎玻璃和廢金屬碎片。

海灘通常會設計有擊殺區，兩邊由纏繞鐵絲網的鋼刺蝟裝置組成，用意是把入侵者困在這個擊殺區內。而擊殺區的地面鋪設了人員殺傷雷和反裝甲地雷。另外還有巨型「龍牙」裝置（一種多邊形的鋼筋水泥磚），搭配了其他各式各樣障礙物，能在海灘至內陸之間形成障礙，堵住兩棲坦克和氣墊船的去路，甚至將這些部隊引導到地雷區和擊殺區，成為反裝甲火箭炮和重機槍單位的狙擊目標。[440]

位於登陸海灘後方的是低窪內陸地區，上頭遍佈無窮無盡的水泥排水溝、池塘、鹽田、沼澤以及防風林，到時候，國軍部隊應該會在這一帶建立前線抗侵基地。當固安計畫進入動員階段，戰鬥工兵和民間軍事企業就會不斷強化這些基地與基地外的道路。每一座基地外也會設置刺鐵絲圍籬、鐵絲障礙物、釘刺帶、地雷、反坦克牆、反坦克障礙物、反坦克壕溝等防禦工事。如解放軍文件所述，整個基地區還會佈滿竹製尖刺、斷木、卡車貨櫃、報廢車輛，外加灑滿「堆積如山的碎玻璃」。[441]據解放軍研判，台灣的海灘與沿岸防禦工事會給兩棲登陸部隊帶來大麻煩，其中一段文件指出：「障礙裝置非常綿密，大幅提高了登陸難度，必須用大量時間清除障礙物。因此，前線指揮所的建立變難了，危險了，戰局也更加複雜。」[442]這段內容還指出，台灣軍隊在承平時期大幅調整了沿岸地貌，譬如種植帶尖刺的龍舌蘭、仙人掌以及濃密矮樹叢，以提高該地區的防禦能力。除此之外，工兵也開闢了不少蓄洪區，緊急時刻可以引水淹沒低窪地區，讓敵軍無法快速進逼。[443]

對於台灣的沿岸防禦工事，解放軍文件還提出了以下看法：

經過數十年的戰場準備，島嶼之敵構築了以坑道為核心、以永備工事為主體、與野戰工事相結合的海岸築壘防衛體系，特別是在便於登陸的方向和地段上，強調單堡與群堡、明堡與暗堡、前沿與縱深、天然與人工改造、地下與地上相結合構成海岸防禦工事構築，並以陣內逆襲、局部反擊、總反擊進行岸灘決戰。[444]

內陸防禦與保存戰力

中國的軍事分析家一方面費盡唇舌，提醒將領們留意台灣島上的致命海防裝置，但另一方面，他們也因為台灣內陸地區的險境地勢而搖頭嘆息。台灣的抗侵計畫會派兵鎮守內陸關鍵防禦據點，而在Z日來臨之前，當地防空部隊就會躲入壕溝，緊盯著解放軍傘兵飄降的地點。同時，步兵在城市和鄉間巡邏，憲兵進駐橋樑、隧道、發電廠、水庫及公路檢查站，而爆破小組則在這些部隊的守護之下，前往隧道、橋樑與港口安裝爆破裝置。[445]

抗侵計畫要求，一切關鍵基礎建設都必須加強守備，避免這些設施被敵軍攻佔利用。萬一不幸失守，就摧毀一切有利用價值的設施，尤其是大多數沿岸公路與通往台北的橋樑。至於其他路段，則會使用倒塌的建物、高壓電纜和樹木阻斷。[446]解放軍文件指出，抗侵計畫還預計在山路、河流上空及高樓之間架設鋼索，足以扯下低空飛行的解放軍直升機，甚至會在主要城市上空施放防空氣球（靠金屬纜線拴在地面的軟式飛船），絆住低空飛行的敵軍飛機，或逼使敵機進入風險較高的航道。據了解，這些軟式飛船配備有小型爆裂物，只要一有直升機踩進陷阱，爆裂物就會朝機體投擲而去。[447]

對於解放軍官方如何看待台灣內陸防禦工事，可以參考底下這段解放軍研究報告的簡要敘述：

島上城市戰場經敵多年建設，其防禦部署較為完備，各類防禦工事也都經多次加固與完善，從岸灘到城內機動的各交通要道上的障礙物設置都有縝密的戰前規畫，我戰術兵團在島上戰鬥時，這些障礙必定按計畫逐層梯次設置，給我上陸部隊機動帶來極大困難。[448]

這份文件還表示，自一九七〇年代起，解放軍戰略規畫人員就將台灣精密的防禦工事視為必須突破的「重要關卡」，唯有突破這關才能攻佔台灣島。文件更強調，中國早就進行了一連串的技術調查和軍事演習，試圖研擬出一整套作戰策略，包含解放軍如何進行岸轟、如何在海上掃雷、如何派遣工兵清除海灘障礙物、淨空航道，以及派遣火焰噴射與爆破部隊掃蕩所有阻礙等等。不過，這套作戰方法卻被解放軍內部評為「非最佳方案」，甚至被認為只會讓解放軍陷入僵局，最後落得撤退的命運。據消息指出，解放軍至今尚未研究出快速突破台灣防禦工事的良策。[449]

Z日前夕，除了台灣平民軍人和國防產業包商們投入備戰，還有一小批菁英部隊也會跟著動起來，那就是快速反應部隊。中華民國陸軍擁有幾千輛戰車、自走砲、大砲、裝甲車輛，能支援這批特殊裝甲步兵。除此之外，直升機、特勤部隊以及抗侵略海軍陸戰隊也會提供支援。快速反應部隊會先躲在內陸據點內，等到敵軍侵略重點區域淨空之後，就會突襲登陸區尚未鞏固的敵軍據點，使解放軍沒有機會穩住陣勢。有些後備軍人會在開戰前選擇加入快速反應部隊，不過這樣的人應不多。這批部隊屬於機動作戰單位，隨時維持最高戰力，在承平時期也不例外。

快速反應部隊保存軍力的方式，包括將戰車、槍枝、彈藥存放掩蔽所內。事實上，在鄉下地區也不乏隱藏洞穴、隧道、混凝土避難所以及隱藏車庫。許多快速反應部隊人員會各自躲入平民建物中，就算解放軍全盤掌握台灣的防衛計畫，也搜不出這批士兵。台灣會派遣直升機及大型器械進駐解放軍始料未及的預定作戰區，譬如工廠園區、大學校園、公園、高爾夫球場、停車場、廢棄室外工地等，也會持續維護所有選定的掩蔽所，好讓這些據點能適時發揮效用。而出於機密考量，許多掩蔽所從來沒有當成演習的場所。某些掩蔽所會在戰事模擬時進行測試，不過有些則是營級指揮官根據個人偏好，事先在心裡挑選的地點。[450]

解放軍文件預估，中華民國陸軍主力部隊可能會分散部署，有些會進駐人口密集區，有些則會藏身荒郊野外。如此一來，解放軍想要在Z日前殲滅國軍主力，機率非常低，就算敵軍想出動高空偵察機就近刺探情報，也會被嚴密的防空裝置攔住。此外，由於這些防空裝置不是埋在地底就是塗有保護色，而且數量龐大、遍布各處，解放軍想要剷除這些防禦工事，除了長期發動密集轟炸之外，其他手段都是白費工夫。對此，文件建議解放軍將領先按兵不動，等到侵略行動展開之後，再集中搜索正要出動集結的台灣裝甲部隊，以擾亂這些部隊的反擊陣型。[451]

然而，戰場狀況晦暗不明，要精確鎖定並且殲滅擁有機動能力的部隊，可說是難如登天。如果解放軍想達成任務，就必須用盡一切的情報、鎖定、攻擊技術，才能成功避開國軍的機動部隊，讓解放軍兩棲部隊順利登陸進攻。好的防禦計畫就是要製造各種難題和困局，讓入侵的敵軍昏頭轉向、退讓連連。而就台灣地面部隊的指揮官看來，保存軍力絕對不是紙上談兵，而是撐過敵軍第一波狂轟猛炸的關鍵，將力氣留到最後用來擊退敵軍。

保存戰力階段的空中作業

固安計畫在動員與保存戰力階段，會先令空軍戰機進入機堡，躲過中共的飛彈轟炸階段，用意是淨空台灣的空域，以便讓國軍的愛國者三型飛彈大顯身手（愛三有能力攔截彈道飛彈）。[452]在解放軍第一波飛彈轟炸期間，愛國者飛彈發射器會發揮機動能力，不會在同一個地點停留太久，以免中彈。針對巡弋飛彈以及來去無蹤的戰鬥轟炸機，台灣還自行研發了相當數量的「天弓」高科技長程防空飛彈，目前約有六個連部署於台灣各大作戰區域，到了二〇二四年，天弓飛彈預計會增加十二個連。[453]另外，由美國雷達與衛星組成的情報網絡，也會持續向戰場上的國軍部隊提供資訊。技術上，台灣目前的飛彈防禦系統可說是全球數一數二強悍，既能提供密集的火力，也能和美、日兩國的神盾艦連線、交換資訊。[454]

防禦計畫為了保存軍力，還會將全國最精銳的戰機隊派到台灣東海岸，進駐能「阻絕放射線」的巨大山間掩體，光是花蓮的佳山和台東的石子山，就能容納幾百架戰機。戰機和飛行員不會在第一時間投入戰場，只會在駐機空間中靜待反擊時機。不過，並不是所有戰機隊都會進駐山間，有些會在拱頂狀的強化混凝土機堡裡待命。台灣所有空軍基地中，一共有數百座堅實的機庫，雖然這些機庫不比山間掩體牢固，無法承受彈道飛彈的攻擊，但對於地毯式轟炸或接近命中的攻擊仍具防禦力，還能避免戰機被擊落時在附近造成二度爆炸。台灣的強化避難所和掩蔽所數量有多少，外人無從得知，也給解放軍戰略人員帶來不少麻煩，畢竟如果選擇一一擊破，可能只會炸到空無一物或存放假戰機的目標，徒然浪費一堆精準飛彈。

抗侵計畫更讓解放軍將領煩惱的部份，是國軍空軍指揮官可能會將戰機隊停駐在公路上。台灣是少數經常封鎖部份公路系統，讓公路變成臨時戰機起降基地的國家。到目前為止，台灣演習已經出動了數千名人員和數百部支援車輛，加上所有核心作業人員及裝備，從空軍基地移駕到公路跑道上。為了執行這項緊急空中任務，台灣至少預備了五個集結點。台灣的F-16、IDF和幻象戰機等主力戰機以及E-2鷹眼式早期空中預警管制機都是經認證能在公路上起降的機種。台灣國道系統原先的設計，也包括承載C-130力士型運輸機的能力。但截至目前，公路起降演習還沒針對C-130運輸機測試過。[455]

台灣的大型P-3獵戶座反潛機尚未經過公路起降，但任何民用機場只要稍加改裝，且有能力讓高價值的飛機藏匿，就能讓這類反潛機起降。平時用來存放客機的機庫，也能瞬間變身為電子戰機型、載運傘兵突襲的機型、海巡機種的停駐地。台灣的偽裝、隱蔽、欺敵技術都經過大規模設計，譬如使用假無線電通訊製造大量白噪音，一方面掩蓋空中傳輸電波，另一方面癱瘓敵軍的偵查。這時，解放軍衛星就算從高空俯瞰，不是無法看清真實狀況，就是會被假訊號欺騙，只能傳送各種外貌似真、實際是假的戰機畫面和訊號。[456]

雖然計畫執行之後不見得會產生預期效果，但整體而言，台灣的防空系統確實有可能成功削弱敵軍飛彈的威力，進而讓強化建物、偽裝、隱匿、欺敵等被動防禦手段更有效。面對來勢洶洶的彈道飛彈和巡弋飛彈，台灣防禦計畫人員的態度仍舊務實，不會妄想國軍空軍部隊能全身而退。另一方面，解放軍已經投注了大量資源，試圖阻止台灣的空軍部隊順利出動，因此在戰事前期，預期空軍將蒙受不少損失。[457]

對任何一方而言，各種預測究竟能不能成真，不到最後一刻都無法確認。抗侵計畫安排的各種動員與保存軍力戰術，都是為了不讓解放軍在開戰頭幾日就取得空中優勢。即使是解放軍陣營中再樂觀的戰略人員，都認為中華民國空軍的威脅程度撲朔迷離，連這支部隊在海戰時扮演的角色都難用常理預測。對於這支藏匿於不同山區、待時機成熟才朝選定目標出擊的強大空軍部隊，只有最天真愚蠢的指揮官才會選擇忽略。

海軍的作戰與保存戰力

到時，國軍的海軍也會和空軍並肩作戰。中華民國海軍沒辦法像其他軍種一樣，能把自家艦隊藏在地底防禦工事內。[458]根據抗侵計畫，在中國入侵警報的最早期階段，艦隊的任務就是立刻起錨出海。海軍更經常進行演習，項目內容就是確保海軍港口能在受命後第一時間淨空。[459]不過，不是所有戰艦都能同時出航作戰。基於維護、修繕、任務時程規畫等因素，某些船艦無法跟隨其他成員出動。大多數軍事研究者認為，一次能派出三分之一的艦隊出海就很可觀了，但對台灣而言，能駛離一半以上的作戰艦隊才理想。留在港內的船艦會先排空燃料、卸光彈藥，接著拖離港口並在船身鑿洞，讓船體沉入水中阻礙敵軍潛水艇和戰艦。某些時候，甚至還必須引爆乾船塢和碼頭上的戰艦，才能避免船艦被敵軍俘虜。[460]

艦隊必須搶在第一批飛彈來襲前提早出海，凡是跟不上的船艦，就只能邊執行任務、邊走向被擊毀的命運。海上特遣部隊則會駛向預先指定的作戰區域，執行狙擊敵軍潛水艇和船艦的任務，同時干擾或閃避所有無法輕易擊沉的目標。台灣東側海岸有連綿山壁、離岸深海保育區和開闊空間，相當適合艦隊執行任務，而在陸上防空設施及沿岸反艦飛彈裝置的護衛加持下，艦隊整體戰力更是節節攀升。[461]

在冰冷的海面下，還拴著能偵測敵艦的聲納浮標，讓艦長能提防敵人靠近台灣北端介於台灣與琉球之間的宮古海峽，以及台灣南端介於台灣與菲律賓之間的巴士海峽等兩個軍事要衝。座落於南中國海頂端的東沙群島，也能作為另一個監視解放軍艦隊行蹤的哨站。海上特遣部隊和陸上與空中特遣部隊很像，都會四散在不同的安全區域待命，直到敵軍的第一波攻勢平息為止。當解放軍的侵略艦隊在福建省海域集結，台灣的海軍特遣部隊就能趁機對其發動突襲。

同一時間，台灣內部也會開始凝聚後勤力量，準備應戰。一旦戰略情勢發展到中共入侵在即，台灣後勤專家就會著手囤積食物、藥品及戰爭補給品；工廠會調整並增加生產線，以便及時供應戰爭所需；農民會在農地淪為戰場前努力搶收，將熟成的農產品囤積起來；漁民放下魚網，把設置水雷與障礙物的裝備搬上船；油庫會將地底油槽內的燃料抽乾；股市會休市；台灣的銀行及其他金融機構會提供大筆現金支應緊急計畫的開銷，同時消耗針對緊急狀況長期積累的外匯存底。[462]

戒嚴令也發佈了，台灣的社會和經濟狀況進入另一番緊繃狀態。防禦計畫的目的，正是在於動用所有的國家資源，使盡全力對抗敵軍進犯。[463]戒嚴之後，不但徹底改變了台灣，更連結帶動全球經濟板塊的變化：世界各地由台灣製造商供貨的供應鏈，尤其是高科技資訊與電子產業，到時將面臨癱瘓，而許多日常交易也跟著瞬間停擺。最後，連全球大企業的總部都會被捲入暴風圈內。

又大又難的事：開戰與否的政治判斷

台灣政府如果錯判敵軍意圖，下場就會無比難堪，無法收拾，因此台灣只會在百分之百確認敵軍真的已經準備好拿出攻擊行動時，才會對全民下達緊急動員令。解放軍光是放話威脅，可能就會持續好幾個月，到頭來甚至只是唬人的騙局，意在削弱台灣政府公信力、引起恐慌，以及逼使台灣的機密防禦計畫曝光。Z日前幾週，台灣可能會加快動員程序腳步，總統也一面觀察中方舉動，一面逐步拉高戒備程度。顯然，在台灣的國防專業人員向總統和內閣呈報情勢危急的真實消息之前，全國抗侵警報絕對不會響起。[464]

這套警報系統也包含失效安全系統——畢竟總統也是人，可能犯錯，即使是台灣這種民主國家的領袖也不例外。領袖要是優柔寡斷或天真過頭，在危難當頭時可能就會慢半拍，不敢果決裁示。誠然，台灣領袖此刻面對的局勢非常艱難，他們很可能會認為：如果要讓麻煩減到最小，就是在開戰前什麼都決定都不作，動員進度能拖就盡量拖。另一方面，美國可能會對台灣高層施壓，要台灣退讓，畢竟華府內可能會有人主張：若在還有一絲機會維持和平之際，就擺出要打仗的姿態，恐怕會「激怒」中國，引爆戰爭。

歷史上，大部份國家面對外侮時，通常會等到敵軍已經有極為明顯之行動、幾乎是出兵前夕，才全體動員準備出手反擊。[465]但台灣的情況恐怕不容許這樣的策略。不過據了解，台灣的防禦計畫相當有彈性，就算備戰這個階段的工作做得不完美，也能容許。假設解放軍真的有辦法做到「超完美戰略突擊」，台灣也能在敵方飛彈開始狂轟的當下，轉瞬間拿出平時看不到的龐大力量反擊。不過，在這種情況下，能動員與保存的軍力就少了，只有最核心、最基幹的部隊才能存活並反擊。在此情況下，台灣將陷入極大危機。對民選領袖來說，這是承擔責任與決策能力的終極考驗。

第二階段：聯合阻絕

到了防衛計畫的聯合阻絕階段，國軍部隊會從掩體和安全區域湧出，趁解放軍兩棲部隊還在海面、還沒登陸海灘之前加以痛擊。[466]至於要在什麼時間點，會由上一個階段轉換到這個聯合阻絕階段，目前還不明朗，但解放軍的文件推測：台灣可能會在戰事爆發後立刻反擊，猛撲解放軍渡海艦隊。有些防衛部隊會先按兵不動，靜待解放軍首波攻勢結束；不過有些部隊則會在第一批飛彈來襲時就出擊作戰。

最先投入戰局的應該是台灣的飛彈防禦系統。在重點城市週遭的山間掩體中，有許多躲在沙袋屏障後的飛彈防禦裝置，這些裝置會將一道又一道火焰射入大氣，所有彈頭皆朝敵軍飛彈飛奔而去。負責支援飛彈防禦裝置的電子戰部隊，則會發出能干擾電波訊號的微調電子束，擾亂解放軍飛彈導航系統中的微電腦。假設一切順利，敵軍的飛彈不是會被引導到假目標上，就是一頭栽入河流、空曠田野或山間，沒有造成損害。[467]這套花費數十億美元、經歷無數日夜建構和訓練的系統，屆時將接受實戰考驗，[468]而且這項考驗會在極短時間內就成績揭曉：解放軍的彈道飛彈只需要花七分二十秒就能觸及台灣。[469]

這時，台灣的防禦工事已經遭受攻擊了，台灣的火砲火力也全面甦醒，開始反撲，將猛烈的戰火延燒到中國沿岸地區。雙方都是拼了命在打，都會先努力擊毀對方的火砲陣地。台灣有些火砲部隊自知存活時間有限，將首先把準星瞄向射程內的大陸內陸高價值目標。台灣的特戰部隊此時也已滲透到敵後方，展開強力破壞行動；而藏身台北的特工指揮官也透過數字電台發送暗號，喚醒潛伏在中國內地的特工，開始行動。[470]在緊張的戰前氣氛中，雙方潛艦與戰艦早已相互盯梢，這時更是立刻捉對廝殺，被擊沈的一方將永遠沈沒在黑水溝深不見底的海底。

空中戰力的角色

敵軍發動第一波攻勢前，中華民國空軍顯然不會完全按兵不動。有些作戰隊必須執行空中戰鬥巡航任務，另有些在跑道頭警戒室裡面待命的飛行員（負責保護首都）這時幾乎是整個人彈起來，開始跑五分鐘警戒，搶在第一波飛彈來襲之前快速升空，銳利鷹爪直撲空中的解放軍戰鬥轟炸機。至於在空戰機（他們先前已抵高空層巡邏）此時會降低高度，用機上的飛彈和機砲打爛解放軍戰轟機。在空戰這件事上，解放軍有大批現代戰鬥機可使用，這點是他們獨有優勢，何況解放軍握有主動先發權。不過，國軍飛行員接受的是精確紮實的美式訓練，因此作戰技術依然高出對手一截。[471]

雙方在空中不斷交鋒，傷亡數字將會非常可觀。國軍飛行員若遭擊落，還有機會跳傘回到主場，不過解放軍飛行員可就沒有這種優勢了。在第一波飛彈空襲中，台灣的機場跑道尚不至於全數毀損，但許多跑道依舊會受重創而失效。[472]雖說台灣的跑道修復人員工作效率極高，無論訓練或裝備等級都在全球名列前茅，但他們必須先攜帶裝備尋找掩護，直到第二至三波空襲平息才能行動，否則很有可能在露天停機坪上被解放軍的集束炸彈轟個粉碎。[473]

解放軍屆時將透過衛星、無人機與在地間諜取得台灣機場的戰損情形，因此台灣空軍會在基地內堆砌假的瓦礫堆，同時動用煙霧製造機，營造被襲擊的假象，達到干擾視線、影響情報蒐集的目的，再使用假無線電對話加強欺敵效果。等到夜深人靜，空軍理論上能趁機清理、重啟跑道，讓原本隱身山間的戰機趁著黑夜現身，在敵人最無預期的時刻猝然臨空予以突襲。國軍空軍十分重視夜戰技術，唯有如此，才能和具數量優勢的敵軍抗衡。[474]

從戰術上來看，如果國軍的戰略規畫者人員把焦點放在空中消耗戰上，就會造成戰術失衡與資源浪費。對空軍而言，與其和敵軍戰鬥機大隊艱苦纏鬥，不如襲擊中國沿岸地區的重要目標。空軍的打擊部隊可以朝著解放軍沿海集結區全速進攻，同時以低於雷達的高度飛行，避開偵測。當目標進入攻擊範圍內，戰機就由各種不同的方向進攻，開始發射飛彈。至於在戰機身旁的支援部隊，則包括電子干擾機、巡弋飛彈，以及能針對沿岸預警雷達站執行自殺攻擊的無人機。這個計畫若進行順利，解放軍的雷達系統就會出現破口而陷入混亂，空戰指揮部的作戰系統也會隨之癱瘓。

登陸之前的反擊

解放軍兩棲登陸行動最脆弱的一環，可說是戰爭行動剛展開，人員和裝備從在港口登船的時刻。Z日前一刻，當解放軍船艦仍分散於岸邊裝載人員時，台灣預計會發動密集空襲和飛彈攻擊，給予敵軍致命一擊。解放軍的文件當中記載了中共對於台灣的阻絕攻勢有什麼理解：

敵注重跨海實施以空襲為主的制壓作戰，處於機動、集結、裝載的登陸兵極易遭到敵襲擊。島嶼之敵注重全程壓制作戰，強調對登陸兵和登陸艦船集結地（海）域、港口、碼頭、機場和路上交通樞紐、道路設施和偵察預警設施、防空導彈、戰役戰術導彈等重要目標實施火力破襲。[475]

某些戰鬥機會掛載台灣本土研發的聯合遙攻武器「萬劍彈」，這是一種空射型重型飛彈，能襲擊超出解放軍防空裝置防禦範圍的地面目標。萬劍彈能巧妙繞過防空系統，再朝攻擊目標密集投擲子炸彈。消息指出，每顆子炸彈的威力都足以炸穿長達一英尺的紮實混凝土塊。自遠端朝目標發射的萬劍彈，能夠有效降低台灣戰機折損率，讓整體損失減到最小。[476]

其他戰機會配備精確導引的空對面魚叉、小牛飛彈，由高空襲擊地面戰術目標如船艦、港口設施、油庫、地面交通基礎建設以及坦克車。這些飛彈和聯合遙攻武器的不同之處，在於投彈戰機必須靠近目標才能發動彈襲，使任務風險提高。據了解，台灣已經預備了縝密的攻擊計畫，準備對海峽另一端的目標發射遠距飛彈。解放軍的防空系統癱瘓之後，台灣戰機才能出動擊毀敵軍艦隊。[477]

台灣擁有相當數量的車載自製巡弋飛彈，能鎖定中國內陸重要戰術、戰略目標進行攻擊。中華民國空軍也有一支精銳戰鬥機部隊，能以類似二戰時期杜立德空襲東京的模式，對解放軍展開攻擊，讓北京當局明白，中國承受不起台灣的攻勢。有些專家認為，負責這項任務的戰機駕駛買的是「單程機票」，因為能安返的機率相當低。為了增加戰機的航程、速度與酬載量，遠距攔截計畫還要求駕駛在擊中目標之後跳傘離機，或者讓戰機在耗盡彈藥後直接墜毀於次要目標上。除此之外，台灣也握有一些自製彈道飛彈，能用來襲擊位於中國內陸深處的目標。[478]

台灣是否會在實戰中發動長程反擊武力，大部分取決於政府在戰爭期間的戰略盤算。如果光靠美軍支援就足以讓台灣立於不敗之地，遠距攔截就會暫緩執行，但要是台灣被狂轟濫炸、嚴密封鎖，敵軍又兵臨城下，面對如此危急的戰局，台灣就有可能對北京和上海的政治標的物進行反擊。不過由於距離因素，台灣頂多進行小規模反擊，和解放軍在福建和廣東附近發動的對台攻勢無法比擬。話雖如此，執行反擊作戰，使敵軍的賭注大大提高，是相對理想的選項。對台灣的總統而言，除了在中國領導下令登陸之前就展現台灣人的憤慨與決心，替對方製造一些壓迫感之外，此時已經沒有更好的路能走了。

在海面打，在灘頭打

解放軍艦隊一出海，就會觸發一場由國軍各方協同出擊的海戰。經過多年研發、測試及更新，台灣已經建立起一套沿岸飛彈防禦系統，能鎖定解放軍大型兩棲船艦給予致命一擊。台灣的雄風反艦飛彈相較於其他同型武器，在尺寸和速度上幾乎毫無敵手。雄風飛彈的性能諸元大多屬於機密，不過據了解，雄風的射程除可達一百至四百公里（依款式而定），更能以超音速打擊目標。雄風飛彈不但是多數台灣戰艦和飛彈快艇的標準配備，更能從沿岸掩體內部或車載發射台發射。[479]

根據解放軍評估，雄風反艦飛彈的彈頭相當先進，針對解放軍船隻特性都已建檔，發射後能從資料庫選取目標，高速飛越地平線，朝著目標直奔。據指出，雄風飛彈具有分辨船艦種類的功能，會先襲擊已知的解放軍兩棲船隊，再攻擊周圍的支援部隊，要是找不到更理想的目標，則會鎖定分散、無組織的船艦。載滿直升機、位於艦隊中央的大型兩棲戰艦，正是雄風飛彈的首要目標。如果飛彈搜尋不到這些戰艦，就會轉而攻擊解放軍航艦、驅逐艦或巡防艦。如果飛彈再找不到這些戰艦，就會改炸掃雷艦等小型戰艦。若自動化目標選擇系統遭敵干擾，故障保全模式就會啟動，引導飛彈不轟小船改轟大船、不炸散兵改炸艦隊，或者不攻擊邊緣船隻，只攻擊領頭艦。[480]

台灣有一系列堅固的反艦飛彈基地，能朝入侵艦隊發射重疊火力，讓台灣有辦法「從陸上控制海面」。淡水和基隆附近的飛彈基地，外加東引島上的基地，都能防止解放軍戰艦從西北面入侵。至於高雄和小琉球島上的飛彈基地，則能阻擋由西南方來的戰艦。澎湖的西嶼有一座飛彈基地，守備範圍涵蓋台灣海峽中央，而位於花蓮南方的基地則負責守護東海岸。不過，有些基地的位置早已被解放軍摸清了，恐怕會遭敵軍第一波精準飛彈摧殘，有鑑於此，台灣決定部署行蹤隱密的車載發射台，以確保隨時都能推出足以抵擋外侮的裝置。在平時，卡車發射台全都存放於秘密地點，進入開戰狀態之後，這些發射台就會移動到任何需要支援的區域。[481]

台灣戰略人員很清楚，以台灣海軍的軍力而言，要和解放軍玩你滅我一艇、我毀你一艦的戰術是不可能的。話雖如此，台灣要在戰爭頭幾天控制週遭水域，並不是辦不到的事。根據反侵計畫，面對解放軍船隊時，要使用以飛彈為中心的策略阻止對方進入己方領海。這些戰術似乎可稱穩當，一來台灣研發的先進系統能遠端偵測並襲擊入侵者，二來戰略人員也決定，要在滿載敵軍的運輸船隻還沒接近登陸區，就把它們變成巨大的鋼鐵棺材。

聯合阻絕作戰開打後，將先在中國大陸沿岸解放軍運輸船隻進行裝載之際就加以打擊。如果這一波攻勢無法有效破壞或遲滯敵軍的兩棲登陸計畫，國軍就會朝著正奔向台灣的解放軍船隊發動連續攻勢。隨著解放軍跨過海峽中線，逼近台灣的水雷區和預定擊殺空間，戰局也會變得更加慘烈，預計到了台灣沿岸地區就會白熱化。近幾年的漢光實兵演習中，台灣軍隊已經向大眾公開了澎湖群島被入侵時要如何應戰。某次演習中，聯合部隊動用了一系列作戰裝置，包括飛彈、火箭、火砲、地雷、假目標、干擾器等，用來迎擊模擬用的侵略艦隊，最後，沒有半個「紅色」步兵成功登陸。[482]台灣的戰略人員明白，唯有隨時採取主動進攻姿態，才有機會讓人口密集的西岸地區免於陷入戰爭地獄。

對於國軍何時會下令仍存活的海軍部隊離開安全的避難區域，駛入海峽參戰，外界無法提前得知。雖然中國軍事分析師更擔心來自台灣的空中攻擊，但在他們看來，台灣隨時都可能發動海軍迎戰解放軍艦隊。面對解放軍的沿岸防禦系統，台灣海軍戰略人員傾向等待敵軍艦隊遠離大陸岸邊，再出動己方海軍。其中一項純屬預測但有機會實施的戰術，就是不派任何大型水面艦艇進入海峽，使海峽區域成為能讓沿岸飛彈、攻擊機、戰鬥直升機以及神出鬼沒的飛彈快艇盡情轟炸的開放空間。等到這一波狂轟濫炸告一段落，就輪到台灣的艦隊出場了。理論上，艦隊會在最適當的時間和地點出現，但實際上，國軍的海軍可能早已焦躁難耐，亟欲求戰。擊沉解放軍艦隊的重責大任由海軍擔負，其他軍種雖然必須支援海軍，但其主戰場並不在此。

要是台灣的長程與中程攔截行動無法阻止敵軍艦隊集結，仍存活的國軍防禦力量就會趁解放軍下錨卸載、讓部隊登上氣墊船、兩棲坦克和登陸艇之時，對敵方發動攻擊。國軍戰鬥直昇機將帶頭攻擊敵軍離岸較遠的換乘點，[483]而最前端的下錨點離岸大約十六公里，在此進行換乘的數千名解放軍步兵與海軍，將完全暴露在國軍火砲射程內。[484]根據台灣地面部隊的計畫，到時除了會出動機動火箭發射器，還會動用沿岸山丘上的大型火砲迎接敵軍，只要解放軍一進入視線內，砲陣地就會開火。[485]

台灣最知名的抗侵武器，要算是雷霆兩千這套由輪型車輛載運的多管火箭系統了。相較於傳統火砲，火箭這種武器的有效射程更長、彈頭更大，但準度相對不高，而且重新裝填的速度也慢。為了克服上述弱點，雷霆兩千的火箭乃是裝在管狀物之內，能夠進行齊射，並使用導引系統發射帶有幾萬顆鋼珠軸承的彈頭，打擊效果如同散彈槍。雷霆兩千的任務是在敵軍下錨區及登陸舟艇前進方向製造出恐怖的擊殺區。[486]但如果這種射程較長的阻絕火力依然無法阻止敵軍，那麼國軍戰車、裝甲戰鬥車與步兵就會在海灘上一字排開，用致命火力迎接入侵者。[487]

第三階段：國土防衛

雖然上述的阻絕戰術全部失效的機率不大，但要是不幸成真，解放軍部隊真的展開登陸，國軍將領就會實施固安計畫的最後階段：國土防衛行動。

這項行動的內容包括在岸邊擊潰兩棲部隊，以及在飛機著陸點驅逐解放軍空中部隊，過程中，陸軍火砲和直升機部隊會砲火齊發，盡力消滅敵軍登陸艇，而存活的空軍戰機和海軍船艦則會從旁支援。步兵會駐守設有防禦工事的海灘、空軍基地及港口，而快速反應部隊則會包圍並掃蕩駐紮點，最後，包括精銳部隊和海軍陸戰隊在內的高階地面部隊，也會加入這場早有預備的國土防衛戰。[488]

表九：聯合阻絕行動的順序

敵軍動態	攔截部隊種類	預期攻擊目標
於中國沿岸地區集結並裝載兩棲艦艇	自地面及水面發射之巡弋飛彈（雄風 2E）	戰略（政治敏感）目標、指揮部、電力
	配有聯合遙攻武器之戰鬥機（F-16、IDF）、魚叉飛彈、小牛飛彈等	飛行場、港口船艦、地面交通基礎設施（鐵路及陸橋）、後勤設施（油庫）、雷達
	彈道飛彈（雲峰、天弓 B 型）	戰略（政治敏感）目標、指揮部、電力
	特種部隊（蛙人）	港口設施、雷達、指揮部、橋樑
	反輻射無人機	預警雷達
橫渡台灣海峽	自戰機、船艦、潛水艇、陸地基地發射之反艦飛彈（魚叉、雄風二號、雄風三號）	大型兩棲戰艦、護衛艦、掃雷艦

艦艇下錨、部隊換乘	多管火箭系統（雷霆 2000）	兩棲戰艦、護衛艦、掃雷艦、氣墊船、直升機
艦艇下錨、部隊換乘	戰鬥直升機（AH-1W 超級眼鏡蛇）	兩棲戰艦、護衛艦、掃雷艦、氣墊船、直升機
艦艇下錨、部隊換乘	戰鬥機（F-16、IDF、幻象、F-5 系列）	兩棲戰艦、護衛艦、掃雷艦、氣墊船、直升機
艦艇下錨、部隊換乘	巡防艦（派里級、諾克斯級、拉法葉級）	兩棲戰艦、護衛艦、掃雷艦、氣墊船、直升機
艦艇下錨、部隊換乘	隱身護衛艦（沱江級）	兩棲戰艦、護衛艦、掃雷艦、氣墊船、直升機
艦艇下錨、部隊換乘	飛彈艇（光華六號）	兩棲戰艦、護衛艦、掃雷艦、氣墊船、直升機
搭乘登陸艇逼近海岸	火砲（203、155、105 公釐榴彈砲、120 公釐迫擊砲）	登陸艇、兩棲坦克
搭乘登陸艇逼近海岸	戰鬥直升機（AH-64E 阿帕契）	登陸艇、兩棲坦克
搭乘登陸艇逼近海岸	多管火箭系統（工蜂四型）	登陸艇、兩棲坦克
搶灘並突進內陸	戰車（M60A3、M48H）	登陸艇、兩棲坦克、推土機、將領、戰鬥工兵、步兵
搶灘並突進內陸	裝甲車與戰車（M48A3、M41、CM-32 雲豹）	登陸艇、兩棲坦克、推土機、將領、戰鬥工兵、步兵
搶灘並突進內陸	攜帶反坦克飛彈（FGM-148 標槍飛彈等）之步兵	登陸艇、兩棲坦克、推土機、將領、戰鬥工兵、步兵
搶灘並突進內陸	配備反裝甲飛彈（BGM -71 TOW 等）之悍馬車	登陸艇、兩棲坦克、推土機、將領、戰鬥工兵、步兵
搶灘並突進內陸	狙擊手	登陸艇、兩棲坦克、推土機、將領、戰鬥工兵、步兵
搶灘並突進內陸	火砲掩體、機槍掩體、迫擊砲坑、榴彈發射器	登陸艇、兩棲坦克、推土機、將領、戰鬥工兵、步兵

* 此表內容皆為預測，僅作為說明之用，資料來源為中華民國與解放軍事評估報告。

地面克敵制勝

Z日當天究竟會出現哪些狀況，沒有人能事先預測，但中華民國陸軍已經對此擬定縝密計畫。根據研判，解放軍第一波坦克和部隊在登陸預定的海灘時，是分散為好多股小型營級部隊的規模，每一股兵力都大約五百人。當解放軍剛登陸上岸或即將突破海灘障礙物之際，或者已打到國軍最前線陣地的防線前方，則估計在四十至六十分鐘內，解放軍部隊就會遭到國軍火砲猛攻，或者機械化部隊的剿滅。這場浴血戰將會長達好幾個小時，雙方殺紅了眼奪取海灘或鄰近區域的控制權。要是台灣部隊無法將敵軍登陸部隊逼回海上，就得回到基地重新集結，然後再次出擊，一方面包圍並摧毀兩棲坦克，一方面從海灘兩側開火擊退敵軍。[489]

此時國軍已經知道解放軍主力登陸部隊欲往何方突入，因此會在下午或終昏發動第二波逆襲。這波反擊的規模預計相當巨大，而且會從各方向朝解放軍灘頭陣地連續進攻。這波攻勢將由國軍陸軍在地指揮部發動，派遣裝甲及機步旅進入狹長的沿岸區域——此時這裡可能已經擠滿了師級規模的解放軍，每支隊伍約含一萬人。[490]假設內陸道路可以通行，那麼來自其他區域的國軍裝甲及機步旅更將湧入戰區；只要哪裡的逆襲攻勢減緩下來，增援的部隊就會投入。同時，大型聯合部隊也會蓄勢待發，準備發動一場大規模夜戰。

必要時，抗侵計畫還會發動第三波反擊，也是整場戰爭的高潮與結尾。根據預想，解放軍在Z日當天守住了登陸灘頭堡據點，又從海灘登陸區域朝向鄰近機場和海港擴張，以利後續的解放軍部隊不斷上岸。此時深夜時分已來臨，第一波的解放軍登陸部隊先花了不少時間渡海，上岸又碰到連續的可怕血戰，這個時候他們力氣放盡，彈藥存糧也逐漸消耗完畢。即使解放軍依舊能讓更多部隊在夜間接續登陸，登陸步調也不免趨緩。這時，解放軍部隊裡只要外露一絲絲光線，就會引來盤踞於鄰近山區高地的國軍火砲狂攻；但若要解放軍摸黑移動，又可能會踩中遍布海灘的地雷和障礙物，危機依舊不小。此外，夜間的潮汐狀況有可能一變再變，甚至戰場天氣也都跟著變化。

Z加一日清晨迷濛，爆炸和火焰映出了人員裝備的影子。國軍快速反應部隊（海軍陸戰隊六十六旅與九十九旅）、裝甲部隊、自走砲及戰鬥直升機紛紛從山區和城市現身，成千上萬的步兵也像海嘯一般向入侵者直撲而去，[491]從空中，國軍傘兵或搭乘黑鷹直升機進行機降的部隊出現了，就在倍受震撼的解放軍頭頂。此外，擅長夜戰的特戰部隊會由陸、海、空三面背襲解放軍，其他部隊也會從隧道及都市內掩蔽所傾巢而出。至於仍然存活的戰鬥機、戰艦與潛艦也突然出現在登陸船隊較弱的側翼，凡是停泊於離岸及沿岸區域的解放軍船隻，都會被台灣的部隊轟個粉碎，連帶引爆堆疊於海灘上的彈藥與燃料。戰場上只見火光四射、煙霧漫天。[492]

日出時分，戰事達到最高峰。此刻沿岸及海面上的解放軍指揮部已被擊毀，大量解放軍的坦克、火砲及防空砲現在冒著白煙，成了殘骸。許多解放軍被逼入海中沒頂，有些因為吸入化學工廠及油庫起火而生成的有毒煙霧，失去了生命。剩下的不是投降就是被俘，預期傷亡人數相當可觀。多數解放軍船隻會被擊沉，只有少數幸運兒逃出生天，負傷返回自家港口。中國東南地區隨後將陷入混亂，北京當局也會展開清算，同時全中國的通訊網路相繼中斷，預示著一場政權轉移風暴。

當最壞的情況發生

以上是侵略行動的可能結局，但並不是唯一可能。如果解放軍在Z日前的攻勢夠凌厲，台灣的總統、政治顧問與高階將領（即國防部參謀本部）或者死了，或者被困在與外界斷絕聯繫的掩體內。要是連指揮部掩體及機動指揮部都不幸被擊毀，國軍的反擊行動變成群龍無首，台灣的部隊也會分崩離析，只能各自獨力作戰。假設國軍直升機和戰機全數被滅，船艦和潛艦連一艘都不剩，路況也無法讓戰車和裝甲戰鬥車輛通行，登陸區域就等於門戶洞開，讓一波又一波的解放軍部隊不斷登陸。雖然憑藉大批在地步兵支援，台灣特種部隊或許仍然能對敵軍發動犀利攻勢，可是解放軍或許會出動戰鬥直升機與對地攻擊機，用砲火和飛彈徹底掃蕩台灣的地面部隊。除此之外，防守部隊在白晝之下還會被艦砲和空中攻擊所威脅。[493]

為了因應上述慘況，抗侵計畫研擬了一套慘烈的消耗戰策略，準備在工廠區及住宅區的水泥建物斷垣殘壁間展開。台灣的地面部隊一旦無法在沿岸戰場獲勝，就會撤回都市與山區之間的防線，也是主要交通幹道與重要關口的所在地。平民軍人向後撤退時，會一併將橋樑、隧道、補給站、燃料庫、停機坪以及所有對敵軍有利的建築全數摧毀。這支部隊會在不同防禦工事之間穿梭集結，為激烈的馬拉松持久戰做好心理準備。他們或許無法影響空中或海上的戰局，但能選擇熟悉且易守的陸地區域進行防禦戰。[494]

這個階段的作戰目標，在於阻止解放軍攻佔島內的重要據點，同時守護後方的安全區域，讓後援部隊能順利集結並投入前線作戰。台灣軍隊能做的除了作戰、移動、等待，還是作戰、移動、等待。當敵軍層層逼近首都，有些防禦部隊會躲入地底的捷運站或地下停車場再進行反擊，或者會躲在天橋下發動攻擊，[495]其他部隊可能會在都市街道上打，不斷於建物之間變換陣地；有些部隊會在叢林裡打，在山區裡打。[496]他們每個人心裡的共同期盼，就是美軍（及／或日軍）動用其空軍及海軍優勢武力封鎖海峽，讓上岸的解放軍無法獲得後援。[497]

曾經有一任中華民國國防部長說，固安計畫預估中華民國國軍在毫無外援的情形下，能獨力戰鬥至少三十天。其他歷任國防部長則表示，美軍應能更早出動，慢則於開戰後二十一至二十八天內，快則於兩週內就會抵達台灣。他們相信，國軍在開戰之後的頭幾天就全面潰敗的機率不大，但要是真正發生，代表高層政治首長、軍事將領已經殉職或失能，制空權喪失，全體軍民士氣隨之徹底瓦解。這種可怕的悲觀局面，究竟會從Z日開始發生，還是自敵軍戰前威嚇時就開始醞釀，目前仍不得而知，不過後者的可能性較大。[498]事實上，並不是台灣全體國防界人士都認為要打勝仗必須靠美軍，有些將領甚至持樂觀態度，認為台灣有辦法獨力對抗解放軍。雖然整體而言，多數國軍將領認為美國空軍及海軍是不可或缺的助力，但他們也對台灣的實力信心十足，相信必要時自家軍隊仍舊能獨自擊退解放軍。[499]

中華民國軍事研究人員曾採取先進模型技術，模擬出遭敵軍入侵的最壞局面。在一次電腦兵推當中，先假定解放軍在開戰後十二天內完全掌控電磁戰、空戰及海戰，而且在Z日當天讓三個集團軍（十萬五千人）在台灣西岸各個登陸點登陸（多半是桃園、台中及台南），替押後的大批部隊開路。研究小組還預設，中華民國陸軍在戰前正遭逢預算被刪減，而且解放軍成功達到了徹底的戰略奇襲，亦即Z日之前台灣沒有動員後備軍人。最後，小組還假定台灣的交通運輸電力會因為敵軍轟炸而癱瘓，導致防禦部隊無法在島內移動相互支應。在完成上述預設之後，台灣能動用的部隊人員僅剩下九萬八千人，而且平均分散在三個不相連的指揮部間。儘管研究人員做出許多天馬行空的假設，在十八次模擬測試中，台灣仍然有十七次能夠在Z加八日逼退敵軍。至於失敗的那一次，則是台灣北部經歷慘絕人寰的血戰，於Z加四十五日失守，而中部與南部依舊頑強抵抗中。[500]

不過，模型模擬技術仍有其極限，台灣戰略研究人員和將領也一再提醒，模擬戰爭既不可靠也不具預測力，尤其是極為複雜的都市戰，不但往往超出模型預測，更會讓軍事級超級電腦當機。當變數以指數方式無限增加，程式自然不堪負荷，光是要模擬Z加一日的戰局，研究人員就必須鼓起勇氣冒險測試，還得同時簡化程式碼。其實，到時的局面會如何演變，我們完全無法事先得知。澎湖群島及其他外圍島嶼能撐多久不失守？敵軍的封鎖和轟炸威力究竟有多強，又會持續幾天？解放軍實施封鎖和轟炸後，會有多少部隊在Z日當天與之後成功登陸？解放軍的登陸行動能延續多久？面對敵軍全員入侵，防禦部隊能在美軍未介入的情況下撐多久？日軍是否會派出艦隊與空中部隊參戰，或者以其他方式支援台灣？其他民主國家是否會加入戰局解救台灣，還是會因為畏戰而袖手旁觀？

對於解放軍能選用的作戰方法，台灣軍事分析師已經周密檢視了各種可能性，並研判敵軍就算成功登陸台灣，恐怕也撐不了太久。在解放軍方面，戰略人員完全明白作戰計畫會牽涉許多複雜問題，他們雖然希望地面部隊能加快腳步順利登陸，但也擔心戰局拖得太長。在解放軍看來，台灣政府和軍隊一旦面臨緊要關頭，很有可能會鐵了心奮戰到底。[501]

假設台灣的銅牆鐵壁被敵軍成功突破，後續情勢會如何發展，則得看當下的時空條件而定。事實上，許多戰局變化不但和運氣與決心息息相關，也同樣取決於計畫和事前準備，而美國與盟軍未來幾年的行動方針，更會大幅決定局勢會往戰爭或和平演進，以及雙方的侵略和存亡狀態將如何變化。

第7章

如何避免戰爭：美國在亞洲的戰略

只要力有所及，我一定會設法避免疾病，因爲預防勝於治療。

——希波克拉底誓詞

人腦有種奇怪的缺陷，讓人類可以住在巨型水壩的下游，卻不太擔心水壩後方的水位正慢慢上升，水壓逐漸蓄積，水庫的水泥壁面也在逐漸龜裂。人們在這種環境下照樣過著日常生活，至於災禍在一霎時臨頭這件事，大家都不會去想像，反正大難當頭再說——彷彿認為「時間磨耗了水壩的強度」是積極的好事，而非令人憂心的徵兆。

假若災難不幸發生，同樣的大腦缺陷會讓倖存者將一切都歸咎到觸發災難的事件上，認為是事前無法預見的工程缺失、地震，或暴風雨，才會造成水壩潰堤。但人們理所當然般忽略了真正令人憂心的事實：只要沒有好好維護，任何水壩遲早都會倒塌。

許多台灣海峽「閃燃點」的觀察者，就像緩緩崩壞的水壩下方居民一樣，他們都相信，只要沒有觸發衝突的事件，災難就永遠不會到來。最常被提及的這類事件，就是台灣直接宣布法理獨立。直接引爆戰爭的原因雖然很戲劇、很容易看見，但比起原本就不穩定的情勢與棘手的政治問題，其實並不重要。以當前的臺灣為例，不管華盛頓與台北怎麼做，最終可能都無法避免戰爭衝突。任何懷柔北京的手法，與任何尋求國際社會承認臺灣的努力，都可能更讓北京傾向開戰。水壩很可能遲早都會屈服在壓力下，終有潰決的一日。

自一九四九年起，台灣海峽就隔開了兩個國家，那就是中國（中華人民共和國）與台灣（中華民國）。兩者間的鴻溝隨著時間日益加深，而且還將持續擴大。在很長一段時間裡，北京和台北都聲稱世界上只有一個中國（雖然與事實不符），且自身為中國唯一合法的代表。到現在，只剩下中國這一方還堅持這個立場。中共為了解決台灣問題，開始大規模擴建軍力，但同個時間美國卻分心處理世上其他地方的事件，任憑自己在太平洋的軍力停滯。中國處心積慮就是要取得台灣，這樣就可取得東亞及西太平洋的支配權，可是美國歷屆領袖對這個現象並沒有認真面對。如果這裡的局勢按現狀持續下去，如果美國繼續表現出一副萬事太平的樣子，那麼風險將繼續升高，直到連最輕微的擾動都可能觸發一連串事件，使得累積七十年的敵意一次爆發。

至於引爆的原因，很可能是一場意外，或一個無心的行為；行動的一方可能沒有惡意，卻被另一方解讀為敵對行為。日後的歷史學家可能會把這個事件詮釋為壞事一件，或甚至沒人知道實際上到底發生了什麼事。就像第一次世界大戰一樣，儘管歷經一個世紀的爭論，但一戰真正的起因至今仍是眾說紛紜。

所以，為了因應這種瘋狂的時刻，就需要一個防禦計畫。但是計畫本身的作用有限，重要的是在水壩潰決時，必須做好準備——這正是本書到現在一直在探討的重點。或許，還有一個更好的對策，那就是找出強化水壩、減輕壩體壓力的方法，而這正是本章主旨。

美中未來是否注定衝突

雖然願意坦然承認的人不多，但美國和中國的環太平洋霸權爭奪戰其實正打得火熱，而且這場戰略競爭很可能既長又激烈。[502]美國戰略家安德魯・馬歇爾（Andrew Marshall）、羅伯・卡布蘭（Robert Kaplan）及艾隆・弗瑞博格（Aaron Friedberg）早在十多年前就開始預言這場霸權之爭。[503]他們很早就察覺美、中競爭背後的強大動力，而情勢發展證實了他們的先見之明。二〇一六年二月，時任美國國防部長艾希頓・卡特（Ashton Carter）宣佈，強權競爭已重新成為五角大廈的最高優先事項，而且將決定未來二十五年的情勢發展。[504]同月裡，美國太平洋司令部司令哈利・哈里斯上將（Harry Harris）對參議院軍事委員會提出警告，表示中國正尋求東亞霸權。[505]

他們直言不諱的評估，讓許多人大為意外。在華府權力圈中，一直很忌諱用誠實、公開的態度討論美國與中國之間的競爭。雖說如此，但兩人的意見卻堪稱恰當，且從戰略角度而言也相當正確。當我們面對極度敏感的全球議題，第一步就是要承認問題存在。在核子年代中，強權間的衝突是絕對必須避免之事，而從過去的經驗看來，最可能招致戰爭的做法，就是嘗試去掩蓋那些令人不愉快的事實。我們面對強橫壓迫的時候，如果只拿得出來逢迎與沉默，那只會更讓北京的行為變得理所當然。

美國與中共的政治系統與國家利益，從根本上就互相對立。美國雖不是完美的民主國度，但美國仍然為全世界各地渴望代議政府、渴望司法獨立、渴望享受市場經濟帶來的自由與尊嚴的人，提供了極大的啟示。相較之下，中國所有權力都由中國共產黨一手把持，這個黨不必接受選舉檢驗，它的過去紀錄又令人疑懼。[506]從美國國務院的年度人權報告即可清楚看出，中國是個高度專制的政權，而且至今仍持續壓迫中國人民。[507]

中共治理上的失敗已經夠糟了，他們又不願採行真正開放的市場經濟，且扼殺了創新，因此把治理的問題弄得更複雜。儘管中共有些改革備受稱道，但中國經濟主要仍是透過共產黨控制的公司來運作，因此中國只能說是重商主義國家，不算真正的資本主義國家。[508]中國根本瞧不起以美國為首的國際經濟秩序，想盡辦法在貿易、金融上百般破壞或扭曲既有規則，它做不出來的東西就用偷的。權威研究指出，中國的經濟實力有極大部份來自它先對國外頂尖企業提出承諾，表示中國有廣大市場，引誘這些外資進入中國。等外資企業上鉤，中國的國有企業往往強行奪走外資企業在中國的資產，或逐漸竊取其智慧財產，破壞外資公司的市場競爭力。[509]

未來注定會是強國競爭的局面，而造成這種局面的原因，除了中國令人不安的政治、經濟作風，還有美國的因素。基本上美國總統都是務實派，為了方便起見，通常都願意暫時忽略意識型態的差異。可是追根究柢就會發現，中共才是真正的問題根源。[510]中國領導層近期挑起了對日本、南韓、菲律賓的緊張情勢（通通都是美國的盟友），又對民主國家印度（美國的維安夥伴）挑起國界衝突；還容許核武擴散至北韓、巴基斯坦、伊朗。[511]要看清楚一個人的真面目，只要觀察他過去做過哪些事；紀錄是騙不了人的。也正因如此，信評機構才會完全依過往的歷史資料來打出信用評等的分數（信評機構預測未來財務行為的準確度，高到驚人）。我們若從北京的過往紀錄看來就知道，有越來越多的地緣戰略問題將會導致美中衝突。

華府曾試圖與共產黨領袖合作，想要將中國塑造成一個負責任的國家。但這個想法已經觸礁，未來也不可能收到多大效果。北京的精英份子認為，美國敵視中國重振國威的意圖，而且不管其他國家是否對中國釋出善意，反正中國就是要持續進行對抗。[512]中國的決策向來就受到病態的反美情緒影響，但在當前中共總書記習近平任內，情況更是大幅惡化。[513]

他的認知似乎有問題，例如他對美方行動採取極端多疑的解讀、他的意識形態趨近鷹派，而且背離現實。[514]更糟糕的是習近平已進行了一波肅清黨內精英同志的血腥行動。鄧小平在一九八〇年代發展出來的集體領導模式雖然有重大缺陷，但至少還可牽制或平抑過度極端的決策。現在這些內部限制已經被習近平清除了，恐將帶來巨大的風險。

美國政府也沒有投入必要的資源來廣泛收集、翻譯、分析、傳播中國國內的文件著作或講話集，因此華府對中國官方的世界觀只有片面的理解，對中國政壇的勢力變遷了解更是有限。由於缺乏理解，有太多美國人誤以為中共運作的方式基本上與美國相似，但事實上，在所有關鍵處，如政治、經濟、軍事上，兩國都截然不同。[515]正因如此，中國的行徑才常常讓西方觀察者一頭霧水，也正因如此，儘管官方長久以來不願承認此事，但兩國的戰略對抗勢將持續。

回顧過去就可知道未來

為了更了解未來局勢如何發展，我們必須先從過去回顧起。美國加入第二次世界大戰前，舉國上下都害怕納粹德國與軍國主義日本，但因為美國抱持孤立主義，因此實際上接觸少，衝突點就少，唯有在敵人攻擊到美國本土的時候，才能將美國拖入戰爭。而後來，果真也發生了日本偷襲珍珠港。

二戰之後的冷戰，使得美國在全球安全事務上的責任與利害迅速擴張。從朝鮮半島到柏林，古巴到越南，阿富汗到格瑞那達，美蘇對抗與代理人戰爭隨處可見。蘇聯於一九九一年瓦解後，對美國及其他民主國家來說，這個世界變得更安全了，也不必擔心強權衝突導致核戰夢魘了，因為已經沒有其他國家擁有足以匹敵美國的軍力。可是，中國整軍經武二十年，現在成了挑戰美國的新對手，隨之而來的戰略佈局也創造出新的「閃燃點」。

在全球所有火藥庫中，台海是最可能發生戰爭、戰況也將最為激烈之處。[516]中國的態度很清楚，它最主要的外部目標就是建立起一支壓倒性優勢兵力，以武力征服台灣，必要時更可摧毀以美國為首的多國聯軍。[517]中國的戰略家特別重視台灣，因為共產黨的精英階級缺乏安全感，將台灣政府視為是中共政權的重大威脅。他們之所以這麼討厭台灣，因為對全球華人而言，台灣是自由的典範。[518]因此解放軍把進攻台灣當成關鍵任務，建構軍力時更是以這場未來的台海戰爭為目標。[519]

兩個要戳破的迷思

若想要真正理解未來可能的台海戰爭，首先得先戳破部份迷思。台灣終將因兩岸貿易關係加深，而被拖入中國軌道，這點或許是各界公認的常識。[520]但在台灣土地及街頭的實際情況卻相差甚遠。台灣人極為看重他們辛苦贏得的自由，對國內興盛的民主感到驕傲，而他們的確有理由驕傲。台灣人，正如日本人或澳洲人，都不可能願意犧牲自己的領土主權，以求換取經濟利益。儘管中台雙方實力懸殊，但台北與華府關係密切，意味著不管在經濟或其他方面，台灣都不須向北京的脅迫低頭。[521]

另有一個囂塵上的迷思：美國會出賣台灣。事實恰好相反：美國不太可能出賣台灣。[522]美國已經把對台灣的承諾，明文載入〈臺灣關係法〉中，[523]而這個法律的牢固基礎，是美國的國家利益。的確，華府有一派人士深信，如果中、台開戰，時間只要拖下去，那台灣必敗。但無論是從台灣或從美國本土安全看來，他們的假設都並不聰明。自尼米茲上將（Chester Nimitz）與麥克阿瑟將軍（Douglas MacArthur）以降，所有專業戰略家都承認台灣為亞太要衝，[524]地居世界上最繁忙的海運與空運要道旁，位在第一島鏈正中央，是牽制中共軍力的防禦壁壘。[525]

美國眼前雖沒有將台灣當成美軍基地，但美國卻想確保台灣是在一個友美的政府手中。台灣若是淪陷，日本、南韓、菲律賓也將無力抵抗海上封鎖與空襲。因為這個理由（加上其他諸多因素），中共若有任何想要奪取台灣控制權的舉動，幾乎必定會被視為侵犯美國核心利益，必須以任何必要手段排除，包括武力在內。

避免戰爭，才是最大的戰略勝利

一般人談到中共崛起，都會想到中國在南海的擴張以及伴隨而來的中共海軍軍力大增，但在未來的歲月裡，真正會讓五角大廈官員失眠的問題，恐怕還是中共對台灣的威脅。[526]美國知名防禦議題智庫蘭德公司在冷戰時期曾主導了美國對蘇聯的戰略，該公司近年多次警告，解放軍現代化之後將威脅美國，尤其是在兩岸全面開戰的想定下。[527]台灣軍隊仍然強大，但與迅速擴張實力的共軍相比，台灣整體戰力仍可能黯然失色，導致未來遭進攻的風險提升。[528]除非台灣的自衛能力突然大幅滑落，或是美軍在亞洲的軍力普遍轉弱，否則在可預見的未來裡，由台灣直接自我防衛仍是有價值的手段，但前提是華府與台北必須更密切合作。[529]

蘭德公司研究顯示，中國大舉投資太空戰、資訊戰武器、傳統彈道飛彈、巡弋飛彈、隱型潛水艇及戰鬥機，因此美國更可能輸掉下次戰爭，或至少無法阻止戰爭爆發（發生戰爭，就是戰略上的最大失敗）。因此如果要避免開戰，維持有利的台灣海峽武力平衡絕對是必要事項。[530]中國軍力提升可能帶來毀滅性的後果，就算未來美國與盟友有能力打贏台海之戰，**更佳的策略應該是一開始就多盡一點努力，避免衝突爆發。**

放眼未來

未來數年裡，各界仍將激辯什麼才是阻止中國對台動武的最佳對策，這種激辯是有原因的。亞洲及其他地區能否維持和平與繁榮，全繫於美國有沒有能力因應台海衝突。某些學者主張捨棄台灣，冷酷地把台灣拿去交換其他利益，彷彿台灣只是一疊撲克籌碼。[531]但這些人的看法會被華府的決策者拋在一旁，因為華府知道，「中台衝突」與「亞太區域地緣政治」這兩件事密不可分，而美台利益也有重疊之處。[532]

台灣極為重要，不光是因為其地理位置，更是因為它與美國擁有相同的自由價值觀，也是美國重要的貿易夥伴。[533]華府的中國外交官常主張中國是大國，台灣只是蕞爾小島，因此和中國維持建設性的關係更加重要，在台灣問題上妥協也合乎美國利益。這種論調根本大錯特錯。在自由、人權及治理品質上，台灣遠勝過中國。經驗已多次向美國高層決策者證明，擁有共同民主價值觀的國家才是最好的夥伴，才值得美國協助其防務。共同的價值觀可以創造共同利益，這是在面臨全球挑戰時攜手努力的基礎。

作為國際社會中負責任的一員，台灣本身即具價值。此外，台灣還是美國第十大貿易夥伴，排名在沙烏地阿拉伯、義大利、巴西之前。[534]台灣也長於研發、設計、生產高科技產品，而高科技產品更會大幅帶動美國經濟。積體電路（或微晶片）是手持裝置及電腦的大腦，而我們所知的全球晶片生產業是由台灣在一九八〇年代所發明，這個高科技的島國目前在全球供應鏈仍居極重要的地位。中國正快速迎頭趕上，恐將對全球硬體安全造成重大威脅。[535]美國需要台灣來作為「矽盾牌」，避免敵手控制並操弄攸關明日的科技。[536]

華府長久以來的戰略都不夠明確，搞不清楚自己到底需要哪些條件才能與中國有效競爭，甚至搞不清楚是否美中之間存有對抗。從一九七〇年代起，許多美國外交政策精英便理所當然地認為中共應該是美國最重要的事，而華府需要北京的協助，一開始是攜手對抗蘇聯，後來是為了進入中國市場，近期則是為了爭取夥伴因應全球議題，如北韓、恐怖主義、核武禁運、氣候變遷等。這種看法，在那些認定美國正在衰落、專制中國終將崛起的人當中，更是風行。在那些人眼裡，美國的最佳選擇就是從弱勢地位爭取「最划算交易」，亦即把中國的崛起侷限在中方自身利益相關的範圍內。這個緩兵之計，就像當年美國曾經對蘇聯用過（而且失敗）的一樣。[537]歷任美國總統受到這種喪氣觀點影響，有時往往不惜重本只求討好中共高層。這種在戰略上過度重視美中關係的傾向，不必要地削弱了華府對北京談判的立場，也損害了美國建構長期戰略的努力。

無法樂觀看待中國崛起

對於中國興起，成為戰略競爭者一事，美國雖抱著相對樂觀的看法來因應，但這心態越來越不適用於陸續發生的事件。過去十年來，中共已經顯露出不少跡象，暗示未來將是多事之秋，但華府依舊打著維持中美關係的旗號，不是淡化就是選擇無視。第一記警鐘在二〇〇七年一月十一日響起，當時中國發射彈道飛彈，摧毀了在低軌道運行的目標衛星。[538]本次飛彈試射之後，中國又進行了數次實驗，凡此種種均清楚顯示：中國打算將軍備競賽帶入太空，並在衝突時摧毀美軍的耳目（衛星）。[539]另一個警訊發生在二〇一〇年，當時中國部署了全球第一座反艦彈道飛彈，這種武器顯然足以瞄準航空母艦，也就是美軍艦隊的王者。[540]其後數年不管是在外交或軍事上，都還有許多令人不安的發展。[541]

令人吃驚的是，許多美國「中國通」都對這樣的發展視若無睹，反而緊抓住虛假的期待，認為經濟上的彼此依賴、軍事對軍事的交流，以及外交上的優惠待遇可以換回中國的信任，使中國變得更友善、更願承擔國際社會責任。這些中國通往往強調，若不依他們的建議行事，可能會誤解中國，導致衝突，造成緊張情勢迅速升高。但近年來美方在謹慎立場下已經盡量試行他們的建議了，卻完全未能緩和中共無情的鬥爭本能。美方希望避免風險、息事寧人的態度，如果有帶來任何結果的話，只能說這個結果是讓北京膽子越來越大，動作越來越硬。[542]

美國國務院前東亞助理國務卿科特・坎貝爾（Kurt Campbell）意識到未來的風暴正在成形，因此在歐巴馬政府的前幾年內，將政策主軸放在亞洲戰略。[543]這個政策日後又被稱為「再平衡政策」，受到美國亞洲盟友與夥伴的熱烈歡迎。美國國防部也提出政策，正式設立新的「海空整體作戰室」（Air-Sea Battle Office）。這個舉動大受肯定，因為許多人早已認清，必須發展新的作戰概念，才能因應中國軍力威脅升高。[544]可惜興奮未能持續太久，歐巴馬總統在二〇一三年更換內閣成員，原來的政策也隨之停擺。新的外交政策團隊聚焦中東、歐洲與氣候變遷，讓備受期待的原政策就此蒙塵。亞洲政策，尤其是對台政策，就這麼被拋到一旁。[545]

二〇一五年美方遭遇數項重大戰略挫折。首先是中共在南海建造了一串巨型人工島礁，聲稱該區相當於中國的一省。原本各界已在努力將國際法機制導入南海問題，以便解決汶來、印尼、馬來西亞、菲律賓、台灣、越南等國之間的爭議，降低武力衝突可能性。中國這個令人震驚的舉動一出，使得前述努力完全被打亂。[546]接著又發現中國情報人員滲透了敏感的電腦系統，竊走大量美國聯邦政府公務員、或家人為聯邦政府工作的人之身份資料（包括指紋），受害人數超過兩千萬人。這個事件，讓美國軍方、情報單位及承包商在他們最珍貴的資產上（亦即人才），喪失了難以估計的巨量機密資料。[547] 在那之後不久，習近平在北京舉行了一場耀武揚威的大閱兵，展出了數項新武器系統，包括中程彈道飛彈，射程足以攻擊美國領土關島——美軍在西太平洋的戰略樞紐。[548]

表十：中國挑釁行為略舉；2005-2015 年			
時間	事件	牽涉國家	細節
2005 年 3 月	反分裂法	中共、台灣、美國	中國通過法律，意圖在所謂「紅線」被跨越時（但紅線定義相當模糊），合理化對台（及對美）攻擊。
2005 年 8 月	中俄舉辦首次聯合軍事演習	中、俄	中俄舉行冷戰以來首次聯合軍事演習「和平使命 2005」，演習內容似乎為進攻台灣的模擬。
2007 年 1 月	反衛星飛彈實驗	中共、美國、其他國家	中國成功進行反衛星飛彈實驗，留下大批可能危及國際太空站及美國情報衛星的殘骸。
2009 年 3 月	無瑕號碰撞事件	中共、美國	中國海軍於公海上騷擾未武裝的美國海洋監測船。
2010 年末	反艦彈道飛彈部署	中共、美國	中國火箭軍部署世上第一座反艦彈道飛彈，為專門設計的武器系統，可射擊美國航空母艦在內等艦艇。
2011 年 1 月	隱形戰機測試	中共、美國	中國於美國國防部長羅伯·蓋茲（Robert Gates）訪問北京之際，公開隱型戰機原型。

2012年4至7月	黃岩島佔領事件	中共、美國、菲律賓	中國未依與美國議定之協議停止該區對峙，並非法佔領接近菲律賓的島嶼。
2013年11月	中國宣佈設立防空識別區	中共、日本、美國、台灣、南韓	中國未事先通知其他國家，逕自宣佈劃定東海防空識別區。
2013年12月	美國考本斯艦事件（USS Cowpens）	中共、美國	中國戰艦試圖於公海上衝撞美軍導彈巡洋艦
2014年7月	環太平洋軍事演習間諜船事件	中共、美國、其他國家	中國參加美軍領導的環太平洋軍事演習，中方雖已派船艦參加，但仍派出未受邀請的監視船至夏威夷附近的演習地點。
2015年春天	南海填海造島行動	中共、美國、其他國家	中國於南海展開快速造島，將該國際海域主權爭議軍事化。
2015年6-7月2015	身家調查資料遭駭事件	中共、美國	中國情報單位駭入身家調查資料檔案，約2,200萬名美國人資料外洩。
2015年9月	北京閱兵	中國	中國於北京舉行大規模閱兵，公開「關島殺手」DF-26彈道飛彈，及其他可運送核武的先進搭載系統。

隨著北京動作頻頻，華府卻無所作為，亞太盟邦及夥伴對美國的領導能力逐漸失去信心。布希及歐巴馬政府雖找到了數個有利的談判出發點，卻未做出足夠的努力來因應實際情勢變化。「強硬的語言」加上「疲弱的行動」，是個極為不妙的組合，而台灣受創尤深，因為台北沒有其他可依靠的維安夥伴，而且受到的威脅也最深重。台灣官員失望地發現，華府不願意出售新型戰鬥機、戰車、無人機及驅逐艦給台灣，[549]連美方在二〇〇一年承諾過的柴電潛艦最後也未能到手。[550]白宮害怕引發北京不悅，只願提供給台灣與美國售予墨西哥同型的裝備。[551]更令台灣難堪的是，台灣人眼睜睜看著美國軍艦在中國海港四處停靠、訪問，然後全速駛離台灣附近海域，彷彿台灣是個治理失敗的國家，而非友善的民主繁榮國度。[552]

二〇一六年台灣總統及立法院選舉出現了一面倒的結果，由此可見台灣人民的心聲。他們選擇了蔡英文博士，一般認為她對中國的立場強硬，較為親美，因此未來可望與華府維持較佳關係。[553]在此同時，台灣人民亦選擇了民進黨，其政策平台要求振興本土的國防工業——這是在美國失能的狀況下，所做出的務實避險考量。[554]不管過去的長期盟友是否出手相助，台灣政府希望取得防衛能力的目標都不會改變。這意味著，台灣這個過去二十年來一直遭到忽視的島國，即將躍入美國地緣政治視野的中央。若說本世紀的權力競逐將圍繞著美中太平洋霸權爭奪戰進行，那麼台灣就位在風暴的中心。

未來戰略概貌

展望未來，美國在亞洲的外交政策有一個重大隱憂，那就是台灣這個地處地緣政治要衝的民主國度可能遭入侵。從華盛頓到火奴魯魯、東京到坎培拉，每個政治領袖和軍官都該自問：「要是中國進攻台灣，我們該怎麼辦？」更重要的問題是：「我們此刻的作為，會讓中國更想發動這場大規模衝突，還是更不想發動這場大規模衝突？我們能阻止北京破壞和平嗎？」

美方戰略家光是思考美軍是否有能力參戰、能否打贏，這樣還不夠。還必須從對手眼中看待這場戰爭，才能採取行動，讓戰爭的吸引力下降，有效誘使或迫使對手放棄開戰。台海戰爭的問題不太可能消失，而且只會隨著時間過去日趨緊張。因此從長期戰略競爭力的角度來看待此議題至關重要。向來美國的外交政策如果訂有明確目標，而且可以長期持續，那收效一定最佳。目前這兩點在台海都欠缺。在「打造有利美國的亞洲戰略前景」這件事上，美國做的努力不夠。

美國不可要求其盟國表態選擇中國或美國

美國的反應太過遲緩，未能及時承認並接受中共已是其主要戰略競爭對手，也是當今世界最危險的動盪之源。當務之急是在美國處理亞洲議題的態度上反映出美中關係的本質就是競爭，而且戰場及於政治、經濟、國防。[555]未來較佳的對中政策應該納入三大主軸：第一是由外部抵抗中國的擴張主義，尤其是與中、日、南韓、菲律賓相關的層面；第二是施加內部壓力，削弱中國共產黨，促使中國和平走向民主；第三則是以互惠為基礎的有意義談判。

華府必須在所有國際領域上持續、有效地與北京競爭，才能抑制中國的擴張主義，在亞太整體勢力平衡上更是如此。亞太地區對美國利益而言是優先事項，美國對中政策的主軸應該聚焦在維持有利的勢力平衡上。對中國而言，美國有一項策略，能夠帶給北京最大的獲益，那就是美國要求盟國與夥伴放棄對中貿易的利益，以交換美國的維安保障。如果美國這樣做，將是一大錯誤，會激化區域情勢，讓美國的盟友必須在敵對的兩個大國之間選邊站。在亞太這種分化極端明顯的地區，要求各國表明立場，只會讓美國的外交關係蒙受莫大壓力。因此華府的策略應該是動用政治、經濟、軍事工具，幫助自由的人民依自己所願追求命運與夢想，協助他們抵抗來自中國的壓力。

美國對中國的政策目標

美國的政策目標，應該是協助中國進行政治改造，使北京成為一個權力更平均分配的政治系統。如果要讓中國成為負責任的民主國家，在世界上扮演更積極的角色，就必須從制度上制衡中國共產黨的權力。中國之所以悍拒讓步，並非因為美國做了哪些事或沒做哪些事，而是因為中共政權本質就是這麼強硬。在可預見的未來，不管美國如何妥協，都不會改變中國領導者將美國視為敵國的事實。因為中國領導者必須塑造出己方受害、努力奮鬥的形象，才能有藉口把所有國內大權集中在自己手中，不讓中國人民自決，並且維持高壓政權。只要把美國塑造成強奪脅迫、只想打壓中國正當崛起的敵對國，中共領導人就有藉口繼續加諸人民苦難，並要求人民做出不合理的犧牲。這樣才有助領導者達成自己的目標，那就是確保他們自身、家族、政權的安舒穩定（上述排序不可顛倒）。美國領導者應該留意，自己是否在不知不覺中幫了敵方政府一把，使他們更有能力進行侵略。

更佳的政策也許是，只有在保護或強化美方的明確利益為前提之下，才與中國展開談判，尋求協議。如果光是為了「建立互信」之類的模糊目標，就進行開放對話、高峯會談、國是訪問等舉措，只不過是給予中方不必要的政治槓桿讓他們操作，浪費了有限的美國政府資源與精力，不如把這些資源用在更需要的地方。當雙邊真的進行交流與協商的時候，重要的是確保這些互動的確有意義，而且確實合乎互惠原則。如果預期我方的讓步能帶來對方的回報，或是預期協議會被遵守，不但是天真的想法，也忽略了過去數十年的外交歷史給我們的經驗。

美國必須找出方法讓北京明確得知，中方得為任何令人難以接受的行徑付出代價，且後果將遠超出任何北京預期的利益。這點對美國落實亞洲政策，維持和平與穩定至關重要。中國領導者必須認清，只有確實規範己方的行為，才可能創造未來的和平與繁榮。華府最好還是持續進行軍隊現代化，強化核武與傳統武器實力，以便向中國及區域盟國與夥伴證明，美國決心強力捍衛自己的承諾，促進和平、繁榮與自決，且絕不接受美軍的相對軍力優勢持續流失。不管在何種想定下，中國領導者在進行任何戰事推演的時候都必須意識到：打仗的結果對中國極為不利，這樣他們才不會有發起攻擊的念頭。而要宣示美國的決心與目的，提升台灣在美國戰略中所佔的地位很可能是最有效的單一手段，也有助於消弭可能爆發的區域衝突。

如何提升台灣在美國戰略中的地位

對台灣的積極支持可以用何種方式來表現？華府可以先擱置「一個中國」及「台灣法理獨立」這兩個議題，然後主張如下的官方立場：「台灣的定位仍待以和平手段解決。客觀現實是台灣的民主政府的確存在，而我們的政策是以敬意與尊嚴對待台灣，提供台灣更大的國際空間。」在此框架下，美國政府將持續與台灣維持非官方關係，並隨著時間謀求逐漸正常化的外交接觸，漸進地改善華府與台北的雙邊關係，這才是防止與中國軍事衝突的最好方法。而維護台灣不受惡意吞併，亦有助於促進美國利益。

以台灣海峽的情勢而言，政治與軍事議題密不可分，因此幾乎不可能，而且也沒有必要將兩者分開。過去二十年來，華府未能將對台政策列為優先事項，導致美國國防專家缺乏足夠的能力，難以建議台灣友人如何防衛自己。中華民國的軍官在職期間幾乎把所有時間都用於研究、改進台灣的防衛之上。反觀五角大廈、美國在台辦事處以及太平洋司令部的美國官員，雖然在戰術層面能了解台海的軍事情勢，在戰略層面上卻無法說出一個整體的看法。[556]另外，中國派遣了大批能幹的軍官進行雙語統戰、監測、散播假消息、否認事實、操弄歷史真相等工作，使得台海的政治及軍事分析變得更複雜。[557]這樣的結果是，媒體上有關台灣的防衛消息，是出名的具有誤導性，因為美國閱聽大眾無法評估這些報導的背後動機，也無從得知這些報導的來源是誰放出來的。

勢力平衡新檢視

中國的統戰，就像帝俄歷史上只是拿來做做樣子討好女皇的假村莊（Potemkin village），觀者不是未察覺背後的鬧劇，就是無視破綻配合演出。中共為了讓敵人產生恐懼與服從，常常威脅要採取實際上辦不到的政治或經濟手段，或假稱己方的實力很大，以此恐嚇他國，或是在無根據的前提下硬充強勢。因此要真正了解海峽兩岸的戰略平衡態勢，真是極為困難的事。

美方戰略家常常忽略解放軍最顯著的弱點，反而只著重國防預算、武器射程、裝備數量，及其他可以明顯量化比較的因素。從五角大廈對國會提交的中國軍力年度報告就可明顯看出這個傾向。近年來，該份報告描繪出的情境似乎指向台灣的防衛已是極端危急了。[558]但此敘述並不正確，因為報告只著眼於量化數據，卻忽略了質性因素。

此外，報告也只提供解放軍軍力的詳細檢視，卻未提供中華民國軍力資料（台灣軍力很可能較預想更強）。假設你一直誇稱說某個拳手多強，卻從來不說他的對手能力何在，那麼你只是描繪出一個扭曲的圖像，讓被形容的拳手顯得格外可怕，卻沒有採用任何有意義的方法來將這個拳手與對手做個比較。[559]在評估海峽兩岸軍力平衡時，較好的出發點應該是以未經蒙蔽的眼光檢視雙方的狀況。

台、中軍力的非量化比較

解放軍是中國共產黨這個政治組織的武裝力量，不是正常的專業軍隊，也沒有真正意義上的盟友或夥伴。北韓不太可能幫助中國進攻台灣，平壤本身行徑就難以預測。北韓比較可能繼續擔任國際搗蛋份子這個角色。中國軍隊必須防禦與周邊十四個國家相鄰的陸上疆界，當中幾乎沒有與北京立場相近的國家，而且許多國家的情勢並不穩定。也許更重要的是，解放軍這支軍隊，和共產黨是緊密相連的，無法獨立存在。中國的專制政體為了維繫自身存在，不惜扭曲理性、破壞信任基礎；其政治結構充斥貪腐，而且經濟模式也並不穩定。過去二十年來，解放軍在巨大的挑戰下固然取得了長足的進步，但其基礎，亦即人力資源，仍舊不夠堅強。

相較之下，中國民國國軍則是一支專業軍隊，而且還有地球上最強勁旅美軍的支持。台灣四面臨海，沒有必須巡邏的陸地國界，大幅強化了防禦。在媒體的監督下，台灣的腐敗程度不算高，還有活躍的國會。其武裝部隊的力量來自穩定的社會以及可永續的經濟發展。台灣是個繁榮的民主國度，擁有勤奮工作又有創意的人民。無論從人力資源或地理角度而言，國軍都居於有利地位。台灣面臨的最大風險並非來自內部，而中國的最大風險則是來自內部。共產黨領導者似乎認為其軍隊隨時可能發難造反。

在智識上，中國的戰爭計畫社群也算是個超大扣分項目。解放軍的軍官只能鑽研上級認定為政治正確的歷史戰役，因此無法從失敗中學習經驗，而失敗卻是遠比成功更好的導師。解放軍的專業文獻中就可以觀察到這種傾向：只有大獲全勝的兩棲戰役才會被仔細研究。二次大戰中的北非、西西里、諾曼第登陸戰是他們明顯偏好的材料，另外還有較近期的美國入侵格瑞納達及英阿福克蘭群島戰役。解放軍著作當中，幾乎隻字不提美國在太平洋戰場的經驗，也不見二戰盟軍登陸第厄普的慘敗或是安奇奧的登陸戰。即使是限定閱覽的文獻，也會在審查後刪去代價高昂又具爭議性的歷史戰役。

在解放軍著作的其他方面，審查制度的存在也很明顯。其內部文獻及技術研究都沒有坦白承認：解放軍有可能打敗。任何海峽戰爭的內容都被描述成必然水到渠成，卻絕口不提每個優秀軍官都必須面對的最重要問題：如果我的A計畫失敗，我的B計畫是什麼？解放軍想像的好像都是利用力量不足的部隊，發動沉重又高代價的正面攻擊，而且這樣的想像裡面還充斥著口號與不切實際的美化。相較之下，台灣的戰略家享有來自開放社會與專業軍隊文化的優勢，他們深入研究歷史，並時時反問自己各種艱難的問題。[560]

要是兩岸軍力的差別僅只於上面的描述，那麼就不用害怕中國軍隊了。可惜，實際狀況遠比這更複雜。台灣是個沒有被當成國家對待的國家，政治上的孤立是華府和台北兩邊政治選擇失當的後果。近年來由於中國試圖從國際視野中抹殺這個島嶼，因此台灣的孤立狀況更加嚴重。基本上台灣面臨的安全威脅來自政治，而非軍事。但政治會影響軍力平衡，因為戰略上的選擇，例如限制軍購及雙邊演習等，可能會對戰場上的結果直接帶來負面影響。

建議

美國將發現，若不重新評估政策，再度把台灣納入戰略的一環，就很難維持美國對中共的長期、有利均勢。而在台灣方面，若是無法從美國獲得更多支援，台灣也將難以確保自身安全。

對美國的建議

海峽兩岸的和平與穩定全賴華府與台北能否促進雙邊政經與軍事關係而定。只要用上一點外交新意，無疑地就能一面維持正式但非官方關係，一面讓雙方關係持續進步。長期目標應該是促進官方的政府對政府關係：台灣是個民主國度，也是美國優秀夥伴，美國若在外交上不承認台灣，不但是戰略上的瑕疵，在道德上更說不過去。當然，這是理想，往往必須以現實來平衡。美國必須以穩健、漸進的方式調整其政策，以免中國突然發起反制動作，破壞了平衡。

美國應該著眼新的策略，以反映台灣目前是個自由主權國家的客觀現實。自一九七九年以來，台灣在國際政治上所獲得的最實際承認，就是美國對台軍售。但自二〇〇六年以來，美國因為忌憚北京，於是轉成每隔一段長期間才重啟對台軍售的模式，多屆美國政府也在論述中加入「頻繁對台售予精良軍備將大幅刺激中國」這種說法。這樣的政策，損害了「美國是一個可靠維安夥伴」的信用，也損及台灣對中國談判的立場。真正的尖端武器，如先進戰鬥機及匿蹤柴電潛艦等，能否在戰術層級上一舉扭轉戰局，這點仍可討論，而且除非真的遇上戰爭，否則難有定論。但在戰略層級上，這些武器系統對強化台灣防禦卻具有長足的意義，可發揮立即、無從否認的正面政治效益，大幅提升台灣的信心與士氣。

如果美台之間的軍事及安全關係，持續偏重在「軍售」這個單一議題上，將是不智的作法。不管是任何關係，若是只要有一個地方出錯就會全盤失敗，那就稱不上是穩健的關係。美國總統及他的高階顧問都應該透過面對面與電話交流，與台灣高層定期連絡。台灣應當受邀參與海洋相關的國際事務，及領土爭議相關的談判。美國將領，尤其是具有豐富協同作戰經驗的二星以上將領，應當定期自五角大廈、太平洋司令部、第七艦隊等地前往台灣訪問。在危機爆發時，他們必須有能力以當地實際經驗為基礎，提供白宮軍事建議。美國應該循一九五〇年代至一九七〇年代間的前例，派遣將軍（而非上校）作為美國駐台最高階指揮官。

其他還有許多方法可以宣示美方對台灣政府的支持，且拉近雙邊軍事與安全關係。軍艦互訪、雙邊演習，及國防工業合作等都應被正面看待。在進行人道及災難救援、反恐行動及網路行動時，台灣精良的軍隊應當獲准與美軍並肩行動。台灣在阿富汗重建、日本核災、菲律賓海燕颱風救災、及非洲伊波拉病毒流行期間均扮演了重要的正面角色，卻沒有得到相應的感謝。我們可以付出更多努力，確保台灣的未來與美軍緊密連結，這也是我們應該做的。

對台灣的建議

台灣應該以戒慎恐懼的態度看待中台之間的關係。台北現在已很清楚，北京永遠不會承認台灣的主權，也不會允許台灣享有應得的國際地位。中共的行動已經表明，將毫不遲疑動用各種手段打擊台灣政府，就算犧牲雙邊經濟聯繫與文化交流也在所不惜。台灣最強大、情誼最久的盟友就是美國。由於華府正因為自己國內及全球各地的重大挑戰而忙碌不堪，因此台灣應該持續向美強調台灣的擔憂，且闡明希望追求更佳的雙邊關係。更緊密的連結的確有所必要。

在國防事務上，台灣或可對現有的中國軍方文件、著作進行整體分析，這樣或許能略有獲益。了解潛在敵人的計畫，才能擬定最佳還擊方式；知道敵人害怕些什麼，才能找到對方的弱點（不管這個弱點是否真的存在）而加以挑動。從本書對解放軍著作的分析當中，可以得出數個結論，以下略舉其三。

第一，台灣發展出的還擊能力似乎已大幅妨礙解放軍的計畫。不管從戰略或戰場層級而言，聯合阻絕能力都能發揮強大的作用。[561]如果台灣削弱自己跨海峽的攻擊能力，將是不智之舉。相反地，台灣可擴充長程機動飛彈、戰鬥機、火箭炮、無人機等裝備，並將這些裝備當中戰場生存率最高者，部署在接近中國領土的地方。

第二，強化台灣海峽各島（尤其是金門、馬祖、澎湖）的防禦工事，似乎已成功讓解放軍的戰爭計畫變得更困難。國軍在海峽當中建立情報收集與反擊的灘頭堡，就能讓解放軍將領無法想像自己有辦法快速、輕易登陸台灣本土。同理，台灣本島建立的各式防線及深入地下的軍事設施，加上多軍事設施具有偽裝、隱藏、欺敵、兵力分散、掩蔽、受創後快速重建等特質，似乎也動搖了解放軍的信心，使他們不至於以為只要付出合理代價就奪得台灣。[562]

第三，台灣的電子戰能力足以保護己方的指揮命令、控制、通訊、計算機、情報、監控、及偵察平台，使其不致被敵破壞，這點至關重要。從解放軍著作中可以清楚看出，其攻台的第一目標就是奪走台北的耳目，使其完全無法獲得資訊。這反映出解放軍一個根深柢固的想法：如果在戰爭中，無法控制電磁戰的每個環節，共軍就難以獲得勝利。同時，中共軍官的自我評估是，解放軍過於仰賴資訊及通訊能力，尤其是脆弱的人造衛星。中華民國軍隊應該持續阻撓解放軍軍官在戰爭中自由使用衛星的能力。中國對於台灣的情報需求太大（包含從衛星等太空裝備得來的情資），但搜集和分析的能力還趕不上。[563]

解放軍的顧忌

在研究解放軍的威脅時，台美雙方的戰略家都必須克服所謂的鏡像（mirror imaging）問題，這是全球都會遇上的分析難題，必須盡最大的努力來避免。我們太容易忘記所謂的「現實」與「事實」其實全是主觀的自由心證。同樣一個局面，對敵對雙方的政府而言，可能帶來完全不同的感受，因為雙方都有自己的性格、經驗、組織邏輯、政治、文化及次文化。這就是戰略出現失誤的原因，而且往往造成悲劇後果。

值得慶幸的是，解放軍很少低估中華民國軍隊的實力。如果在中國共產黨權力極大的政治局常委會裡，那些非軍職常委們願意認真傾聽軍事顧問的意見，那麼未來將有很長一段時間，中國都不會有人認真考慮攻打台灣。要了解原因，只須回顧中國軍方內部文件當中隨處可見的一個根本觀點，就可以明白。

解放軍內部文件當中，有個最關鍵假設：台灣守軍不可能放棄抵抗。解放軍希望合併運用心理戰、顛覆行動、電子攻擊、轟炸及封鎖，讓台灣在壓力下屈服投降，讓解放軍以低廉代價征服台灣。但他們也假設，台灣守軍會奮不顧身保衛家園及台灣珍視的自由、民主生活，因此共軍必須作好進攻台灣的準備，面對城鎮戰、山地戰，及佔領統治產生的傷亡。

解放軍另一關鍵假設是，美國幾乎肯定會出手干預。由中國的角度看來，台灣位居地緣政治要衝，能掌握這個島，就能掌握東亞及西太平洋。他們相信全世界都知道台灣在美、中戰略競逐關係中，佔據了關鍵地位，足以左右勝敗。因此解放軍理所當然認為，美國這個「強敵」及「世界霸權」不會輕易讓台灣落到中國手裡。解放軍文件假設美國將協助防禦台灣，且也表達了憂心，認為美國協防台灣會導致中、美兩大強權開戰，結果會動搖中共政權。既然解放軍有這種擔憂，那麼看來中共不太可能發動攻台戰爭——除非中共已有足夠的理由相信他們可以阻止或拖延美國出面維護美國亞洲利益之舉動。

再來的關鍵假設與前兩項假設有關，那就是戰局必然會迅速分出勝負。解放軍的戰略家認為中國有能力自由選擇何時、何地、如何開戰，而且中國正在蓄足必要的攻台力量，此刻台灣幾乎拿不出什麼因應措施。一旦行動順序決定，一切準備到位，共軍就會同時間猛然發動水陸行動，把台灣打個措手不及。中共的目標是在美國還沒有足夠的決心出手阻止共軍登陸之前，就發動奇襲攻打台灣，消滅台灣。因此，解放軍最關鍵的事就是要讓台灣來不及應變，以便迅速取得戰果。但是，解放軍專家也承認，要完全做到這點非常不可能。

上述的基礎假設只適用於進攻想定，無法適用其他場合，例如長期對峙的消耗戰。中共除了直接發兵攻台，也可能採取心理戰，進行長達數年或甚至數十年的神經戰。這個反而是比直接攻台更可能發生的情況，尤其是當台海各方軍力平衡，使中國領導者認為戰爭的代價太高，且結果難料，那麼心理戰就更可能發生。美國戰略專家應當對最壞情形做出心理準備，用上所有手段防止衝突，保障亞洲更光明的未來。

第8章

未來情勢如何演變

人們總是一直對我說台灣正落入下風，中國正步步進逼。我不懂他們爲何這樣說……這兩個國家中，台灣是民主、繁榮的資本主義國度，中國卻是貧窮、專制的共產國家。

——柯林頓總統

建立在刺刀之上的政權無法生根。

——雷根總統

就某些方面而言，美國的亞洲外交政策發展方向實在相當離譜。台灣在過去二十年中已發展成活力十足、高度民主的國家，得到的卻是國際邊緣人的待遇。當今的美國外交官被禁止承認中華民國的國旗，也不能用正式國名稱呼在台灣的政府及其國民。同時，越來越專制的中共卻被當成國際社會中值得尊敬、甚至是不可或缺的一員，美國政策制定者也異常尊重北京在台灣海峽的利益。

正是因為這種毫無必要又自以為是的政策抉擇，讓一整個世代的美國年輕人從小就以為這是理所當然的狀態，台灣人民遭剝奪自決的權利並無不當。每當台灣人試圖走出自己的道路，就會被指責是在「挑釁」。這種情況一直持續，且有太多地方的太多人都已接受這種詭異現狀，這正是所謂的「強權即公理」。不明是非的觀念深入美國政策的集體意識，我們可以合理推斷，這種姑息政策若是持續下去，只會讓未來世代的東亞人民永遠生活在無助與恐懼中。

台灣海峽情勢真的極為嚴峻，但幸好新出現的威脅還沒超出防禦方能應付的範圍，而且近期內狀況不會改變。跡象顯示，精準打擊科技甚至可能讓台灣佔有較大優勢。飛彈及感測技術的發展，可能使中國幾乎無法發動攻台戰爭。不管如何，我們目前不知道北京是否能夠持續發展經濟，以便有充足的軍費。就算北京有能力進攻，解放軍仍必須突破台灣本島的防禦，否則只能認輸，因為台北的民選政府不可能不戰而降。台灣人民的國家主義跟全球其他地方一樣，不但強烈，而且影響日益深遠。

台灣最大的風險在於，中國可能集中力量，一股作氣派出大軍迅速越過海峽進攻。這樣的威脅已存在數十年，而且隨著時間過去越來越巨大。與中共的對話、交流、簽署貿易協定等措施，並無法拯救台灣人。中共近年來一心擴張國防利益，要為此付出代價的卻是北方的日本與南韓，還有南方的菲律賓與越南。還有，中共的首要目標始終都是台灣。可以肯定的是，解放軍在東海、菲律賓海、南海的海空軍活動已使台灣更危險。我們應當將中國在台灣鄰近海域擴增軍力視為最值得憂心的事件。中台雙方雖有友好互訪，且兩岸貿易關係加深，但中共的意圖並未改變。這點無須懷疑。

我們完全有理由相信台灣在美國幫助下，有能力因應眼前的威脅。中華民國也許不可能完全攔下搭乘高速氣墊艇迅速渡過台海的小規模解放軍特戰部隊，但我們真的無法想像，在台灣優勢的地面軍力之下，中共怎可能把數十萬部隊運過海峽，還能在台灣島上撐個兩、三天。只要台灣的空軍與海軍還有力量——哪怕是殘存的力量，也能成為陸軍與陸戰隊的強大援軍，阻止兩棲部隊登陸，讓進攻者付出慘重代價。[564]

解放軍在實際登陸之前的空襲、封鎖戰鬥中，可能會造成台灣嚴重損失，但台灣似乎已有準備，可以保留足夠實力決一死戰。台灣研發的長程飛彈已使其空軍、海軍的殺傷力達到史無前例新高。就算第一波遭受損失，就算面臨不利戰爭條件，殘存的台灣戰鬥機對上素質較弱的解放軍飛行員，還是能創下一比二、甚至一比三的戰績。若是台灣飛行員在保衛本島的戰役對上解放軍飛行員，台灣空軍的優勢會更大：每架在台灣上空被擊落的解放軍飛機，都是無法彌補的損失；而台灣飛行員就算飛機戰損，也有機會在己方領土迫降或跳傘，然後回到戰場。開戰的頭幾天，台灣海、空軍就可能給解放軍帶來沉重打擊，足以讓中共高層懊悔不已，開戰代價實在太高。[565]

當然，中國戰機與船艦擁有絕對數量優勢，但這個數量優勢並不代表著台灣領導人經過了數天、數週的殊死戰之後，已經沒有籌碼可以反擊了。幾乎可以確定的是台灣高層不會按軍不動，坐視己方城市遭轟炸燃燒。台灣可以持續由本島向中共的重要設施發射飛彈、火箭，或在視距外投擲滑翔炸彈。這些火力將重創解放軍的集結區，使其無法編成足夠強大的登陸軍力。[566]台灣士兵與一般市民對抗轟炸與封鎖的能力不會比敵人差，甚至可能更好，因為他們的社會連繫更緊密、更通暢，而中國社會卻每天都在汙染、貪腐與不公不義之下遭到撕裂。不管怎樣，一旦開戰，雙方都會吃虧。所有可得的資訊都顯示解放軍對台灣的飛彈戰力深感憂心。

最後該記住的是，中國若真的揮軍攻台，台灣的地面部隊是在本土作戰。他們是在自己熟悉的地理環境中，在準備充分的市區、山區地形應戰，這些都對防守方有利。台灣也有大量後備軍力，能透過內部通訊系統進行調度。在陷入苦戰時，台灣軍力的背後還有整體人民的感謝與支持。各地廟宇、學校、體育館都可能見到義勇軍出面，以地方上的卡車與巴士進行秘密運輸。[567]儘管台灣不是斯巴達式的軍事國家，但台灣當局一直很努力維持部隊在地方上的聲譽。無論中共從哪個登陸點上岸，台灣的地面部隊人數都會佔上風，而且求勝意志比敵軍遠遠更強。

因此可以預測，不管解放軍最後會有多少空降士兵抵達地面，多少士兵成功登陸，都會被俘虜被殲滅，以儆效尤，讓後面的解放軍看個清楚。不用說，台灣也得提防新型態的攻擊如暗殺或以最快速度運送特種部隊、機械化部隊通過海峽，直取首都台北。[568]在可預見的範圍內，中華民國軍方都已針對這些威脅做出準備。[569]沒有人能準確預測這種生死相搏的血腥衝突將如何發展，台海登陸戰會是兩棲及島嶼戰役史上前所未見的一戰。就算最後中國真的膽敢發起侵略，應戰的台灣也有信心保衛自己的海岸及都市。台灣的防衛力將會超過敵人的攻擊力。

台灣之所以決心不要步上西藏的後塵，成為警察國家，當然有其深切的理由。台灣的陸海空三軍與憲兵將毫不猶豫奮戰到底，因為他們賭上的代價，比敵軍高出許多。此外，美、日、澳洲及其他民主國家很可能會出於對國際法及共同價值的敬意，決定站到台灣一方。就算在極端不可能的狀況下，台灣西北及西南海岸防線被攻破，大多數都會區也淪陷，台灣東半部仍然有諸多斥資數十億美元、花了數十年營建而成的山區陣地，足供台灣軍隊據地堅守。[570]在美方支持下，台灣高層可繼續這場戰爭，撐到北京當局屈服在壓力下為止。

儘管這些都是事實，但多年來中國的統戰系統依舊不斷主張同一套說詞，聲稱台灣必然滅亡，台灣被併入中國只是遲早的事。但近年來的情勢演變清楚顯示，這不過是虛聲恫喝，因為有許多因素不在北京的掌控下。台灣的民主已達前所未有的興旺，但政治與軍事因素造成的動盪，也確實近在眼前。台灣的當務之急是對解放軍的策略、主義，及作戰計畫進行深入週詳的理解。一旦衝突爆發，中國軍隊很可能會全面封鎖，不准外人研究解放軍的內部資料，使外國人無從得知共軍的內部真相。若這種情況發生，則美方及盟友將無法得知實情，只能依靠中共宣稱的說法。

不管中方再怎麼放話，事實就是：中國並無正當名義統治台灣，中國並無正當名義發動對台攻擊，中國無權攻擊美國及其他馳援台灣的部隊，而且中國的侵略行動難以成功。假如中國不肯放棄霸權野心，不肯平均分配政治權力，不肯採行法治尊重人權，那麼亞洲的未來將是一片陰影，而中國文明的偉大成就也將蒙塵。從這個觀點來看，台灣可以說是一場意義深遠的實驗，若是能確保台灣持久的和平，則這個實驗的結果會帶來希望之光。相反的，北京若破壞和平，那麼整個太平洋地區都將陷入黑暗。台灣的命運影響了無數人。

若是習近平主席的公開宣言及其底下軍事專家統一口徑的著作可以作為參考，那麼未來台灣海峽即將發生動搖世界的重大事件。中國經官方核可的中央內部文件對台灣問題的看法，其實與普世價值是背道而馳的。這些文件主張武力奪台，在台灣建立一個以恐懼、武力與謊言為基礎的極權政權。中國的軍事思想具侵略性且不利和平。解放軍著作充斥著反美思想，且敵視美國在二戰後付出高額代價所建立的善意全球秩序。這種思想不管出現在哪國的軍隊，都是非常危險的。而且由於中國的影響力很大，更可能造成毀滅性的後果。

過去四十年來，中國從美國接收到許多善意，並得到許多崛起的機會，成為可與美國分庭抗禮的強權。有數不清的外援曾經進入中國，協助中國脫離自從一九四九年共產掌權後帶來的飢荒、混亂。看到這麼多努力遭虛擲，希望被抹殺，實在令人失望。但美國主政者不應愚昧地忽視正在眼前發生的亂象。在這充滿不確定的新世界裡，美國更需要當機立斷，仔細自我檢視。

未來的事件正等待發生，而目前還不知道一切將如何演變，也不知道未來的行動將造成何種後果。能夠知道的，而本書也已經探討過的，就是中國將派遣兩棲部隊進攻台灣。攻台之戰與中國其他的作戰計畫都不一樣，它將是解放軍史上最大型、最複雜的作戰，現代作戰的每個領域都將被充份使用。中共攻台計畫的關鍵很可能在於先發制人打擊美軍，使美軍無法發揮力量，讓美軍就算想要扭轉局面也來不及了。只不過，這樣做的代價與風險會是前所未見。

台灣海峽很也可能發生不見血的危機。中國高層若想威壓台灣，還能夠動用心理上——而非物理上——的暴力，而且花招不可勝數。若中共想藉著發動小規模衝突，將台灣逼到戰爭邊緣再加以威脅，則能採取的手段更多。解放軍可以佔領台灣的離島，也可用彈道飛彈朝台灣本島齊射，還可以進行某種形式的封鎖。北京有諸多方法可以拉高台海緊張情勢，測試台灣的決心。不意外地，台灣也已備好回擊手段，可以讓共產黨的領導人滿臉豆花。兩岸都具備能力，可以朝對方鳴槍示警。

我們必須承認，中國享有先發制人的優勢。不管是政治還是戰爭，主動發動攻勢的一方總是享有極大優勢。他們搶先出擊，能自行決定進攻的時間、地點及方法，還可以一路進逼，直到先發優勢被消除為止。另一方面，要抵消先攻優勢不但得花費極大力氣，而且未必能成功。在許多方面，中國的實力已凌駕台灣，台灣在傳統軍力上能和中國一較高下的日子早已過去。但任何人若因此而忽視了真正決定勝負的關鍵，那就是大錯特錯了：**關鍵是美國的實力與影響。而在這個關鍵項目上，台灣佔有優勢。華府與台北長久的合作關係讓台灣的防禦水準居上風，這點就連中國軍官也不敢輕看。**

台灣軍隊很可能有力量擋下中共，甚至在美國援軍到來之前就逼使中國收手。同樣有可能的是，開打後為了避免美國動武干預，北京即使還未達成目標，也只能退兵，為自己的損失止血。從解放軍文件中可明顯看出，中國高層的戰略思考家最害怕在戰場上面對台美聯軍，因為他們擔心這樣會造成中國內部動盪不安。倘若事態演變至此，中方的自我評估是，他們的軍事與政治前途全都完了。從他們的角度看來，光是台灣一個對手，就已經夠難對付了。

對中國戰略家而言，美國的及時干預就是惡夢一場，而且太平洋地區如日本與澳洲等其他民主國家幾乎肯定會和美國站在同一陣線。美國會用什麼形式干預，也是中國無法預想的。

然而也請讀者記住：**是否有必要冒著與美國開戰的風險，只求侵略台灣，這件事的決定權不在解放軍，而是在中共政體裡面那些非軍職的最高層人士手上。**這些人雖然負責決定戰略方向，卻可能不清楚開戰隱含什麼樣的風險。即使是在將領受到法治保護的民主國家裡，要將領們拿出勇氣，對那些非軍事專業出身、掌有大權的政治人物勇敢說出真相，也已經夠難的了。在中國這種極權國家裡，有這種勇氣的將領更少，或說根本沒有。因為在中國，放膽直接報出壞消息的後果，可不只是讓你失去升官機會而已。

還有一件讓局面更加複雜的事：**中國軍方近期正在大搞整肅，這樣肯定會進一步強化解放軍內部「不要惹惱高層」的天性。**即使在以往北京高層還沒那麼難搞的年代裡，解放軍報喜不報憂的作風也早已眾所週知。解放軍將領們一向是列寧式政體裡的紅人，在這個系統裡獲得升遷的人，都是上層的效忠者與家族內的親人，至於真正有才華的專業軍人只會被排擠。這意味著，就算戰場上的中階軍官知道攻台是件多麼愚蠢的事，但北京的高階將領卻對黨內宣傳深信不疑，決定忽略眼前的不利事實。在當前的環境下，習近平及高階參謀似乎不太可能聽到不順他們心意的諍言。

未來數年的某一天，中共高層很可能做出主觀結論，認為所有和平統一台灣的機會都已消失；無論中共政權採取什麼行動，都無法扭轉大多數台灣人的看法，那就是台灣是個獨立國度，而海峽兩岸其實是國與國的關係。其實，中共的威壓已經足以嚇阻台灣政府宣布法理獨立。一般認定的法理獨立是台灣修訂憲法與國旗，終結中華民國，放棄「台灣屬於中國」這個主張。如果台灣追求法理台獨，不管再怎麼小心翼翼、再怎麼務實操作，北京都不可能善罷甘休。**中共追求的不是兩岸維持現狀，也不是海峽局勢的和平與穩定。中共要的是吞併台灣。**

一旦北京權力圈清楚意識到，為了達成有利北京的結果，必須用武力來為重要的台灣議題劃上句點，那麼他們就會問：我們該用什麼力量來達到希望的最終目標？過去經驗顯示，武力恫嚇只會增強台灣人反抗統一的決心，使他們更加遠離中國的掌握。北京高層可能會發現，自己有三個基本選項：第一是無視台灣問題，只採取象徵性的行動，希望未來事態能朝對他們有利的方向發展；第二是進行小規模攻擊，用長期僵持的對峙狀態來消磨台灣人的意志；第三則是全面進攻並佔領台灣。就現有的狀況看來，第三個選擇是最不可能成功、也是對相關各方最危險的選項。但中共仍將進行相關的籌畫與準備。

解放軍內部高層不太可能有人建議採取全面進攻，也不會有人願意背負這個責任。目前各方普遍認為，中共近期不會有跨越台灣海峽的大動作，但中國仍會傾全力準備，等待有朝一日全力進攻台灣。一般相信，中共還需要一段時間，才能讓進攻台灣變得有意義，又具有正當性。中國不會在準備不完善的情況下貿然發動攻擊。

解放軍的軍師們在預備侵台的過程中，努力研究了各種資料之後，解放軍內部有也逐漸認清了一個可怕的現狀。只要讀過解放軍內部文件的人，都能看出當中顯然缺乏信念與樂觀。只是解放軍的這些文件內容，被虛張聲勢的中共對外宣傳所掩蓋，導致許多被指定閱讀這些材料的人，誤信其中內容為真，從而照單全收。中共最擅長的就是宣傳統戰，可是在事關生存的關頭，中共卻相當務實。進攻台灣必須冒最高等級的風險，而且若是在最近幾年開打的話，中共無法成功。即使中共較原先計畫的更早侵台，並取得比原先預料更多的戰果，也會因此耗盡元氣，損傷慘重。在目前，台灣還不須擔心會立即遭受攻擊。

儘管這是好消息，但也不能因此就放心。解放軍的戰備仍在加緊進行，而情勢可能瞬息萬變。共軍還有許多必須克服的事情。人類過去的軍事史已讓解放軍學習到，對任何軍隊而言，要在防禦方空軍的威脅下登陸敵方海岸，絕非明智之舉。若中共無法重創、消滅台灣的海空軍，可想而知中國的兩棲部隊根本無法上船出發，更別提下船登陸。台灣已準備好保存軍力，並在最壞情況下作戰，共軍很可能根本無法達成目標。

世界上罕有國家跟台灣一樣有韌性，且已準備好接下敵人的第一擊。台灣海岸全線遍佈要塞，這是數十年來辛勤營建的成果。開戰後台灣海岸將佈滿飛彈、火箭、火炮，又鋪設水雷與各種障礙物，還有地雷、陷阱、鐵絲網、戰壕與碉堡。台灣的坑道系統可以回溯至第二次世界大戰，當時是日軍為了防備美國進攻所建，只是美軍從未登陸。根據解放軍資料，台灣的地下坑道網已大幅擴建，遠較先前所想像更加複雜。雖然在和平期間幾乎無人注意，但這些防禦工事其實既複雜又具殺傷力，現在只是在靜待登場時機而已。

台灣海軍每年固定調查兩棲部隊可能的登陸地點，這些詳盡的研究讓他們精確知道敵軍可能由何處進攻，又有哪些手段可用。台灣崎嶇的海岸丘陵上有許多洞穴，還有眾多掩體。這裡配備有機動飛彈火力，面對從海上而來的攻擊佔有制高點，有些飛彈甚至可以直接打到海峽對岸。要一邊對抗這麼密集的防禦工事一邊登陸，恐怕徒勞無功，還可能被打得落花流水。小型部隊的攻擊很可能以慘敗收場，對中國而言有害無利。

台灣一旦動員起來，可以在廿四小時內動員至少二十萬至三十萬後備軍人。台灣共有兩百萬至兩百五十萬後備軍人，一百萬名民防人員與包商，均可於短時間內進行動員，有助正規軍完全封閉島內，抵抗長期圍攻。這麼多名後備軍人可以在任何時點迎戰入侵者。在家園遭到強力轟炸後，預備軍的反擊很可能給解放軍帶來接二連三的重擊，足以擊潰任何入侵的中國艦隊與登陸部隊。

但這一切都只是假設，而侵略的威脅很可能以軍事範圍之外的形式浮現。中國很可能以目前尚難想像的形式進攻，而沒有人能確知未來將帶來什麼樣的變化。台灣此刻還算安全，但未來十年內，必須在政治、經濟、國防領域作出相應的努力，才有辦法維持現有的安全。台灣要維持自衛能力，會是一件越來越難的事，而且需要美、台、日更緊密和諧的合作。這三個民主國家過去數十年來已共同度過諸多難關，但彼此的軍隊文化差異極大，而且對台海問題的了解與看重程度也不同。

美日若能與台灣併肩攜手，共同對中國高層施壓，將可望得到和平作為獎賞，而亞洲也將迎來前所未有的自由與繁榮。相反的，若這幾個國家失敗了，中國軍隊最後會侵入台灣，將台灣消滅。阻止戰爭、防止失敗的方法就在我們眼前，但令人失望的是，該做的努力還不夠。許多美國高階官員從未在國外生活過，無法理解他們自身生活經驗外的不同觀點。由於缺乏對中國歷史的理解，也對極權體制本身隱含的危險缺乏戒心，他們讓預先部署的美軍陷入不利的處境。美國軍隊早就該因應強權戰爭進行重新裝備與部署了。

目前沒有辦法知道中國會發生什麼事，也不知道未來中國對外界會有何影響。台灣要是對北京日漸強大的武力失去戒心，最後只能任憑未知宰割。在必要時，台灣軍隊應具有足夠能力，遲滯中國的攻勢，甚至打敗中國。台灣軍隊有完善的防禦計畫，而且已準備面對最嚴峻的考驗。只要中國政權認為開戰的勝算不明，可能帶來不利後果，戰爭就不會發生。但不能排除有人會做出激進的決定，而中國朝獨裁政權演進的方向若是不變，我們甚至可以預測戰爭必定會發生。目前唯一可以斷言的就是，台灣沒有必要恐慌或消沉，但絕對必須提高警覺，堅定決心。

美國在評估台海衝突時，最好記住偉大戰略家卡爾・馮・克勞塞維茨（Carl von Clausewitz）的名言：**戰爭中的理性是脆弱的**。和理性為敵的，就是感情用事、衝突與恐懼；這些東西可以迅速將戰場變成無意義的暴力與殺戮之地。儘管在和平時期難以想像，但一個危機可能會迅速升高成小範圍戰事，而小範圍戰爭又可能隨時失控。中國當局在策畫並準備以赤裸裸的暴力進攻台灣的同時，也將蒙受喪失己方安全與繁榮的風險。中國將領雖可在進攻台灣的Z日擁有先發制人優勢，但面對美國及其盟友的軍力，必定會陷入被動。美方及盟軍將可自由出手，讓解放軍大吃一驚。

當然，這是假設中國不會先行攻擊美軍。很不幸的是，假設有時與事態的發展相反。要是中國真的主動攻擊美軍，只能說是瘋狂的行為，因為美國的震怒可想而知。本書不可免地只能作出如下結論：中國的戰略、主義思想、攻台計畫極端危險，而且很可能造成中國自取滅亡。儘管在中國戰略專家眼裡，這些計畫都是出於防禦所需，但計畫的本質卻是徹頭徹尾的侵略，只會製造緊張情勢。這樣的計畫應該遭到全世界唾棄，追求全體人類進步者更應該群起反抗。

附錄1　中共攻台的五種想定情況

台灣面臨什麼樣的中共入侵威脅？這個問題若沒有仔細研究的話，不容易明白。因為它比較複雜，有很多面向可討論，而且牽涉到太多變數，無法在短期內快速理解。有些變數可說是天天不一樣（例如天氣、人），有些變數就算變化得沒那麼快——台灣首都就是台北，台北周邊的群山與海岸線不太會變，海峽兩岸的主要設施如港口、機場、公路、鐵路、隧道、橋樑等的位置也不太會變——但隨時都有部隊或裝備在這些設施之上、之內穿越經過，這些部隊或裝備的能力也會經常變化。一旦發生戰爭，萬事萬物都會受到嚴重影響，讓情勢變得更難預測、更可怕。

從整體來看，未來牽涉的變因太多，令人難以準確預測，我們只能先用抽象的概念去描述不確定的未來，探究未來情勢會朝哪些可能性發展。因此，我們自然必須先鎖定幾個具體的地點、時間點，才能討論得下去（縱使這些地點、時間點也只是一種猜測或想像）。

想定（scenarios）指的是把一系列的資料加以組織，串成一個可以講故事的情節。我們可比喻為數位相機把像素和光源組織起來變成一張照片。想定能幫助我們突破盲點思考問題。但是，再以照片舉例：一張照片不管照得再好，也不可能涵蓋全部的角度、呈現所有的事件。想定的侷限也是在這裡。

既然未來很難預測，有太多可能性，無法讓人類心思全部看透（我們都被我們先天的思維模式和有限的想像力限制住了），因此，用想定來思考未來不失為一個不錯的方法：在心裡建構出具體圖像，考量情境的特性、我們採取的行動、對方採取的反制行動等等，從而預想哪些情況可能發生，哪些可能不會發生。有些想定比較真實，有些想定沒那麼真實，但想定的目的不是在比誰比較真實。想定最重要的意義是，它賦予我們一雙心裡的眼睛，在問題還沒發生之前就看出哪些問題可能發生。既然預先看到了問題，我們就可以準備因應措施、因應計畫，從而避開這些問題。

從解放軍做的研究當中，我們可以判讀出有哪些議題是最重要的，最需要我們關注的。辨識出這些重要問題之後，我們可將它們當成基礎，用來建立我們的想定。中國的戰略規畫者當然也會用某些關鍵問題為起點，嘗試找出答案來解決他們面臨的難題。而我們也知道，他們不可能洩露自己的計畫和他們思考的結果，他們會竭盡一切可能，用盡一切欺敵手法，掩蓋他們真正的意圖。

不過，解放軍內部文件或其他紀錄還是會反映他們的想法，讓我們看出一些端倪。我們可以用這些為起點，進一步理解中國共產黨的武裝部隊是如何看待未來的各種可能性。請注意，別誤讀了中共對外公佈的官方版侵台計畫：外面找得到的官方說法裡面不可能有任何重要細節。官方說法只能給我們一些方向，讓我們自己去推測。

為了讓我們更知道解放軍的戰略規畫者擁有哪些選項，我們必須「用解放軍的眼睛來看事情」。以下就是從解放軍的角度，建立出五種可能的想定來討論。這五種想定，都符合解放軍文件所記載的情境設想。雖然本書前面的篇幅已經描述了解放軍眼中勾勒出來的這些情境設想，但直到這裡才算是第一次把這些情境設想組合起來。以下五種想定或許看來怪異，或許看來突兀，但重點是它們必須獲得足夠的關注與討論。

我們想研究的是中共會如何侵台這件事。不管眼前中共侵台的機率多低，我們不能忽略這個可能性的存在，且應好好思考，研擬因應的對策。以下五種想定涵蓋了各種可能性，請讀者先別誤以為這些想定一定會發生、一定是真的。其實，它們只是一種思考的練習而已。

想定壹、大選震撼彈

事情發生的這一年，中華人民共和國經濟發展陷入了嚴重泥沼，黨中央領導人急著想找個藉口，以便轉移廣大人民的不滿情緒。剛好當年台灣進行總統大選，於是中共便想趁機侵台，一舉解放這個叛亂的台灣省份。

當年台灣的三位總統參選人都能獲得國際社會及台灣選民們的接受。因此，北京當局決定採用抹黑策略，在國際社會散播假情報，意圖離間台灣及美國之間的關係，順便破壞台灣社會的內部凝聚。中共謊稱，其中兩位候選人是激進的「獨派」，另一位則和他們對立，屬於「統派」。

解放軍擬定了作戰計畫，選在當年春季犯台。Z日訂在四月第一週總統大選剛結束、當選人還沒就職之際（就職典禮是五月廿日）。心戰措施也會適時展開，目的在分裂台灣社會和諧，使醜聞假案滿天飛，造成選舉結束後的政權移轉陷入混亂。登陸前的空中攻擊發起日訂在Z減八日，海面作戰始於Z減六日。至於解放軍所需要的入侵兵力，預計在當年二月底集結。

入侵計畫由以下三支兵力遂行：北方部隊在溫州集結（位在台灣北方約三百卅公里處），主要由解放軍的陸軍第一集團軍（按：二〇一七年起改組陸軍第七十二集團軍）、陸軍第十二集團軍（按：二〇一七年起改組陸軍第七十一集團軍）組成，包含一個陸航旅（直昇機）和來自空降兵第十五軍的兩個空降師（按：二〇一七年已調整組建）。它們在Z日的任務是奪下主要登陸地點桃園，加以鞏固並持續增援。

中間部隊在台北以西約三百五十公里的廈門集結。主要由解放軍陸軍第三十一集團軍（按：二〇一七年調整組建為陸軍第七十三集團軍）構成，下有兩棲裝甲旅和幾個陸航團（直昇機），還有一個海軍陸戰隊旅。此外，來自中國各地的師級、旅級部隊，和陸軍第五十四集團軍（按：

二〇一七年改組為第八十三集團軍）、第二十集團軍（按：二〇一七年解放軍改組中撤編）也紛紛朝著廈門出發。中間部隊的任務是在Z減六日先攻下金門及周邊島嶼，然後在Z日奪取次要登陸地新竹。Z日展開後，中間部隊另擔第二波支援部隊，增援已上岸的部隊。

南方部隊的集結地是汕頭，此地位在台北西南方約五百多公里，距離澎湖不到三百公里，距離台南約三百六十公里。主要的部隊來自解放軍陸軍第四十二、四十一集團軍（按：二〇一七年調整組建為第七十五、第七十四集團軍），還有一個海軍陸戰隊旅。南方部隊的主要任務有二：進行佯攻、擔任預備隊。

Z減三日的時候，南方部隊會從汕頭附近派出兩個大船團，帶著殺氣直奔澎湖群島和台南以南的海灘。當然，船團當中許多老舊船隻會被擊沈，只不過這些船隻上搭載的不是解放軍，而是被強拉出來穿上軍服的中共犯人，且船上也沒有真正的軍事裝備。中共會播放假造的無線電通話內容，並在海面上散播油漬和殘骸，希望誘使台灣方面相信，已有好幾千名解放軍被殲滅。事實上，無論澎湖或台南，都不會有解放軍登陸。相反地，南方部隊的陸軍及海陸單位此時還在集結區的岸邊靜待，視需要登船支援桃園、新竹的灘頭堡。

中共在入侵計畫當中已先預想：美國會在菲律賓海附近部署三個航母戰鬥群，並訓令沖繩的空軍、海軍陸戰隊進入戰備，更讓轟炸機聯隊進駐關島、日本、阿拉斯加。這些軍力不可能馬上到位，解放軍的估計是，到Z日之前美軍的軍力都無法完成準備，且要等到Z加十五日之後，美軍才會在美國總統的命令之下直接介入戰局。只不過，解放軍估計，到時候它們早就打下台北了。

其次，中共還備有應變計畫，負責處理美軍提早介入或台北遲遲打不下來的局面。應變計畫的指揮部下轄各式軍事航天部隊（太空）、網絡戰部隊、火箭軍（飛彈）、防空部隊、潛艦、轟炸機部隊等。

想定貳、鎚砧夾擊戰

中國中部某個核電廠發生了可怕的事故，釋放出大量的致命輻射，害死數以千計的無辜民眾，附近地區的醫療系統也隨之崩潰。悲劇發生後，黨內成員譁然，內鬥頻繁，北京市甚至出現一次失敗的軍事政變（政變真正原因外界未明）。中國共產黨中央高層這下灰頭土臉，領導權力岌岌可危，於是決定對台發動戰爭，用這個外部因素來救援黨內、國內的分歧局面。

解放軍採用兩面夾擊的「鎚砧戰法（Hammer and Anvil）」，計畫是由三股部隊分別從桃園、淡水、宜蘭上岸，猛撲台北。另集結兩支兩棲登陸戰鬥群，一支在福州、平潭島附近的港口就位，另一支在北方較遠的寧波。同時，還在廈門、泉州、東山部署一支部隊，用來欺敵。解放軍還放出假消息給台灣軍方情報單位，誘使台灣相信，中共這次的軍事集結，目標只有金門和馬祖等外島而已。

這次的作戰計畫，採用漸進式、較緩慢的進程來集結軍力，有點像是慢慢給彈簧施加壓力，等到準備好的那一刻突然鬆開，讓彈簧以雷霆萬鈞之力反彈回來，以便製造最大的奇襲效果，達成軍事目標。攻擊預定在當年九月底展開，這樣解放軍才能在春季、夏季有充分的時間，學好戰技殺敵人。

解放軍展開一連串的演習、訓練和兵棋推演，重點都放在這次侵台行動。主要的兩棲訓練場地設在海南島。中共的傳聲筒則對外宣傳說，解放軍正進行兵棋推演，由陸戰單位拿下海南島附近的兩個外島。這個消息一出來，更加深了外界「解放軍即將奪取台灣外島」的印象。

接著，解放軍針對金門和馬祖展開破壞行動。八月間，金、馬的輸電網陸續出現異常運作，經常全島大停電。還有幾間舊倉庫被人蓄意縱火燒毀。有一座監獄遭到幫派份子襲擊，幾位法警殉職，犯人們趁著混亂全跑光了。另外，有艘油輪駛近金馬的一個外島時，因操作不當撞毀港口設施，滲漏的油漬污染整片海域，使這個外島陷入對外隔絕的情形。

真正的首波攻擊發起時間訂在Z減七日，解放軍以火砲濫轟台灣外島，此舉更印證外界的猜測：解放軍正在削弱外島防衛，準備登陸。同時中共針對台灣海峽區域發動了一連串網路攻擊、武裝無人機攻擊，重創台灣的海事安全。Z減二日展開空中攻擊，用飛彈、空襲等手段打擊台灣的防空能力與地底的指揮碉堡。次日，解放軍潛艇組成的獵殺戰鬥群，對位在花蓮外海約五十公里和澎湖群島南方的兩支台灣海軍特遣隊艦隻展開飽和魚雷攻勢（獵殺潛艇已經跟蹤這兩支台灣海軍特遣隊一陣子了），這波攻擊的目的在於盡量擊沈台灣海軍艦隻，或驅散使其孤單而無法互援。而中共的海軍轟炸機搭載了超音速反艦飛彈，在大量戰鬥機護航之下，則瞄準殘存的台灣海軍艦隻。

Z日前夜，登陸船團及大量的大型水面護衛艦隻朝著台北東方、西北方的下錨地點急馳。為了達到最大奇襲效果，解放軍要等到施放登陸艇之前的最後幾個小時，才展開排雷及排除海岸障礙的行動。中共心知肚明，登陸障礙無法完全清除，台灣海岸一定還有許多可怕的死亡陷阱等著他們，這點無法避免，也只能接受。天亮前幾個小時，解放軍特戰突擊隊已先滲透進入台灣，控制從宜蘭登陸區連結台北市區的公路，進佔雪山隧道兩端。Z日拂曉，即將展開登陸之際，中共飛機開始狂炸台灣陸軍。

依照估計，登陸的頭幾日解放軍會蒙受巨大損失，但只要鞏固台北附近任兩個登陸點，那麼已上岸的地面部隊就可展開夾擊，粉碎台北，速度快到就算是美國也沒時間介入。中共軍方的策略規畫者判讀了最新的情報資料之後相信，他們大約有五到八天的時間，可以縱橫台海兩岸而不用擔心美國軍力的介入。五到八天之後，美軍的隱形戰轟機就會出動炸毀解放軍珍貴的後勤補給基地，等待多時的美軍潛艦也會從藏匿的地方現身，出手攻擊解放軍船團。有鑑於此，解放軍也擬定了作戰計畫，將在Z加四日先發攻擊沖繩與關島的美軍基地，以求削弱美軍的軍力，避免美軍干預台海情勢。

想定參、滅台墊腳石

中共政權出現空前危機：一群支持民主的駭客穿透了中國的防火網路長城，在大陸境內的網站上向十四億人民展現鐵證：共產黨高層濫用國家資源自肥，黨高層的貪瀆造成國家經濟停滯、失業率居高不下。消息一出，全國重點大學校園內都出現熱血學生抗議或靜坐，中共則以鐵血手段鎮壓學生運動，造成大量死傷。

中共立刻宣稱，這次的網路安全破口是外國陰謀主義份子的破壞行動。解放軍內一群亟欲趁機謀權的高階將領則說服黨內高層提升戰備，箝制國內與國際社會的通訊管道。至於一開始防火長城到底是被哪裡的駭客入侵的，則無情資可證實，但一般咸信應有台灣學生參與。

北京當局一方面擔憂國內社會持續動盪，一方面害怕自己權力不保，於是做出一個結論：都是台灣民主惹的禍，不摧毀台灣民主，中共政權就一日不得安寧。

人民解放軍受命解放台灣。計畫稍顯保守，採用傳統的「墊腳石」步驟：先奪取金門，然後進佔澎湖，再視需要於台中登陸。控制中部台灣以後，可以在當地持續集結一支龐大的兵力，再揮軍北上攻入台北。但很可能連台北都不必打了，因為台灣撐不了那麼久。

攻擊將於當年三月展開，在春季與夏季逐次提高戰爭的規模和強度，不斷對台灣施壓，希望台灣政府會在九月底崩潰。解放軍同時規畫了十月間的全面進攻計畫，希望趁著冬天的強風還沒出現在台灣海峽，解放軍就已橫掃全台。

在這個分階段的作戰計畫裡，每個階段之間都安排一段暫時的停火，作為協商談判的時間。中共將對台灣發出最後通牒，讓台灣好好想一想。如果台灣接受中共的條件，中共奪台成本就大幅降低；如果台灣抵死不從，解放軍就大有理由展開下個階段的武力攻擊。每打完一個階段，中共就等於增加了外交籌碼，讓局勢變成一場長期的神經戰，使美國的介入越發困難。

針對金門的攻勢，將以陸、海、空聯合攻擊行動拉開序幕。中共規畫者預估三天內就打下金門和離島，並在取得金門的卅十到四十五天內直撲澎湖（視天氣與其他因素而定）。在澎湖，預計會爆發慘烈血戰，但解放軍可望在十到十五日內獲勝。一旦奪下澎湖群島，解放軍就會用這裡當成跳板基地，準備進攻台灣。

戰火要到七月間才會延燒到台灣本島，解放軍會採用封鎖加轟炸的方式打擊台灣的防禦能力，若遇颱風則暫停水面與空中攻勢，等風平浪靜再繼續打。如果到九月間台北還沒屈服，屆時解放軍會從廈門、澎湖派出兩支兩棲登陸軍力進奪台中，掌控台中的港口及機場，修復使其開始運作，讓第二波的增援軍力快速累積。

想定肆、血戰台北城

某任中國共產黨總書記是中國自毛澤東以來僅見權力最大、最嚴厲、最凶猛的領導人。此時的他年紀老邁，變得越來越焦躁、越來越依戀權力、越來越沈浸在建構輝煌大業的幻想中。由於他曾長期擔任福建省長，於是竟然下令解放軍研擬一個攻台計畫。

在總書記的眼中，拿回台灣將是他個人畢生無上成就，也是他對中國歷史的最大貢獻。而中央軍委聯合參謀部最近經歷一連串內部整肅，正苦於沒機會向上級表功，證明自己存在的價值。於是立馬向總書記遞交了一套五種劇本的攻台計畫。總書記從這一套五種劇本裡面，挑選出最大膽的策略：利用農曆春節假期，把台灣殺個措手不及。

每年的春節日期依照農曆而有變動，大約都落在一月廿二日到二月十九日之間。解放軍知道，春節期間台灣政、軍機構和人員的警戒都降到最低點，大部分人員正在享受一個禮拜以上的假期。許多台灣居民喜歡趁春節出國到日本、東南亞或北美地區觀光，台北市內的中央政府機關也關門休息，整個城市宛如空城，大家都回到南部家裡去了。

傳統上，春節期間解放軍的情況也差不多。但今年將會很不一樣。按照解放軍的計畫，一小股特戰部隊利用春節人聲鼎沸的時機潛入台灣內部解放軍預定集結的地方，並採取相關的措施，不讓台灣情治單位發出警訊。然後則是一連串「被發生」的事件：廣東省出現恐怖攻擊事件，讓中共順勢提升部隊戰備等級；上海則有渡船傾覆意外，中共也順勢提高寧波附近的海軍活動。北京還透過外交和宣傳管道表示，海峽兩岸的關係不錯，即將出現正面的發展。

Z日訂在春節假期第一天，以當天凌晨三時為Z時，這時整個台北城已經空了，全台灣的人也正睡得香甜。突然之間，一陣巡曳飛彈的狂波摧毀台北周遭的指揮中心和防空網，台北對外的聯繫橋樑和隧道都被彈道飛彈炸爛。清晨五時，解放軍傘兵空降進入幾個寬闊的公園和高爾夫球場，直昇機載來的突襲部隊攫取台北松山機場，建立前進基地。潛艦與氣墊船則在淡水附近卸下特戰部隊，猛撲中華民國陸軍關渡地區指揮部（該部防守首都圈北部通道）。稍早幾個小時，中共間諜成功以毒物污染了駐紮台北市郊、中華民國陸戰隊第六十六旅一個單位的水源，遲滯了這個單位的反應時間。另一個間諜小組也即將對中華民國憲兵指揮部的高階將領痛下殺手。

前述舉措肯定勢將給台灣帶來混亂，而中共會緊接著出動空中武力消滅停泊在港內的台灣海軍艦隻，並將空軍的精銳戰機摧毀於地面。福州、平潭島附近的解放軍陸軍此時正在渡過台灣海峽，視情況或者沿淡水河口刺入台北首都圈，或者在台北港附近上岸。在台北首都周邊擺好陣勢之後，全中國的部隊統統動員起來，和中華民國陸軍展開一場速度競賽：究竟是解放軍先殺入台北，還是台灣軍方先光復台北。

解放軍規畫者也知道，這個計畫風險奇高。光是天氣不配合就足以毀掉整個行動；台灣也可能透過自己的情報網及反情報網預知中共居心，在事前就阻止中共有所行動，這樣更會變成台灣在政治上的空前勝利。就算老天配合給出好天氣，就算中共依舊保有奇襲因素，台灣軍方可能還是有辦法動員起來，在中共特戰突襲隊伍還沒全面掌控台北市之前、還沒從中國本土獲得增援之前，台灣的戰車、甲車隊伍已經開進台北市區了。還有，台灣自己的空降部隊或搭乘直昇機垂直降落的部隊也可能從台灣南部快速發起逆襲，一舉光復台北。

儘管有上述考量，這個計畫的潛在優點還是大到讓中國共產黨總書記點頭同意執行。從他的眼光來看，就算台北之戰沒有獲致最大戰果，這波春節攻勢也會在台灣島內製造出足夠的恐慌和混亂，有利中共在接下來幾個禮拜後待氣候轉好之際實施傳統的侵台戰爭。還有，這場首都奇襲戰可以讓解放軍策略規畫者獲取寶貴的經驗和情資，進一步了解台灣的反應速度與能力。另外，這個計畫貴在速度，這樣可讓美軍來不及反應，使中共宣傳人員趁著時間空隙開始高唱「美國在台灣最危急的時候放手不管了」。

想定伍、台灣分南北

未來的歷史學家們將會持續爭論：為什麼中共會發動這次的侵台戰事？有些學者站在事後諸葛亮的角度，指出原因可能在於北京感覺到美國勢力消退（例如華府的國防支出降低，以及美國降低了對台灣等盟友的安全協助）。另有學者認為，原因出在台灣堅持主張進入聯合國——中共侵台前幾個月，台灣曾就此議題舉辦公投，絕大部分選民認同台灣入聯，導致中共氣急敗壞出言恐嚇（但中共的軍事準備行動卻在此事件的一年之前就已展開）。學界還有一派見解相信，中共這次侵台是中國軍火工業瘋狂發展之後的必然結果。

不管原因為何，解放軍已接獲命令奪台。作戰計畫是派遣部隊朝著台灣北部佯動（長久以來大家都相信中共的登陸地點首選一定是北台灣），事實上真正的攻台部隊則朝南走，分別在台南與枋寮搶灘。解放軍預計在Z加十五日的時候，讓濁水溪以南的全部區域都升起五星旗，並持續透過台灣最大港口高雄，運送大量的物資、人員、設備進入被「解放」的區域。接下來，就是打一場長期的消耗戰。

若要打下台灣，解放軍向來的信念就是要速戰速決，但這次可以慢慢打，因為以美國為首的國際援軍不會出手幫助台灣。美國的孤立主義氣氛正盛，完全改變了區域戰略平衡。既然時間多，解放軍策畫者也前所未有地勾勒出一個極長時間的登陸前封鎖、轟炸階段（四十五天），大幅度削弱了防禦者的戰力與士氣，讓情勢對搶灘有利。北京的黨政軍人士都認為，解放軍壯觀的軍容會讓台灣膽怯，解放軍根本不必打，早在第一艘登陸艇還沒衝上灘頭、第一個空降士兵還沒踏足台灣的土地之前，台灣的總統就已經嚇到漏尿了。

福州前線的軍頭們則不像北京的領導層這麼樂觀。他們審視最新情資，認為台灣會頑抗到底，甚至可能用大規模毀滅性武器來對抗解放軍。解放軍在灘頭堡累積軍力的階段最脆弱，這時候碰到台灣部隊拿出核武、化武就完了。因此，解放軍前線指揮官故意拖延地面部隊進入戰場的時間，讓戰事延長，希望火箭軍、網路部隊、海軍和空軍能夠先打出戰果。

依照計畫，Z減卅日的時候中共會突襲南中國海上的兩個台灣據點，太平島和東沙島，接著在Z減十五日的時候進攻金門。攻台部隊的主要集結區選在東山和汕頭。北方的寧德港也擠滿了船隻和部隊，可是這支部隊存在的用意是要誘使台灣相信，解放軍的主要目標是桃園台地，使得台灣疏於照顧南部——而解放軍正要從南部登陸。

Z日前夕的上海和廣東，將有數千輛中共坦克駛進巨大的開口型車輛載運船（滾裝船），這些船隻預計在Z加十日駛抵台灣，屆時台灣南部主要港口都已經落入解放軍之手（至少解放軍是這麼相信的）。坦克登船這件事藏不住，港口附近會變得忙碌吵雜，當地的台灣線民會看得一清二楚。解放軍為了混淆台灣的視聽，於是在港口附近放假消息說：這次坦克登船其實是故佈疑陣，主要目的是給台灣製造恐懼。

Z減一日，解放軍派遣一支自動駕駛的無人船團，駛入佈滿水雷及障礙物的桃園沿海，讓這些無人船隻去撞水雷，藉此清理出一條安全的航道，不過效果不佳。同時，幾百架一九五〇年代的舊式噴射戰鬥機也經過現代改裝，變成自動駕駛的無人機，飛向北台灣綿密的防空網進行自殺任務。戰事持續期間，類似的欺敵行動將會在台海兩岸不斷上演，代表無論是台灣或中國，都不知道未來究竟會如何。

附錄2 研究資料來源與研究方法

本書當中，究竟使用了哪些研究資料與研究方法？這些資料的來源為何？誰寫的？哪個機構出版的？這些資料可信嗎？具有權威性嗎？接下來的段落，我將盡力用最適當的方法來解答上述疑問。

中國軍方非常封閉，而且大家都知道北京當局向來努力帶風向，使用各式宣傳、抹黑伎倆，意圖影響國際視聽。因此，我們在使用源自中國的研究資料時，必須非常謹慎。學者馬提斯（Peter Mattis）出版過一本高品質專書《如何解讀與解放軍相關的資料（Analyzing the Chinese Military）》，書中指出凡是針對解放軍進行的任何學術研究，都必須面對「研究方法是否透明」、「是否採用可信的資料」這兩個問題。透明的分析至少可以讓讀者知道這些資料是誰寫的（著作人的姓名、所屬的機構）、是哪個機構出版的，有時還可向讀者說明為什麼這些資料具有可信度。要判定某份解放軍的資料是否具有可信度，不是件容易的事，不但需要高深的中文能力，還必須熟知中共軍方的組織架構與科層階級，更需要明察秋毫的敏銳鑑別力。

一切有關解放軍的專書當中，若作者是一組具有研究人員身份的軍官團隊，就比單獨個人所寫的書籍更有可信度——除非這個單獨個人恰好是中國共產黨和中華人民共和國中央軍事委員會裡面的高幹。在編纂的著作方面，若是出自中國人民解放軍國防大學出版社、軍事科學出版社、中國人民解放軍出版社等機構，具有最高的水準。中國每個軍種都擁有自己的出版社，例如藍天出版社就是解放軍空軍唯一的出版單位。這類出版機構的產品品質都具有一定可信度。當然，並不是每一本出自中國官方機構專業作者團隊的作品都有品質保證。只能說官方的專業團隊推出的作品可能具有較高可信度。

若要研讀解放軍所撰寫的台灣研究作品，我們更要留意它裡面引用的資料來源。一份優質的研究資料裡，通常會顯示對台灣軍力的真誠尊敬，並且指明：台灣軍事水準有些面向是解放軍無法超越的。更甚者還會暗示中、台之間的戰爭將為中國帶來災難性的後果。可惜，只有在極少數解放軍內部流通、機密等級非常高的解放軍文件當中，才能看到這種對台灣軍力的正確評估。世界各國的軍方都是悲觀的，因為軍官們必須準備好因應最壞的情況。全世界唯有解放軍一枝獨秀，為了政治正確的因素而不敢承認問題的嚴重性——尤其事涉台灣的時候。

要分辨眼前的資料是否出自中共宣傳人員之手，最快的方法就是看看行文之間有沒有譏諷之意，或是否潛藏馬列主義風格的科學必勝信念。若你眼前的資料不斷嘲弄台灣軍方，鐵口直斷台灣必敗，那你就知道這份資料出自中共政治幹部，是為了要達到特定政治而撰寫的。這種資料充斥市面，採用這種資料做出來的研究，不能算是高品質的學術成就。

做研究的時候，應該盡可能引用中共內部研究或內部教範／教材。這樣的參考資料就算具有學術缺陷，它們至少能代表中共內部想法，反映出官方原則，甚至還可能濾掉了一些「政治正確」的內容。這些資料（和其他資料相比）比較詳細、客觀。有些中共內部參考資料，其坦率程度甚至會叫外人驚訝。

最後，若看到某份資料內引用了其他資料，研究者一定要再三確認──特別是牽涉到研究者陌生的領域。台灣軍方的研究成果常被拿來當成佐證或反證，用在有關解放軍的研究裡面。其實，中、台雙方都拼了老命在研究對方。研究者可以採用台灣的高品質軍事書籍或期刊，來驗證解放軍的研究。若能掌握軍事題材內各領域專家的第一手資料更好，但要找到這些資料，需要以下兩個因素的結合：持續待在台灣和華府，加上單純的運氣。我很幸運，能夠獲得這兩個因素的協助。

以上就是我在個人能力範圍內，盡可能採用的研究方法。接著，就讓我們檢視我採用的資料。以下是我覺得對我最有幫助的：

(1)《信息化陆军作战》。出版者：中國人民解放軍國防大學。

主編人員：

曹正榮大校：具有博士學位，南京陸軍指揮學院戰役教研室副教授、碩士研究生導師。

孫龍海大校：具有博士學位，南京陸軍指揮學院戰術教研室副教授、碩士、博士研究生導師。

楊穎大校：某省軍區後勤部部長。

編寫人員：

李宗昆大校：南京陸軍指揮學院戰役教研室副教授。

許發國中校：南京陸軍指揮學院戰役教研室講師。

王家勝上校：具有博士學位，南京陸軍指揮學院戰役教研室講師。

孫建軍大校：南京陸軍指揮學院戰術教研室副教授。

劉勇中校：南京陸軍指揮學院戰役教研室講師。

宜傍東中校：南京陸軍指揮學院戰役教研室講師。

說明：

本書初版於二〇一四年，次年六月再版，印刷者為南京陸軍指揮學院。在書背以及首頁背面載有「军内发行」等字樣。

(2)《信息化联合作战》。出版者：解放軍出版社

主編人員：

曹正榮大校：具有博士學位，南京陸軍指揮學院戰役教研室副教授、碩士研究生導師。
吳潤波大校：南京陸軍指揮學院外訓翻譯室副教授。
孫建軍中校：南京陸軍指揮學院戰役教研室副教授。

編寫人員：

曲兆軍大校：南京陸軍指揮學院戰術教研室副教授。
李宗昆中校：陸軍指揮學院戰役教研室講師。
羅東中校：南京陸軍指揮學院戰略教研室講師。
王寧大校：南京陸軍指揮學院指揮自動化教研室主任。
王宇龍上尉：瀋陽戰區某師作訓參謀。
陳飛上尉：鎮江船艇學院軍事理論教研室講師。

說明：

本書初版於二〇〇六年，二〇〇八年八月修訂再版，印刷者為江蘇省創新委員會，書背上以及首頁背面載有「军内发行」等字樣。

(3)《港口登陆作战研究》。出版者：中國人民解放軍國防大學。

主編人員：

徐立生大校：具有博士學院，南京陸軍指揮學院戰役教研室副教授。
王兆勇：南京陸軍指揮學院圖書館主任兼副研究員。他曾在總參謀部及南京陸軍指揮學院參與二十多個重大研究計畫。

編寫人員：
李宗昆、陳匵、董吉吉、汪海洪、于果、許發國、白銀生。書中未記載這些人員進一步的資料。

說明：
本書初版於二〇一五年，由南京陸軍指揮學院印行，書背以及首頁背面載有「军内发行」等字樣。

(4)《空间信息支援作战》。出版者：中國人民解放軍國防大學。

主編人員：
王勇平：書中未說明身份，但他似為解放軍裝備指揮學院副教授，聯合作戰的太空支援專家。

編寫人員：
趙忠強（解放軍國防大學戰役部副教授）、曹延華（解放軍裝備指揮學院教授）、張占月（解放軍裝備指揮學院教授）、姚宏林（解放軍裝備指揮學院副教授）、楊章首（解放軍裝備指揮學院，具有博士學位）。另外，裝備指揮學院的教授李智、軍事科學院研究員杜海強也貢獻了研究成果。

說明：

本書初版於二〇一四年五月，書背以及首頁背面載有「军内发行　不得外传」等字樣，並表示該書乃是歷經三年研究才完成。

⑸《陆军航空兵作战理论研究》。出版者：中國人民解放軍國防大學。

主編人員：

張志偉：他似為南京陸軍指揮學院內具有博士學位的解放軍大校，也是解放軍內有名的書畫家。

黃傳賢：書中未說明身份。

編寫人員：

劉兆忠、韶海鈴、鄒昊、姜欣、汪尊衛、周靈群、李劍、李翔、何林民、李玉明、張俊強、劉永洪、易軍。書中僅以「副主編」、「編寫」來稱呼這些人士。

說明：

本書初版於二〇一四年三月，由南京陸軍指揮學院印行，書背以及首頁背面載有「军内发行　不得外传」等字樣。

(6)《台海军事地理教程》。出版者：解放軍軍事科學院出版社。

主編人員：

白光煒：書中未提供他的身份資訊。

黃傳賢：書中未說明身份。

編寫人員：

李波（副主編）、任國政、張露、宋明海

說明：

本書初版於二〇一三年九月，書中首頁及首頁的背面載有「军内发行　不得外传」等字樣。

本書屬於軍事科學院出版社的教育課程系列叢書之一（正式名稱為「军事科学院硕士研究生系列教材」），使用對象為研讀碩士學位的解放軍官。

(7)《信息化战争心理防护》。出版者：人民軍醫出版社。

主編人員：

張青之：書中未提供他的身份資訊。

編寫人員：

李步前（總後幹部輪訓大隊）、儲峰（博士，總後幹部輪訓大隊）、嚴進（第二軍醫大學教授）、梅清海（第四軍醫大學教授）、張京平（第四軍醫大學副教授）、管鵬（第三軍醫大學副教授）、高廣紅（後勤指揮學院）、潘大紅（濟南軍區聯勤部副部長）、曹文獻（南京軍區聯勤部衛生部部長）、龐平（南京政治學院訓練部副部長）、郝唯學（南京政治學院上海分院心理戰系主任）、徐德奎（濟南軍區政治部政戰室主任）。

說明：

本書於二〇〇八年三月出版，書中首頁的背面載有「内部资料　注意保存」等字樣。這個研究計畫，屬於解放軍的第十一次五年計畫（十一五计划课题）的內容，費時三年才完成研究。書屬於軍事科學院出版社的教育課程系列叢書之一（正式名稱為「军事科学院硕士研究生系列教材」），田調地點為濟南與南京軍區。

附錄3 作戰序列

解放軍作戰序列（可能犯台的主要作戰單位）

單位	位置	說明（下轄單位）
東部戰區	江蘇省南京市	東部戰區在戰時可能會成為聯合攻台作戰指揮部，並接受中央軍事委員會和中央軍委聯合參謀部從其他戰區指揮部調過來的支援，並直接指揮以下單位：舟橋第三十一旅、岸防第十三師，以及三個岸防旅。
中國人民解放軍東部戰區陸軍	福建省福州市	戰時可能作為兩棲突擊作戰的前線聯合指揮所。
第十二集團軍	江蘇省徐州市	現已調整為第七十一集團軍；在戰時可能負責進攻北台灣；作戰單位也包含了未確認的砲兵旅、防空旅和特種作戰旅。
機械化步兵第三十四旅	安徽省滁州市	
機械化步兵第三十五旅	江蘇省徐州市	
摩托化步兵第一七九旅	江蘇省南京市	
第一集團軍	浙江省湖州市	現已調整為第七十二集團軍；在戰時可能負責進攻北台灣；作戰單位也包含了未確認的砲兵旅和防空旅；可能也有裝備了多管火箭系統的作戰旅。
兩棲機械化步兵第一師	浙江省杭州市	
機械化步兵第一七八旅	不明	
摩托化步兵第三旅	浙江省金華市	
裝甲第十旅	江蘇省蘇州市	
遠程火箭炮兵旅	江蘇省無錫市	
陸軍航空兵第五旅	不明	

第三十一集團軍	福建省廈門市	現已調整為第七十三集團軍；在戰時可能負責進攻金門、馬祖、澎湖，可能也包含台灣北部和中部。作戰單位也包含了尚未確認的特種作戰旅。
摩托化步兵第八十六師	福建省福州市	
摩托化步兵第九十一師	福建省漳州市	
摩托化步兵第九十二旅	福建省泉州市	
砲兵第三旅	福建省泉州市	
防空第十三旅	福建省廈門市	
兩棲裝甲旅	福建省漳州市	
陸軍航空兵第十旅	不明	
中國人民解放軍東部戰區海軍	浙江省寧波市	戰時可能成為海軍本部指揮所，從海上支援兩棲突擊作戰。 2015 年東部戰區海軍艦隊組成 18 艘柴電潛艇 9 艘驅逐艦 19 艘護衛艦 6 艘巡邏艦 14 艘坦克登陸艦 9 艘中型登陸艦 39 艘飛彈快艇 1 個殲擊師 1 個混編師 1 個雷達旅
海軍航空兵	寧波市	
航空兵第 4 師	浙江省台州市	
航空兵第 6 師	上海市	
海空飛豹第一團	浙江省義烏市	
護衛艦第八大隊	上海市	
驅逐艦第三支隊	浙江省舟山市	
驅逐艦第六支隊	浙江省舟山市	
快艇第二十一支隊	福建省寧德市	
登陸艦第五支隊	上海市	
潛艇第四十二支隊	寧波市	
潛艇第二十二支隊	寧波市	
作戰支援艦第二支隊	浙江省舟山市	
雷達第 2 旅	寧波市	

中國人民解放軍東部戰區空軍司令部	江蘇省南京市	戰時可能成空軍本部指揮所，支援兩棲突擊作戰；特種航空師也可能投入戰鬥。 2016 年東部戰區空軍戰力組成 3 個殲擊師 1 個轟炸師 1 個攻擊師 1 個地空導彈旅 3 個雷達旅 1 個雷達團
殲擊第 3 師	江蘇省蕪湖市	
殲擊第 14 師	江西省樟樹市	
殲擊第 29 師	浙江省衢州市	
攻擊第 28 師	浙江省杭州市	
轟炸第 10 師	安徽省安慶市	
某地空導彈旅	福建省泉州市	
攻擊無人機旅	福建省連城縣	
航空兵第八十五旅	浙江省衢州市	
高砲第八旅	上海市	
地空導彈第三旅	不明	
雷達第 3 旅	上海市	
雷達第 4 旅	福建省福州市	
雷達第 12 旅	福建省漳州市	
雷達第 27 團	江蘇省徐州市	
中國人民解放軍火箭軍（第 52 基地）	安徽省黃山市	現已調整為第 61 基地。和平時期，該軍可能直接受命於北京的中央軍事委員會和中央軍委聯合參謀部；在戰時，可能由聯合攻台作戰指揮部直接指揮並成為主要指揮所，以飛彈支援兩棲突擊作戰；確認只有裝備常規彈道飛彈的飛彈旅會加入作戰。
第八一五旅	江西省上饒市	
第八一七旅	福建省三明市	
第八一八旅	廣東省梅州市	
第八一九旅	江西省贛州市	
第八二〇旅	浙江省金華市	

南部戰區	廣州市	南部戰區在戰時可能會以中央軍事委員會和中央軍委聯合參謀部提供的資源，支援聯合攻台作戰
中國人民解放軍南部戰區陸軍	廣西省南寧市	
第四十一集團軍	廣西省柳州市	現已調整為第七十五集團軍；在戰時可能負責進攻南台灣。
山地步兵第一二一旅	廣西省桂林市	
機械化步兵第一二二旅	廣西省桂林市	
機械化步兵第一二三師	廣西省貴港市	
炮兵旅	廣西省柳州市	
裝甲第十五旅	廣西省桂林市	
第四十二集團軍	廣東省惠州市	現已調整為第七十四集團軍；在戰時可能負責進攻南台灣。
合成第一三二師	海南省五指山	
砲兵師	廣東省曲江區	
兩棲機械化步兵第一二四師	廣東省博羅縣	
步兵第一六三師	廣東省潮州市	
特種作戰旅	廣東省廣州市	
遠程火箭炮兵旅	廣東省東莞市	
防空旅	廣東省潮州市	
陸軍航空兵第六旅	廣東省三水區	
裝甲第九旅	廣東省廣州市	
防化團	廣東省深圳市	

中國人民解放軍南部戰區海軍	廣東省湛江市	戰時可能負責海上支援對南台灣的兩棲突擊任務。 2015 年艦隊組成 4 艘彈道飛彈核潛艇 2 艘攻擊核潛艇 20 艘柴電潛艇 7 艘驅逐艦 21 艘護衛艦 8 艘巡邏艦 3 艘綜合型登陸艦 11 艘坦克登陸艦 7 艘中型登陸艦 38 艘飛彈快艇 大約 10,000 名海軍陸戰隊 1 個戰鬥轟炸機師 1 個混編師 1 個雷達旅
驅逐艦第二支隊	湛江市	
作戰支援艦第 3 支隊		
登陸艦第 6 支隊		
海軍陸戰隊第一旅		
海軍陸戰第一六四旅		
快艇第十一支隊	海南省海口市	
護衛艦第二大隊	廣東省汕頭市	
驅逐艦第九支隊	海南省三亞市	
潛艇第二基地		
海航第 8 師	海南省加來鎮	
海航第 9 師	海南省陵水縣	
雷達第 3 旅	海南省海口市	
中國人民解放軍南部戰區空軍	廣東省廣州市	戰時可能負責空中支援對南台灣的兩棲突擊任務。 2016 年南部戰區空軍戰力組成 5 個殲擊師 1 個轟炸師 1 個雷達旅 2 個雷達團 1 個地空導彈旅
殲擊第 2 師	廣東省遂溪縣	
殲擊第 42 師	廣西省南寧市	
殲擊第 9 師	廣東省汕頭市	
殲擊第 44 師	雲南省陸良縣	
殲擊第 18 師	湖南省長沙市	
轟炸第 8 師	湖南省瀏陽市	
地空導彈第十旅	廣東省廣州市	
雷達 1 旅	廣西省南寧市	
雷達 19 團	廣東省汕頭市	
雷達 20 團	廣東省佛山市	

中國人民解放軍火箭軍（第53基地）	雲南省昆明市	現已調整為第62基地。北京的中央軍事委員會和中央軍委聯合參謀部管轄；戰時可能會以飛彈支援聯合攻台作戰兩棲突擊的部份。只有裝備常規彈道飛彈的飛彈旅會投入作戰。
第八二一旅	廣西省鹿寨縣	
普寧旅	廣東省普寧市	
清遠旅	廣東省清遠市	
北部戰區	遼寧省瀋陽市	北部戰區在戰時可能會以中央軍事委員會和中央軍委聯合參謀部提供的資源，支援聯合攻台作戰，但大部分的戰力會當作第二攻擊梯隊或是戰略預備軍使用。
中國人民解放軍北部戰區陸軍	山東省濟南市	
第二十六集團軍	山東省濰坊市	現已調整為第八十集團軍。
摩托化步兵第一三八旅	山東省煙台市	
摩托化步兵第一九九旅	山東省淄博市	
摩托化步兵第七十七旅	山東省煙台市	
裝甲第八旅	山東省濰坊市	
炮兵第八旅		
陸軍航空兵第七團	山東省聊城市	
防空旅	山東省濟南市	

第三十九集團軍	遼寧省遼陽市	現已調整為第七十九集團軍。
機械化步兵第一一五旅	遼寧省大連市	
機械化步兵第一一六師	遼寧省鞍山市	
機械化步兵第一九〇旅	遼寧省本溪市	
機械化步兵第二〇二旅	吉林省四平市	
摩托化步兵第二〇三旅	遼寧省營口市	
裝甲第三旅	遼寧省遼陽市	
炮兵第七旅		
陸軍航空兵第九旅		
防空旅		
特種作戰團		
中國人民解放軍北部戰區海軍	山東省青島市	戰時可能負責海上支援對北台灣的兩棲突擊任務。 2015 年艦隊組成 1 艘航空母艦 3 艘攻擊核潛艇 19 艘柴電潛艇 7 艘驅逐艦 12 艘護衛艦 9 艘巡邏艦 2 艘坦克登陸艦 6 艘中型登陸艦 18 艘飛彈快艇 1 個殲擊師 1 個戰鬥轟炸機師 1 個特殊航空師
潛艇第 1 支隊		
潛艇第 2 支隊		
驅逐艦第 1 支隊		
岸艦導彈團		
作戰支援艦第 1 支隊		
防空旅		
潛艇第 12 支隊	遼寧省大連市	
驅逐艦第 10 支隊		
航空兵第 2 師		
航空兵第 5 師	山東省煙台市	

中國人民解放軍北部戰區空軍	遼寧省瀋陽市	戰時可能負責空中支援對北台灣的兩棲突擊任務。 2016 年北部戰區空軍戰力組成 3 個殲擊師 2 個攻擊師 3 個航空兵旅 2 個地空導彈旅 1 個高砲旅
攻擊第 11 師	吉林省四平市	
航空兵第八十八旅	遼寧省丹東市	
航空兵第九十旅	遼寧省大連市	
航空兵第九十一旅	吉林省通化市	
殲擊第 1 師	遼寧省鞍山市	
殲擊第 21 師	遼寧省丹東市	
殲擊第 12 師	山東省威海市	
攻擊第 5 師	山東省濰坊市	
地空導彈旅	山東省城陽區	
地空導彈旅	遼寧省遼陽市	
高砲旅	遼寧省鞍山市	
中部戰區	北京市	中部戰區在戰時可能會以中央軍事委員會和中央軍委聯合參謀部提供的資源，支援聯合攻台作戰，但大部分的戰力會當作第二梯隊或是戰略預備軍使用，但不包含傘兵部隊。
中國人民解放軍中部戰區陸軍	河北省 石家莊市	對台作戰時可能提供武器和裝備給第二梯隊攻擊使用。
第五十四集團軍	河南省新鄉市	現已調整為第八十三集團軍；可做為第二波攻擊梯隊或是戰略預備隊。
中國人民解放軍中部戰區空軍	北京市	對台作戰時可能提供空中支援，特別是以運輸機運載空降兵攻擊。

空降兵第十五軍	湖北省孝感市	戰時空降兵第十五軍可能會參與聯合攻台作戰並支援對台第一波攻擊。
空降兵第四十三師	河南省開封市	
空降兵第四十四師	湖北省廣水市	
空降兵第四十五師	湖北省黃陂市	

*預備役和民兵單位雖然對作戰來說相當重要，但並沒有列在表格當中。

引用來源：DoD's 2016 and 2017, Annual Report to Congress: Military and Security Developments Involving the People's Republic of China; Jamestown Foundation's China Brief; The Directory of PRC Military Personalities 2014; Defense Group Inc., The PLA as an Organization, Volume 2.0; various works of Peter Wood, Dennis Blasko, and Mark Stokes; analysis is somewhat speculative and author is responsible for any errors.

中華民國台灣陸軍作戰序列

單位	位置	說明（下轄單位）
六軍團	桃園中壢	平時防區範圍為第三作戰區（北台灣）。戰時，第三作戰區亦負責指揮國防部參謀本部指派之裝備設施。
機械化步兵第 269 旅	桃園楊梅	直屬單位：本部連、通信連、反裝甲連、裝騎連、保修連、工兵連（戰鬥工兵）以及衛生連。一般情況下，裝騎連下轄一個戰車排（裝配四輛 M41 戰車）、一個迫砲排（裝配三輛 M113 車裝迫砲），以及三個裝騎排（配備悍馬車）。反裝甲連配有標槍與拖式飛彈。 機械化步兵營 × 3（各式 CM21/M113 裝甲運兵車） 戰車營 × 1（CM11） 砲兵營 × 1（M114 式 155 公釐牽引榴砲）

裝甲第 542 旅	新竹湖口	直屬單位 戰車營 × 3（CM11 配備反應裝甲） 機械化步兵營 × 1（各式 CM21/M113 裝甲運兵車，V150） 戰車營 × 1（CM11） 砲兵營 ×1（M109 式 155 公釐自走砲）
裝甲第 584 旅	新竹湖口	直屬單位 戰車營 × 2（CM11） 機械化步兵營 × 2（各式 CM21/M113 裝甲運兵車） 砲兵營 ×1（M109 式 155 公釐自走砲）
砲兵第 21 指揮部	桃園平鎮	目標搜索連 x 1 防空營 x 1（復仇者防空導彈系統） 第 621 群（群在編制上比旅要小，但比營大） 砲兵營 x 3 火箭砲兵營 x 1 （雷霆 2000 多管火箭系統） 第 622 群 砲兵營 x 2 （M109 式 155 公釐自走砲、M110 式 203 公釐自走砲、M59 式 155 公釐野戰炮）
化學兵第 33 群	桃園中壢	偵消營 x 1 煙幕營 x 1
工兵第 53 群	桃園八德	戰鬥工兵營 x 2 橋樑營 x 1
資電 73 群	桃園中壢	網路傳輸連 x 1 區域通信營 x 1 通信支援營 x 1

步兵第 153 旅	宜蘭市	步兵營 × 5 砲兵營 × 1
步兵第 206 旅	新竹關西	步兵營 × 5 砲兵營 × 1
關渡地區指揮部	新北淡水	除了衛生連之外，直屬單位皆與六軍團相同。 機械化步兵營 × 4（各式 CM21/M113 裝甲運兵車、M42 防空砲車、V150、CM32，同時每個步兵營搭配一個戰車連，配有 CM11s 戰車） 砲兵營 x 1（禮炮連；駐地新北新店）
蘭陽地區指揮部	宜蘭三星	直屬單位和關渡地區指揮部相同 戰車營 x 1（M60A3） 機械化步兵營 x 2（各式 CM21/M113 裝甲運兵車、可能還有各式 CM32）
十軍團	台中新社	平時防區範圍為第五作戰區，包含台灣西部中區的台中和嘉義。戰時，第五作戰區亦負責指揮國防部參謀本部指派之裝備設施。
裝甲第 586 旅	台中后里	直屬單位 戰車營 × 2（M60A3） 機械化步兵營 × 2（各式 CM21/M113 裝甲運兵車、各式 CM32） 砲兵營 x 1（M109 式 155 公釐自走砲）
機械化步兵第 234 旅	台中大里	直屬單位 機械化步兵營 x 3（各式 CM32、各式 CM21/M113 裝甲運兵車） 戰車營 x 1（M60A3） 砲兵營 x 1（M114 式 155 公釐牽引榴砲）

砲兵第 58 指揮部	台中神岡	目標搜索連 x 1 防空營 x 1（復仇者防空導彈系統） 第 626 群 砲兵營 x 3（M110 式 203 公釐自走砲、M114 式 155 公釐牽引榴砲、M109 式 155 公釐自走砲） 火箭砲兵營 x 1（雷霆 2000 多管火箭系統）
工兵第 52 群	台中太平	戰鬥工兵營 x 2 橋樑營 x 1
化學兵第 36 群	台中大雅	偵消營 x 1 煙幕營 x 1
資電第 74 群	台中新社	網路傳輸連 x 1 區域通信營 x 1 通信支援營 x1
步兵第 302 旅	台中烏日	步兵營 x 5 砲兵營 x 1
步兵第 104 旅	台中烏日	步兵營 x 5 砲兵營 x 1
步兵第 257 旅	嘉義大林	步兵營 x 5 砲兵營 x 1
八軍團	高雄旗山	平時防區範圍為第四作戰區，包含台灣西部南區人口集中的台南和高雄。戰時，第四作戰區亦負責指揮國防部參謀本部指派之裝備設施。

機械化步兵第 333 旅	屏東萬巒	直屬單位 機械化步兵營 x 3 （各式 CM32、V150、各式 CM21/M113 裝甲運兵車） 戰車營 x 1（CM11） 砲兵營 x 1（M114 式 155 公釐牽引榴砲）
裝甲第 564 旅	高雄阿蓮	直屬單位（裝騎連配有各式 CM32） 戰車營 x 2 （CM11） 機械化步兵營 x 2（各式 CM21/M113 裝甲運兵車） 砲兵營 x 1（M109 式 155 公釐自走砲）
砲兵第 43 指揮部	高雄大樹	目標搜索連 x 1 防空營 x 1（欉樹飛彈系統） 第 624 群 砲兵營 x 3 （M110 式 203 公釐自走砲、M114 式 155 公釐牽引榴砲、M109 式 155 公釐自走砲、M59 式 155 公釐野戰炮、M115 203 公釐榴彈炮） 火箭砲兵連 x 1 （雷霆 2000 多管火箭系統）
工兵第 54 群	高雄燕巢	戰鬥工兵營 x 2 橋樑營 x 1
化學兵第 39 群	高雄旗山	偵消營 x 1 煙幕營 x 1
步兵第 203 旅	台南官田	步兵營 x 5 砲兵營 x 1
陸軍花東防衛指揮部	花蓮市	負責防衛台灣東部。平時防衛第二作戰區，是為最後一道防線。

花東守備大隊	花蓮市	除了多出化兵連和一個憲兵排之外，直屬單位和八軍團相同。 戰車營 x 1（M60A3，以及一個裝備各式 CM21/M113 裝甲運兵車的機步連） 機械化步兵營 x 1（各式 CM21/M113 裝甲運兵車） 混砲營 x 1（M114 式 155 公釐牽引榴砲、M101 式 105 公釐榴彈砲）
陸軍臺東地區指揮部	台東縣	直屬單位僅限本部連、通信連、裝騎連以及一個戰鬥工兵連。 機械化步兵營 x 2（各式 CM21/M113 裝甲運兵車） 混砲營 x 1
陸軍澎湖防衛指揮部	澎湖馬公	負責防衛澎湖群島，堅守第一作戰區，為前線防衛之重點。
澎湖守備大隊		機械化步兵營 x 1（各式 CM21/M113 裝甲運兵車，並配有一個戰車連，裝備 M60A3 坦克） 裝騎營 x 1 混砲營 x 1（M114 式 155 公釐牽引榴砲、M101 式 105 毫米榴彈砲）
陸軍金門防衛指揮部	大金門	負責金門及其附近島嶼之衛戍工作。發生戰爭時，金防部的任務為拖延解放軍進攻速度，為台灣本島與澎湖之防衛工作爭取時間。
金門守備大隊	大金門	直屬單位包含本部連、通信連、戰鬥工兵連、支援營和一個憲兵排。 防空彈砲混合連 x 1 混編野砲營 x 1（M1 式 240 公釐榴彈炮、M115 式 203 公釐榴彈炮、M59 型 155 公釐野戰炮、M101 式 105 公釐榴彈砲、120 公釐迫砲）

金門守備大隊	大金門	戰車營 x 1 （M60A3，以及一個裝備各式 CM21/M113 裝甲運兵車的機步連） 機械化步兵營 x 1 （各式 CM21/M113 裝甲運兵車）
烈嶼守備大隊	烈嶼（小金門）	機械化步兵連 x 1 混砲連 x 1
陸軍馬祖防衛指揮部		負責防衛馬祖。發生戰爭時，金防部的任務為拖延解放軍進攻速度，為台灣本島與澎湖之防衛工作爭取時間。
馬祖防衛指揮部		直屬單位包含本部連、通信連、戰鬥工兵連、防空連以及一個火箭排（裝備未確認，但很可能為雷霆 2000 多管火箭系統）。
南竿守備大隊	馬祖南竿	混砲連 機械化步兵連 步兵連
北竿守備大隊	馬祖北竿	混砲連 機械化步兵連 步兵連
莒光守備大隊	馬祖莒光	混砲連 機械化步兵連 步兵連
陸軍東引地區指揮部	東引	負責東引之防衛工作，職責與馬防部和金防部類似。由於位置較為孤立、間隔太遠，所以編制上與馬防部分開。
東引守備大隊	東引	直屬單位包含本部連、支援連、通信連、和戰鬥工兵連。 混編防空砲兵連 x 1（可能編制在混砲營底下） 步兵營 x 1（包含一個機步連，裝備各式 CM21/M113 裝甲運兵車） 混砲營 x 1（81 公釐迫砲、M101 式 105 公釐榴彈砲、120 公釐迫砲、M115 式 203 公釐榴彈炮、20 公釐防空砲）

陸軍航空特戰指揮部	桃園龍潭	負責陸軍航空兵以及特戰部隊指揮。
高空特種勤務中隊	屏東涼山	精銳反恐部隊，類似於美國陸軍三角洲部隊。
陸軍 101 兩棲偵察營	各隊分別駐紮在台灣外島，總部位在金門料羅灣。	偵一連（金門） 偵二連（澎湖） 偵三連（南竿） 偵四連（東引）
空中運輸營	台南歸仁	CH-47SD 運輸直升機 x 8（有一架可能編在陸軍飛行訓練指揮部）
戰術偵搜大隊（無人機部隊裝備中翔二號無人機）	台東	戰搜第一中隊（太平，楊梅） 戰搜第二中隊（台中神岡） 戰搜第三中隊（高雄）
陸軍航空第 601 旅（戰時屬於第三作戰區）	桃園龍潭	攻擊營 x 2（AH-64E 阿帕契攻擊直升機） 戰搜營 x 1（OH-58D 奇奧瓦戰搜直升機） 通用營 x 1（UH-1 通用直升機、UH-60）
陸軍航空第 602 旅（戰時屬於第五作戰區）	台中新社	攻擊營 x 2（AH-1W 眼鏡蛇直升機） 戰搜營 x 1（OH-58D 奇奧瓦戰搜直升機） 通用營 x 1（UH-1 通用直升機、UH-60）
陸軍飛行訓練指揮部（戰時屬於第四作戰區）	台南歸仁	AH-1W, OH-58D, UH-1H, TH-67A, UH-60D 教勤營 x 2 學員生營 x 1
陸軍特戰部隊	桃園龍潭	特戰營 x 5

中華民國台灣海軍作戰序列

單位	位置	說明（下轄單位）
海軍一二四艦隊	左營	康定級（拉法葉）巡防艦 × 6
海軍一三一艦隊	基隆	錦江級巡邏艦 x 12 光華六號飛彈快艇 x 31 沱江級巡邏艦 x 1（已規畫 12 艘）
海軍一四六艦隊	馬公	成功級（派里級）巡防艦 x 8
海軍一五一艦隊	左營	中和級戰車登陸艦（新港級）x 2 旭海號船塢登陸艦（安克拉治級）x 1 中海級戰車登陸艦 x 7（包含一艘兩棲指揮艦） 武夷號油彈補給艦 x 1 磐石號快速戰鬥支援艦 x 1
海軍一六八艦隊	蘇澳	濟陽級（諾克斯級）巡防艦 x 6 派里級巡防艦 x 2（2017 服役） 基隆級（紀德級）驅逐艦 x 4
海軍一九二艦隊	左營	永陽級（Agile）遠洋掃雷艦 x 3 永豐級獵雷艦 x 4 永靖級（鶚級獵雷艦）近岸獵雷艦 x 2
海軍二五六戰隊	左營	海獅級（鯨魚級）x 2 海龍級（旗魚級）x 2
海軍反潛航空大隊	花蓮 空軍基地	701 和 702 作戰隊（18 架 S-70C（M）型反潛直昇機，8 架 MD500「防衛者」式直昇機）

海軍海鋒大隊	無固定駐點	北部防區 第一中隊—基隆 第三中隊—淡水 第五中隊—東引 南部防區 第二中隊—屏東 第四中隊—高雄 澎湖防區 第六中隊—澎湖 東部防區 第七中隊—花蓮

中華民國台灣海軍陸戰隊作戰序列

單位	位置	說明（下轄單位）
陸戰六六旅	桃園龜山	於 2005 年移防北台灣，保衛台北抵禦解放軍斬首行動。受第三戰區指揮。 直屬單位 機械化步兵營 x 3（各式 CM21/M113 裝甲運兵車） 戰車營 x 1（M60A3） 砲兵營 x 1（M109 式 155 公釐自走砲）
陸戰九九旅	高雄	負責防衛高雄，作為戰略反擊旅，受第四戰區指揮。 直屬單位 機械化步兵營 x 3（各式 CM21/M113 裝甲運兵車） 戰車營 x 1（M60A3） 砲兵營 x 1（M109 式 155 公釐自走砲）

防空警衛群	多處駐點，總部設於左營	前身為陸戰七七旅。 裁撤後為保衛海軍基地，於 2013 年改編為防空警衛群。 基地警衛營 x 2（由憲兵撥入，受海軍陸戰隊管制） 防空營 x 1（海檞樹飛彈）
登陸戰車大隊	高雄左營	陸戰隊的兩棲裝甲兵。裝備發配給以下兩支部隊。 運輸中隊 x 4（AAV7、LVT5） 砲兵中隊 x 2（LVT5）
兩棲偵搜大隊	不明	偵搜中隊 x 3 特勤中隊 x 1（台灣版海豹部隊） 水中爆破中隊 x 1
烏坵守備大隊	烏坵島，金門列島	守備中隊 x 2（M114 式 155 公釐牽引榴砲、M1011 式 105 公釐榴彈砲） 防空區隊 X 1（40 公釐 AAA）

中華民國台灣空軍作戰序列

單位	位置	說明（下轄單位）
第四九九戰術戰鬥機聯隊	新竹基地	負責防衛台北，並 24 小時全天候待命捍衛防空識別區。
第四十一作戰隊		幻象 2000-5
第四十二作戰隊		幻象 2000-5
第四十八換裝訓練隊		幻象 2000-5
第四二七戰術戰鬥機聯隊	台中清泉崗基地	負責防衛北、中台灣。
第七作戰隊		F-CK-1 IDF 經國號戰機
第廿八作戰隊		F-CK-1 IDF 經國號戰機
測試暨評估中隊		F-CK-1 IDF 經國號戰機

第四五五戰術戰鬥機聯隊	嘉義基地	負責防衛中、南台灣，空中救援以及戰略反擊。
第廿一作戰隊		F-16 A/B
第廿二作戰隊		F-16 A/B
第廿三作戰隊		F-16 A/B
空軍救護隊（海鷗部隊）		S-70C-1 Bluehawk 海鷗救難直升機 x 13 S-70C-6 Bluehawk 海鷗救難直升機 x 3 歐直 EC225 超級美洲獅直升機 Mk2/15 x 3
第四四三戰術戰鬥機聯隊	台南基地	負責防衛南臺灣與戰略反擊任務，並 24 小時全天候待命捍衛防空識別區。
第一作戰隊		F-CK-1 IDF 經國號戰機
第三作戰隊		F-CK-1 IDF 經國號戰機
第九作戰隊		F-CK-1 IDF 經國號戰機
第四〇一戰術混合聯隊	花蓮基地	專責情報偵蒐、戰略反擊和 24 小時全天候待命捍衛防空識別區。
第十七作戰隊		F-16 A/B
第廿六作戰隊		F-16 A/B
第廿七作戰隊		F-16 A/B
第十二戰術偵察機隊		RF-5E 虎眼式偵查機（5 架或更少） RF-16 戰術偵察機（8 架或更少）
第七三七戰術戰鬥機聯隊	志航基地（屏東）	負責訓練工作。
第四十四作戰隊		F-5E
第四十五作戰隊		F-5E
第四十六作戰隊		F-5E

第四三九混合聯隊	屏東基地	專責情報偵蒐、空投突擊、電子戰、反潛作戰以及海上巡弋。
第十空運大隊		C-130H x 19
第二十電戰大隊		C-130HE x 1 E-2 Hawkeye 空中預警機 x 6
空軍反潛作戰大隊		S-2T 搜索者巡邏機 x 11（已於 2017 年除役） P-3 Orion 獵戶座海上巡邏機 x 12

中華民國台灣防空飛彈部作戰序列

單位	位置	說明（下轄單位）
戰略反飛彈大隊（正式名稱未明）	不明，可能為國防部	以陸基（可能為發射井）載具發射彈道飛彈以及陸攻巡弋飛彈，負責戰略反擊任務。
641 營 1 連	不明	可能裝備雄風二E巡弋飛彈
641 營 2 連	不明	可能裝備雄風二E巡弋飛彈
641 營 3 連	不明	可能裝備雄風二E巡弋飛彈
642 營 1 連	不明	可能裝備雄風二E巡弋飛彈
642 營 2 連	不明	可能裝備雄風二E巡弋飛彈
642 營 3 連	不明	可能裝備雄風二E巡弋飛彈
第 606 防空大隊	不明，可能為國防部	攔截彈道飛彈以及巡弋飛彈的攻擊。
631 營 1 連	新北林口	愛國者 2 型飛彈 / 搭配愛國者 3 型飛彈
631 營 2 連	新北新店	愛國者 2 型飛彈 / 搭配愛國者 3 型飛彈

631 營 3 連	新北南港	愛國者 2 型飛彈／搭配愛國者 3 型飛彈
632 營 1 連	高雄仁武	愛國者 3 型飛彈
632 營 2 連	屏東基地	愛國者 3 型飛彈
632 營 3 連	台南新化	愛國者 3 型飛彈
633 營 1 連	台中太平	愛國者 3 型飛彈
633 營 2 連	清泉崗基地	愛國者 3 型飛彈
633 營 3 連	嘉義基地	愛國者 3 型飛彈
訓練與後備單位（正式名稱未明）	不明，可能在桃園地區	愛國者 3 型飛彈
第 608 防空大隊	不明，可能為國防部	負責防止空中攻擊以及攔截某些彈道飛彈的攻擊。
611 營 1 連	新北三芝	天弓二型防空飛彈／可能也配有天弓三
611 營 2 連	東引	天弓二型防空飛彈／可能也配有天弓三
611 營 3 連	台中大肚	天弓二型防空飛彈／可能也配有天弓三
612 營 1 連	高雄阿蓮	天弓二型防空飛彈／可能也配有天弓三
612 營 2 連	高雄林園	天弓二型防空飛彈／可能也配有天弓三
612 營 3 連	澎湖	天弓二型防空飛彈／可能也配有天弓三
621 營 1 連	宜蘭蘇澳	配備鷹式地對空飛彈（所有的鷹式飛彈將於 2024 年由天弓三型防空飛彈系統取代）
621 營 2 連	新北金山	鷹式地對空飛彈
621 營 3 連	新北淡水	鷹式地對空飛彈
621 營 4 連	苗栗竹南	鷹式地對空飛彈

621 營 5 連	桃園蘆竹	鷹式地對空飛彈
623 營 1 連	澎湖	鷹式地對空飛彈
623 營 2 連	台南佳里	鷹式地對空飛彈
623 營 3 連	雲林褒忠	鷹式地對空飛彈
623 營 4 連	高雄小港	鷹式地對空飛彈
623 營 1 連	台東知本	鷹式地對空飛彈
623 營 2 連	花蓮美崙山	鷹式地對空飛彈

中華民國台灣憲兵作戰序列

單位	位置	說明（下轄單位）
憲兵 202 指揮部	台北	戰時衛戍台北市的安全 · 憲兵 211 營，負責保衛總統府 · 憲兵砲兵 228 營，配備 120mm 機槍 · 憲兵 229 營，負責保衛聯合參謀指揮中心。 · 憲兵裝甲步兵 239 營（配備 V150 以及各式 CM32），戰時負責保護總統以及高階政府官員撤離。 · 憲兵 332 營，負責保衛總統官邸 · 駐紮各地區的憲兵隊
憲兵 203 指揮部	台中	· 駐紮各地區的憲兵隊
憲兵 204 指揮部	高雄	· 駐紮各地區的憲兵隊
憲兵 205 指揮部	桃園	· 駐紮各地區的憲兵隊
國防部勤務大隊憲兵連	桃園	憲兵連 x 1
六軍團憲兵連	桃園	憲兵連 x 1

八軍團憲兵連	高雄	憲兵連 x 1
十軍團憲兵連	台中	憲兵連 x 1
金防部憲兵排	金門	憲兵排 x 1
海軍陸戰隊防空警衛群基地警衛營	多處駐點	基地警衛營 x 2
空軍司令部憲兵中隊	多處駐點	憲兵中隊 x 12

歡迎讀者向作者索取引用資料。

第一章：為何中共一定要侵略台灣

1 See Annual Report to Congress: Military and Security Developments Involving the People's Republic of China (Washington, D.C.: Department of Defense, 2016), p. 5.

2 See The Science of Military Strategy [战略学] (Beijing: Academy of Military Sciences, 2013), pp. 198-200; "The One-China Principle and the Taiwan Issue," The Central People's Government of The People's Republic of China, 2000; and "Full text of Anti-Secession Law," People's Daily, March 14, 2005, at http://english.peopledaily.com.cn/200503/14/print20050314_176746.html.

3 Of many examples, see Cao Zhengrong, Sun Longhai, and Yang Yin (eds.), Informatized Army Operations [信息化陆军作战] (Beijing: National Defense University Press, 2014), p. 109-112. The Science of Military Strategy [战略学] (Beijing: Academy of Military Sciences, 2013), pp. 198-200; Liu Haijiang and Li Zhiyuan (eds.), Research on Joint Tactical Thought [联合战术思想研究] (Beijing, Lantian Press, 2012), p. 156; Cao Zhengrong, Wu Runbo, and Sun Jianjun (eds.), Informatized Joint Operations [信息化联合作战] (Beijing: Liberation Army Press, 2008), pp. 143-144, and Zhang Yullang (ed.) Science of Campaigns [战役学] (Beijing: National Defense University Press, 2007), p. 293.

4 See Sydney J. Freedberg Jr. and Colin Clark, "Threats from Russia, China Drive 2017 DoD Budget," Breaking Defense, February 2, 2016, at http://breakingdefense.com/2016/02/russia-china-drive-2017-budget/; Andrew Krepinevich and Barry Watts, The Last Warrior: Andrew Marshall and the Shaping of Modern American Defense Strategy (New York: Basic Books, 2015), pp. 227-246; Aaron L. Friedberg, A Contest for Supremacy: China, America, and the Struggle for Mastery in Asia (New York: W.W. Norton & Company, 2011); and Robert Kaplan, "How We Would Fight China," The Atlantic, June 2005, pp. 49-64.

5 December 7, 1949, is the date that the ROC government officially re-established its capital in Taipei. See Bruce A. Elleman, High Seas Buffer: The Taiwan Patrol Force, 1950 1979 (Newport, Rhode Island: Naval War College Press, 2012), p. 10.

6 Among various sources, see Zhu Feng, "Why Taiwan Really Matters to China," China Brief, Vol. 4, Issue 19, September 30, 2004, at http://www.jamestown.org/single/?no_cache=1&tx_ttnews%5Btt_news%5D=3680#.U5dMffldXxY; Richard C. Bush, Untying the Knot: Making Peace in the Taiwan Strait (Washington DC: Brookings Institution Press, 2005); Alan Wachman, Why Taiwan? Geostrategic Rationales for China's Territorial Integrity (Stanford, CA: Stanford University Press, 2007); and Robert D. Kaplan, "The Geography of Chinese Power," Foreign Affairs, May/June 2010, at http://www.foreignaffairs.com/articles/66205/robert-d-kaplan/the-geography-ofchinese-power.

7 For a good resource on contemporary dynamics in Northeast Asia, see Donald S. Zagoria, "NCAFP Visit to Taipei, Beijing, Seoul and Tokyo: October 13-27, 2015," National Committee on American Foreign Policy, at https://www.ncafp.org/ncafp/wpcontent/uploads/2016/01/2015-NCAFP-Asia-Trip-Report.pdf.

8 See Annual Report to Congress: Military and Security Developments Involving the People's Republic of China (Washington, D.C.: Department of Defense, 2016), at http://www.defense.gov/Portals/1/Documents/pubs/2016%20China%20Military%20Power%20Report.pdf. See also Science of Military Strategy [战略学] (Beijing: Academy of Military Sciences, 2013), pp. 198-200.

9 "The One-China Principle and the Taiwan Issue," The Central People's Government of The People's Republic of China, 2000; and "Full text of Anti-Secession Law," People's Daily, March 14, 2005, at http://english.peopledaily.com.cn/200503/14/print20050314_176746.html.

10 Tseng Wei-chen and Chen Wei-han, "Unification support dives: poll," Taipei Times, July 26, 2015, at http://www.taipeitimes.com/News/taiwan/archives/2015/07/26/2003623930.

11 See Ian Bremmer, "5 Statistics That Explained the World This Week," Politico, March 2, 2014, at http://www.politico.com/magazine/story/2014/03/statistics-thatexplained-the-world-this-week-104088; and Yuan-kang Wang, "Taiwan Public Opinion on Cross-Strait Security Issues: Implications for US Foreign Policy," Strategic Studies Quarterly, Summer 2013, p. 100, available online at http://homepages.wmich.edu/~ymz8097/articles/wang_taiwan%20public%20opinion.pdf.

12 Fang-Yu Chen, Wei-Ting Yen, Austin Horng-en Wang, and Brian Hioe, "The Taiwanese see themselves as Taiwanese, not as Chinese," Washington Post, January 2, 2017, at https://www.washingtonpost.com/news/monkey-cage/wp/2017/01/02/yestaiwan-wants-one-china-but-which-china-does-it-want/?utm_term=.7bc908f3504c.

13 Alison Hsiao, "No such thing as the '1992 Consensus': Lee Tung-hui," Taipei Times, May 3, 2015, at http://www.taipeitimes.com/News/front/archives/2015/05/03/2003617348.

14 For one of best assessments to this effect, see Robert D. Kaplan, "The Geography of Chinese Power," Foreign Affairs, May/June 2010, at http://www.foreignaffairs.com/articles/66205/robert-d-kaplan/the-geography-ofchinese-power.

15 Michael Thim, "Why Removing Taiwan Strait Missiles is Not the Real Issue," Ketagalan Media, November 20, 2015, at http://www.ketagalanmedia.com/2015/11/20/why-removing-taiwan-strait-missiles-isnot-the-real-issue/; Stephen Young, "Pageantry without a hint of real substance," Taipei Times, November 10, 2015, at

http://www.taipeitimes.com/News/editorials/archives/2015/11/10/2003632092; and Wang Yu-chung, "Ma talks peace deal with China," Taipei Times, October 18, 2011, at http://www.taipeitimes.com/News/front/archives/2011/10/18/2003516029.

16 Author's discussion with ROC government officials in Taipei, 2016.

17 For an excellent resource and background on the Sunflower Movement, see J. Michael Cole, Black Island: Two Years of Activism in Taiwan (Taipei, Taiwan: Createspace Publishing, 2015).

18 See Republic of China 2013 National Defense Report [中華民國一０二年國防報告書 2013] (Taipei, Taiwan: Ministry of National Defense, 2013), p. 56. See also Michael Gold and Ben Blanchard, "Taiwan says China could launch successful invasion by 2020," Reuters, October 9, 2013, at http://www.reuters.com/article/ustaiwan-china-idUSBRE99809020131009. MND reporting was further backed up by a series of authoritative, but not widely disseminated, Chinese military studies on the invasion of Taiwan. These show that PLA strategists and operational planners undertook a series of internal operational studies on the invasion of Taiwan around the year 2012. While these studies did not result in published books until 2014 and 2015, MND presumably knew that these research efforts were underway. Xi Jinping, as then-Vice Chairman of the CMC, presumably also knew.

19 Ibid.

20 See Douglas Paal, "China, the U.S. and the Coming Taiwan Transition," The Diplomat, December 29, 2015, at http://thediplomat.com/2015/12/china-the-u-s-andthe-coming-taiwan-transition/; and "Assumption in US, China of Tsai victory, Glaser says," Taipei Times, September 11, 2015, at http://www.taipeitimes.com/News/taiwan/archives/2015/09/11/2003627457.

21 Luo Tian-bin, "Communist Military Holds Repeated Landing Exercises Ahead of May 20 Inauguration (520 前共軍頻頻登陸演習)," Liberty Times, May 18, 2016, http://news.ltn.com.tw/news/focus/paper/990759; and "Sword Pointed at Taiwan? PLA Exercise Held in Zhangzhou, Fujian (劍指台灣? 解放軍福建漳州軍演)," Apple Daily, December 23, 2015, http://www.appledaily.com.tw/realtimenews/article/new/20151223/759559.

22 See Alan Romberg, "Tsai Ing-wen Takes Office: A New Era in Cross-Strait Relations," China Leadership Monitor, No. 50, June 22, 2016, at http://www.stimson.org/sites/default/files/file-attachments/Tsai-Ing-wen-Takes-Office-New-Era-Cross-Strait-Relations.pdf; and Richard Bush, "Tsai's inauguration in Taiwan: It could have been worse," Brookings Institute, May 23, 2016, at http://www.brookings.edu/blogs/order-from-chaos/posts/2016/05/23-tsai-ing-weninauguration-taiwan-bush.

23 Informatized Army Operations, pp. 109-119.

24 Ibid. pp. 119-121.

25 See J. Michael Cole, "Unstoppable: China's Secret Plan to Subvert Taiwan," The National Interest, March 23, 2015, at http://nationalinterest.org/feature/unstoppablechinas-secret-plan-subvert-taiwan-12463; and Mark Stokes and Russell Hsiao, The People's Liberation Army General Political Department: Political Warfare with Chinese Characteristics (Arlington, VA: Project 2049 Institute, October 2013), at http://nationalinterest.org/feature/unstoppable-chinas-secret-plan-subvert-taiwan-12463.

26 See Cao Zhengrong et al. (eds.), Informatized Army Operations, pp. 119-121. For background, see Thomas J. Christensen, "Coercive Contradictions: Zhanyixue, PLA Doctrine, and Taiwan Scenarios," in James Mulvenon and David Finkelstein (eds.), China's Revolution in Doctrinal Affairs: Emerging Trends in the Operational Art of the Chinese People's Liberation Army (Alexandria, VA: Center for Naval Analyses [CNA Corporation], 2002), pp. 317-321.

27 J. Michael Cole, "Chinese Propaganda: Coming Soon to a Conference Near You," The Diplomat, September 23, 2015. This assertion is also based on the authors private discussions with graduate students, university professors, and think tank researchers in Boston, Princeton, San Diego, and Washington, D.C., from 2015-2017.

28 Ibid. See also the respective testimonies of Michelle Van Cleave, John Costello, David Major, Peter Mattis, and Mark Stokes before the U.S.-China Economic and Security Review Commission, June 9, 2016, at http://www.uscc.gov/Hearings/hearingchinese-intelligence-services-and-espionage-operations.

29 For example, see Richard Bush, "Taiwan's security policy," The Brookings Institution, August 3, 2016, at https://www.brookings.edu/articles/taiwans-securitypolicy/.

30 For details see Shirley A. Kan, Taiwan: Major U.S. Arms Sales Since 1990 (Washington D.C.: Congressional Research Service, March 2014), pp. 42-47, at http://www.fas.org/sgp/crs/weapons/RL30957.pdf.

31 While the list is long, one of the most notable examples is retired U.S. Navy Admiral, Bill Owens, "America must start treating China as a friend," Financial Times, November 17, 2009, at http://www.ft.com/intl/cms/s/0/69241506-d3b2-11de-8caf-00144feabdc0.html.

32 See Yuan-kang Wang, "China's Growing Strength, Taiwan's Diminishing Options,"Brookings Institute Paper, November 2010, at http://www.brookings.edu/research/papers/2010/11/china-taiwan-wang; Ralph Jennings, "Taiwan Resisting China's Most Ambitious Plans For Stronger Ties," Voice of America, February 13, 2014, at http://www.voanews.com/content/taiwan-resistingchinas-most-ambitious-plans-for-stronger-ties/1850454.html; and Jonathan Adams, "Chinese compete for 'worst tourist' label," Global Post, July 13, 2009, at http://www.globalpost.com/dispatch/china-and-its-neighbors/090711/chinese-touristtaiwan.

33 Informatized Army Operations, p. 112.

34 Informatized Joint Operations, pp. 143-144.
35 Ibid. See also Science of Campaigns, p. 293.
36 While often translated as "motherland," in Chinese this is written in the paternalistic Zuguo (祖国).
37 Of many examples, see Informatized Army Operations, p. 112.
38 Ibid.
39 Ibid., p. 113.
40 Ibid.
41 Bai Guangwei (ed.), Course Book on the Taiwan Strait's Military Geography [台海军事地理教程] (Beijing: Academy of Military Sciences Press, 2013), pp. 56-58.
42 Ibid., pp. 56-57.
43 Ibid., pp. 57-58.
44 Yang Pushuang (ed.), The Japanese Air Self Defense Force [日本航空自卫队] (Beijing: Air Force Command College, 2013) p. 190-191.
45 Course book on Taiwan Strait Military Geography, p. 58.
46 Science of Military Strategy, pp. 198-200; and Science of Campaigns, p. 293.
47 Informatized Army Operations, p. 113.
48 Richard C. Bush and Michael E. O'Hanlon, A War Like No Other: The Truth About China's Challenge to America (Hoboken, New Jersey: John Wiley & Sons, 2007).
49 David Shambaugh appears to be one of the first American "China Hands" to recognize and record this phenomenon. See his book, Modernizing China's Military: Progress, Problems, and Prospects (Los Angeles, CA: University of California Press, 2002), pp. 307-311.
50 This is a complex but diminishing problem that appears to be especially pronounced among the older generation of American "China Hands" who generally spent less time in China, developed less proficiency in Chinese, were few in number, and divided themselves into easily defined camps. The younger generation, in contrast, is a largerand better educated (if less experienced) group, which is generally more open to a plurality of viewpoints. For an excellent assessment of the American PLA-watching community, see Peter Mattis, Analyzing the Chinese Military: A Review Essay and Resource Guide on the People's Liberation Army (Middletown, DE: Createspace Publishing, 2015).
51 In China, cruise missile is written xunhang daodan (巡航导弹). In Taiwan, it is written hsun-yi fei-dan (巡弋飛彈).

第二章：為何台灣是高度危險的火藥庫

52 Zhao Yiping, "Taiwan Strait Attack Strategy: The Beginning and End of Planning and Preparation for Taiwan Liberation Operations just as New China was Established (台海攻略： 新中国成立前后解放台湾作战计划与准备始末)," Junshi Lishi (Military History Monthly), No. 1, Issue 130, January 2005, p. 10. See also Zhao Yiping, "Early Liberation, Operational Planning for Attacking Taiwan (解放初期的攻台作战计划)," Juece Tansuo (Policy Research and Exploration Journal), 2005 (2).
53 Lu Shizhong, "1949-1950: The Chinese Communists' Preparations to Attack Taiwan and America's Gamesmanship Behind the Scenes (1949-1950: 中共准备攻台背后与美国的博弈)," People's Daily, December 27, 2013; and Zhao Yiping, "Taiwan Strait Attack Strategy," p. 11.
54 In Chinese, their names are written 粟裕 and 张震 , respectively.
55 Zhao Yiping, "Taiwan Strait Attack Strategy," p. 11. See also He Libo and Song Fengying, "Preliminary Examination of Mao Zedong's Military Thought on Sea-Crossing and Island Landing Operations (毛泽东渡海登陆作战军事思想初探)," Henan Shehui Kexue (Henan Social Science Journal), January, 2004, p. 40.
56 Zhao Yiping, "Taiwan Strait Attack Strategy," p. 12.
57 Zhao Yiping, "Taiwan Strait Attack Strategy," p. 12.
58 For an outstanding study in this pivotal event, see Maochun Miles Yu, "The Battle of Quemoy: The Amphibious Assault that Held the Postwar Military Balance in the Taiwan Strait," Naval War College Review, Spring 2016 (Vol. 69, No. 2), pp. 91-107.
59 Zhao Yiping, "Taiwan Strait Attack Strategy," p. 16.
60 Tang Hongsen, "Discussing the Taiwan Strait Standoff and the Battle of Dengbu (论登步之战与台海对峙)," Zhejiang Xuekan (Zhejiang Journal), No. 2, 2012, pp. 59-68; and Lu Hui and Zheng Huaisheng, "Thoughts on the Experience of the Sea-Crossing and Landing Operations against Dengbu Island (登步岛渡海登陆作战经过与思考), Junshi Lishi (Military History Journal), No. 3, 2007, pp. 21-25.
61 Zhao Yiping, "Taiwan Strait Attack Strategy," p. 17.
62 Ibid.
63 Ibid., p. 14.
64 Ibid., p. 15.
65 Ibid., p. 16.
66 Ibid., p. 16-17.

67 Ibid., p. 17.
68 Zhao Yiping, "Taiwan Strait Attack Strategy," p. 17.
69 Zhao Yiping, "Taiwan Strait Attack Strategy," p. 17.
70 Lu Shizhong, "1949-1950: The Chinese Communists' Preparations to Attack Taiwan and America's Gamesmanship Behind the Scenes (1949-1950：中共准备攻台背后与美国的博弈)," People's Daily, December 27, 2013.
71 Zhao Yiping, "Taiwan Strait Attack Strategy," p. 11. See also Lu Shizhong.
72 Zhao Yiping, "Taiwan Strait Attack Strategy," p. 15.
73 Zhao Yiping, "Taiwan Strait Attack Strategy," p. 15.
74 Zhao Yiping, "Taiwan Strait Attack Strategy," p. 15.
75 Zhao Yiping, "Taiwan Strait Attack Strategy," pp. 12-15.
76 Ibid.; and Lu Shizhong.
77 Ibid.
78 Zhao Yiping, "Taiwan Strait Attack Strategy," p. 13.
79 Shen Zhihua, "The CCP's Taiwan Attack Campaign: Policy Changes and Limiting Factors, 1949-1950 (中共进攻台湾战役的决策变化及其制约因素，1949-1950), Shehui Kexue Yanjiu (Social Science Research Journal), No. 3, 2009, pp. 48-49.
80 "Traitor to Chinese Communism: Cai Xiaogan (中共叛徒蔡孝乾)," Phoenix News Net, January 21, 2013, at http://news.ifeng.com/history/zhongguoxiandaishi/detail_2013_01/21/21426217_0.shtml.
81 Ibid.; and "Cai Xiaogan, Chinese Communist General Secretary for Taiwan Operations, Betrayed Taiwan Underground Party Organizations, Entire Army Annihilated (中共台湾书记蔡孝乾叛变台地下党组织全军覆没), Sohu News, May 26, 2014, at http://history.sohu.com/20140526/n400044379.shtml.
82 Ibid.
83 Ibid. and Shen Zhihua, "The CCP's Taiwan Attack Campaign: Policy Changes and Limiting Factors, 1949-1950 (中共进攻台湾战役的决策变化及其制约因素，1949-1950), Shehui Kexue Yanjiu (Social Science Research Journal), No. 3, 2009, p. 49.
84 Note that many of the Communist agents who evaded capture in the ROC's 1950 roundup eventually wound up in Hong Kong, where they established new centers of underground work which reportedly continue operating to this day. See Mark Stokes and Russell Hsiao, The People's Liberation Army General Political Department: Political Warfare with Chinese Characteristics (Arlington, VA: Project 2049 Institute, October 2013), p. 8.
85 Shen Zhihua, "The CCP's Taiwan Attack Campaign: Policy Changes and Limiting Factors, 1949-1950 (中共进攻台湾战役的决策变化及其制约因素，1949-1950), Shehui Kexue Yanjiu (Social Science Research Journal), No. 3, 2009, p. 49.
86 Ibid.
87 Shen Zhihua claims that additional troops were allotted to Su Yu's invasion force in June 1950. Zhao Yiping writes that more troops were not assigned. However, he seems to suggest that the issue was under consideration when the Korean War broke out.
88 Zhao Yiping, "Taiwan Strait Attack Strategy," p. 14.
89 Zhao Yiping, "Taiwan Strait Attack Strategy," p. 14; and Shen Zhihua, p. 50.
90 Zhao Yiping, "Taiwan Strait Attack Strategy," p. 17.
91 Winston S. Churchill, The Second World War: Closing the Ring (Cambridge, Massachusetts: Riverside Press, 1951), p. 87.
92 Ibid. p. 575. See also, Ronald H. Spector, Eagle Against the Sun: The American War with Japan (New York: Vintage Books, 1985), pp. 418-420.
93 Phelim Kyne, "Operations CAUSEWAY: The Invasion that never was," China News, August 10, 1997, accessible online at https://sites.google.com/site/operationcauseway/.
94 Ibid.
95 Ibid.
96 See Robert Ross Smith, "Luzon Versus Formosa" in Kent Roberts Greenfield (ed.), Command Decisions (Washington, D.C.: Defense Department Army Center of Military History, 1960), pp. 461-477.
97 Xiaobing Li, A History of the Modern Chinese Army (Lexington, KY: University Press of Kentucky, 2007), p. 127.
98 Quote drawn from Bernard D. Cole, Taiwan's Security: History and prospects (New York: Routledge, 2006), p. 17.
99 Edward J. Marolda, Ready Seapower: A History of the U.S. Seventh Fleet (Washington, D.C.: Naval History and Heritage Command, 2012), pp. 33-35; and Bruce A. Elleman, High Seas Buffer: The Taiwan Patrol Force, 1950-1979 (Newport, Rhode Island: Naval War College Press, 2012); and Bernard D. Cole, Taiwan's Security, p. 18.
100 See Kao Zhi-yang, "Record of U.S. Military Forces Formerly Stationed in Taiwan (駐台美軍曾經的記錄)," Quanqiu Fangwei Zazhi (Defence International), No. 320, April 2011, p. 88-95; and American Footsteps in Southern Taiwan: Our People in a Defining Era (Kaohsiung: Sun Yat-Sen America Center, 2010), p. 75.
101 Survey and Mapping Bureau of the PLA General Staff Department, China's Military Geography [中国军事地理]

(Beijing: Encyclopedia of China Publishing House, 2008), p. 577.
102 Elleman, pp. 60-61.
103 Ibid. pp. 59-62.
104 Ibid., pp. 62-70; and Marolda, pp. 40-42.
105 Elleman, pp. 99-102.
106 The following discussion on the Second Taiwan Strait Crisis draws from, Cole, Taiwan's Security, p. 23; Marolda, pp. 49-51; and Elleman, pp. 99-102.
107 See Shelley Rigger, Why Taiwan Matters: Small Island, Global Powerhouse (New York: Rowman & Littlefield Publishers, Inc., 2011).
108 See Richard McGregor, The Party: The Secret World of China's Communist Rulers (New York: Harper Perennial, 2010); Frank Dikotter, Mao's Great Famine (New York: Walker & Company, 2010); and Yang Jisheng, Mubei: Zhongguo Liushi Niandai Da Jihuang Jishi [Tombstone: A Record of the Great Chinese Famine of the 1960s] (Hong Kong: Cosmos Books, 2008).
109 Of many excellent sources on the PLA, see Mark Cozad, "The PLA and Contingency Planning," in Andrew Scobell, Arthur S. Ding, Phillip C. Saunders, and Scott W. Harold (eds.), The People's Liberation Army and Contingency Planning in China (Washington, D.C.: National Defense University Press, 2015), pp. 15-32; and Dean Cheng, "Chinese Lessons from the Gulf Wars," in Andrew Scobell, David Lai, and Roy Kamphausen (eds.), Chinese Lessons from Other People's Wars (Carlisle, PA: Strategic Studies Institute, 2011), 153-199. For further background, see David M. Finkelstein and Kristen Gunness (eds.), Civil-Military Relations in Today's China: Swimming in a New Sea (Armonk, New York: M.E. Sharpe, 2007); and James Mulvenon and David Finkelstein (eds.), China's Revolution in Doctrinal Affairs: Emerging Trends in the Operational Art of the Chinese People's Liberation Army (Alexandria, VA: Center for Naval Analyses [CNA Corporation], 2002).
110 For background, see and Richard Bush, Untying the Knot: Making Peace in the Taiwan Strait (Washington DC: Brookings Institution Press, 2005); and Alan D. Romberg, Rein In at the Brink of the Precipice: American Policy Toward Taiwan and U.S.-PRC Relations (Washington, D.C.: The Henry L. Stimson Center, 2003).
111 For details on the crisis, see Robert L. Suettinger, Beyond Tiananmen: The Politics of U.S.-China Relations 1989-2000 (Washington, D.C.: Brookings Institution Press, 2003), pp. 200-263; Robert S. Ross, "The 1995-1996 Taiwan Strait Confrontation: Coercion, Credibility, and the Use of Force." International Security, Vol. 25, No. 2 (Fall 2000), pp. 87-123..
112 Ibid.
113 See Wen Dong-Ping (聞東平), The Intelligence War Now Underway [正在進行的諜戰] (New York: Mirror Books, 2009); and Guo Nairi (郭乃日), The Unseen War in the Taiwan Strait [看不見的台海戰爭] (Xizhi, Taiwan: Gaoshou Publishing, 2005).
114 Ibid.
115 For background on PLA modernization, see Richard P. Hallion, Roger Cliff, and Phillip C. Saunders, The Chinese Air Force: Evolving Concepts, Roles, and Capabilities (Washington, D.C.: National Defense University Press, 2012); Phillip C. Saunders, Christopher D. Yung, Michael Swaine, and Andrew Nien-Dzu Yang (eds.), The Chinese Navy: Expanding Capabilities, Evolving Roles (Washington, D.C.: National Defense University Press, 2011); Roy Kamphausen, David Lai, Andrew Scobell, Beyond the Strait: PLA Missions Other Than Taiwan (Carlisle, PA: Strategic Studies Institute, 2009); and Roy Kamphausen and Andrew Scobell (eds.), Right-Sizing the People's Liberation Army: Exploring the Contours of China's Military (Carlisle, PA: Strategic Studies institute, 2007).
116 For background, see Cliff, Roger. China's Military Power: Assessing Current and Future Capabilities (New York: Cambridge University Press, 2015); Roy Kamphausen and David Lai (eds.), The Chinese People's Liberation Army in 2025 (Carlisle, PA: The Army War College Press, 2015); Eric Heginbotham, et al., The U.S.-China Military Scorecard: Forces, Geography, and the Evolving Balance of Power, 1996-2017 (Washington, D.C., RAND Corporation, 2015), at http://www.rand.org/pubs/research_reports/RR392.html; Peter Navarro, Crouching Tiger: What China's Militarism Means for the World (Amherst, New York: Prometheus Books, 2015); Larry M. Wortzel, The Dragon Extends its Reach: Chinese Military Power Goes Global (Dulles, VA: Potomac Books, 2013); and Richard D. Fisher Jr., China's Military Modernization: Building for Regional and Global Reach (Westport, CT: Praeger Security Studies, 2008).

第三章：中共侵台之前會出現哪些警訊

117 The most notable example is U.S. Naval War College professor, William Murray, who assumes Taiwan would be completely surprised by a Chinese attack. See William S. Murray, "Revisiting Taiwan's Defense Strategy," Naval War College Review, Summer 2008, pp. 13-38. For a more nuanced analysis, see Jim Thomas, John Stillion, and Iskander Rehman, Hard ROC 2.0: Taiwan and Deterrence Through Protraction (Washington, D.C.: Center for Strategic and Budgetary Analysis, 2014).
118 Cynthia M. Grabo, Anticipating Surprise: Analysis for Strategic Warning (Washington, D.C.: Defense

Intelligence Agency, 2002), pp. 3-4, available online at http://www.ni-u.edu/ni_press/pdf/Anticipating_Surprise_Analysis.pdf.
119 Ibid.
120 Ibid.
121 Ibid.
122 See National Security Bureau, R.O.C., "Policy Guidelines," at http://www.nsb.gov.tw/En/En_index01.html, accessed October 24, 2016.
123 See Ian Easton and Randall Schriver, Standing Watch: Taiwan and Maritime Domain Awareness in the Western Pacific (Arlington, Virginia: Project 2049 Institute, December 2014), p. 15; and Ian Easton, Able Archers: Taiwan Defense Strategy in an Age of Precision Strike (Arlington, Virginia: Project 2049 Institute, September 2014), pp. 30-31.
124 See MND, National Defense Report 2015 [國防報告書] (Taipei: Ministry of National Defense, 2015), p. 112.
125 See Ian Easton, Mark Stokes, Cortez Cooper, and Arthur Chan, Transformation of Taiwan's Reserve Force (Arlington, VA: RAND Corporation, 2017), p 11.
126 For example, see J. Michael Cole, "The Spies Are Coming! The Spies Are Coming To Taiwan!" The Diplomat, January 22, 2015, http://thediplomat.com/2015/01/thespies-are-coming-the-spies-are-coming-to-taiwan/; and Peter Mattis, "China's Espionage Against Taiwan (Part 1), Analysis of Recent Operations," China Brief, November 7, 2014, p. 7, at https://jamestown.org/wpcontent/uploads/2014/11/China_Brief_Vol_14_Issue_21_2.pdf. See also Peter Mattis, "Chinese Human Intelligence Operations Against the United States," Testimony before the U.S.-China Economic and Security Review Commission, June 9, 2016, available online at http://www.uscc.gov/sites/default/files/Peter%20Mattis_Written%20Testimony060916.pdf.
127 For example, see Luo Tianbin, et al., "China's State Media Accuses Taiwan Spies of Recruiting Chinese Students (中國官媒控台諜策反中生)," Ziyou Ribao (Liberty Times), October 28, 2014, p. A1-A3; and Wendell Minnick, "The Men in Black: How Taiwan spies on China," Asia Times, February 26, 2004, at http://www.atimes.com/atimes/China/FB26Ad05.html.
128 See Wen Dong-Ping, The Intelligence War Now Underway [正在進行的諜戰] (New York: Mirror Books, 2009); and Guo Nairi (郭乃日), The Unseen War in the Taiwan Strait [看不見的台海戰爭] (Xizhi, Taiwan: Gaoshou Publishing, 2005). See also Wendell Minnick, "Spook Mountain: How US Spies on China," Asia Times, March 6, 2003 at http://www.atimes.com/atimes/China/EC06Ad03.html; and Wendell Minnick, "Taiwan-US Link Up on SIGINT," Jane's Defence Weekly, January 24, 2001, at https://www.fas.org/irp/news/2001/01/jdw-taiwan-sigint.html.
129 See Xu Lisheng and Wang Zhaoyong, Research on Port Landing Operations [港口登陆作战研究](Beijing: National Defense University, 2015), pp. 37-38.
130 Unless where otherwise noted, the following section draws from Chen Qing-lin (ed.), National Defense Education: Defense Mobilization [全民國防教育防衛動員] (New Taipei City: New Wun Ching Development Publishing, 2013), pp. 36-39; and Li Qingshan (ed.), Taiwan Military Exercises [台军演习](Shenyang: Baishan Publishing, 2008), pp. 185-187.
131 For an illuminating study on how a command group might be organized and structured in an non-invasion scenario, see Mark A. Stokes, "Employment of National-Level PLA Assets in a Contingency: A Cross-Strait Conflict as Case Study," in Andrew Scobell, Arthur S. Ding, Phillip C. Saunders, and Scott W. Harold (eds.), The People's Liberation Army and Contingency Planning in China (Washington, D.C.: National Defense University Press, 2015), pp. 135-147.
132 For an illustrative example, see "Authorities eavesdrop on social media chat of Chinese military brigade's wives," South China Morning Post, April 6, 2015, at http://www.scmp.com/news/china/article/1757560/authorities-eavesdrop-socialmedia-chat-chinese-military-brigades-wives.
133 For details on PLA mobilization, see Dean Cheng, "Converting the Potential to the Actual: Chinese Mobilization Policies and Planning," in Andrew Scobell, Arthur S. Ding, Phillip C. Saunders, and Scott W. Harold (eds.), The People's Liberation Army and Contingency Planning in China (Washington, D.C.: National Defense University Press, 2015), pp. 107-134.
134 Specific offshore locations where increased PLA activity is anticipated include Pingtan Island, Nanri Island, Dongshan Island, and Nan-ao Island. See Chang Zong-Tsai, "Research on Tactics and Techniques of Communist Military 'Decapitation Operations' through the lens of the U.S. Military's 'Operation Neptune Spear' (共軍 ' 斬首行動 ' 戰術戰法 -- 以美軍 ' 海神之矛行動 ' 研析)," Journal of ROC Aviation and Special Forces Command, No. 56, 2012, p. 11.
135 These include airbases at: Fuzhou, Longxi, Denghai, Liancheng, Xingning, Chong'an, Longtian , Hui'an, (Taizhou) Luqiao, Weixian, Xincheng, Zhangqiao, Hangzhou, Daishan, Jiaxiang, Shanghai, Nanjing, Guangzhou, Haikou, Wazhuo, and Shuimen.
136 For an illustrative example, see Adam Minter, "Flight Delayed in China? Blame the Military," Bloomberg, September 1, 2015, at https://www.bloomberg.com/view/articles/2015-09-01/flight-delayed-in-china-blamethe-military.
137 See Chang Zong-Tsai, p. 11.

138 See Alan D. Romberg, Rein In at the Brink of the Precipice: American Policy Toward Taiwan and U.S.-PRC Relations (Washington, D.C.: The Henry L. Stimson Center, 2003), p. 168.
139 Informatized Joint Operations, p. 251.
140 For background on China's nuclear warhead management system, see Mark A. Stokes, "China's Nuclear Warhead Storage and Handling System," Project 2049 Institute Occasional Paper, March 12, 2010, at http://www.project2049.net/documents/chinas_nuclear_warhead_storage_and_handling_system.pdf.
141 For more on this, see Informatized Army Operations, pp. 130-131. See also Jeffrey Lin and P.W. Singer, "Chinese Cargo Ships Get the Military Option," Popular Science, June 23, 2015, at http://www.popsci.com/chinese-cargo-ships-get-military-option.
142 For excellent background on the PRC's shipbuilding industry, see Andrew S. Erickson, Chinese Naval Shipbuilding: An Ambitious and Uncertain Course (Annapolis, MD: Naval Institute Press, 2016).
143 See Wang Yongping, et al. (eds.), Space Information Support Operations [空 间 信 息 支 援 作 战] (Beijing: National Defense University, 2014), pp. 199-201.
144 Ibid., p. 201.
145 Ibid., p. 159-162.
146 In addition, it should be expected that unmanned aerial vehicles and submarines, including unmanned underwater vehicles, could also be used for supplementing manned reconnaissance missions near Taiwan. Chinese cyber espionage and reconnaissance efforts for intelligence-gathering and preparation of the battlefield would probably increase at this point as well. In addition, Chinese "patriotic hackers" might at this or a later point start to engage in "cyber disruption" through DDoS attacks, etc. The author is indebted to Elsa Kania for these points.
147 For background, see Peter Mattis, "A Guide to Chinese Intelligence Operations,"War on the Rocks, August 18, 2015, at https://warontherocks.com/2015/08/a-guideto-chinese-intelligence-operations/; and Peter Mattis, "The Analytic Challenge of Understanding Chinese Intelligence Services," Studies in Intelligence, Vol. 56, No. 3 (September 2012), pp. 47-57, at https://www.cia.gov/library/center-for-the-study-ofintelligence/csi-publications/csi-studies/studies/vol.-56-no.-3/pdfs/Mattis-Understanding%20Chinese%20Intel.pdf.
148 See Mark Stokes and Russel Hsiao, The People's Liberation Army General Political Department: Political Warfare with Chinese Characteristics (Arlington, VA: Project 2049 Institute, October 2013).
149 Informatized Army Operations, pp. 120-121.
150 See J. Michael Cole, "China Intensifies Disinformation Campaign Against Taiwan," Taiwan Sentinel, January 19, 2017, at https://sentinel.tw/chinadisinformation-tw/; and J. Michael Cole, "Chinese Propaganda: Coming Soon to a Conference Near You," The Diplomat, September 23, 2015, at http://thediplomat.com/2015/09/chinese-propaganda-coming-soon-to-a-conferencenear-you/.
151 As an illustrative example, China used a non-official backchannel to make nuclear threats against the U.S. during the Taiwan Strait Missile Crisis. See A War Like No Other: The Truth About China's Challenge to America, pp. 1-2.
152 See Informatized Joint Operations, p. 250.
153 For example, see Chang Hsueh-chang, "Discussion on Military Police Missions in Wartime (戰時憲兵任務之探討)," ROC Military Police Command Journal, No. 80 (June 2015), pp. 34-40; and Chang Zong-Tsai, pp. 10-12.
154 Authors discussions with ROC military subject matters experts .
155 Informatized Army Operations, pp. 120-121.
156 See Informatized Joint Operations, p. 225; and Guo Ming (ed.), Course Book on the Art of Special Warfare Operations (Beijing: Academy of Military Science Press, 2013), 184.
157 Ibid. For details on the legal procedures involved in declaring an emergency, see Chang Hsueh-chang, "Discussion on Military Police Missions in Wartime," p.25-34.
158 See Li Daguang, "Latest Secrets Revealed on Deception during the Normandy Landing Campaign (诺曼底登陆战役欺骗的最新揭秘)," Junshi Shilin (Military History Facts), No. 4, 2011, pp. 41-46; Ji Guangzhi, Liu Shunping, and Zhang Zhiwei, Camouflaged Landing Campaigns [登陆战役伪装] (Beijing: Academy of Military Science Press, 2003), op cit.; and Zhang Wei, Zhang Guangming, and Liu Yaxing, "Insights from the Application of Stratagems during Normandy Landing Campaign (诺曼底登陆战役的谋略运用及其启示), Junshi Shilin (Military History Facts), No. 1, 2001, pp. 3-6.
159 Informatized Army Operations, p. 115.
160 Note that Blasko also points out mobilization could be used to signal intentions as part of a deterrence strategy, and operational and tactical surprise might still be possible if military deception measures are successful. See Dennis J. Blasko, "The PLA Army/Ground Forces," in Kevin Pollpeter and Kenneth W. Allen (eds.), The PLA as an Organization: Reference Volume v2.0 (Fairfax, VA: Defens Group Inc. 2015), p. 259.
161 Informatized Joint Operations, p. 225.
162 Ibid.
163 See Course Book on Special Warfare Operations, 184.
164 See Informatized Joint Operations, p. 223.
165 Ibid.

166 Informatized Army Operations, p. 130.
167 Ibid., pp. 140-142.
168 Ibid., p. 142.
169 Zhang Zhiwei and Huang Chuanxian (eds.), Research on Operational Theory of Army Aviation Troops [陆军航空兵作战理论研究] (Beijing: National Defense University Press, 2014), p. 94.
170 Informatized Army Operations, p. 146. See also Research on Operational Theory of Army Aviation Troops, p. 85.
171 Informatized Army Operations, p. 147.
172 Song Jian, "Risk Assessment on Camouflaging a Landing Campaign (登陆战役伪装风险评估), Jisuanji yu Shuzi Gongcheng (Journal of Computer and Digital Engineering), Vol. 41, No. 8, 2013, pp. 1232-1234.
173 Unless otherwise noted, the following section draws from Chen Qing-lin (ed.), National Defense Education: Defense Mobilization [全民國防教育防衛動員] (New Taipei City: New Wun Ching Development Publishing, 2013), pp. 36-42; and Chen Qing-lin, Hwuang Zhen-yi, and Kuo Wen-liang (eds.), National Defense Education (全民國防教育) [New Taipei City: New Wun Ching Development Publishing, 2010], pp. 185-191.

第四章：中共攻台作戰計畫

174 Major PLA sources for the following discussion include: Informatized Army Operations, pp. 109-215; Research on Port Landing Operations, pp. 36-160; Space Information Support Operations, pp. 143-212; Research on Operational Theory of Army Aviation Troops, pp. 80-202 ; and Informatized Joint Operations, pp. 208-235. Taiwanese sources include: Tsai Ho-Hsun, "Research on the Communist Military's Division Landing Operations (共軍師登陸作戰之研究)," ROC Army Journal, Vol. 50, No. 537, October 2014, pp. 60-78; Hsieh Chih-Peng, "Research on the Communist Military's New Campaign Guidance (共軍新時期戰役指導之研究)," ROC Army Journal, No. 50, Vol. 536 (August 2014), pp. 35-50; and Yang You-hung, "Research into Communist Military's Joint Island Landing Offensive Campaign Capabilities (共軍聯合島嶼進攻戰役能力研究)," ROC Reserve Force Journal, No. 88, October 2013, pp. 88-109.
175 See Informatized Army Operations, pp. 109-110; and Hsieh Chih-Peng, "Research on the Communist Military's New Campaign Guidance (共軍新時期戰役指導之研究)," ROC Army Journal, No. 50, Vol. 536 (August 2014), pp. 44-45.
176 See Informatized Joint Operations, p. 156; and Chen Yue-Yang, "Analysis of Chinese Communist Army's Electronic Warfare Developments (中共陸軍電子戰發展之研析)," ROC Army Journal, No. 49, Vol. 528 (April 2013), pp. 58-64.
177 Informatized Joint Operations, pp. 156-157.
178 Ibid.
179 Ibid.
180 Ibid.; and Lan Jong-Sheng, "Xi Jinping's Strong Military Dream: Discussing Plans for Rocket Force Buildup (習近平強軍夢：論火箭軍建軍規畫)," ROC Army Journal, No. 52, Vol. 548 (August 2016), pp. 120-121; and Wang Cheng-Fang, "Assessment of the Communist Military's Missile Threat to Taiwan's Theater-Level Underground Command Posts (共軍導彈對我作戰區級地下指揮所威脅之評估)," ROC Army Combat Engineer Journal, Vol. 145, 2014, pp. 2-6. See also, Ian Easton, "Able Archers: Taiwan's Defense in an Age of Precision Strike," Project 2049 Institute Occasional Paper, September 2014, pp. 3-14.
181 Ibid.
182 Informatized Joint Operations, p. 180. See also Space Information Support Operations, p. 147.
183 In addition to above sources, see Su Mao-Hsien, "Discussing Future Operational Concepts of Communist Military's Application of Special Operations Units During Attack on Taiwan (淺談未來共軍攻台運用特種作戰部隊作戰構想)," ROC Army Aviation and Special Forces Journal, Vol. 57, 2013, pp. 22-29.
184 Informatized Joint Operations, p. 179.
185 Ibid., p. 157.
186 Ibid., p. 158.
187 Ibid. p. 160. For a detailed Taiwanese assessment of the role of Chinese submarines in a blockade, see Lieu Shien-Chu, "Discussion on Chinese Communist Submarine Threat to Taiwan and Their Blockade Capabilities (中共潛艦對台威脅及對封鎖能力探討)," ROC Navy Journal, No. 46, Vol. 4 (August 1, 2012), pp. 56-74.
188 Informatized Joint Operations, p. 159.
189 Ibid., p. 160-161. For a detailed Taiwanese assessment, see Chang Sheng-Kai and Tseng Chen-yang, "Analysis of Chinese Communist Mine-laying Operations off Taiwan's East Coast (中共對我東岸海域布雷行動之研析), ROC Navy Journal, No. 49, Vol. 4 (August 1, 2015), pp. 132-140.
190 Informatized Joint Operations, p. 163.
191 Ibid., pp. 160-161.
192 Ibid., p. 161.
193 Ibid., p. 158.

194 Ibid., p. 159.
195 Ibid. pp. 159-160.
196 Space Information Support Operations, p. 166-167.
197 Ibid., p. 169.
198 Ibid., p. 170.
199 The PLA's naval armadas and task forces would have their own dedicated SATCOM lines throughout the pre-invasion battle, with satellites providing admirals at sea with links to all their dispersed ships. In wartime, the PLA would also theoretically attempt to build a navy-to-air force tactical communications network. In practice, however, there are concerns that this satellite communications system would not work, apparently because it is assumed the rival services would be unable to work well together. See Space Information Support Operations, pp. 171- 172.
200 Ibid., pp. 173-174.
201 Informatized Army Operations, pp. 122-123.
202 For background, see Mark A. Stokes, "The Chinese Joint Aerospace Campaign: Strategy, Doctrine, and Force Modernization," in James Mulvenon and David Finkelstein (eds.), China's Revolution in Doctrinal Affairs: Emerging Trends in the Operational Art of the Chinese People's Liberation Army (Alexandria, VA: Center for Naval Analyses [CNA Corporation], 2002), pp. 221-305. For a recent PLA source, see Space Information Support Operations, pp. 159-162.
203 Informatized Joint Operations, p. 179. See also Space Information Support Operations, pp. 146-147.
204 Informatized Joint Operations, p. 180.
205 Informatized Joint Operations, pp. 224-225. Note that the PLA has built a fullscale model of Taiwan's Presidential Office. This reportedly has been hit in live fire exercises with cruise missiles that targeted the president's desk. While unclear, that test may have occurred in 2013-2014. More recently, the Presidential Office model has been used to train Chinese ground forces in close quarters combat. See J. Michael Cole, "Chinese PLA Simulates 'Attack' on Taiwan's Presidential Office," The Diplomat, July 22, 2015; Lo Tien-pin and Jake Chung, "China simulates attack on Presidential Office," Taipei Times, July 23, 2015, page one; and Victor Robert Lee, "Satellite Imagery: China Staging Mock Invasion of Taiwan," The Diplomat, August 9, 2015. 206 Note that PLA writings do not refer to ROC government organizations by their official titles. Instead, they refer to them as the "enemy's principal brain organizations, where strategic political, economic, and military problems are decided." See Informatized Joint Operations, p. 180.
207 Informatized Joint Operations, pp. 180-181.
208 Space Information Support Operations, p. 157.
209 Informatized Joint Operations, pp. 180-181.
210 Ibid. .
211 Ibid.
212 Ibid.
213 Ibid., p. 182.
214 Research on Operational Theory of Army Aviation Troops, p. 166.
215 Informatized Joint Operations, p. 182.
216 Ibid., p. 184.
217 Ibid.
218 Ibid., p. 183-185. See also Space Information Support Operations, p. 148.
219 Informatized Joint Operations, p. 185.
220 Ibid.
221 Ibid, p. 162.
222 Space Information Support Operations, p. 174.
223 Informatized Army Operations, pp. 115-116
224 Space Information Support Operations, p. 175.
225 Informatized Army Operations, pp. 109-112, and 115.
226 Ibid., p. 115.
227 Ibid, p. 116.
228 See Informatized Army Operations, pp. 196-215; and Informatized Joint Operations, p. 198. See also Li Jun and Zhang Qi, "Research on how to Optimize the Deployment of Artillery Forces for Offensive Combat against Near Coastal Islands Based on FCE (基于ＦＣＥ对近岸岛屿进攻战斗炮兵部署优化研究)," Jianchuan Dianzi Gongcheng (Ship Electronic Engineering Journal), December 2012, p. 43-47; and Liu Zengyou, et al., "Shipping and Equipment Support Force Deployments for Joint Operations against Offshore Islands (近岸岛屿联合作战船艇装备保障力量)," Binggong Zidonghua (Ordnance Industry Automation Journal), April 2010, pp. 58-62.
229 Course book on Taiwan Strait Military Geography, pp. 166-167.
230 "Geographic Location," Wuqiu Township Office Website, at http://web.kinmen.gov.tw/Layout/sub_B/AllInOne_en_Show.aspx?path=6370&guid=47592e10-2854-4eaf-876b-26d579bda533&lang=en-us.

231 Course book on Taiwan Strait Military Geography, pp. 172-173.
232 Informatized Joint Operations, p.198.
233 Informatized Army Operations, pp. 210-211.
234 Ibid., p. 208.
235 Ibid., pp. 211-213.
236 See Informatized Army Operations, pp. 111-113, 196-201, and 204-205; and Informatized Joint Operations, pp. 187-188; and 198.
237 Ibid.
238 Ibid.
239 Ibid.
240 See Course book on Taiwan Strait Military Geography, pp. 166-177.
241 Research on Operational Theory of Army Aviation Troops, pp. 105-135.
242 Ibid., pp. 116-118. Note that the main island of Kinmen is anticipated to be the most difficult to capture. It is described as having two major defensive lines that protect a central stronghold area located around the highest point of elevation. The central bunker complex reportedly serves as the island's last redoubt. It is believed to be connected to points across the island by long tunnels. Other offshore islands are thought to have one defensive line backed up by a stronghold. Some islands, including Kinmen, are thought to have natural sea caves which have been created over centuries by pounding waves and then expanded by Taiwan's army engineers. These caves are viewed as places where fresh supplies and troops could be clandestinely brought in at night from the sea and where fast missile boats could safely hide.
243 Ibid., p. 121.
244 Ibid., pp. 120-121.
245 Informatized Army Operations, p. 210.
246 Ibid.
247 Ibid., p. 209.
248 Ibid, p. 210.
249 Ibid.
250 Ibid., p. 215.
251 See Informatized Army Operations, pp. 127-164; Informatized Joint Operations, pp. 186-207; and Space Information Support Operations, pp. 188-212. See also Research on Operational Theory of Army Aviation Troops, pp. 80-104.
252 Informatized Army Operations, p. 154.
253 Informatized Army Operations, p. 155; and Informatized Joint Operations, p. 199.
254 Informatized Army Operations, p. 155; Informatized Joint Operations, p. 199; and Space Information Support Operations, pp. 207-208.
255 Space Information Support Operations, pp. 191-199.
256 Informatized Joint Operations, p. 200.
257 See Informatized Army Operations, p. 155.
258 Ibid., p. 156.
259 Ibid.; and Informatized Joint Operations, p. 200. See also Chen Songhui, Qiu Hongli, and Du Hu, "Research and Analysis on an Amphibious Formation's Comprehensive Landing and Assault Capabilities (两栖编队综合登陆突击能力的分析研究)," Jianchuan Dianzi Gongcheng (Ship Electronic Engineering Journal), No. 5, 2014, p. 34-37, 64.
260 Informatized Joint Operations, p. 201; and Research on Operational Theory of Army Aviation Troops, p. 81.
261 Dennis J. Blasko, The Chinese Army Today (New York: Routledge, 2012), pp. 49-50.
262 Informatized Army Operations, p. 156; and Informatized Joint Operations, p. 200.
263 Tsai Ho-Hsun, "Research on the Communist Military's Division Landing Operations (共軍師登陸作戰之研究)," ROC Army Journal, Vol. 50, No. 537, October 2014, p. 67. For excellent studies on the PLA's amphibious order of battle, see Pan Shih-Yeong and Shen Qi-lin, "Analysis of the Chinese Communist's Amphibious Landing Combat Force (中共兩棲登陸戰力之研析)," ROC Navy Journal, No. 46, Vol. 3 (June 1, 2012), pp. 69-84. See also, Chu Bih-wei, "The Communist Military's Amphibious Operational Thought and Platform Developments (共軍兩棲作戰思維與載台發展)," ROC Navy Journal, No. 47, Vol. 1 (February 1, 2013), pp. 120-129.
264 Informatized Army Operations, p. 156; and Informatized Joint Operations, p. 200-201.
265 Ibid.
266 Informatized Army Operations, p. 157. See also Liu Runcai, et al., "Analysis and Modeling of Communications Environment during Landing Operations (登陆作战中的通信环境分析与建模)," Sichuan Binggong Xueshu (Sichuan Ordinance Studies), December 2010, p. 63-65.
267 Informatized Army Operations, pp. 157-158.
268 Informatized Army Operations, p. 159; and Informatized Joint Operations, p. 201.
269 Informatized Joint Operations, pp. 201-202. See also Wang Dazhong, et al., "Initial Evaluation of Ship Fire Support Effectiveness and Fire Distribution during Landing Operations (登陆作战中舰艇火力支援效能及分配模型

初探)," Jianchuan Dianzi Gongcheng (Ship Electronic Engineering), No. 2, 2010, p. 32-34, 44.

270 This draws from studies conducted by the PLA Navy's schoolhouse for amphibious operations, which used high-powered computer simulations to find the best composition of a beach assault battalion. These studies found that an optimal Chinese amphibious unit would have a blend of amphibious tanks, amphibious assault vehicles outfitted with mortars and heavy machine guns, and infantry equipped with machine guns, anti-tank weapons, and air defense missiles. They assumed notional assault battalions would have three infantry companies, three amphibious assault vehicle/tank companies, one air defense company, and one anti-tank company. Ideally, each assault team would be supported by four helicopter gunships providing close air support. See Jia Ziying, Chen Songhui, and Wen Rui, "Analysis of Troop Unit Effectiveness During Systemized Landing Operations Based on Data Field (基于数据场的登陆作战体系兵力编组效能分析)," Zhihui Kongzhi yu Fangzhen (Command Control & Simulation Journal), Vol. 36, No. 6, December 2014, p. 92-95; and Wang Yinlai, Chen Songhui, and Jia Ziying, "Analysis of Troops Unit Effectiveness During Landing Operations Based on Complex Networks (基于复杂网络的登陆作战兵力编组效能分析)," Huoli yu Zhihu Kongzhi (Fire Control & Command Control Journal), Vol. 39, No. 8, August 2014, pp. 87-90. Note that both studies received the PRC's National Social Science Grant for Military Study Programs (12GJ003-127). See also Yang Fengshou and Hu Xiaoyun, "Infantry Unit Landing Operations Decision Plan Evaluation based upon Improved Three Marker Method (基于三标度改进方法的步兵分队登陆作战决心方案评价)," Zhihui Kongzhi Yu Fangzhen (Command, Control, and Simulation Journal), December 2009, p. 48-51.

271 Informatized Army Operations, pp. 160-161.

272 Ibid. pp. 160-162. For a remarkably detailed discussion on PLA amphibious attacks against Taiwan's ports, see Xu Lisheng and Wang Zhaoyong (eds.), Research on Port Landing Operations [港 口 登 陆 作 战 研 究] (Beijing, National Defense University Press, 2015), pp. 36-70; and Yan Feilong and Jia Ziying, "Airborne Landing Operation Target Selection Method Based on Complex Networks (基于复杂网络的机降作战目标选择方法)," Huoli Yu Zhihui Kongzhi (Fire Control and Command Control), April 2014, p. 38-41.

273 Informatized Army Operations, p. 162.

274 Ibid., p. 163.

275 Ibid. See also Wang Yongping, p. 210. See also Liu Hongkun, "Analysis of our Tank Companies' Offensive Operational Capabilities against Combat Vehicles on the Island (坦克连对岛上战车排进攻作战能力分析)," Huoli Yu Zhihui Kongzhi (Fire Control and Command Control), September 2006, p. 64-66, 78.

276 Informatized Army Operations, p. 164.

277 Informatized Army Operations, p. 164. Cai Junfeng and Mei Sijun, "Design of Protective Storage for Ordinance to be carried during Amphibious Strait Crossing and Island Landing Operations (渡海登岛作战弹药两栖携行防护装具设计)," Baozhuang Gongcheng (Packaging Engineering), March 2015, p. 140-143.

278 Space Information Support Operations, pp. 210-211.

279 Note, for example, that while the 2008 version of Informatized Joint Operations offers a mere two pages of discussion on this topic, books like Joint Army Operations and Research on Operational Theory of Army Aviation Troops, which were last published in 2015 and 2014, respectively, dedicate entire chapters to a post-Zero Dayfight on Taiwan.

280 Informatized Army Operations, p. 188.

281 Informatized Army Operations, p. 188.

282 Research on Operational Theory of Army Aviation Troops, p. 172; Research on Port Landing Operations, p. 33;

283 Informatized Army Operations, pp. 188-189.

284 Ibid.

285 Ibid., p. 190.

286 Ibid., p. 189.

287 Research on Port Landing Operations, p. 42.

288 Informatized Army Operations, p. 190.

289 Ibid., pp.190-191.

290 Ibid., pp. 192-193.

291 Informatized Army Operations, p. 194; and Course Book on the Art of Special Operations, p. 184.

292 Informatized Army Operations, p. 194.

293 Ibid., p. 195.

294 Informatized Army Operations, p. 195; and Informatized Joint Operations, pp. 234-235.

295 Informatized Army Operations, p. 195.

296 Ibid.

297 Port Landing Operations, p. 29.

298 Informatized Joint Operations, pp. 234-235.

299 Informatized Army Operations , p. 195.

300 Informatized Joint Operations, p. 234-235.

301 For example, see Course Book on the Taiwan Strait's Military Geography, pp. 57-58; and The Japanese Air

Self Defense Force, p. 190-191.

第五章：中共擬定攻台作戰計畫時遭遇的問題

302 It must be noted that the PLA would also be limited by its budget. How much money would it have available? How many material resources could be pulled over from the civilian economy? How would financial and other resources be managed and channeled into the war effort? When it comes to financial matters, however, almost nothing specific is known. China's military economy is extraordinarily opaque and difficult to assess. One former Taiwanese vice president, Wu Den-yih, has stated that an invasion of Taiwan would probably cost the PRC somewhere between 30 trillion to 50 trillion US dollars. It is not known how he reached this figure, but it may have been derived from intelligence assessments Taiwan has conducted. See Alison Hsiao, "PRC would pay dearly for taking Taiwan, Wu says," Taipei Times, January 25, 2017, at http://www.taipeitimes.com/News/taiwan/archives/2017/01/25/2003663766.

303 In practice, this would mean reducing CCP political interference in military matters, not just in operations, but in selection and promotion, as well as in education and training. Examples from the PRC's past as well as the civil-military experiences of other militaries, both Communist and Fascist, show that reduced political interference results in improved capabilities, at least man-for-man. Political interference may have its benefits, but only if the PLA wanted to do relatively simple (think human wave) tactics that result in high causality rates for its own forces. The author is indebted to Ian McCaslin for this point.

304 See MND's Chinese-language website portal titled, "Military Periodicals (軍事刊物)," at http://www.mnd.gov.tw/Publish.aspx?Prod= 軍事刊物 &Title= 軍事刊物 &style= 軍事刊物 &s=1.

305 Informatized Army Operations, p. 140-141.

306 China's Military Geography, p. 351. See also Informatized Army Operations, p.133.

307 "Han Kuang Exercise 32 Series 2: Critical Node Hsuehshan Tunnel Blockade Operation (漢光 32 號演習系列 2--關節要點雪山封阻作業)," Quanqiu Fangwei Zazhi (Defence International), No. 385, September 2016, p. 36-40; "Reserve Mobilization: Counterattack after Tamsui Raid and Taipei Port Attack (後備動員淡水反突擊台北港反擊), Quanqiu Fangwei Zazhi (Defence International), No. 362, October 2014, p. 37-38.

308 According to Taiwanese studies, the options open to the Chinese for landing on the west coast are especially limited by giant mudflats stretching between the cities of Taichung and Tainan. The high tide and low tide waterlines in this extremely flat and shallow area are approximately two to three miles apart, making it treacherous for amphibious operations. Lin Chang-Sheng, "Chinese Communist Amphibious Landing Forces for Taiwan Strait War (中共台海戰爭兩棲登陸軍力)," in Lin Chong-bin, Calculating the Taiwan Strait: The Strategic Situation in the Strait in the New Century [廟算台海：新世紀海峽戰略態勢] (Taipei: Chinese Council of Advanced Policy Studies, 2002), pp. 405-406.

309 Informatized Army Operations, p. 115.

310 Course book on Taiwan Strait Military Geography, p. 83.

311 Ibid.

312 Author's discussions with Taiwanese defense authorities.

313 Author's discussion with Colonel Andrew Drake (USMC).

314 Author's discussions with Taiwanese defense authorities.

315 Wu Qi-Yu, "Research on Executing Surf Zone Mining Operations with Combat Engineer Units (工兵部隊執行激浪區布雷作業之研究)," ROC Army Combat Engineer Journal, no. 147, 2015, pp. 24-27 (of 30); and Wu Ding-an, "Discussion on ROC Military Beach Obstacle Enterprise in Light of Chinese Communist's 'Mission Action 2013' Exercise, Landing Tactics, and Platforms (從中共【使命行動 2013】演習之登陸戰法與輸具探討我軍灘岸阻絕作為)," ROC Army Combat Engineer Journal, no. 147, 2015, pp. 14-18 (of 23). See also Ma Li-te and Chang Nan-Zong, "Analysis of Communist China's New Type Amphibious Transports and the Communist Military's Landing Operation Models (中共新型兩棲載具對共軍登陸作戰模式的研析)," ROC Navy Journal, February 2013, p. 80.

316 See Research on Operational Theory of Army Aviation Troops, pp. 82-88

317 Informatized Joint Operations, pp. 202-203.

318 Informatized Joint Operations, p. 203.

319 Informatized Army Operations, p. 115.

320 Informatized Army Operations, p. 166.

321 Course book on Taiwan Strait Military Geography, p. 83. For ROC Military assessments, see Wang Hsiu-Hung, "Analysis of Communist China's Landing Craft Air Cushion Vehicle Developments and Military Applications (中共軍用氣墊登陸艇發展與軍用之研析)," ROC Army Journal, No. 52, Vol. 548 (August 2016), pp. 83-103; and Chang You-ching, "Research on Combat Engineer Support in River Crossings during Defense Operations--The Case of the Third Theater of Operations and the Tamsui River (防衛作戰中工兵支援渡河作業之研究一以第三作戰區淡水河為例)," ROC Army Combat Engineer Journal, No. 147, 2015, pp. 1-24.

322 Course book on Taiwan Strait Military Geography, p. 83. For Taiwanese sources, see Wang Wei-hsien and Ong Ming-hui, "Discussion on History, Development, and Application of Communist Military's Amphibious

Armored Assault Vehicle for Landings (共軍兩棲裝甲戰斗車輛發展歷程與運用上陸之探討)," ROC Army Journal, No. 52, Vol. 546 (April 2016), pp. 53-54; and Chien Yi-jian and Ong Minghui, "Research on Armor Brigade Counterattack Operations during Defense Operations--The Case of a Suitable Landing Area (防衛作戰中裝甲旅反擊之研究 -- 以適宜登陸地區為例)," ROC Armor Journal, No. 240, July 2015, pp. 15- 42.

323 Of many assessments to this effect, see Chang You-ching, "Research on Combat Engineer Support in River Crossings during Defense Operations--The Case of the Third Theater of Operations and the Tamsui River (防衛作戰中工兵支援渡河作業之研究一以第三作戰區淡水河為例)," ROC Army Combat Engineer Journal, No. 147, 2015, pp. 5-18. See also, Course book on Taiwan Strait Military Geography, p. 70.

324 After Taoyuan, the Chuoshui River delta and the areas around Tainan are described as the next-most suitable locations for amphibious landings because they offer sandy beaches and flat open spaces for engaging tanks in maneuver warfare. Texts note, however, that non-traditional landing operations would be required. This is a reference to the huge mudflats that dominate the coast, especially at the Chuoshui River mouth. Located some 230 miles south of Taipei, the Chuoshui river is Taiwan's largest. It picks up silt along the steep sloops of the central mountain range and discharges extraordinary mounds of it into the Taiwan Strait. Hovercrafts, hydrofoils, and sea skimmers could cross the shallows here, but few other vessels could avoid being beached in the attempt. See Course book on Taiwan Strait Military Geography, p. 83.

325 Indeed, in the absence of suitable beaches near Taichung, the ROC Military assumes that the PLA may try irregular landings at the Dajia River delta and plans accordingly. See Chang You-ching, "Research on Combat Engineer Support in River Crossings during Defense Operations--The Case of the Third Theater of Operations and the Tamsui River (防衛作戰中工兵支援渡河作業之研究一以第三作戰區淡水河為例)," ROC Army Combat Engineer Journal, No. 147, 2015, pp. 2-4.

326 Taiwan Strait Military Geography, pp. 196-205.

327 For an excellent Taiwanese assessment, see Lin Zhe-chun, "Discussion on Defense Operations in Urban Infrastructure with Support of Defense Combat Engineers (防衛作戰城鎮設施防工兵支援之探討)," ROC Army Combat Engineer Journal, No. 144, 2014, pp. 1-23. 328 See "Han Kuang Exercise 32 Series 2: Key Node Hsuehshan Tunnel Blockade Drill (漢光 32 號演習系列 2: 關節要點雪山封阻作業), "Quanqiu Fangwei Zazhi (Defence International), No. 385, September 2016, pp. 36-40.

329 Informatized Army Operations, p. 133.

330 Course book on Taiwan Strait Military Geography, p. 59. Research on Port Landing Operations, pp. 16-23.

331 China's Military Geography, p. 337.

332 Course book on Taiwan Strait Military Geography, p. 67.

333 China's Military Geography, p. 394.

334 This of course does not account for the Himalayan and Pamir mountains in southwestern China.

335 Course book on Taiwan Strait Military Geography, p. 63.

336 Author's discussions with local residents in Makung City and elsewhere on the Penghu Islands, May 2008.

337 See Research on Port Landing Operations, p. 19; and Liu Haijiang and Li Zhiyuan (eds.), Research on Joint Tactical Thought [联合战术思想研究] (Beijing: Lantian Press, 2012), pp. 141-142.

338 Course book on Taiwan Strait Military Geography, p. 59.

339 Bai Guangwei (ed.), Course book on Taiwan Strait Military Geography, p. 60.

340 Ibid.

341 See Informatized Army Operations, p. 147; and Research on Port Landing Operations, pp. 17-18.

342 Ibid. Note that the latter source asserts that the PLA's amphibious landings on Jintang Island were a success in large part because the tides were carefully studied beforehand and the attacking commander chose to hit the beaches on a high tide day (October 3, 1949). In contrast, the landing attempt on Kinmen later that same month failed because the commander ignored the tides and attempted to land when the tides were receding. This greatly hindered his operations and contributed to a total defeat.

343 Research on Port Landing Operations, p. 17.

344 See Ganning Zeng, Jianyu Hu, Huasheng Hong, and Yiquan Qi, "Numerical Study on M2 Tidal System in the Taiwan Strait," Procedia Environmental Sciences, 12 (2012), pp. 702-707. Note that the researchers are affiliated with the PRC State Key Laboratory of Satellite Ocean Environmental Dynamics (Hangzhou), the PRC State Key Laboratory of Marine Environmental Science (Xiamen), and the PRC State Key Laboratory of Tropical Marine Environmental Dynamics (Guangzhou).

345 Author's discussions with Taiwanese locals in New Taipei City, Kaohsiung, and Hengchun.

346 Course Book on Taiwan Strait Military Geography, p. 60; Research on Port Landing Operations, pp. 20-21; and Research on Joint Tactical Thought, pp. 141-142.

347 Informatized Army Operations, p. 133-4.

348 Ibid., p. 140.

349 Ibid., pp. 141-142.

350 Course Book on Taiwan Strait Military Geography, p. 60.

351 Ibid.

352 Ibid., p. 59.

353 Ibid.
354 See Informatized Army Landing Operations, p. 133. Note that an added danger of this approach would be that preparing for an invasion and then not being able to launch it due to bad weather conditions would tip China's hand to Taiwan, the U.S., and the rest of the world, signaling that the PLA was actually going invade Taiwan and would likely try again the next opportunity the weather allowed. Given the time lag between suitable weather and other factors, a scenario like this could be problematic for Chinese invasion plans, as it might result in the U.S. becoming much closer to Taiwan and more involved in its defense, as happened after every Taiwan Strait Crisis. The author is indebted to Ian McCaslin for this point.
355 See Research on Port Landing Operations, pp. 19-23; Course Book on Taiwan Strait Military Geography, p. 59; and Research on Joint Tactical Thought, pp. 141-142. 356 See Dennis J. Blasko, "The PLA Army/Ground Forces," in Kevin Pollpeter and Kenneth W. Allen (eds.), The PLA as an Organization: Reference Volume v2.0 (Fairfax, VA: Defens Group Inc. 2015), pp. 244-245; and Kenneth W. Allen, Dennis J. Blasko, and John F. Corbett, Jr., "The PLA's New Organizational Structure: What is Known, Unknown, and Speculation," China Brief, February 4, 2016, at http://www.jamestown.org/single/?tx_ttnews[tt_news]=45069&no_cache=1#.V0NWo-RrMgs.
357 For a dated but still relevant study, see Lin Chang-Sheng, "Chinese Communist Amphibious Landing Forces for Taiwan Strait War (中共台海戰爭兩棲登陸軍力)," in Lin Chong-bin, Calculating the Taiwan Strait: The Strategic Situation in the Strait in the New Century [廟算台海：新世紀海峽戰略態勢] (Taipei: Chinese Council of Advanced Policy Studies, 2002), pp. 394-395.
358 Dennis Blasko, The Chinese Army Today, p. 50; and author's discussions with ROC Military subject matter experts.
359 See "PLA Doubles Size of Amphibious Mechanized Infantry Division," Want China Times, January 5, 2015, at http://stt.soundthetrumpet.ca/media/?m=0&id=25664. See also Franz-Stefan Gady, "China Just Doubled the Size of Its Amphibious Mechanized Divisions," The Diplomat, January 9, 2015, at http://thediplomat.com/2015/01/china-just-doubled-the-size-of-its-amphibiousmechanized-infantry-divisions/.
360 For example, a low estimate might assume for two amphibious mechanized infantry divisions capable of attacking with 6,000 troops apiece, two special forces groups capable of attacking with 1,000 commandos each, three helicopter regiments capable of attacking with 1,000 light infantry each, and one armored brigade with 3,000 personnel. Such a force would have a total of 20,000 combat troops. A high-end estimate might assume the PLA could field four amphibious mechanized infantry divisions with 12,000 troops apiece, two special forces groups with 3,000 commandos each, three helicopter regiments with 3,000 light infantry each, and one armored brigade with 5,000 personnel. Such a force would have a total of 68,000. Assumptions would vary depending on numbers of trained and equipped combat troops (as opposed to administrative personnel), fully mobilized unit sizes, preinvasion force attrition, transportation limitations, and many other factors that affect unit size and availability.
361 Kenneth W. Allen, "PLA Air Force Organizational Reforms: 2000-2012," in Kevin Pollpeter and Kenneth W. Allen (eds.), The PLA as an Organization: Reference Volume v2.0 (Fairfax, VA: Defens Group Inc. 2015), p. 322.
362 Dennis Blasko, The Chinese Army Today, p. 103.
363 For background, see Dennis J. Blasko, "PLA Amphibious Capabilities: Structured for Deterrence," China Brief, August 19, 2010, at https://jamestown.org/program/plaamphibious-capabilities-structured-for-deterrence/; and Chia-Shin Wu, "The Assessment of Communist China's Threat to Launch Amphibious (or Sea-Air-Land) Invasion against Taiwan," Taiwan Defense Affairs, Vol. 4, No. 3 (Spring 2004), p. 76.
364 The author is indebted to Dennis Blasko for this point.
365 The most important of the PLA's approximately 17 ship groups for the invasion of Taiwan would be the one based at Dongshan Island, which regularly trains for supporting amphibious operations. Others are mostly used for logistics, with some reconnaissance and amphibious roles, and have landing craft that are unsuitable forcrossing the Taiwan Strait. Dennis J. Blasko, "The PLA Army/Ground Forces," in Kevin Pollpeter and Kenneth W. Allen (eds.), The PLA as an Organization: Reference Volume v2.0 (Fairfax, VA: Defens Group Inc. 2015), p. 239.
366 Dennis Blasko, The Chinese Army Today, pp. 94-100; and Lin Chang-Sheng, p. 394.
367 Note that in addition to other bases, there are several significant shipbuilding yards in the Shanghai area. The Jiangnan shipyard currently produces advanced destroyers, frigates, submarines, and large support vessels. The Hudong shipyard produces frigates and supply ships. The Honghua shipyard has been a major supplier of amphibious warfare ships, and Qiuxin makes minesweepers. It should be assumed they would all be cranking out massive numbers of amphibious landing craft and other needed vessels before and during the invasion. See Andrew Erickson, Chinese Naval Ship Building; and Bernard Cole, The Great Wall at Sea, p. 74
368 Nan Li, "The People's Liberation Army Navy as an Evolving Organization," in Kevin Pollpeter and Kenneth W. Allen (eds.), The PLA as an Organization: Reference Volume v2.0 (Fairfax, VA: Defens Group Inc. 2015), p. 286.
369 Ibid., p. 279

370 Ibid., pp. 287-288.
371 Ibid., p. 280.
372 Ibid., pp. 278, 285
373 People's Liberation Army Air Force 2010 (Wright-Patterson Air Force Base: National Air and Space Intelligence Center, 2010), p. 25.
374 Mark Stokes, "China's Air Defense Identification System: The Role of PLA Air Surveillance," Project 2049 Institute, May 9, 2014, pp. 4-5, at http://www.project2049.net/documents/Stokes_China_Air_Defense_Identification_System_PLA_Air_Surveillance.pdf.
375 Annual Report to Congress, Military and Security Developments Involving the People's Republic of China 2016, p. 32.
376 Mark Stokes, "China's Air Defense Identification System: The Role of PLA Air Surveillance," pp. 4-5.
377 Among many excellent sources, see Michael S. Chase, Daniel Yoon, and Mark Stokes, "The People's Liberation Army Second Artillery Force as an Organization," in Kevin Pollpeter and Kenneth W. Allen (eds.), The PLA as an Organization: Reference Volume v2.0 (Fairfax, VA: Defense Group Inc. 2015), pp. 356-362; and Mark Stokes, "Expansion of China's Ballistic Missile Infrastructure Opposite Taiwan," Asia Eye, Project 2049 Institute, April 18, 2011, at http://blog.project2049.net/2011/04/expansion-of-chinas-ballistic-missile.html.
378 Murray Scot Tanner, "China's People's Armed Police Force Leadership, Command, and Organization in the Wake of the 2009 PAP Law," in Kevin Pollpeter and Kenneth W. Allen (eds.), The PLA as an Organization: Reference Volume v2.0 (Fairfax, VA: Defense Group Inc. 2015), pp. 378-379.
379 Dennis Blasko, The Chinese Army Today, pp. 109-111.
380 Dennis Blasko, The Chinese Army Today, p. 111-113.
381 For excellent background on the maritime militia, see Andrew S. Erickson and Conor M. Kennedy, "China's Maritime Militia," CNA Corporation, March 7, 2016, pp. 22-28, at https://www.cna.org/cna_files/pdf/Chinas-Maritime-Militia.pdf.
382 Informatized Joint Operations, p. 172
383 Informatized Joint Operations, p. 176.
384 Informatized Army Operations, p. 167. For a ROC Military source confirming this, see Wang Chung-fung, "Discussion and Analysis on Combat Engineering Support to Force Preservation Actions (探討工兵支援戰力保存作為之研析)," ROC Army Combat Engineer Journal, No. 146, 2015, pp. 1-28.
385 Informatized Army Operations, p. 112.
386 Informatized Army Operations, p. 127.
387 Informatized Army Operations, pp. 127-128.
388 Informatized Army Operations, p. 128.
389 Zhao Feng (ed.), The Taiwan Military's 20 Year Transformation [台军 20 年转型之路] (Beijing, National Defense University Press, 2015), p. 171.
390 See "Taiwan Spends 30 Billion to Build Missile Defense Net: Second Phase has Runway Repair and Camouflage to Trick Enemy [第二階段搶修跑道 偽裝欺敵 台砸三千億 建導彈防禦網], Sing Tao Daily, September 6, 2010, athttp://news.singtao.ca/calgary/2010-09-06/taiwan1283761644d2712081.html. For further details see Able Archers: Taiwan Defense Strategy in an Age of Precision Strike, p. 55.
391 Informatized Army Operations, p. 123-4.
392 Ibid.
393 Ibid., p. 131.
394 Ibid., p. 129.
395 Ibid., p. 131.
396 Ibid., pp. 131-2.
397 Informatized Army Operations, p. 131.
398 Ibid., p. 124.
399 Ibid., pp. 141-144, 150-157.
400 Zhang Qingzhi, et al. (eds.), Informatized Warfare and Psychological Protection [信息化战争心理防护] (Beijing, The People's Military Medical Press, 2008), p. 113.
401 Ibid.
402 Ibid., p. 114.
403 Ibid.
404 Ibid., pp. 114-115.
405 Ibid., p. 116.
406 Ibid., p. 117.
407 Ibid., p. 118.
408 Ibid.
409 Informatized Army Operations, p. 113.
410 Tsai Ho-Hsun, "Research on the Communist Military's Division Landing Operations (共軍師登陸作戰之研究)," Lujun Xueshu Shuangyue Kan (Army Studies Bimonthly), Vol. 50, No. 537, October 2014, p. 69; and Wang

Yunlei and Wang Guangyuan, Guidebook on Operational Calculations (作戰計算指南) [Beijing, Blue Skies Press, 2013], p. 47 (op cit.). Note that Blue Skies Press (蓝天出版社) is the official publishing house of the PLA Air Force.
411 Author's discussions with ROC military subject matter experts.
412 Informatized Army Operations, p. 125.
413 Ibid, p. 113.
414 Ibid.
415 Ibid., p. 115.
416 Ibid., p. 115.
417 Research on Joint Tactical Thought, p. 156.

第六章：台灣的反擊計畫

418 In Chinese, the Gu'an Operational Plan is written: 固安作戰計畫. See "ROC Military 2016 'Hang Kuang 32' Exercise Live Fire Training Regulations (國軍 105 年 " 漢光 32 號 " 演習實兵演練規畫)," ROC Ministry of National Defense Website, posted August 19, 2016.
419 Lauren Dickey, "Taiwan's Han Kuang Exercises: Training for a Chinese Invasion One Drill at a Time, China Brief, Vol. 15, Issue 18 (September 16, 2015), at https://jamestown.org/program/taiwans-han-kuang-exercises-training-for-a-chineseinvasion-one-drill-at-a-time/.
420 "The Gu'an Operation Plan! National Military Forces Arrived to Assist at Formosa Fun Coast within Half Hour (固安作戰計畫！ 國軍半小時內抵八仙支援)," Yahoo News, June 28, 2015. For a description of a previous exercise in the Port of Taipei area, see "Reserve Mobilization: Counterattack after Tamsui Raid and Taipei Port Attack [後備動員淡水反突擊台北港 反擊], Quanqiu Fangwei Zazhi (Defence International), No. 362, October 2014, p. 36-43.
421 Author's discussions with U.S. military subject matter experts.
422 Author's discussions with U.S. and ROC military subject matter experts.
423 Author's discussions with ROC military subject matter experts.
424 For a brief descriptions of how mobilization and force preservation fit into Taiwan's overall defense strategy, see Republic of China 2011 National Defense Report [中華民國 2011 國防報告書](Taipei: Ministry of National Defense, 2011), pp. 85, 168-173; and Republic of China 2013 Quadrennial Defense Review (Taipei: Ministry of National Defense, 2013), pp. 33, 60-61. Military education course materials offer a far more detailed picture. For example, see Defense Mobilization [防 衛 動 員] (Taipei: Ministry of National Defense Political Warfare Bureau, December 2011).
425 Note that some aspects of the law are necessarily vague and subject to parliamentary approval to prevent it from being abused by a would-be dictator. See Chang Hsueh-chang, "Discussion on Military Police Missions in Wartime (戰時憲兵任務之探討)," ROC Military Police Command Journal, No. 80 (June 2015), pp. 34-40
426 Ibid.; and Chang Zong-Tsai, "Research on Tactics and Techniques of Communist Military 'Decapitation Operations' through the lens of the U.S. Military's 'Operation Neptune Spear,'" pp. 10-12.
427 Dual-use civilian assets in the war reserve system include 10,000 fixed facilities, 2,000 pieces of heavy machinery, 300 fishing boats, 60 aircraft, and 50 large ships. See Easton, Stokes, Cooper, and Chan, p. 17.
428 Author's discussion with ROC military subject matter experts.
429 Author's discussion with ROC military subject matter experts.
430 Author's discussions with ROC military subject matter experts.
431 According to the ROC military's mine-laying doctrine, if it is assumed that all of the 14 most suitable invasion beaches' surf zones were mined at 90% density, then 4,788 total mines would be required. The standard shallow-water minefield would be four kilometers long and 150 meters wide. They would be laid by LCUs and, where necessary, Type-V and Type-M inflatable boats with outboard motors. See Wu Qi-yu, "Research on Executing Surf Zone Mining Operations with Combat Engineer Units (工兵部隊執行激浪區布雷作業之研究)," ROC Army Combat Engineer Journal, no. 147, 2015, pp. 1-30.
432 Taiwan's reserve system reportedly includes 71 CT-6 fishing boats and around 230 CT-5 fishing boats, which are required to report to their naval duty stations within 24 hours of an emergency mobilization order. Within 72 hours, they are to be refitted with specialized equipment and able to carry out mine laying operations. Ibid., p. 13. See also Sun Chi-dao, "Military Applications of Taiwan's Fishing Boats (台灣漁船與軍事應用)," ROC Navy Journal, August 2014, pp. 95-108.
433 Liu En-kuang, "Briefing on Mechanized Mine-Laying Systems--Sharp Weapons for Countering Enemy Mobility Operations (反機動作戰利器一機械布雷系統簡介)," ROC Army Combat Engineer Journal, No. 146, 2015, pp. 1-21; and Wu Qi-lun and Huang Zhen-ge, "Analyzing Application and Effects of Smart Mines (智能地雷運用效益之研析)," ROC Army Combat Engineer Journal, No. 142, 2013, pp. 1-18.
434 Zhao Feng (ed.), The Taiwan Military's 20 Year Transformation [台军 20 年转型之路] (Beijing, National Defense University Press, 2015), p. 89.

435 Ibid. Unless otherwise noted, the following section is based on this source.
436 Ibid.
437 Ibid
438 Ibid.
439 Informatized Army Operations, p. 147-148.
440 These would presumably include breakwater structures comprised of shaped concrete armor units, such as locally produced variants of Dolos, Xbloc, and Tetrapods. See Informatized Army Operations, p. 147-148, and The Taiwan Military's 20 Year Transformation, p. 189.
441 See Informatized Army Operations, p. 147-148, and The Taiwan Military's 20 Year Transformation, p. 189.
442 Zhao Feng (ed.), The Taiwan Military's 20 Year Transformation, p. 189
443 Ibid. p. 190.
444 Informatized Army Operations, pp. 122-123.
445 Author's discussions with U.S. and ROC military subject matter experts in Taiwan. See also Chang You-ching, "Research on Combat Engineer Support in River Crossings during Defense Operations--The Case of the Third Theater of Operations and the Tamsui River (防衛作戰中工兵支援渡河作業之研究─以第三作戰區淡水河為例)," ROC Army Combat Engineer Journal, No. 147, 2015, pp. 1-24.
446 Author's discussions with U.S. and ROC military subject matter experts in Taiwan. See also Chang You-ching, "Research on Combat Engineer Support in River Crossings during Defense Operations--The Case of the Third Theater of Operations and the Tamsui River (防衛作戰中工兵支援渡河作業之研究─以第三作戰區淡水河為例)," ROC Army Combat Engineer Journal, No. 147, 2015, pp. 1-24.
447 Research on Operational Theory of Army Aviation Troops, p. 168.
448 Ibid, p. 167.
449 Ibid, p. 106. According to this source, the notable exception to this rule might be the outer island groups of Kinmen and Matzu, where masses of helicopters and artillery, all in close proximity to their Chinese bases, would give the PLA a sizable advantage.
450 Author's discussions with ROC military subject matter experts; and Informatized Army Operations , pp. 122-123; Wu Qi-yu, "Analyzing the Application and Effects of HESCO Bastions (組合式掩體運用效益之研析)," ROC Army Journal, No. 52, Vol. 545 (February 2016), pp. 111-126; Wang Chung-tung, "Discussion and Analysis on Combat Engineering Support to Force Preservation Actions (探討工兵支援戰力保存作為之研析)," ROC Army Combat Engineer Journal, No. 146, 2015, pp. 1-28; and Wang Chung-fung, "Discussion on Various Types of Blast Door Designs by Overpressure Level (探討各類型爆壓下防爆門之設計)," ROC Army Combat Engineer Journal, No. 144, 2014, pp. 1-27.
451 Informatized Army Operations, p. 132-134, 142-144.
452 Unless otherwise noted, the following section on ROC Air Force plans and capabilities draws from Ian Easton, Able Archers: Taiwan Defense Strategy in an Age of Precision Strike (Arlington, VA: Project 2049 Institute, September 2014), pp. 47-56; and Ian Easton, "Taiwan, Asia's Secret Air Power," The Diplomat, September 25, 2014, at http://thediplomat.com/2014/09/taiwan-asias-secret-air-power/.
453 "Taiwan to spend HK$19 billion on home-made missile defense against Beijing," South China Morning Post, August 30, 2014, at http://www.scmp.com/news/china/article/1581963/taiwan-spend-hk19-billion-homemade-missile-defence-against-beijing.
454 Luo Tien-pin and William Hetherington, "Purchase of US naval system finalized, "Taipei Times," January 22, 2017, at http://www.taipeitimes.com/News/front/archives/2017/01/22/2003663563.
455 \At the current time, highway runway strips are located at the No. 1 National Freeway's Minsyong section (near Chiayi), the Rende and Madou sections (near Tainan), the Huatan section (near Changhua); and at Jiadong Provincial Highway (near Kaohsiung). Reportedly, other emergency strips may exist on the east coast, but this cannot be confirmed at the current time.
456 For an excellent overview of Taiwanese electronic warfare capabilities, including those for jamming satellites, see Chen Chiu-yang, "Analyzing Application of Electronic Warfare Techniques in Taiwanese Urban Warfare using of other Countries' Experiences (從各國經驗探討我城鎮戰中電子戰應用作為之研析)," ROC Army Combat Engineer Journal, No. 147, 2015, pp. 1-20
457 Author's discussions with ROC military subject matter experts.
458 Unless otherwise noted, the following section on ROC Navy plans and capabilities draws from Ian Easton, Taiwan's Naval Role in the Rebalance to Asia (Arlington, VA: Project 2049 Institute, March 2015), at http://www.project2049.net/documents/150303_Easton_Taiwans_Naval_Role_in_the_Rebalance.pdf; Ian Easton and Randall Schriver, Standing Watch: Taiwan and Maritime Domain Awareness in the Western Pacific (Arlington, VA: Project 2049 Institute, December 2014), at http://www.project2049.net/documents/141216_Taiwan_Maritime_Domain_Awareness_Easton_Schriver.pdf; and James Holmes and Toshi Yoshihara, Defending the Strait: Taiwan's Naval Strategy in the 21st Century (Washington, D.C.: The Jamestown Foundation, 2011).
459 Author's discussions with ROC military subject matter experts.
460 Author's discussions with ROC military subject matter experts.

461 Author's discussions with ROC military subject matter experts.

462 See "Han Kuang Exercise 32 Series 1: ROC Army 5th Support Department at the Fulcrum (漢光 32 號演習系列 1-- 陸軍五支部前支點),"Quanqiu Fangwei Zazhi (Defence International), No. 385, September 2016, p. 32-34; and author's discussions with ROC Military subject matter experts. 463 See Ian Easton, Mark Stokes, Cortez Cooper, and Arthur Chan, Transformation of Taiwan's Reserve Force (Arlington, VA: RAND Corporation, 2017), pp. 15-23.

464 Author's discussions with ROC military subject matter experts.

465 For background, see Grabo, pp. 38-50.

466 For a brief description of how joint interception fits in with Taiwan's overall defense strategy, see Republic of China 2011 National Defense Report [中華民國 2011 國防報告書] (Taipei: Ministry of National Defense, 2011), p. 89; and Republic of China 2013 Quadrennial Defense Review (Taipei: Ministry of National Defense, 2013), p. 39.

467 For an excellent overview of Taiwanese electronic warfare capabilities, including those for jamming missile guidance systems, see Chen Chiu-yang, "Analyzing Application of Electronic Warfare Techniques in Taiwanese Urban Warfare using of other Countries' Experiences (從各國經驗探討我城鎮戰中電子戰應用作為之研析)," ROC Army Combat Engineer Journal, No. 147, 2015, pp. 1-20

468 "Taiwan to spend $2.5 billion on anti-missile systems," Defense News, August 30,2014, at http://www.defensenews.com/article/20140830/DEFREG03/308300024/Taiwanspend-2-5-billion-anti-missile-systems?odyssey=mod_sectionstories.

469 This assumes for a 600 kilometer range ballistic missile shot along a standard trajectory. Ballistic missiles launched from 300 kilometers away would only take five minutes and thirty seconds. Those with ranges of 1,000 kilometers would take nine minutes and twenty seconds to arrive. All times are approximate and they assume for standard ballistic missile trajectories. See Liu Xing (ed.), Air Defense and Space Defense Information Systems and Their Integrated Technologies [防空防天信息系统及其一体化技术] (Beijing: National Defense Industry Press, 2009), p.25 .

470 See Wendell Minnick, "Chinese Spy Radio?" Defense News, April 26, 2010, athttp://minnickarticles.blogspot.com/2010/04/chinese-spy-radio.html.

471 This following discussion on ROC Air Force plans and capabilities draws from Ian Easton, Able Archers: Taiwan Defense Strategy in an Age of Precision Strike (Arlington, VA: Project 2049 Institute, September 2014), pp. 47-56; and Ian Easton, "Taiwan, Asia's Secret Air Power," The Diplomat, September 25, 2014, at http://thediplomat.com/2014/09/taiwan-asias-secret-air-power/.

472 For a Chinese study supporting this assertion, see Tao Guiming, et al., "Modeling the Order of Surface to Surface Missile Strikes on Airfields (地地导弹打击机场排序模型)," Computer and Information Technology Journal, February 2013, pp. 12-14.

473 The PLA Strategic Rocket Force has custom-designed its ballistic missile warheads to release bomblets for annihilating Taiwan's sapper teams, and its plans apparently call for staggering missile raids to increase the probability of kill. As such, it seems likely that raids would involve small numbers of missiles raining down at regular intervals to keep airbases closed for as long as possible. For Chinese studies on this issue, see Huang Guangyan, et al., "Method for Assessing Effects of Joint Anti-Runway and Area Blockading Sub-munitions (反跑道与区域封锁子母弹联合对封锁效能的评估方法)," Dandao Xuebao (Journal of Ballistics), March 2013, p. 46; Jiang Zengrong, et al., "Numerical Modeling of Blast Depth Influence on Destruction Effects of Runway Penetrating Warhead (炸点深度对反跑道侵爆战斗布摧伤效果影响数值模拟)," Conference Paper Presented at China's Ninth National Forum on Blast Dynamics, undated, pp. 175-179; Jiang Zengrong, et al., "Numerical Modeling of Blast Depth Influence on Destruction Effects of Penetrating Warhead (炸点深度对侵爆战斗布摧伤效果影响数值模拟)," Binggong Xuebao (Acta Armamentarii Journal), April 2010, pp. 28-31; Li Xinqi and Wang Minghai, "Research on Standard Problems of Conventional Missile Effects for Blockading Airfield Runways (常规导弹对封锁机场跑道效能准则问题研究)," Zhihui Kongzhi Yu Fangzhen (Command Control and Simulation Journal), Vol. 29, No. 4, August 2007, p. 78; Li Yong, et al., "Simulation and Calculation Research on Terminal Course-Correcting Submunitions' Airfield Runway Blockade Probability (末修子母弹对机场跑道封锁概率计算仿真研究)," Xitong Fangzhen Xuebao (Journal of System Simulation), Vol. 18, No. 9, 2006, 2397-2400; and Guan Baohua, et al., "Calculation of Terminal CourseC Correcting Submunitions' Blockade Probability Against Airfield Runway (末修子母弹对机场跑道封锁概率的计算)," Dandao Xuebao (Journal of Ballistics), No. 4, 2005, pp. 22-26.

474 For a detailed PLA perspective on Taiwan's air defense network, see PLA General Staff Department 54th Research Institute, "Compilation of Air Defense Early Warning Information (防空预警资料汇编)," Informatized War and Information War Information Compilation Series, No.2. October 29, 2008, p. 34.

475 Informatized Army Operations, p. 131.

476 See Able Archers: Taiwan Defense Strategy in an Age of Precision Strike, p. 33.

477 See Tsai Cheng-chang, "Weapons for Suppressing Enemy Air Defenses-Discussion on Process of Surface Unit Fire Support Operations (制壓敵防空武力—地面部隊火協作業程序探討)," ROC Artillery Forces Journal, No. 169, 2015, pp. 47-64.

478 Author's discussions with United States and ROC military subject matter experts.
479 Mike Yeo, "Taiwan to upgrade indigenous missile capabilities," Defense News, February 6, 2017, at http://www.defensenews.com/articles/taiwan-to-upgradeindigenous-missile-capabilities.
480 The Taiwan Military's 20 Year Transformation, p. 187.
481 Ibid. See also Wendell Minnick and Paul Kallender-Umezu, "Japan, Taiwan Upgrade Strike Capability," Defense News, May 6, 2013, available at http://rpdefense.over-blog.com/japan-taiwan-upgrade-strike-capability; and Michael Thim, "Prickly Situation: Taiwan's missile program spurs debate on preemptive, porcupine strategies," Strategic Vision, Vol. 2, No. 7 (February 2013), p. 18, at http://www.mcsstw.org/web/SV/sv2013-0207.pdf.
482 For a detailed account of the exercise, see "Penghu Wude Joint Counter Amphibious Exercise (澎湖五德聯信聯合反登陸操演)," Quanqiu Fangwei Zazhi (Defence International), May 2013, pp. 32 - 40. 483 For an excellent assessment, see Wu Kuang-chang, "Discussion on Integration and Application Model of AH-64D Attack Helicopter and Joint Defense Operations (AH-64D 攻擊直升機於聯合防衛作戰之整合與運用模式探討)," ROC Aviation and Special Forces Journal, No. 56, 2012, pp. 1-18.
484 Informatized Army Operations, p. 145. Note that anchorage points used by amphibious assault ships carrying helicopters and hovercrafts are expected to be much farther in the rear, some 30 miles from Taiwan's coast. The ROC Army has rocket artillery that can reach these points as well.
485 Huang Wei, "What Joint Service Command Officers Should Understand about Fire Support and Coordination (聯合兵種指揮官應了解之火力支援協調作為)," ROC Army Journal, No. 52, Vol. 546 (April 2016), pp. 83-98.
486 See Hsu Niu, "Analysis of Ray-Ting 2000 Multiple Launch Rocket System Application and Operational Effects During Attacks on Anchorage Areas (雷霆 2000 多管火箭系統運用於泊地攻擊作戰效能之研析)," ROC Artillery Forces Journal, No. 171, 2015, p. 10.
487 See Yang Hou-sheng, "Analyzing the Operational Effectiveness of the Communist Military's Type ZLT-05 Amphibious Assault Artillery Vehicle (共軍 ZTL-05 型兩棲攻擊跑車作戰效能之研析), ROC Army Infantry Journal, No. 258, 2016, pp. 1-24; Wang Wei-hsien and Ong Ming-hui, "Discussion on History, Development, and Application of Communist Military's Amphibious Armored Assault Vehicle for Landings (共軍兩棲裝甲戰斗車輛發展歷程與運用上陸之探討)," ROC Army Journal, No. 52, Vol. 546 (April 2016), pp. 53-54; and "Penghu Wude Joint Counter Amphibious Exercise (澎湖五德聯信聯合反登陸操演)," Quanqiu Fangwei Zazhi (Defence International), May 2013, pp. 32-34.
488 For a brief description of how homeland defense operations fit into Taiwan's overall defense strategy, see Republic of China 2011 National Defense Report [中華民國 2011 國防報告書](Taipei: Ministry of National Defense, 2011), p. 89-91; and Republic of China 2013 Quadrennial Defense Review (Taipei: Ministry of National Defense, 2013), p. 38. Note that homeland defense (國土防衛) overlaps with ground defense (地面防衛), but the latter is more limited in scope. For ROC military studies on maximizing the advantages of the home grounds, see Lai Chih-ming, Research on Optimal Army Force Defense Deployments, Size, and Structure: the Application of Defense Position and Geometry Theory with Quantified Judgment Model [陸戰防禦兵力部署、規模及結構適切性之研究 - 定量判定模型結合防禦幾何學之應用] (Taipei: National Defense University Management College Master's Thesis, 2010); Chen Shian-ruei, Research on the Deployment of Seacoast Defense Brigades: An Application of Quantified Judgment Method Analysis [海岸守備旅兵力配置之研究 - 定量判定分析模型應用] (Taipei: National Defense University Management College Master's Thesis, 2008); and Tim C.K. Shen, The Optimal Size and Defensive Location of the Army Force in Northern Taiwan: The Application of Defense Position and Geometry Theory [陸軍北部地區地面部隊規模與部署適切性之研究 - 防禦部署與幾何圖形理論之應用](Taipei: National Defense University Management College Master's Thesis, 2001).
489 Informatized Army Operations, p. 134; see also Chien Yi-jian and Ong Ming-hui, "Research on Armor Brigade Counterattack Operations during Defense Operations--The Case of a Suitable Landing Area (防衛作戰中裝甲旅反擊之研究 -- 以適宜登陸地區為例)," ROC Armor Journal, No. 240, July 2015, pp. 15- 42.
490 Ibid.
491 Liu Ching-chong, "Discussion on Application of Mechanized Infantry Units in Future Defense Operations (機步部隊在未來防衛作戰運用之探討)," ROC Army Journal, No. 49, Vol. 529 (June 2013), pp. 4-22; and Hsu Yi-Lien, "Homeland Defense Integrated Land-Air Operations: Research on Application of Army Aviation Units (國土防衛地空整體作戰：陸航部隊運用之研究)," ROC Army Journal, No. 49, Vol. 529 (June 2013), pp. 23-37.
492 Informatized Army Operations, pp. 134-135; and Sun Shu-hwua, "Responding to Chinese Communist Urban Warfare Operations Against Taiwan—the Case of Army Aviation Units (中共對我城鎮作戰之因應之道一以陸航部隊為例)," ROC Army Aviation and Special Forces Journal, No. 56, 2012, pp. 1-15.
493 Luo Zhen-jun, "Joint Surface Defense: Analyzing the Application of Special Operations Units in Urban Areas (聯合地面防衛 -- 以城鎮地區運用特種作戰部隊為分析對象)," ROC Army Aviation and Special Operations Forces Journal, No. 56, 2012, pp. 1-18.
494 Lin Zhe-chun, "Discussion on Defense Operations in Urban Infrastructure with Support of Defense Combat Engineers (防衛作戰城鎮設施防工兵支援之探討)," ROC Army Combat Engineer Journal, No. 144, 2014, pp. 1-23. See also Chen Chiuyang, "Analyzing Application of Electronic Warfare Techniques in Taiwanese

Urban Warfare using of other Countries' Experiences（從各國經驗探討我城鎮戰中電子戰應用作為之研析），" ROC Army Combat Engineer Journal, No. 147, 2015, pp. 1-20; Lin Sheng-jie, "Discussion on Combat Engineer Units Application of Robots in Support Missions during Urban Warfare Operations（城鎮戰中工兵部隊運用機器人執行支援任務之探討）, ROC Combat Engineer Journal, No. 144, 2014, pp. 1-20; and Hsu Chi-po and Chen Jun-hung, "Discussion on Taiwan's Highway Bridges and Their Military Support Levels（本島公路橋樑與軍用載重等級之探討），" ROC Army Combat Engineer Journal, No. 142, 2013, pp. 1-16.

495 Fung Chiu-kuo, "Research on Military Value of Urban Underground Infrastructure（城鎮地下設施軍事價值之研究），" ROC Army Infantry Journal, No. 256, 2015, pp. 1-22.

496 Chang Kuo-ta, "Research on Application of Advanced Infantry Platoon Firepower in Urban Defense（精進進步兵排城鎮防禦火力運用之研析），" ROC Army Infantry Journal, No. 257, 2016, pp. 1-18.

497 Informatized Army Operations, p. 167.

498 Shih Hsiu-chuan, "Taiwan could withstand attack for a month: Yen," Taipei Times, March 7, 2014. See also Rich Chang, Lo Tien-pin, and Jake Chung, "Taiwan would not survive month of attack, NSB says," Taipei Times, March 11, 2014.

499 Author's discussions with ROC Army officers. See also Hung Che-Cheng, "American Military Observers in Taiwan: Chang-Ching Exercise Exposes ROC Military's Homeland Defense Ops（美軍來觀摩：長青操演曝光－揭露陸軍國土防衛戰），" United Daily News, October 31, 2016, at https://udn.com/news/story/1/2057947.

500 Liu Ta-sheng, Menq Jau-yan, Chang Cheng-chang, and Chen Shian-Ruei, "Study on the Homeland Defense Operations Deployment of Seacoast Brigades（國土防衛海岸守備旅兵力配置之研究），" Conference paper presented at the 16th Annual Joint National Defense Management College and National Armaments Management College Seminar, 2009, pp. 2-13.

501 For example, see Informatized Army Operations, p. 167.

第七章：美國在亞洲的戰略

502 The following discussion on US-PRC competition draws from the author's, "Strategic Standoff: The U.S.-China Rivalry and Taiwan," Project 2049 Institute Occasional Paper, March 2016, at http://www.project2049.net/documents/Strategic%20Standoff_US_China_Rivalry_Taiwan.pdf.

503 Andrew Krepinevich and Barry Watts, The Last Warrior: Andrew Marshall and the Shaping of Modern American Defense Strategy (New York: Basic Books, 2015), pp. 227-246; Aaron L. Friedberg, A Contest for Supremacy: China, America, and the Struggle for Mastery in Asia (New York: W.W. Norton & Company, 2011); and Robert Kaplan, "How We Would Fight China," The Atlantic, June 2005, pp. 49-64.

504 Sydney J. Freedberg Jr. and Colin Clark, "Threats from Russia, China Drive 2017 DoD Budget," Breaking Defense, February 2, 2016, at http://breakingdefense.com/2016/02/russia-china-drive-2017-budget/.

505 Matthew Pennington, "US-China tensions persist despite progress on NKorea," Associated Press, February 23, 2016, at http://bigstory.ap.org/article/4e0a8c6d263d4aad897fb5464d4f1f72/top-diplomatsmeet-fraught-time-between-us-china.

506 See Richard McGregor, The Party: The Secret World of China's Communist Rulers (New York: Harper Perennial, 2010); Frank Dikotter, Mao's Great Famine (New York: Walker & Company, 2010); and Yang Jisheng, Mubei: Zhongguo Liushi Niandai Da Jihuang Jishi [Tombstone: A Record of the Great Chinese Famine of the 1960s] (Hong Kong: Cosmos Books, 2008).

507 China (Includes Tibet, Hong Kong, and Macau) 2014 Human Rights Report (Washington, D.C.: Department of State, undated) at http://www.state.gov/j/drl/rls/hrrpt/humanrightsreport/index.htm#wrapper. See also Congressional-Executive Commission on China, 2015 Annual Report (Washington, D.C.: CECC, 2015), at http://www.cecc.gov/publications/annual-reports/2015-annualreport.

508 Robert D. Atkinson and Stephen Ezell, "False Promises: The Yawning Gap Between China's WTO Commitments and Practices," Information Technology & Innovation Foundation, September 17, 2015, at https://itif.org/publications/2015/09/17/false-promises-yawning-gap-betweenchina%E2%80%99s-wto-commitments-and-practices; Stephen Ezell, "China's Economic Mercantilism," Industry Week, July 24, 2013, at http://www.industryweek.com/public-policy/chinas-economic-mercantilism; Derrick Scissors and Dean Cheng, "Preparing for the New Chinese Government," China Business Review, January 1, 2013, at http://www.chinabusinessreview.com/preparingfor-the-new-chinese-government/.

509 Dennis C. Blair and Jon M. Huntsman, Jr. (Chairs), The IP Commission Report: The Report of the Commission on the Theft of American Intellectual Property (Washington, D.C.: The National Bureau of Asian Research, 2013), at http://www.ipcommission.org/report/ip_commission_report_052213.pdf.

510 Elbridge Colby and Ely Ratner, "Roiling the Waters," Foreign Policy, January 21, 2014, at http://foreignpolicy.com/2014/01/21/roiling-the-waters/.

511 Shirley A. Kan, China and Proliferation of Weapons of Mass Destruction and Missiles: Policy Issues (Washington, D.C., Congressional Research Service, 2015), at https://www.fas.org/sgp/crs/nuke/RL31555.pdf; Vivek Raghuvanshi, "India-China Border Talks Make No Headway," Defense News, May 23, 2015, at http://www.

defensenews.com/story/defense/policy-budget/leaders/2015/05/23/indiachina-border-dispute-summit-talks-lac-tibet-pakistan/27601373/; and Patrick M. Cronin, The Challenge of Responding to Maritime Coercion (Washington, D.C.: Center for New American Security, September 2014), at http://www.cnas.org/Challenge-Responding-to-Maritime-Coercion#.VusOv-ZrMgs.

512 See Cary Huang, "Xi Jinping goes back to the future," South China Morning Post, January 22, 2016, at http://www.scmp.com/news/china/diplomacydefence/article/1903831/back-future-chinese-president-xi-jinpings-middleeast?edition=international; Alain Guidetti, "The Silk Road, Sand Castles and the USChina Rivalry," Geneva Centre for Security Policy, July 2015, at http://www.gcsp.ch/News-Knowledge/Publications/The-Silk-Road-Sand-Castles-andthe-US-China-Rivalry; Liu Mingfu, "The World Is Too Important to be Left to America," The Atlantic, June 4, 2015, at http://www.theatlantic.com/international/archive/2015/06/china-dream-liu-mingfupower/394748/; Curtis Chin, "Xi Jinping's 'Asia for Asians' mantra evokes imperial Japan," South China Morning Post, July 14, 2014, at http://www.scmp.com/comment/insight-opinion/article/1553414/xi-jinpings-asiaasians-mantra-evokes-imperial-japan; and Jane Perlez, "Strident Video by Chinese Military Casts U.S. as Menace," New York Times Sinosphere, October 31, 2013, at http://sinosphere.blogs.nytimes.com/2013/10/31/strident-video-by-chinese-militarycasts-u-s-as-menace/?_r=0.

513 James Griffiths, "Marco Rubio: Xi Jinping 'devestating' for human rights in China," CNN, October 8, 2015, at http://www.cnn.com/2015/10/08/world/rubio-congresschina-xi-human-rights/; Edward Wong and Yufan Huang, "Col. Liu Mingfu on the U.S. and China as Rivals," New York Times Sinosphere, October 8, 2015, at http://sinosphere.blogs.nytimes.com/2015/10/08/col-liu-mingfu-on-the-u-s-and-chinaas-rivals/; and "A very long engagement: Xi Jinping's state visit to Washington will do little to resolve growing tensions," The Economist, September 19, 2015, at http://www.economist.com/news/china/21665034-xi-jinpings-state-visit-washingtonwill-do-little-resolve-growing-tensions-very-long.

514 Michael Pillsbury, The Hundred-Year Marathon: China's Secret Strategy to Replace America as the Global Superpower (New York: Henry Holt and Company, 2014), pp. 113-146. See also Dan Blumenthal, "China's discomfort in an American world," American Enterprise Institute, October 2015, at https://www.aei.org/wpcontent/uploads/2015/10/Chinas-discomfort-in-an-American-world.pdf; Adam Taylor, "Zimbabwean strongman Robert Mugabe wins China's version of the Nobel Peace Prize," Washington Post, October 22, 2015, at https://www.washingtonpost.com/news/worldviews/wp/2015/10/22/zimbabweanstrongman-robert-mugabe-wins-chinas-version-of-the-nobel-peace-prize/; Adam Taylor, "Yes, Kim Jong Un is receiving an international peace prize," Washington Post, August 3, 2015; and "Vladimir Putin in China Confucius Peace Prize fiasco," BBC News, November 16, 2011, at https://www.washingtonpost.com/news/worldviews/wp/2015/08/03/yes-kim-jong-unis-receiving-an-international-peace-prize/.

515 Peter Mattis, Analyzing the Chinese Military: A Review Essay and Resource Guide on the People's Liberation Army (Middletown, DE: Createspace Publishing, 2015), pp. 1-2; and Amelia Friedman, "America's Lacking Language Skills," The Atlantic, May 10, 2015, at http://www.theatlantic.com/education/archive/2015/05/filling-americaslanguage-education-potholes/392876/.

516 See A War Like No Other: The Truth about China's Challenge to America.

517 Office of the Secretary of Defense, Military and Security Developments Involving the People's Republic of China 2015 (Washington, D.C.: Department of Defense, 2015), pp. 6 & 57-61; and The PLA Navy: New Capabilities and Missions for the 21st Century (Suitland, MD: Office of Naval Intelligence, 2015), p.9.

518 Ian Easton, "The South China Sea is Not Beijing's Next Battlefield," The National Interest, September 19, 2015, at http://nationalinterest.org/feature/the-south-china-seanot-beijings-next-battlefield-13881. See also Michael Martina and Ben Blanchard, "Don't read too much into military drills, China says after Taiwan alarm," Reuters, January 22, 2016, at http://www.reuters.com/article/us-china-taiwan-securityidUSKCN0V00IM.

519 See Victor Robert Lee, "Satellite Imagery: China Staging Mock Invasion of Taiwan?" The Diplomat, August 9, 2015, at http://thediplomat.com/2015/08/satelliteimagery-from-china-suggests-mock-invasion-of-taiwan/; and Lo Tien-pin and Jake Chung, "China simulates attack on Presidential Office," Taipei Times, July 23, 2015, at http://www.taipeitimes.com/News/front/archives/2015/07/23/2003623689.

520 Tom Wright and Aries Poon, "Taiwan Grapples With Closer China Ties," Wall Street Journal, December 7, 2014, at http://www.wsj.com/articles/taiwan-grappleswith-closer-china-ties-1418000788; Ricky Yeh, "Over-Dependence on China will Doom Taiwan," The Diplomat, August 26, 2014, athttp://thediplomat.com/2014/08/over-dependence-on-china-will-doom-taiwan/; Robert D. Kaplan, "The Geography of Chinese Power," Foreign Affairs, May/June 2010, at https://www.foreignaffairs.com/articles/china/2010-05-01/geography-chinese-power; Stephen Nelson, "Falling into China's Orbit," CBC News, December 18, 2008, at http://www.cbc.ca/news/world/falling-into-china-s-orbit-1.747292.

521 See Kin W. Moy, "U.S.-Taiwan Relations in a Changing Regional Landscape," Remarks of Director of American Institute on Taiwan, September 30, 2015, at https://www.ait.org.tw/en/officialtext-ot1523.html.

522 See John J. Mearsheimer, "Say Goodbye to Taiwan," The National Interest, March-April 2014, at http://nationalinterest.org/article/say-goodbye-taiwan-9931; and Thalia Lin, "Don't Say Goodbye to Taiwan," The National Interest, February 27, 2014, at http://nationalinterest.org/commentary/dont-say-goodbye-taiwan-9966; and Nat Bellocchi, "Say goodbye to Taiwan, say goodbye to peace," Taipei Times, Match 9,

2014, at http://www.taipeitimes.com/News/editorials/archives/2014/03/09/2003585202.
523 Taiwan Relations Act (Public Law 96-8 96th Congress), January 1, 1979, at http://www.ait.org.tw/en/taiwan-relations-act.html.
524 See Bruce A. Elleman, High Seas Buffer: The Taiwan Patrol Force, 1950-1979 (Newport, Rhode Island: Naval War College Press, 2012); Edward J. Marolda, Ready Seapower: A History of the U.S. Seventh Fleet (Washington, D.C., Naval History & Heritage Command, 2011), and Robert Ross Smith, "Luzon Versus Formosa" in Kent Roberts Greenfield (ed.), Command Decisions (Washington, D.C.: Defense Department Army Center of Military History, 1960).
525 Ibid. See also Robert D. Kaplan, "The Geography of Chinese Power," Foreign Affairs, May/June 2010. For an excellent analysis of Chinese perspectives, see Andrew S. Erickson and Joel Wuthnow, "Barriers, Springboards, and Benchmarks: China Conceptualizes the Pacific 'Island Chains,'" China Quarterly, January 21, 2016, at http://www.andrewerickson.com/2016/01/barriers-springboards-and-benchmarkschina-conceptualizes-the-pacific-island-chains-firstview-version-of-article-nowavailable-on-the-china-quarterly-webs/.
526 See, "The South China Sea is Not Beijing's Next Battlefield."
527 See Eric Heginbotham, et al., The U.S.-China Military Scorecard: Forces, Geography, and the Evolving Balance of Power, 1996-2017 (Washington, D.C., RAND Corporation, 2015), at http://www.rand.org/pubs/research_reports/RR392.html; David A. Shlapak, et al., A Question of Balance: Political Context and Military Aspects of the China-Taiwan Dispute (Arlington, VA: RAND Corporation, 2009), at http://www.rand.org/pubs/monographs/MG888.html; and Roger Cliff, et al., Entering the Dragon's Lair: Chinese Antiaccess Strategies and Their Implications for the United States (Arlington, VA: RAND Corporation, 2007), at http://www.rand.org/pubs/monographs/MG524.html.
528 See J. Michael Cole, "Taiwan's Master Plan to Defeat China in a War," The National Interest, March 31, 2015, at http://nationalinterest.org/feature/taiwansmaster-plan-defeat-china-war-12510; and J. Michael Cole, "Five Taiwanese Weapons of War China Should Fear," The National Interest, July 8, 2014, at http://nationalinterest.org/feature/five-taiwanese-weapons-war-china-should-fear-10827. See also, Able Archers: Taiwan Defense Strategy in an Age of Precision Strike.
529 See Easton and Schriver, Standing Watch: Taiwan and Maritime Domain Awareness in the Western Pacific; and Stokes and Hsiao, The People's Liberation Army General Political Department: Political Warfare with Chinese Characteristics.
530 Eric Heginbotham, et al.; David A. Shlapak, et al.; and Roger Cliff, et al.
531 For example, see Charles Glaser, "A U.S.-China Grand Bargain? The Hard Choice between Military Competition and Accommodation," International Security, Spring 2015, pp. 49-90.; and Lyle J. Goldstein, Meeting China Halfway: How to Defuse the Emerging US-China Rivalry (Washington, D.C.: Georgetown University Press, 2015).
532 For example, see Daniel Twining, "The Future of Japan-Taiwan Relations," American Enterprise Institute, November 10, 2011, at https://www.aei.org/wpcontent/uploads/2012/10/-the-future-of-japantaiwan-relations-strategic-diversificationin-pursuit-of-security-autonomy-and-prosperity_145415896141.pdf.
533 For an excellent assessment of why Taiwan's values matter to U.S. foreign policy interests, see Mark A. Stokes and Sabrina Tsai, The United States and Future Policy Options in the Taiwan Strait (Arlington, VA: Project 2049 Institute, February 2016), at http://www.project2049.net/documents/160130_%20ALTERNATE_FUTURE_POLICY_OPTIONS_IN%20_THE_TAIWAN_STRAIT.pdf.
534 See "Top Trading Partners - December 2016," United States Census Bureau, undated, at https://www.census.gov/foreigntrade/statistics/highlights/toppartners.html.
535 Jeff Demmin, "The business of chip-making," The Economist, October 17, 2013, at http://www.economistinsights.com/technology-innovation/opinion/business-chipmaking. See also Doug Young, Unigroup Boosts Taiwan Ties In Global Chip Challenge," Forbes, December 14, 2015, at http://www.forbes.com/sites/dougyoung/2015/12/14/unigroup-boosts-taiwan-ties-inglobal-chip-challenge/#330a88822766.
536 For background, see Craig Addison, Silicon Shield: Taiwan's Protection Against Chinese Attack (Irving, TX: Authorlink, 2001).
537 See Glaser and Goldstein. For background see, John Lewis Gaddis, The Cold War: A New History.
538 Shirely Kan, "China's Anti-Satellite Weapon Test," CRS Report for Congress, April 23, 2007, at https://www.fas.org/sgp/crs/row/RS22652.pdf; and Ian Easton, The Great Game in Space: China's Evolving ASAT Weapons Programs and Their Implications for Future U.S. Strategy (Arlington, VA: Project 2049 Institute, June 2009), at https://project2049.net/documents/china_asat_weapons_the_great_game_in_space.pdf.
539 Brian Weeden, "Through a glass, darkly: Chinese, American, and Russian antisatellite testing in space," The Space Review, March 17, 2014, at http://www.thespacereview.com/article/2473/1.
540 Andrew S. Erickson, Chinese Anti-Ship Ballistic Missile (ASBM) Development: Drivers, Trajectories and Strategic Implications (Washington, D.C., The Jamestown Foundation, May 2013), at http://www.andrewerickson.com/wpcontent/uploads/2014/01/China-ASBM_Jamestown_2013.pdf; and Mark Stokes, China's Evolving Conventional Strategic Strike Capability: The anti-ship ballistic missile challenge to U.S. maritime operations

in the Western Pacific and beyond (Arlington, VA: Project 2049 Institute, September 2009), at https://project2049.net/documents/chinese_anti_ship_ballistic_missile_asbm.pdf.

541 For example, see Robert Windrem, "Exclusive: Secret NSA Map Shows China Cyber Attacks on U.S. Targets," NBC News, July 30, 2015, at http://www.nbcnews.com/news/us-news/exclusive-secret-nsa-map-shows-chinacyber-attacks-us-targets-n401211; Sam LaGrone, "China Sends Uninvited Spy Ship to RIMPAC," USNI News, July 18, 2014, at http://news.usni.org/2014/07/18/chinasends-uninvited-spy-ship-rimpac; Jon Harper, "Chinese warship nearly collided with USS Cowpens," Stars and Stripes, December 13, 2013, at http://www.stripes.com/news/pacific/chinese-warship-nearly-collided-with-usscowpens-1.257478; Madison Park, "Why China's new air zone incensed Japan, U.S.," CNN, November 27, 2013, at http://www.cnn.com/2013/11/25/world/asia/china-japanisland-explainer/; Esther Tran Le, "China and Philippines in Standoff Over Resource -Rich Islands," International Business Times, April 11, 2012, at http://www.ibtimes.com/china-and-philippines-standoff-over-resource-rich-islands-436190; Elisabeth Blumiller and Michael Wines, "Test of Stealth Fighter Clouds Gates Visit to China," New York Times, January 11, 2011, at http://www.nytimes.com/2011/01/12/world/asia/12fighter.html?_r=0.

542 Elbridge Colby and Ely Ratner, "Roiling the Waters" Foreign Policy, January 21, 2014, at http://foreignpolicy.com/2014/01/21/roiling-the-waters/.

543 Catherine Putz, "Campbell: The History of the 21st Century Will be Written in Asia," The Diplomat, April 15, 2015, at http://thediplomat.com/2015/04/campbell-thehistory-of-the-21st-century-will-be-written-in-asia/; Kurt M. Campbell and Ely Ratner, "Far Eastern Promises: Why Washington Should Focus on Asia," Foreign Affairs, May/June 2014, at https://www.foreignaffairs.com/articles/east-asia/2014-04-18/far-eastern-promises; Kurt Campbell and Brian Andrews, "Explaining the US 'Pivot' to Asia," Chatham House, August 2013, at https://www.chathamhouse.org/sites/files/chathamhouse/public/Research/Americas/0813pp_pivottoasia.pdf; and Hilary Clinton, "America's Pacific Century," Foreign Policy, October 11, 2011, at http://foreignpolicy.com/2011/10/11/americas-pacificcentury/.

544 See Aaron L. Friedberg, Beyond Air-Sea Battle: The Debate Over US Military Strategy in Asia (New York: Routledge , 2014); and Jan Van Tol, AirSea Battle, A Point of Departure Operational Concept, (Washington, D.C.: Center for Strategic and Budgetary Assessments, 2010), at http://csbaonline.org/publications/2010/05/airseabattle-concept/.

545 Fareed Zakaria, "Whatever happened to Obama's pivot to Asia?" Washington Post, April 16, 2015, at https://www.washingtonpost.com/opinions/the-forgotten-pivot-toasia/2015/04/16/529cc5b8-e477-11e4-905f-cc896d379a32_story.html.

546 "A 'Great Wall of Sand' in the South China Sea," Washington Post, April 8, 2015, at https://www.washingtonpost.com/opinions/a-great-wall-ofsand/2015/04/08/d23adb3e-dd6a-11e4-be40-566e2653afe5_story.html; and Derek Watkins, "What China Has Been Building in the South China Sea," New York Times, October 27, 2015, at http://www.nytimes.com/interactive/2015/07/30/world/asia/whatchina-has-been-building-in-the-south-china-sea.html.

547 Ellen Nakashima, "Hacks of OPM databases compromised 22.1 million people, federal authorities say," Washington Post, July 9, 2015, at https://www.washingtonpost.com/news/federal-eye/wp/2015/07/09/hack-of-securityclearance-system-affected-21-5-million-people-federal-authorities-say/; and Ellen Nakashima, "Chinese hack of federal personnel files included security-clearance database," Washington Post, June 12, 2015, at https://www.washingtonpost.com/world/national-security/chinese-hack-ofgovernment-network-compromises-security-clearance-files/2015/06/12/9f91f146-1135-11e5-9726-49d6fa26a8c6_story.html. For an excellent study on PLA hackers, see Mark A. Stokes, The PLA General Staff Department Third Department Second Bureau: An Organizational Overview of Unit 61398 (Arlington VA: Project 2049 Institute, July 2015), at http://www.project2049.net/documents/Stokes_PLA_General_Staff_Department_Unit_61398.pdf.

548 Wendell Minnick, "China's Parade Puts US Navy on Notice," Defense News, September 3, 2015, at http://www.defensenews.com/story/defense/naval/2015/09/03/chinas-parade-puts-usnavy-notice/71632918/.

549 Author's discussions with Taiwanese officials.

550 Wendell Minnick, "Taiwan Turning the Screws on Washington's Sub Deal," Defense News, December 5, 2015, at http://www.defensenews.com/story/defense/naval/submarines/2015/12/05/taiwanturning-screws-washingtons-sub-deal/76676188/.

551 Christopher P. Cavas, "US Frigates Approved For Transfer - Finally," Defense News, December 19, 2015, at http://www.defensenews.com/story/defense/naval/ships/2014/12/19/navy-frigatesships-taiwan-china-mexico/20642841/.

552 See Kevin V. Cunningham, "Stetham Arrives in Shanghai to Promote Cooperation with PLA (N) East Sea Fleet," America's Navy, November 16, 2015, at http://www.navy.mil/submit/display.asp?story_id=92020; Megan Eckstein, "USS Blue Ridge Pulls into Zhanjiang, China for Port Visit," USNI News, April 20, 2015, at http://news.usni.org/2015/04/20/uss-blue-ridge-pulls-into-zhanjiang-china-for-portvisit; and Jacob Waldrop, "Blue Ridge Strengthens Cooperation with PLA(N) North Sea Fleet in Qingdao, China," America's Navy, August 5, 2014, at http://www.navy.mil/submit/display.asp?story_id=82580.

553 Andrew Browne, "For U.S., Taiwan Vote Changes Calculus over 'One China,'" Wall Street Journal, January 19, 2016, at http://www.wsj.com/articles/for-u-s-taiwanvote-changes-calculus-over-one-china-1453183661; Dan Blumenthal, "Will the 'One China' policy survive the new Taiwan?" Foreign Policy, January 19, 2016, at http://foreignpolicy.com/2016/01/19/will-the-one-china-policy-survive-the-newtaiwan/; and Jeremy Page, Jenny W. Hsu, and Eva Dou, "Taiwan Elects Tsai Ing-wen as First Female President," Wall Street Journal, January 16, 2016, at http://www.wsj.com/articles/taiwans-historic-election-set-to-test-china-ties-1452925430.

554 Jennifer M. Turner, "DPP Plans to Enhance Taiwan Defense: Prospects and Cross Strait Implications," China Brief, January 12, 2016, at http://www.jamestown.org/programs/chinabrief/single/?tx_ttnews[tt_news]=44973&cHash=8f92be95d5297ca78d025cd5724cdcc6#.VuwGkeZrMgs; and Defense Policy Advisory Committee, Bolstering Taiwan's Core Defense Industries (Taipei, Taiwan: New Frontier Foundation, October 2014), at http://english.dpp.org.tw/seventhdefense-policy-blue-paper-released/.

555 The following discussion draws from the model of, "United States National Security Decision Directive Number 75: U.S. Relations with the USSR," The White House, January 17, 1983, accessible at https://fas.org/irp/offdocs/nsdd/nsdd-75.pdf. For an excellent discussion on the significance of this strategy document, see Thomas G. Mahnken, "The Reagan administration's strategy toward the Soviet Union," in Williamson Murray and Richard Hart Sinnreich (eds.), Successful Strategies: Triumphing in War and Peace from Antiquity to Present (Cambridge, United Kingdom: Cambridge University Press, 2014), pp. 403-430.

556 Author's discussions with American officials and subject matter experts.

557 See Mark Stokes and Russell Hsiao, The People's Liberation Army General Political Department: Political Warfare with Chinese Characteristics (Arlington, VA: Project 2049 Institute, October 14, 2013), at http://www.project2049.net/documents/PLA_General_Political_Department_Liaison_Stokes_Hsiao.pdf.

558 Office of the Secretary of Defense, Military and Security Developments Involving the People's Republic of China 2015 (Washington, D.C.: Department of Defense, 2015), p. 57-61.

559 The author is indebted to Ian Mccaslin for this point.

560 Of many examples, see Yan Chung-yi, "Insights for Our Military on Counterlanding Operations from the Battle of Iwo Jima（硫磺島戰史對國軍反登陸作戰之啟示）," ROC Navy Journal, No. 49, Vol. 6 (December 2015), pp. 108-117; Hsiao Ing-liand Wu Kuang-chung, "Research on American and Japanese Pacific Island Combat during World War Two: Examples from Okinawa, Iwo Jima, and Formosa（第二次世界大戰美，日太平洋島嶼作戰之研究 - 以沖繩島，硫磺島及台灣為例）," ROC Army Journal, Vol. 51, No. 543 (October 2015), pp. 102-123; Chen Sheng-chang and Jia Chi-hao, "Insights for ROC Army from German Army Defense Operations during Normandy Campaign（諾曼第戰役 - 德軍防衛作戰對我之啟示）," ROC Army Journal, Vol. 50, No. 534 (April 2015), pp. 5-25; and Huang Tai-Chi, "Insights from the Okinawa Campaign for ROC Counter-landing Operations and Artillery Unit Force Preservation（沖繩島戰役對我反登陸作戰砲兵部隊戰力保存之啟示）," ROC Army Artillery Journal, No. 170 (2015), pp. 8-23.

561 See Informatized Army Operations, pp. 111-113, 130-132, 196-199. See also Space Information Support Operations, pp. 148-149; and A Military History of Fifty Years in the Taiwan Area, p. 228.

562 See Informatized Army Operations, pp.112, 122-123, 146-148, 177, 183, 198-199; and A Military History of Fifty Years in the Taiwan Area, pp. 84, 116.

563 See Cao Zhengrong et al. (eds.), Informatized Army Operations, p.127-128, 178; and Space Information Support Operations, pp. 156-165, 200, 212.

第八章：未來情勢如何演變

564 For example, see "Penghu Wude Joint Counter Amphibious Exercise（澎湖五德聯信聯合反登陸操演）," Quanqiu Fangwei Zazhi (Defence International), May 2013, pp. 32-40.

565 For more on this topic, see Able Archers: Taiwan Defense Strategy in an Age of Precision Strike, p. 30; and Easton and Schriver, Standing Watch: Taiwan and Maritime Domain Awareness in the Western Pacific.

566 Ibid.

567 For example, see "Reserve Mobilization: Counterattack after Tamsui Raid and Taipei Port Attack（後備動員淡水反突擊台北港反擊）, Quanqiu Fangwei Zazhi (Defence International), No. 362, October 2014, p. 36-43.

568 See Informatized Army Operations, pp. 172, 190.

569 For example, see Liu Ching-jong, "Examining the Application of Mechanized Infantry in Future Defense Operations（機步部隊在未來防衛作戰運用之探討）, ROC Army Journal, Vol. 49, No. 529, June 2013, p. 4-22. At the time of this article the author was a ROC Army LTC serving as the Director of the ROC Infantry Academy's Tactics Group.

570 For example, see Liu Wen-hsiao, "Taiwan's Chiashan Air Force Base: Combat Effectiveness Preservation and Tactics," Ping-Ch'i Chan-shu T'u-chieh (Illustrated Guide of Weapons and Tactics), July 2007; and A Military History of Fifty Years in the Taiwan Area, p. 84.

參考書目

中共出版專書

Academy of Military Sciences' Strategic Research Department (editors). Science of Military Strategy (战略学). Beijing: Academy of Military Sciences, 2013.
Bai Guangwei (editor). Course Book on Taiwan Strait Military Geography (台海军事地理教程). Beijing: Academy of Military Sciences Press,2013.
Cao Zhengrong, Sun Longhai, and Yang Yin (editors). Informatized Army Operations (信息化陆军作战). Beijing: National Defense University Press, 2014.
Cao Zhengrong, Wu Runbo, and Sun Jianjun (editors). Informatized Joint Operations (信息化联合作战). Beijing: Liberation Army Press, 2008.
Gao Defu (editor). Military Forces Informatization (军队信息化). Beijing, Liberation Army Press, 2007.
Guo Ming (editor). Course Book on the Art of Special Operations (特种作战学教程). Beijing: Academy of Military Sciences Press, 2013.
Hu Guoqiao (editor). Research on Army Aviation Tactics (陆军航空兵战术研究). Beijing: PLA General Staff Department Army Aviation Department, 2013.
Huang Bingyue, Wu Shaofeng, and Zhou Zhichao (editors). Research on Command Systems for Amphibious Fleet Operations (两栖作战编队指挥体系研究). Beijing: Academy of Military Sciences Press, 2013.
Jiang Yanyu (editor). A Military History of Fifty Years in the Taiwan Area 1949-2006 (台湾地区五十年军事史 1949-2006). Beijing: Liberation Army Press, 2013.
Li Qingshan (editor). Taiwan Military Exercises (台军演习). Shenyang: Baishan Press, 2008.
Li Zhiguang and Yuan Shuyou (editors). China's Military Geography (中国军事地理). Beijing: Encyclopedia of China Publishing, 2008.
Liu Haijiang and Li Zhiyuan (editors). Research on Joint Combat Thought (联合战术思想研究). Beijing, Lantian Press, 2012.
Liu Xing (editor). Air Defense and Space Defense Information Systems and Their Integrated Technologies (防空防天信息系统及其一体化技术). Beijing: National Defense Industry Press, 2009.
Ning Sao (editor). 2006-2008 Research Report on Taiwan Strait Situation (2006-2008 年台海局势研究报告). Beijing: Jiuzhou Press, 2006.
Shen Shaoying and Zhang Yingzhen (editors). Research on Foreign (and Taiwan) Militaries' Army Training (外台军陆军军事训练研究). Shijiazhuang: Liberation Army Press, 2006.
Wang Yongping (editor). Space Information Support Operations (空间信息支援作战). Beijing: National Defense University Press, 2014.
Xiong Fen and Zuo Jiayue (editors). China Port Authority Yearbook 2014 (中国口岸年鉴 2014). Beijing: China Port Authority Press, 2014.
Xu Lisheng and Wang Tiaoyong (editors). Research on Port Landing Operations (港口登陆作战研究). Beijing: National Defense University Press, 2015.
Yang Pushuang (editor). The Japanese Air Self Defense Force (日本航空自卫队). Beijing: Lantian Press, 2013.
Yuan Wenxian (editor). Course Book on Joint Campaigns and Information Operations (联合战役信息作战教程). Beijing: National Defense University, 2009.
Zhang Qingzhi (editor). Informatized Operations and Psychological Protection (信息 化战争心理防护). Beijing: People's Military Medical Press, 2008.
Zhang Zhiwei, and Huang Chuanxian (editors). Research on Operational Theory of Army Aviation Troops (陆军航空兵作战理论研究). Beijing: National Defense University Press, 2014.
Zhang Yuliang (editor). The Science of Campaigns (战役学). Beijing: National Defense University Press, 2007.
Zhao Feng (editor). The Taiwan Military's 20 Year Transformation (台军 20 年转型之路). Beijing: National Defense University Press, 2015.
Zhou Zhihuai (editor). Taiwan in 2013 (台湾 2013). Beijing: Jiuzhou Press, 2014.
Zhou Zhihuai (editor). Taiwan in 2008 (台湾二 OO 八). Beijing: Jiuzhou Press, 2009.

中共期刊文章

Cai Junfeng and Mei Sijun, "Design of Protective Storage for Ordinance to be Carried during Amphibious Strait Crossing and Island Landing Operations (渡海登岛作战弹药两栖携行防护装具设计)," Packaging Engineering Journal, March 2015, p. 140-143.

Chen Songhui, Qiu Hongli, and Du Hu, "Research and Analysis on an Amphibious Formation's Comprehensive Landing and Assault Capabilities (两栖编队综合登陆突击能力的分析研究)," Ship Electronic Engineering Journal, No. 5, 2014, p. 34-37, 64.
He Libo and Song Fengying, "Preliminary Examination of Mao Zedong's Military Thought on Sea-Crossing and Island Landing Operations (毛泽东渡海登陆作战军事思想初探)," Henan Social Science Journal, January, 2004, p. 40.
Huang Guangyan, et al., "Method for Assessing Effects of Joint Anti-Runway and Area Blockading Sub-munitions (反跑道与区域封锁子母弹联合对封锁效能的评估方法)," Journal of Ballistics, March 2013,p.46.
Jia Ziying, Chen Songhui, and Wen Rui, "Analysis of Troop Unit Effectiveness During Systemized Landing Operations Based on Data Field (基于数据场的登陆作战体系兵力编组效能分析)," Command Control & Simulation Journal, Vol. 36, No. 6, December 2014, p. 92-95.
Jiang Zengrong, et al., "Numerical Modeling of Blast Depth Influence on Destruction Effects of Penetrating Warhead (炸点深度对侵爆战斗布摧伤效果影响数值模拟)," Acta Armamentarii Journal, April 2010, p. 28-31.
Li Jun and Zhang Qi, "Research on How to Optimize the Deployment of Artillery Forces for Offensive Combat against Offshore Islands Based on FCE (基于ＦＣＥ对近岸岛屿进攻战斗炮兵部署优化研究)," Ship Electronic Engineering Journal, December 2012, p. 43-47.
Li Yong, et al., "Simulation and Calculation Research on Terminal Course-Correcting Submunitions' Airfield Runway Blockade Probability (末修子母弹对机场跑道封锁概率计算仿真研究)," Journal of System Simulation, Vol. 18, No. 9, 2006, p. 2397-2400.
Liu Hongkun, "Analysis of Our Tank Companies' Offensive Operational Capabilities against Combat Vehicles on the Island (坦克连对岛上战车排进攻作战能力分析)," Fire Control and Command Control Journal, September 2006, p. 64-66, 78.
Liu Runcai, et al., "Analysis and Modeling of Communications Environment during Landing Operations (登陆作战中的通信环境分析与建模)," Sichuan Ordinance Studies Journal, December 2010, p. 63-65.
Liu Zengyou, et al., "Deployment Method of Vessel and Equipment Support Forces for Joint Operations against Offshore Islands (近岸岛屿联合作战船艇装备保障力量部署方法)," Ordinance Industry Automation Journal, April 2010, p. 58-62.
Lu Hui and Zheng Huaisheng, "Thoughts on the Experience of the Sea-Crossing and Landing Operations against Dengbu Island (登步岛渡海登陆作战经过与思考), PLA Military History Journal, No. 3, 2007, pp. 21-25.
Shen Zhihua, "The CCP's Taiwan Attack Campaign: Policy Changes and Limiting Factors, 1949-1950 (中共进攻台湾战役的决策变化及其制约因素，1949-1950), Social Science Research Journal, No. 3, 2009, p. 48-49.
Song Jian, "Risk Assessment on Camouflaging a Landing Campaign (登陆战役伪装风险评估), Journal of Computer and Digital Engineering, Vol. 41, No. 8, 2013, p. 1232-1234.
Tang Hongsen, "Discussing the Taiwan Strait Standoff and the Battle of Dengbu (论登步之战与台海对峙)," Zhejiang Studies Journal, No. 2, 2012, p. 59-68.
Wang Dazhong, et al., "Initial Evaluation of Ship Fire Support Effectiveness and Fire Distribution during Landing Operations (登陆作战中舰艇火力支援效能及分配模型初探)," Ship Electronic Engineering Journal, No. 2, 2010, p. 32-34, 44.
Wang Yinlai, Chen Songhui, and Jia Ziying, "Analysis of Troops Unit Effectiveness During Landing Operations Based on Complex Networks (基于复杂网络的登陆作战兵力编组效能分析)," Fire Control & Command Control Journal, Vol. 39, No. 8, August 2014, p. 87-90.
Yan Feilong and Jia Ziying, "Airborne Landing Operation Target Selection Method Based on Complex Networks (基于复杂网络的机降作战目标选择方法)," Fire Control & Command Control Journal, April 2014, p. 38-41.
Yang Fengshou and Hu Xiaoyun, "Infantry Unit Landing Operations Decision Plan Evaluation based upon Improved Three Marker Method (基于三标度改进方法的步兵分队登陆作战决心方案评价)," Command, Control, and Simulation Journal, December 2009, p. 48-51.
Yin Jun and Bao Zhan, "Thinking on Campaign Simulation Based on Military Concept Modeling Method (关于战役模拟军事概念建模方法论的思考)," Military Operations Research and Systems Engineering Journal, September 2012, p. 35-38.
Zhao Yiping, "Taiwan Strait Attack Strategy: The Beginning and End of Planning and Preparation for Taiwan Liberation Operations just as New China was Established (台海攻略：新中国成立前后解放台湾作战计划与准备始末)," PLA Military History Monthly, No. 1, Issue 130, January 2005, p. 10-17.
Tao Guiming, et al., "Modeling the Order of Surface to Surface Missile Strikes on Airfields (地地导弹打击机场排序模型)," Computer and Information Technology Journal, February 2013, p. 12-14.

台灣出版專書

Chen Ching-lin (editor). All-Out National Defense Education: Defense Mobilization (全民國防教育防衛動員). New Taipei City: Wun Ching Developmental Publishing, 2013.

Chen Ching-lin, Hwuang Zheng-yi, and Kuo Wen-liang (editors). All-Out National Defense Education (全民國防教育). New Taipei City: Wun Ching Developmental Publishing, 2010.

Kuo Nai-ri (editor). The Unseen War in the Taiwan Strait (看不見的台海戰爭). Xizhi, Taipei County: Kaoshou Zhuanye Press, 2005.

Kuo Wen-liang (editor). National All-Out Defense Education: National Defense Technology. (全民國防教育國防科技). New Taipei City: New Wun Ching Developmental Publishing, 2014.

Lin Chong-bin (editor). Calculating the Taiwan Strait: The Strategic Situation in the Strait in the New Century (廟算台海：新世紀海峽戰略態勢). Taipei: Chinese Council of Advanced Policy Studies, 2002.

Republic of China (R.O.C.) Ministry of National Defense. National Defense Report 2015 (國防報告書). Taipei: Ministry of National Defense, 2015.

Republic of China (R.O.C.) Ministry of National Defense. National Defense Report 2013 (國防報告書). Taipei, Taiwan: Ministry of National Defense, 2013.

Republic of China (R.O.C.) Ministry of National Defense. Republic of China 2013 Quadrennial Defense Review. Taipei: Ministry of National Defense, 2013.

台灣期刊文章

Chang Hsueh-chang, "Discussion on Military Police Missions in Wartime (戰時憲兵 任務之探討)," ROC Military Police Command Journal, No. 80 (June 2015), p. 25-40.

Chang Kuo-ta, "Research on Application of Advanced Infantry Platoon Firepower in Urban Defense (精進進步兵排城鎮防禦火力運用之研析)," ROC Army Infantry Journal, No. 257, 2016, p. 1-18.

Chang Sheng-Kai and Tseng Chen-yang, "Analysis of Chinese Communist Mine-laying Operations off Taiwan's East Coast (中共對我東岸海域布雷行動之研 析), ROC Navy Journal, No. 49, Vol. 4 (August 1, 2015), p. 132-140.

Chang You-ching, "Research on Combat Engineer Support in River Crossings during Defense Operations-The Case of the Third Theater of Operations and the Tamsui River (防衛作戰中工兵支援渡河作業之研究一以第三作戰區淡水河為例)," ROC Army Combat Engineer Journal, No. 147, 2015, p. 1-24.

Chang Zong-Tsai, "Research on Tactics and Techniques of Communist Military 'Decapitation Operations' through the lens of the U.S. Military's 'Operation Neptune Spear' (共軍 ' 斬首行動 ' 戰術戰法 - 以美軍 ' 海神之矛行動 ' 研析)," Journal of ROC Aviation and Special Forces Command, No. 56, 2012, p. 10-12.

Chen Chiu-yang, "Analyzing Application of Electronic Warfare Techniques in Taiwanese Urban Warfare using of other Countries' Experiences (從各國經驗探討我城鎮戰中電子戰應用作為之研析)," ROC Army Combat Engineer Journal, No. 147, 2015, p. 1-20.

Chien Yi-jian and Ong Ming-hui, "Research on Armor Brigade Counterattack Operations during Defense Operations-The Case of a Suitable Landing Area (防衛作戰中裝甲旅反擊之研究 - 以適宜登陸地區為例)," ROC Armor Journal, No. 240, July 2015, p. 15- 42.

Chu Bih-wei, "The Communist Military's Amphibious Operational Thought and Platform Developments (共軍兩棲作戰思維與載台發展)," ROC Navy Journal, No. 47, Vol. 1 (February 1, 2013), p. 120-129.

Fung Chiu-kuo, "Research on Military Value of Urban Underground Infrastructure (城鎮地下設施軍事價值之研究)," ROC Army Infantry Journal, No. 256, 2015, p. 1-22.

Hsiao Ing-li and Wu Kuang-chung, "Research on American and Japanese Pacific Island Combat during World War Two: Examples from Okinawa, Iwo Jima, and Formosa (第二次世界大戰美，日太平洋島嶼作戰之研究 - 以沖繩島，硫磺島及台灣為例)," ROC Army Journal, Vol. 51, No. 543 (October 2015), p. 102-123.

Hsieh Chih-Peng, "Research on the Communist Military's New Campaign Guidance (共軍新時期戰役指導之研究)," ROC Army Journal, No. 50, Vol. 536 (August 2014), p. 35-50.

Hsieh You-teng, "Research and Analysis on Army Development of 'Asymmetric Operations' Capabilities (陸軍發展 「不對稱作戰」 能力之研析), ROC Army Journal, No. 524, August 2012, p. 88-98.

Hsu Chi-po and Chen Jun-hung, "Discussion on Taiwan's Highway Bridges and Their Military Support Levels (本島公路橋樑與軍用載重等級之探討)," ROC Army Combat Engineer Journal, No. 142, 2013, p. 1-16.

Hsu Niu, "Analysis of Ray-Ting 2000 Multiple Launch Rocket System Application and Operational Effects During Attacks on Anchorage Areas (雷霆 2000 多管火箭系統運用於泊地攻擊作戰效能之研析)," ROC Artillery Forces Journal, No. 171, 2015, p. 10.

Hsu Yi-Lien, "Homeland Defense Integrated Land-Air Operations: Research on Application of Army Aviation Units (國土防衛地空整體作戰：陸航部隊運用之研究)," ROC Army Journal, No. 49, Vol. 529 (June 2013), p. 23-37.

Huang Tai-Chi, "Insights from the Okinawa Campaign for ROC Counterlanding Operations and Artillery Unit Force Preservation (沖繩島戰役對我反登陸作戰砲兵部隊戰力保存之啟示)," ROC Army Artillery

Journal, No. 170 (2015), p. 8-23.
Huang Wei, "What Joint Service Command Officers Should Understand about Fire Support and Coordination (聯合兵種指揮官應了解之火力支援協調作為)," ROC Army Journal, No. 52, Vol. 546, April 2016, p. 83-98.
Kao Zhi-yang, "Record of U.S. Military Forces Formerly Stationed in Taiwan (駐台美軍曾經的記錄)," Defence International, April 2011, p. 88-95.
Lan Jong-Sheng, "Xi Jinping's Strong Military Dream: Discussing Plans for Rocket Force Buildup (習近平強軍夢：論火箭軍建軍規畫)," ROC Army Journal, No. 52, Vol. 548 (August 2016), p. 120-121.
Lieu Ching-jong, "Examining the Application of Mechanized Infantry in Future Defense Operations (機步部隊在未來防衛作戰運用之探討), ROC Army Journal, Vol. 49, No. 529, June 2013, p. 4-22.
Lieu Ching-jong, "Research on War Zone Unit Modularization for Homeland Defense (國土防衛中作戰區部隊模組化之研究)," ROC Reserve Force Journal, April 2011, p. 17-33.
Lieu En-kuang, "Briefing on Mechanized Mine-Laying Systems-Sharp Weapons for Countering Enemy Mobility Operations (反機動作戰利器—機械布雷系統簡介)," ROC Army Combat Engineer Journal, No. 146, 2015, p. 1-21.
Lieu Shien-Chu, "Discussion on Chinese Communist Submarine Threat to Taiwan and Their Blockade Capabilities (中共潛艦對台威脅及對封鎖能力探討)," ROC Navy Journal, No. 46, Vol. 4 (August 1, 2012), p. 56-74.
Lin Sheng-jie, "Discussion on Combat Engineer Units Application of Robots in Support Missions during Urban Warfare Operations (城鎮戰中工兵部隊運用機器人直行支援任務之探討), ROC Combat Engineer Journal, No. 144, 2014, p. 1-20.
Lin Zhe-chun, "Discussion on Defense Operations in Urban Infrastructure with Support of Defense Combat Engineers (防衛作戰城鎮設施防工兵支援之探討)," ROC Combat Engineer Journal, No. 144, 2014, p. 1-23.
Liu Ta-sheng, Menq Jau-yan, Chang Cheng-chang, and Chen Shian-Ruei, "Study on the Homeland Defense Operations Deployment of Seacoast Brigades (國土防衛海岸守備旅兵力配置之研究), "Conference paper presented at the 16th Annual Joint National Defense Management College and National Armaments Management College Seminar, 2009, p. 2-13.
Luo Zhen-jun, "Joint Surface Defense: Analyzing the Application of Special Operations Units in Urban Areas (聯合地面防衛 -- 以城鎮地區運用特種作戰部隊為分析對象)," ROC Army Aviation and Special Operations Forces Journal, No. 56, 2012, p. 1-18.
Ma Li-te and Chang Nan-Zong, "Analysis of Communist China's New Type Amphibious Transports and the Communist Military's Landing Operation Models (中共新型兩棲載具對共軍登陸作戰模式的研析)," ROC Navy Journal, February 2013, p. 80.
Pan Shih-Yeong and Shen Qi-lin, "Analysis of the Chinese Communist's Amphibious Landing Combat Force (中共兩棲登陸戰力之研析)," ROC Navy Journal, No. 46, Vol. 3 (June 1, 2012), p. 69-84.
Su Mao-Hsien, "Discussing Future Operational Concepts of Communist Military's Application of Special Operations Units During Attack on Taiwan (淺談未來共軍攻台運用特種作戰部隊作戰構想)," ROC Army Aviation and Special Forces Journal, Vol. 57, 2013, p. 22-29.
Sun Chi-dao, "Military Applications of Taiwan's Fishing Boats (台灣漁船與軍事應用)," ROC Navy Journal, August 2014, p. 95-108.
Sun Shu-hwua, "Responding to Chinese Communist Urban Warfare Operations Against Taiwan—the Case of Army Aviation Units (中共對我城鎮作戰之因應之道—以陸航部隊為例)," ROC Army Aviation and Special Forces Journal, No. 56, 2012, p. 1-15.
Tsai Cheng-chang, "Weapons for Suppressing Enemy Air Defenses-Discussion on Process of Surface Unit Fire Support Operations (制壓敵防空武力—地面部隊火協作業程序探討)," ROC Artillery Forces Journal, No. 169, 2015, p. 47-64.
Tsai Ho-Hsun, "Research on the Communist Military's Division Landing Operations (共軍師登陸作戰之研究)," ROC Army Journal, Vol. 50, No. 537, October 2014, p. 61.
Tsai Ho-Hsun, "Research on the Communist Military's Joint Landing Campaign (剖析共軍聯合登陸戰役)," ROC Army Journal, Vol. 50, No. 537, October 2012, pp. 35-49.
Unattributed, "Han Kuang Exercise 32 Series 1: ROC Army 5th Support Department at the Fulcrum (漢光 32 號演習系列 1-- 陸軍五支部前支點)," Defence International, No. 385, September 2016, p. 32-34.
Unattributed, "Han Kuang Exercise 32 Series 2: Key Node Hsuehshan Tunnel Blockade Drill (漢光 32 號演習系列 2：關節要點雪山封阻作業)," Defence International, No. 385, September 2016, p. 36-40.
Unattributed, "Reserve Mobilization: Counterattack after Tamsui Raid and Taipei Port Attack (後備動員淡水反突擊台北港反擊), Defence International, No. 362, October 2014, p. 36-43.
Unattributed, "Penghu Wude Joint Counter Amphibious Exercise (澎湖五德聯信聯合反登陸操演)," Defence International, May 2013, p. 32-40.
Wang Cheng-Fang, "Assessment of the Communist Military's Missile Threat to Taiwan's Theater-Level Underground Command Posts (共軍導彈對我作戰區級地下指揮所威脅之評估)," ROC Army

Engineer Journal, Vol. 145, 2014, p. 2-6.
Wang Chung-fung, "Discussion and Analysis on Combat Engineering Support to Force Preservation Actions（探討工兵支援戰力保存作為之研析）," ROC Army Combat Engineer Journal, No. 146, 2015, p.1-28.
Wang Chung-fung, "Discussion on Various Types of Blast Door Designs by Overpressure Level（探討各類型爆壓下防爆門之設計）," ROC Army Combat Engineer Journal, No. 144, 2014, p. 1-27.
Wang Hsin-lee, "Research and Analysis on the ROC's 'Three Lines of Defense' National Security Strategy（我國國家安全「三道防線」的戰略研析）," ROC Reserve Force Journal, No. 84, October 2012, p. 108-132.
Wang Hsiu-Hung, "Analysis of Communist China's Landing Craft Air Cushion Vehicle Developments and Military Applications（中共軍用氣墊登陸艇發展與軍用之研析）," ROC Army Journal, No. 52, Vol. 548 (August 2016), p. 83-103.
Wang Wei-hsien and Ong Ming-hui, "Discussion on History, Development, and Application of Communist Military's Amphibious Armored Assault Vehicle for Landings（共軍兩棲裝甲戰斗車輛發展歷程與運用上陸之探討）," ROC Army Journal, No. 52, Vol. 546 (April 2016), p. 53-54.
Wu Ding-an, "Discussion on ROC Military Beach Obstacle Enterprise in Light of Chinese Communist's 'Mission Action 2013' Exercise, Landing Tactics, and Platforms（從中共 ' 使命行動 2013' 演習之登陸戰法與輸具探討我軍灘岸阻絕作為）," ROC Army Combat Engineer Journal, no. 147, 2015, p. 1-23.
Wu Qi-han, "Research on Engineering Unit Obstacle Clearing Capabilities during Communist Military Landing Operations（共軍登島作戰工程兵突擊破障能力與我反制作為之研究）," ROC Army Combat Engineer Journal, March 2008, p. 1-28.
Wu Kuang-chang, "Discussion on Integration and Application Model of AH-64D Attack Helicopter and Joint Defense Operations (AH-64D 攻擊直升機於聯合防衛作戰之整合與運用模式探討）," ROC Aviation and Special Forces Journal, No. 56, 2012, p. 1-18.
Wu Qi-lun and Huang Zhen-ge, "Analyzing Application and Effects of Smart Mines（智能地雷運用效益之研析）," ROC Army Combat Engineer Journal, No. 142, 2013, p. 1-18.
Wu Qi-yu, "Analyzing the Application and Effects of HESCO Bastions（組合式掩體 運用效益之研析）," ROC Army Journal, No. 52, Vol. 545 (February 2016), p. 111-126.
Wu Qi-Yu, "Research on Executing Surf Zone Mining Operations with Combat Engineer Units（工兵部隊執行激浪區布雷作業之研究）," ROC Army Combat Engineer Journal, no. 147, 2015, p. 24-27 (of 30).
Yan Chung-yi, "Insights for Our Military on Counter-landing Operations from the Battle of Iwo Jima（硫磺島戰史對國軍反登陸作戰之啟示）," ROC Navy Journal, December 2015, p.108-117.
Yang Hou-sheng, "Analyzing the Operational Effectiveness of the Communist Military's Type ZLT-05 Amphibious Assault Artillery Vehicle（共軍 ZTL-05 型兩棲攻擊跑車作戰效能之研析）, ROC Army Infantry Journal, No. 258, 2016, p. 1-24.
Yang You-hung, "Research into Communist Military's Joint Island Landing Offensive Campaign Capabilities（共軍聯合島嶼進攻戰役能力研究）," ROC Reserve Force Journal, No. 88, October 2013, p. 109.
Yeh Chien-Chung and Chen Hong-diao, "Evaluating Infantry Unit Urban Warfare Training（步兵部隊城鎮作戰訓練之探討）," ROC Army Journal, No. 537, October 2014, p. 23-34.

英文專書

Blasko, Dennis J. The Chinese Army Today: Tradition and Transformation for the 21st Century. New York: Routledge, 2012.
Bush, Richard C. Uncharted Strait: The Future of China-Taiwan Relations. Washington, D.C.: Brookings Institution Press, 2013.
Bush, Richard C, and Michael E. O'Hanlon. A War Like No Other: The Truth About China's Challenge to America. Hoboken, New Jersey: John Wiley & Sons, Inc. 2007.
Bush, Richard C. Untying the Knot: Making Peace in the Taiwan Strait. Washington, D.C.: Brookings Institution Press, 2005.
Campbell, Kurt M. The Pivot: The Future of American Statecraft in Asia. New York: Hachette Book Group. Inc., 2016.
Chase, Michael S. Taiwan's Security Policy: External Threats and Domestic Politics. Boulder, Colorado: Lynne Rienner Publishers, Inc., 2008.
Churchill, Winston S. The Second World War: Closing the Ring. Cambridge, Massachusetts: Riverside Press, 1951.
Clausewitz, Carl Von (Edited and Translated by Michael Howard and Peter Paret). On War. Princeton, New Jersey: Princeton University Press, 1976.
Cliff, Roger. China's Military Power: Assessing Current and Future Capabilities. New York: Cambridge University Press, 2015.
Cliff, Roger, Mark Burles, Michael S. Chase, Derek Eaton, and Kevin L. Pollpeter. Entering the Dragon's Lair: Chinese Antiaccess Strategies and Their Implications for the United States. Arlington,

Virginia: RAND Corporation, 2007.
Cole, Bernard D. The Great Wall at Sea: China's Navy in the Twenty-First Century (Second Edition). Annapolis, Maryland: Naval Institute Press, 2010.
Cole, Bernard D. Taiwan's Security: History and Prospects. New York: Routledge, 2006.
Cole, J. Michael. Black Island: Two Years of Activism in Taiwan. Taipei, Taiwan: Createspace Publishing, 2015.
Dikotter, Frank. Mao's Great Famine. New York: Walker & Company, 2010.
Elleman, Bruce A. High Seas Buffer: The Taiwan Patrol Force, 1950-1979. Newport, Rhode Island: Naval War College Press, 2015.
Erickson, Andrew S. (editor). Chinese Naval Shipbuilding. Annapolis, Maryland: Naval Institute Press, 2016.
Erickson, Andrew S. Chinese Anti-Ship Ballistic Missile (ASBM) Development: Drivers, Trajectories and Strategic Implications. Washington, D.C.: The Jamestown Foundation, 2013.
Finkelstein, David M., and Kristen Gunness (editors.). Civil-Military Relations in Today's China: Swimming in a New Sea. Armonk, New York: M.E. Sharpe, 2007.
Fisher, Richard D. Jr. China's Military Modernization: Building for Regional and Global Reach. Westport, CT: Praeger Security Studies, 2008.
Friedberg, Aaron L. A Contest for Supremacy: China, America, and the Struggle for Mastery in Asia. New York: W.W. Norton & Company, 2011.
Gaddis, John Lewis. The Cold War: A New History. New York: The Penguin Press, 2005.
Grabo, Cynthia M. Anticipating Surprise: Analysis for Strategic Warning. Washington, D.C.: Defense Intelligence Agency, 2002.
Greenfield, Kent Roberts (editor). Command Decisions. Washington, D.C.: Center of Military History, United States Army, 1960.
Hallion, Richard P, Roger Cliff, and Phillip C. Saunders. The Chinese Air Force: Evolving Concepts, Roles, and Capabilities (editors). Washington, D.C.: National Defense University Press, 2012.
Hart, Liddell B.H. Strategy (Second Revised Edition). New York: Meridian Press, 1991.
Heginbotham, Eric, et al. (editors). The U.S.-China Military Scorecard: Forces, Geography, and the Evolving Balance of Power 1996-2017. Arlington, Virginia: The RAND Corporation, 2015.
Kamphausen, Roy, and David Lai (editors), The Chinese People's Liberation Army in 2025. Carlisle, PA: The Army War College Press, 2015.
Kamphausen, Roy, David Lai, Andrew Scobell (editors), Beyond the Strait: PLA Missions Other Than Taiwan. Carlisle, PA: Strategic Studies Institute, 2009.
Kamphausen , Roy, and Andrew Scobell (editors.), Right-Sizing the People's Liberation Army: Exploring the Contours of China's Military (Carlisle, PA: Strategic Studies institute, 2007.
Krepinevich, Andrew, and Barry Watts. The Last Warrior: Andrew Marshall and the Shaping of Modern American Defense Strategy. New York: Basic Books, 2015.
Krepinevich, Andrew F. 7 Deadly Scenarios: A Military Futurist Explores War in the Twenty-First Century. New York: Bantam Books, 2010.
Li Xiaobing. A History of the Modern Chinese Army. Lexington, KY: University Press of Kentucky, 2007.
Marolda, Edward J. Ready Seapower: A History of the U.S. Seventh Fleet. Washington, D.C.: Naval History & Heritage Command, 2012.
Mattis, Peter. Analyzing the Chinese Military: A Review Essay and Resource Guide on the People's Liberation Army. Middletown, Delaware: Createspace Publishing, 2015.
McGregor, Richard. The Party: The Secret World of China's Communist Rulers. New York: Harper Perennial, 2010.
Miller, Edward S. War Plan Orange: The U.S. Strategy to Defeat Japan, 1897-1945. Annapolis, Maryland: Naval Institute Press, 1991.
Minnick, Wendell (editor). Chinese Rocket Systems: Multiple Launch Rocket Systems Brochures. Middletown, Delaware: Createspace Publishing, 2016.
Minnick, Wendell (editor). Chinese Fixed-Wing Unmanned Aerial Vehicles: Product Brochures. Middletown, Delaware: Createspace Publishing, 2016.
Montgomery, Evan Braden. In the Hegemon's Shadow: Leading States and the Rise of Regional Powers. Ithaca, New York: Cornell University Press, 2016.
Mulvenon, James, and David Finkelstein (editors). China's Revolution in Doctrinal Affairs: Emerging Trends in the Operational Art of the Chinese People's Liberation Army. Alexandria, Virginia: CAN Corporation, 2005.
Murray, Williamson and Rochard Hart Sinnreich (editors). Successful Strategies: Triumphing in War and Peace from Antiquity to the Present. Cambridge, United Kingdom: Cambridge University Press, 2014.

Navarro, Peter. Crouching Tiger: What China's Militarism Means for the World. Amherst, New York: Prometheus Books, 2015.
Pillsbury, Michael. The Hundred-Year Marathon: China's Secret Strategy to Replace America as the Global Superpower. New York: Henry Holt and Company, 2014.
Pollpeter, Kevin, and Kenneth W. Allen (editors). The PLA as an Organization: Reference Volume v2.0. Fairfax, VA: Defense Group Inc. 2015.
Rigger, Shelley. Why Taiwan Matters: Small Island, Global Powerhouse. New York: Rowman & Littlefield Publishers, Inc., 2011.
Romberg, Alan D. Rein In at the Brink of the Precipice: American Policy Toward Taiwan and U.S.—PRC Relations. Washington, D.C.: The Henry L. Stimson Center, 2003.
Roy, Denny. Taiwan: A Political History. Ithaca, New York: Cornell University Press, 2003.
Scobell, Andrew, Arthur S. Ding, Phillip C. Saunders, and Scott W. Harold (editors). The People's Liberation Army and Contingency Planning in China. Washington, D.C.: National Defense University Press, 2015.
Scobell, Andrew, David Lai, and Roy Kamphausen (editors). Chinese Lessons from Other People's Wars. Carlisle, PA: Strategic Studies Institute, 2011.
Shambaugh, David. Modernizing China's Military: Progress, Problems, and Prospects. Berkeley, California: University of California Press, 2002.
Spector, Ronald H. Eagle Against the Sun: The American War with Japan. New York: Vintage Books, 1985.
Suettinger, Robert L. Beyond Tiananmen: The Politics of U.S.-China Relations 1989-2000. Washington, D.C.: Brookings Institution Press, 2003.
Wortzel, Larry M. The Dragon Extends its Reach: Chinese Military Power Goes Global. Dulles, VA: Potomac Books, 2013.

誌謝

我感謝來自職場同仁、良師、益友、家人等各方的巨大支持，本書才得成就。尤其感謝 2049 計畫研究所總裁薛瑞福（Randy Schriver）慨然應允我使用所內資源來撰寫本書。他向來支持研究人員主動提案，探究少有人觸及的領域（這種主題通常也很難找到研究經費贊助）。他真是智庫界最佳領導人，這個研究案的資源也真是智庫界經典範例。

在此特別感謝研究導師 Mark Stokes，過去十年來他是我極其寶貴的啟發，也是知識的泉源。身為分析師，他勇敢無懼，更是絕佳的指導者。我這樣說絕不誇張：沒有他就沒有這本書。同僚 Rachael Burton 審閱、編排這本書的內容，專注程度遠遠超越職責的要求。在新銳一代的中國觀察家當中，她聰明過人，我能與她共事實在榮幸。我深深感謝以上三位，他們創造了一種職場環境，讓創新突破的研究得以繁茂發展。

感謝卓越的駐外記者、亞洲軍事專家 Wendell Minnick 介紹我進入台灣軍事防衛研究社群，在海峽兩岸安全議題上領我入門。這本書的草稿是他審定的，出版流程是他教導的，封面照片也是他拍的。

我很謝謝 Peter Mattis, Matt Hallex, Ian McCaslin, 還有 Elsa Kania 等人，在百忙之中提供專家見解與評論，修正我的稿件，使得本書完稿時的面貌大大改善。另外要謝謝 Logan Ma 不畏艱難協助我製作中華民國戰鬥序列，謝謝黃柏樟加班繪製書中精美的地圖。我實在很榮幸，能和這些傑出的分析師合作。

有好幾位人士與幾個機構邀我前往公開研討會或小型發表會，使我能將本書的內容向華府簡報。他們是 Jan val Tol (CSBA), Dennis Der (OSD Strategy), Rick Fisher (IASC), 以及 Jeff McKitrick (Scitor)。在台北及新加坡的簡報機會，則是由任職國防部的少將 Chen Chia-Sheng 以及南洋理工學院的 Richard Bitzinger 為我促成。

以下幾位摯友對本書提供極佳的意見，同時給出專家評論，他們是 David An, Dennis Blasko, Amy Chang, J. Michael Cole, Zack Cooper, Emily David, Andrew Erickson, Russell Hsiao, Tetsuo Kotani, Tiffany Ma, Oriana Skylar Mastro, Sam Mun, Craig Murray, Barry Scott, Sabrina Tsai, 還有 Aaron Weinberg。

我的外公，美國海軍陸戰隊光榮退役的 William F. Murphy，在最重要的關頭提供一筆贊助經費，我才能前往台灣進行研究之旅，順利完成這本書。二戰期間他服役於陸戰隊第二師，在太平洋地區參加過好幾次登陸戰鬥，他也一直很感恩，自己沒有被派到台灣打仗。他對我們的家庭、我們的國家付出這麼多，我真的無法用言語來描述心底的感激。

最後我要感謝許多不具名的軍官、情報專家、外交官員、陸軍、水手、飛行員、陸戰隊員。他們或在台灣，或在澎湖、金門、龜山島、石垣島、沖繩、橫須賀、東京、華府、維吉尼亞州的威廉斯堡。他們都有自己的事情要忙，卻願意撥空和我交談，分享他們的觀點，並把他們的工作內容告訴我。在此深深感謝他們的慷慨付出。

各位讀者，如果您喜歡這本書，那麼請把功勞歸與上述所有人。如果您的見解與本書不同，或在書中發見錯誤——不管是翻譯、分析、研究結果的呈現、甚至是呈現的風格——那麼都是我的責任。我熱切期待您賜告高見，或把書中需要改進之處告訴我。歡迎聯絡：Easton@project2049.net.

中共攻台大解密

1,000 個轟炸目標，14 個登陸的戰場，一年兩度的時機，以及台灣人民何去何從

The Chinese Invasion Threat:
Taiwan's Defense and American Strategy in Asia

作　　者 易思安（Ian Easton）
譯　　者 申安喬、李自軒、柯宗佑、高紫文
內文構成 賴姵伶
封面設計 兒日
責任編輯 陳希林
行銷企畫 許凱鈞

發 行 人 王榮文
出版發行 遠流出版事業股份有限公司
地　　址 臺北市南昌路 2 段 81 號 6 樓
客服電話 02-2392-6899
傳　　真 02-2392-6658
郵　　撥 0189456-1
著作權顧問 蕭雄淋律師

2018 年 01 月 01 日 初版一刷
2018 年 03 月 01 日 初版三刷
定價 平裝新台幣 360 元
如有缺頁或破損，請寄回更換

ISBN 978-957-32-8179-5
遠流博識網 http://www.ylib.com
E-mail: ylib@ylib.com

本書中文版係遠流出版公司與美國 2049 計畫研究所聯合出版。
The Chinese language edition of The Chinese Invasion Threat: Taiwan's Defense and American Strategy in Asia is published in association with The Project 2049 Institute, Arlington, Virginia, U.S.A.
封面攝影 Wendell Minnick, 攝於國軍特戰部隊之海灘滲透技巧演習。
Cover image by Wendell Minnick, taken of Taiwanese frogmen practicing beach infiltration tactics.

遠流出版公司 PROJECT 2049 INSTITUTE

國家圖書館出版品預行編目 (CIP) 資料

中共攻台大解密 / 易思安 (Ian Easton) 著 ; 李自軒等譯 . -- 初版 . -- 臺北市 : 遠流 , 2017.12
面； 公分
譯 自 : The Chinese invasion threat : Taiwan's defense and American strategy in Asia
ISBN 978-957-32-8179-5(平裝)

1. 中共對臺政策 2. 兩岸關係 3. 美中臺關係

574.1　　106021753